Gärten der Lust

FÜR
MAX

Carolin Fischer

Gärten der Lust

Eine Geschichte erregender Lektüren

Mit 35 Abbildungen

Verlag J. B. Metzler
Stuttgart · Weimar

Die Deutsche Bibliothek – CIP-Einheitsaufnahme

Fischer, Carolin:
Gärten der Lust : eine Geschichte erregender Lektüren /
Carolin Fischer. – Stuttgart ; Weimar : Metzler, 1997
ISBN 3-476-01563-7

Gedruckt auf säure- und chlorfreiem, alterungsbeständigem Papier

ISBN 3-476-01563-7

Dieses Werk einschließlich aller seiner Teile ist urheberrechtlich geschützt.
Jede Verwertung außerhalb der engen Grenzen des Urheberrechtsgesetzes ist
ohne Zustimmung des Verlages unzulässig und strafbar. Das gilt
insbesondere für Vervielfältigungen, Übersetzungen, Mikroverfilmungen und
die Einspeicherung und Verarbeitung in elektronischen Systemen.

© 1997 J. B. Metzlersche Verlagsbuchhandlung
und Carl Ernst Poeschel Verlag GmbH in Stuttgart

Einbandgestaltung: Willy Löffelhardt
Satz: Dörr + Schiller GmbH, Stuttgart
Druck und Bindung: Franz Spiegel Buch GmbH, Ulm

Printed in Germany

Verlag J. B. Metzler Stuttgart · Weimar

Inhalt

Lustlektüren. Eine Einführung
1

Laszivität und Muße
25

Kuppler war das Buch
95

L'Age d'or
163

Nach Sade
245

Literaturverzeichnis
309

Lesehinweise
326

Register der Autoren und Werke
328

Lustlektüren.
Eine Einführung

Die Erotik boomt, oder, vorsichtiger und wahrscheinlich treffender formuliert, das Geschäft mit der Erotik. Als postsozialistische Rückständigkeit belächelt wurden die langen Schlangen vor den ersten ostelbischen Filialen von Deutschlands erfolgreichster Rotlichtversenderin. Scherzhaft hieß es, die vibrierende Gummibanane sei in den neuen Bundesländern noch begehrter als die tropische Frucht. Die Schlangen waren jedoch nicht kürzer, als selbige Unternehmerin sechs Jahre später im Westen der wiedervereinigten Hauptstadt ein Erotik-Museum eröffnete.

Mit barbusigen Schönheiten – früher dezent auf Seite drei plaziert, und lediglich in Blättern, die der Bildungsbürger eigenen Angaben zufolge niemals aufschlagen würde – zieren inzwischen selbst seriöse Zeitschriften ihre Titelblätter zu passenden wie unpassenden Themen. Auch das Hamburger Magazin, dessen Glaubwürdigkeit durch die regelmäßige Erwähnung seiner Artikel in den Sonntagabendnachrichten unterstrichen wird, sorgt sich um unser sexuelles Wohl in Leitartikeln über Cyber-Sex, Prostitution, nachlassende Fruchtbarkeit, Bi-Sexualität und anderes mehr.

Kaum ein Fernsehsender verzichtet auf seine Sendereihe über die Freuden des Liebesspiels, selbst das öffentlich-rechtliche Wochenende wurde monatelang mit der *Schönsten Sache der Welt* eingeläutet. Falls eines dieser Machwerke Paare tatsächlich animiert haben sollte, früher als gewöhnlich das Bett aufzusuchen, dann höchstens aus purer Verzweiflung über das Fernsehprogramm. Im Kino scheinen Äonen vergangen, seit eine blonde Sünderin, die sekundenkurz ihre Nacktheit präsentiert, Proteststürme entfesselte. Schlafzimmerakrobatik in Breitwandformat, Verführung pur, sadistische Quälereien, Liebeslust bis in den gemeinsamen Tod, *Showgirls*, die ihre makellosen Körper an den Stangen der Animierbar reiben, beim lab-dance die schlanken Glieder bis zum Orgasmus des Kunden schwenken – es gibt immer mehr zu sehen. Sogar die Volkshochschule, bekannt für Weiterbildung in allen Bereichen, bietet Veranstaltungen zum *Beruf Hure* an.

Ist nun die Erotikwelle, die uns derzeit überrollt, das unverkennbare Zeichen der schon so lange propagierten sexuellen Befreiung, der Erotisierung des Alltags oder gar Vorbotin universaler Glückseligkeit? Wenn Platon recht hat und wir nur nach dem streben, was uns mangelt, dann besteht Grund zur Sorge. Welches die wahre Ursache ist, das entscheide ein jeder für sich und die Soziologen für uns alle. Fest steht jedenfalls, daß die Schamschwelle sich deutlich gesenkt hat.

Dies macht eine sehr viel sachlichere Auseinandersetzung mit dem Thema möglich. Zwar ist besagtes Erotik-Museum durch die Gründerin wie den Standort im Rotlichtmilieu angesiedelt; doch die Berichterstattung fand im Feuilleton statt. Gleichzeitig öffnen die traditionellen Horte der Kultur der unverblümten Darstellung von Sexualität ihre Pforten. Die Ausstellung *Masculinféminin* mit Courbets *Origine du monde* als Mittelpunkt im Centre Pompidou ist ein herausragendes Beispiel. Die Pariser Ausstellungsmacher waren offen genug für den Untertitel *Le sexe dans l'art*. Die Verbindung mit Kunst hat es ihnen leichter gemacht, nicht auf die gängige Bezeichnung ›Erotik‹ zurückzugreifen, die wir meist dort finden, wo von Kunst nicht mehr viel übrig ist. Gern wird sie als hübsche Hülle für nackte Tatsachen genommen, denn Sexualität gemahnt an schnöden Vollzug, während Erotik Geheimnis und Leidenschaft verheißt – nur gibt es leider allzu viele Mogelpackungen.

Dieser euphemistische Sprachgebrauch, gewissermaßen ein Vorläufer der *political correctness*, zeugt außerdem von den nach wie vor existierenden Tabus. So hat Jesse Sheidlower dem *F-Word* ein ganzen Buch gewidmet. Als Norman Mailer seinerzeit vorsichtig »fug« schrieb, erntete er hämischen Spott der Kollegen. An jeder Straßenecke kann man es hören, die *New York Times* aber druckt es bis heute nicht einmal in Zitaten.

Trotz aller Freizügigkeit auf der Leinwand bleibt der Genitalbereich ebenfalls ein Tabu. Erinnern wir uns an die Empörung, die *Basic Instincts* hervorrief, weil man angeblich Sharon Stone beim Übereinanderschlagen der Beine zwischen dieselben schauen konnte. Erfolgreicher Werberummel, und ich beneide jeden, der wirklich etwas gesehen hat, nicht etwa wegen des Anblicks, sondern wegen seiner Adleraugen.

Es sollen also soviel Fleisch und soviel Lust wie irgend möglich vorgeführt werden, allerdings in strikter Abgrenzung zur ›schmutzigen‹ Pornographie. »Pervers ist alles, was wir nicht genießen können«, schreibt Sally Tisdale (98). Dieser Logik zufolge ist Pornographie in der Tat hochgradig pervers, denn wer von uns ist schon in der Lage, rückhaltlos in den ungehemmten Ekstasen zu zerfließen, die sie uns vorführt. »Pornographie definiert uns allein durch ihre Existenz als sexuelle Lebewesen« (23). Indem sie auf unseren Körper abzielt, untergräbt sie all unsere Anstrengungen, als homo sapiens unser Leben rational zu steuern, ja, sie ist sogar »darauf angelegt, den Verstand so gut wie möglich zu umgehen.« Damit versucht sie, den Teil von uns auszutricksen, dem wir traditionell die Kontrolle übertragen haben, und genau deshalb beunruhigt sie uns, macht uns Angst. »Sex besitzt ewigen Reiz für den Körper – eine immerwährende organische Gefangenschaft«, die all unseren Vorstellungen von freiem Willen, vom selbstbestimmten Individuum gröblichst zuwiderläuft. Wenn nun Pornographie tatsächlich »von der Leine gelassener Sex« (23) ist, so erklärt dies unsere ungeheuren Schwierigkeiten im Umgang mit ihr.

Dessen ungeachtet sind in den vergangenen Jahren eine Vielzahl von Büchern neuaufgelegt worden, die lange Zeit als Pornographie ausgegrenzt waren. Als eine seiner ersten Amtshandlungen öffnete Präsident Mittérand 1981 den Enfer der Bibliothèque Nationale, jene Hölle, in die als besonders frevelhaft erachtete Schriften verbannt worden waren. Dem folgten Neudrucke der berühmtesten französischen Erotika des 17. und 18. Jahrhunderts, die auch in andere Sprachen übersetzt wurden. Gleichzeitig wuchs das wissenschaftliche Interesse an diesen Texten, was sich einerseits durch die allgemeine Erweiterung des Kanons, andererseits durch den erleichterten Zugang erklärt. Zu Beginn der 90er Jahre schließlich kam es zu einer wahren Flut erotischer Publikationen. So erschien beispielsweise die zauberhafte Erzählung *Point de lendemain* von Vivant

Denon kurz nach ihrer Wiederentdeckung in vier verschiedenen Ausgaben. Dissertationen werden den nicht mehr verbotenen Texten gewidmet, und Crébillons zugegebenermaßen ›harmlose‹ Romane werden ediert und sogar zum Thema der »aggrégation« (1995), der Zulassungsprüfung für Gymnasial- und Hochschullehrer. Selbst *Lina's aufrichtige Bekenntnisse oder die Freuden der Wollust*, der wahrscheinlich einzige derartige deutschsprachige Text des 18. Jahrhunderts, wurde aus seinem Dornröschenschlaf in der Wiener Staatsbibliothek geweckt. In der zeitgenössischen deutschen Literatur registrierten die Kritiker Mitte der 90er, daß ohne ein gerüttelt Maß an Fleischeslust wohl gar nichts mehr ginge, während sich im nachfrankistischen Spanien gleich mehrere Dutzend Autorinnen der literarischen Erotik verschrieben haben.

Wie kommt es, daß die Liberalisierung gegenüber der Literatur besonders ausgeprägt ist, daß selbst Bücher, denen der Schwefelgeruch des Obszönen anhaftet, keinen Anstoß mehr erregen? Das liegt wohl in erster Linie am sogenannten Kunstvorbehalt, dem zufolge alles, was richterlicherseits als Kunst anerkannt wird, nicht böse sein kann und deshalb Freiheit genießt.[1] Älteren Werken kommt außerdem die historische Distanz zu Hilfe. Entscheidend ist aber ein anderer Faktor, nämlich die veränderte Bedeutung des Buches in unserer Gesellschaft. Wir sind weit davon entfernt, in die Klage um den Untergang der Gutenberg-Galaxie einzustimmen. Jeder Besucher der Frankfurter Herbstmesse kann sich davon überzeugen, daß diese Sorge mehr einem endzeitlichen Phänomen zur Jahrtausendwende denn einer realen Bedrohung entspricht. Wir wissen, daß der Computer die Produktion bedruckten Papiers nicht etwa reduziert, sondern erheblich gesteigert hat; selbst das Internet macht dem Buch vorerst keine ernsthafte Konkurrenz. Diese Angst vor dem Ende eines kostbaren Kulturguts hat das

---

1 Trotz der im Grundgesetz verankerten Kunstfreiheit hat das Verwaltungsgericht Köln 1983 im Prozeß gegen die *Histoire d'O* die Indizierung des Romans als jugendgefährdend bestätigt, obwohl ihm »der Charakter eines Kunstwerks« zugebilligt wurde. Am 27. November 1990 verkündete das Bundesverfassungsgericht schließlich: »Ein pornographischer Roman kann Kunst im Sinne von Art. 5 Abs 3 Satz 1 GG sein.«

tatsächliche Verschwinden einer anderen Angst überlagert: der Angst *vor* dem Buch. Dieser Bedeutungsverlust der Literatur sollte uns skeptisch stimmen, sehr viel mehr als die vermeintliche Bedrohung durch Hypertext und World Wide Web. Über Jahrhunderte galt das gedruckte Wort als hochgradig gefährliches Medium, die Lektüre von Romanen als aller Laster Anfang. Fürchtete man früher, daß Lesen die Jugend verdürbe, so wird heute gerade der Rückgang dieser Tätigkeit beklagt. Der schädliche Einfluß, den man früher der literarischen Fiktion zusprach, wird nun dem Fernsehen unterstellt. Die Debatte ist grosso modo dieselbe geblieben, geändert hat sich lediglich das Medium, und wahrscheinlich wird noch in hundert Jahren darüber gestritten werden, ob der Konsum von erdachten Geschichten das menschliche Verhalten verändert.

Dies gilt ebenso für Pornographie. Im Fernsehen stießen selbst jodelnde Lederhosen zu mitternächtlicher Stunde anfangs auf Protest – qualitativ sind diese in die Jahre gekommenen Streifen wirklich eine Zumutung – in der Literatur hingegen darf eigentlich alles, wenn es nicht gerade *Babyficker* ist, unbeanstandet angesprochen werden. Da nun Pornographie die Darstellung bewegter Körper ist, bei der es auf jede Bewegung ankommt, wurde sie wie kaum eine andere Gattung durch die Erfindung der Brüder Lumière in den Schatten gestellt. Wer unterzieht sich der Mühe, die Bilder erst im Kopf zu produzieren, wenn er sie überall vorgefertigt erwerben kann? Dieses Konkurrenzverhältnis charakterisiert zwar die grundsätzliche Spannung zwischen Film und Buch, scheint aber unser Gebiet in besonderem Maße zu betreffen. Es wird sich jedoch zeigen, daß die Lustlektüren sich nicht primär in Auseinandersetzung mit den ›neuen‹ visuellen Medien, sondern im Kontext ihres eigenen, der Literatur, entwickelt haben.

Eine Frage der Definition

Alle reden von Erotik und fast alle schimpfen dabei auf Pornographie; was jeweils gemeint ist, wüßten nur die wenigsten zu sagen. Ist Erotik nun Liebe, Sex, das gewisse Etwas, Kribbeln im Bauch oder Strapse? Für jeden dieser Vorschläge ließen sich

Befürworter finden. In seiner *Geschichte der Erotik* schreibt Lo Duca hierzu:

»Selbst kluge Köpfe unterscheiden nicht immer zwischen Erotik und Pornographie. [...]Sobald aber der Sexus sich in obszöner Weise zeigt und nicht symbolisch oder dekorativ bleibt, sind wir in der abgeschlossenen und tristen Welt der Pornographie. Andere, ebenso bedeutende Köpfe, verwechseln Erotik und Liebe, weil das Wort Erotik sich etymologisch von ἔρως ableitet« (Lo Duca 12).

Er bestätigt, daß das Wort ›Erotik‹ ein so weit gestecktes semantisches Feld abdeckt, daß es letztendlich alles und nichts bedeutet. Dessen ungeachtet versucht der Autor, seinen Begriff der Erotik zu definieren und ihn unbedingt von der ›bösen‹ Pornographie zu trennen. Zum Glück hat er sich nicht an die eigene Definition gehalten, die nicht symbolische oder dekorative Darstellungen von Sexualität für Pornographie erklärt, da er sonst auf eine Vielzahl von Illustrationen hätte verzichten müssen.

Nun ist es nicht meine Aufgabe, dem Rest der Welt zu erklären, was Erotik ist; hier interessiert die Literatur. In ihrer Analyse der *Bücher aus dem Giftschrank* führen Eberhard und Phyllis Kronhausen eine neue Kategorie ein, den »erotischen Realismus«:

»Sowohl in der Technik wie in der Zielsetzung sind Pornographie und erotischer Realismus einander diametral entgegengesetzt. Die Wirkung mag manchmal infolge der Übereinstimmung der Thematik die gleiche sein. Doch darf man nicht übersehen, daß sich die zugrunde liegenden Absichten in beiden Fällen völlig unterscheiden. *Einziges Ziel der Pornographie ist es, beim Leser eine erotische Reaktion hervorzurufen. Das Wesentliche am erotischen Realismus hingegen ist die wahrheitsgetreue Schilderung der Grundtatsachen des Lebens, wie das Individuum sie erfährt,* selbst wenn die Wirkung ausgesprochen antierotisch ist. Doch kann der erotische Realismus den Leser selbstverständlich auch sexuell erregen. Ja, eine solche Reaktion ist ganz natürlich« (Kronhausen 8).

Oh nein, wir wollen keinen erotischen Realismus. Man erspare uns den Blick ins Schlafzimmer von Onkel Egon und Tante Elvira. Ist nicht die sorgfältig durchchoreographierte Umarmung von makellos zurechtgetrimmten Körpern die einzige Paarung, die wir mit nicht nur einseitig interessiertem Wohlgefallen wahrnehmen? Sind es nicht gerade die die Realität verhüllenden Schleier, die Erotik von Pornographie trennen?

Die Unterscheidung zwischen erotischem Realismus und Pornographie mag zunächst interessant klingen, auf Autoren wie Walter (*My Secret Life*), Henry Miller oder die Literatur der jüngsten Gegenwart vielleicht sogar zutreffen; als Ordnungsprinzip sind diese Kategorien jedoch untauglich. Der erste Stolperstein verbirgt sich hinter dem Begriff des ›erotischen Realismus‹. Hier ist weniger die realistische Darstellung von Erotik als von Sexualität gemeint, die laut Kronhausen durchaus erregend sein kann. Nun ist es aber ausschließlich eine Frage der Definition und nicht des Inhalts, ob ich die erregende Darstellung von Sexualität als Pornographie bezeichne oder nicht. Wenn beispielsweise Paul Eluard, der auf die Frage nach seiner persönlichen Höchstleistung verschämt mit elf Mal antwortete (Pierre 108), diese Nacht wahrheitsgetreu in einem literarischen Text mit dem Ziel, beim Leser eine erotische Reaktion hervorzurufen, geschildert hätte, wäre damit die von Herrn und Frau Kronhausen getroffene Unterscheidung endgültig ad absurdum geführt.

Schon die gänzlich unklare Formulierung vom »Ziel der Pornographie« reduziert die Anwendbarkeit dieses Versuches einer Definition; der Anspruch der Wahrheitstreue an Literatur entlarvt ihn als unsinnig. Daß das Autorenpaar in der Diskussion um »gesellschaftlich nützliche Werte« (14) diese auch der »erotischen Erregung« zubilligt, ist sicher gut gemeint. Spätestens wenn ihre Rechtfertigungsstrategie in der Bemerkung gipfelt, daß der erotische Realismus »eine durchaus gesunde und natürliche Einstellung« gegenüber dem Leben widerspiegelt« (19), kommt ein versteckter Moralismus zum Vorschein, denn zum Realismus gehört das Ungesunde ebenso wie das Gesunde. Folglich scheitern sie bei ihrer Betrachtung der Texte, die offenbart, daß die von ihnen eingeführte Rubrik für literarisch anerkannte Texte gilt, während sie Pornographie am Beispiel von zehn überwiegend obskuren Texten analysieren. So wird Rabelais und Aretino die zweifelhafte Ehre zuteil, in den Olymp der Realisten aufzusteigen. Die arme Fanny Hill mutiert zur Unschuld vom Lande; da nutzt es nichts, daß Cleland zugibt, bewußt ein erregendes Buch geschrieben zu haben und tatsächlich einige »Pornographie-Kriterien auf das Buch zutreffen« (294). Für Ehepaar Kronhausen sind die *Memoirs of a Woman of Pleasure* ein »zutiefst *moralisches* Buch« (290); offensichtlich betrachten sie es als Lohn protestantischer Arbeitsethik, daß die Heldin durch fleißige Prostitution ein Vermögen erwirbt.

Ähnlich problematisch wie der Begriff des »erotischen Realismus« ist derjenige der »literarischen Hocherotik«, den Hermann Kinder für seine Anthologie *Die klassische Sau* wählte. Titel wie Titelbild, zwei fröhlich kopulierende Borstenviecher, zeugen vom Mut des Autors, auch Obszönes aufzunehmen. Dieser Mut verläßt ihn aber schlagartig, als er im Nachwort auf Pornographie zu sprechen kommt. Er lehnt sie als »entwürdigend« und als »kommerziell ertragreich« ab, gerade so als ob hohe Verkaufszahlen gegen die Qualität eines Produktes sprächen oder ›anständige‹ Bücher verschenkt würden. Seine Auswahl der Texte zeigt hingegen deutlich, daß er sie keineswegs nach derartig fragwürdigen Maßstäben getroffen hat, daß er nicht vor pornographischer Literatur, sondern lediglich vor dem Begriff zurückschreckt, was ihn zu der Frage verleitet, ob »Clelands *Fanny Hill* nun sozialer Realismus oder schlicht ›pornographisch‹« sei. Natürlich ist dieses »Kunstwerk von Rang« (Giese 72) pornographisch. Schon der Name der Protagonistin zielt in eine eindeutige Richtung; der korrekte Titel *Memoirs of a Woman of Pleasure* verweist auf die zentrale Rolle der Fleischeslust. Er läßt ganz richtig vermuten, daß Fannys Liebe käuflich ist, ihre Berufsbezeichnung auf Griechisch »porne« lautet – es handelt sich sogar im etymologischen Sinn des Wortes um Pornographie.

Kinder hingegen leugnet dies zumindest indirekt, indem er einen Auszug aus dem Roman in seine Sammlung aufnimmt. Doch interessiert die Antwort uns weniger als vielmehr seine Frage. Wieso, möchte man zurückfragen, diese Unterscheidung zwischen Realismus und Pornographie? Zugegebenermaßen haftet letzterer häufig ein stark utopisches Moment an: Jeder kann ständig mit jedem und erfährt dabei die gewünschte Befriedigung. Allerdings wird dieses Schema oft genug durchbrochen und ist mitnichten zwingend. Und ist nicht gerade der Realismus das größte Problem der Pornodarsteller? Mord und Totschlag lassen sich trefflich spielen, ein Koitus hingegen, bei

Eine Frage der Definition

dem auch die Genitalien gezeigt werden, muß real vollzogen werden. Das mag im Film vielleicht ›schlicht‹ sein, aber es wird kaum ein Autor behaupten, daß es ein Einfaches wäre, detailliert und für den Leser anregend in Worte zu fassen, was Boccaccio so hübsch mit »den Teufel in die Hölle schicken« umschreibt. Die oben zitierte Frage Kinders ist also grundsätzlich falsch; hier scheint die Angst vor dem Staatsanwalt oder gesellschaftlicher Zensur stärker als alle Logik.

Der Legitimationsdruck, dem sich die Verfasser derartiger Studien ausgesetzt fühlen, offenbart sich ebenfalls in der befremdlichen Sitte, den akademischen Grad auf der Titelseite anzugeben, wahrscheinlich um das rein wissenschaftliche Interesse an den verfemten Texten herauszustreichen. Dies gilt auch für Dr. Paul Englisch. Seine zuerst 1927 erschienene *Geschichte der erotischen Literatur* ist ein bis heute unersetztes Standardwerk und als solches regelmäßig nachgedruckt worden. Die besondere Stärke des Kompendiums, die schier unerschöpfliche Detailfülle, ist nicht gerade leserfreundlich, doch reichen die Informationen von verschollenen Sotadika (s. S. 25) des antiken Griechenland bis hin zur »erotischen Annonce« zu Beginn unseres Jahrhunderts. Obwohl Englischs Bestimmung seines Gegenstandes die älteste der hier aufgeführten ist, kann sie als die modernste gelten. Er definiert »als ›erotische Literatur‹ die Darstellung sexuell gefärbter Liebesempfindungen, sowohl zu sich selbst, zum eigenen wie zum anderen Geschlecht, unter Reizung der Geschlechtsnerven und Erregung sinnlicher Begierde.« (3) Dem können wir zunächst durchaus zustimmen, doch leider grenzt Englisch das Feld nicht enger ein, da er eben auch die »pikante«, die »galante« sowie die »frivole« Literatur behandeln möchte.

Viele der in diese Kategorien eingeordneten Werke würde heute kaum mehr als erotisch bezeichnet werden, wohl aber diejenigen, die nach Englisch »obszön« sind. Dabei betrachtet er obszön, pornographisch und sotadisch als »Benennungen für ein und dieselbe Sache«. Um nun dieser »Sache« auf den Grund zu kommen, stellt er, ähnlich wie wir es hier tun, verschiedene Standpunkte einander gegenüber, um aus ihnen den eigenen abzuleiten: »Obszön ist alles, was in bewußtem Gegensatz zur herrschenden Moral zum Zwecke der physiologischen

Reizung der Geschlechtsnerven verfaßt und diesen Zweck zu erfüllen geeignet ist.« (6) Dieser Satz stimmt grundsätzlich, in Teilen sogar wortwörtlich mit seiner Definition der erotischen Literatur überein. Eine genaue Lektüre der Begriffsklärung zeigt sogar, daß lediglich das Obszöne seiner Vorstellung von erotischer Literatur wirklich entspricht, doch gelingt es ihm hier nicht mehr, wertneutral und sachlich zu bleiben. Dies betont bereits die Wahl des eindeutig negativ belegten Wortes, das zumeist mit »unanständig« eingedeutscht wird. Damit nicht genug, es setzt gleich noch einen Schlag mit dem moralischen Holzhammer. Die Kunstwerke – um die es sich bei Literatur wohl handelt – werden nicht nach rein ästhetischen, sondern nach unangemessenen sittlichen Kriterien abgeurteilt, nämlich nach der »herrschenden Moral«.

Mehr als sechs Dezennien später erscheint die *Histoire de la littérature érotique* von Alexandrian. Für ihn schließlich ist der »érotisme littéraire« ein »élément capital« der sexuellen Revolution, die zu seinem Ideal, der »synthèse de l'amour-passion et du libertinage« führen soll. Gerne würden wir seinen Glauben in die Macht des geschriebenen Wortes teilen. Allerdings erklärt er nicht, warum trotz der Vielzahl erotischer Romane im 18. Jahrhundert, deren Verfasser er als *Liberateurs de l'amour* feiert, die Liebe in den folgenden Epochen alles andere als befreit war. Verdanken wir das aktuelle Maß an öffentlicher Freizügigkeit nicht viel mehr der Antibabypille, der 68-Bewegung sowie den Strafrechtsreformen, denn literarischen oder wissenschaftlichen Werken? Sein Wunschdenken hindert Alexandrian nicht daran, die Scheinheiligkeit der Unterscheidung zwischen Pornographie und Erotik zu entlarven. Sie diene nur dazu, Werke zu verdammen, ohne auf das überkommene Argument der Tugend rekurrieren zu müssen. Leider rettet ihn diese kluge Einsicht nicht davor, seinerseits eine Abgrenzung vorzunehmen:

> »La pornographie est la description pure et simple des plaisirs charnels, l'érotisme est cette même description revalorisée en fonction d'une idée de l'amour ou de la vie sociale. Tout ce qui est érotique est nécessairement pornographique, avec quelque chose en sus.«

Erotik als Pornographie mit Sahnehäubchen? Auch diese Variante ist wenig befriedigend.

Als Pornographie gilt jede detaillierte Darstellung in Wort oder Bild von sexuellen Handlungen, die die genossene Lust zum Ausdruck bringt. Nach der allgemein gültigen Vorstellung müssen dabei Genitalien in Erscheinung treten. Es ist zweifellos legitim, Texte oder Filme, die überwiegend aus derartigen Szenen bestehen, als pornographisch zu bezeichnen. Andererseits enthalten eine Reihe von Werken, die niemand als primär erotisch betrachten würde, die berüchtigten ›Stellen‹. Die Prozesse um *Madame Bovary* oder *Ulysses* liefern die bekanntesten Beispiele. Während schwankende Kutschen heute keinen Moralapostel mehr auf die Barrikaden brächten, finden wir in Jean-Jacques Pauverts *Anthologie historique des lectures érotiques*, zum sicher nicht geringen Erstaunen der meisten Leser, eine Passage aus Simone de Beauvoirs existentialistischem Schlüsselroman *Les Mandarins*. Pauverts Ansatz, der ihn ein farbenprächtiges Bouquet hat zusammenstellen lassen, wollen wir aber nicht folgen, sondern derartige ›Stellen‹, so sie vereinzelt auftreten, unberücksichtigt lassen.

Der gemeinsame Nenner

Von welchen Büchern wird nun aber auf den folgenden Seiten die Rede sein? Wir alle wissen, daß es einfach ist zu kritisieren, schwierig aber, es besser zu machen. Aus der voranstehenden Auseinandersetzung ergibt sich keineswegs der Anspruch, das Thema genauer zu erfassen als die zitierten Autoren. Vielmehr geht es um eine Sichtweise, die sich gerade aus der Abgrenzung zu den Vorgängern entwickeln kann. Eines ist zu allererst deutlich geworden: Die klassische Trias erotisch-pornographisch-obszön stiftet mehr Verwirrung als Klarheit, dient mehr der Rechtfertigung oder Verurteilung als der Unterscheidung. Der Begriff des Erotischen ist zu undifferenziert; er deckt das Sortiment eines Gemischtwarenladens ab. Pornographie ist mit dem doppelten Ballast der alten wie der neuen, sprich: feministischen oder konsumkritischen Vorurteile überfrachtet, während wir das Obszöne in die hinterste Schmuddelecke einordnen. Somit verbietet es sich, weiter mit diesen Worten zu streiten oder gar eines der genannten mit neuem Inhalt zu füllen. Vielmehr müssen wir uns zunächst einen Begriff von unserem Gegenstand machen, bevor wir ihm einen Namen geben.

Der entscheidende Vorwurf gegen Pornographie lautet, daß sie auf den Körper abzielt, daß wir sie mit den Augen wahrnehmen, aber zwischen den Beinen spüren; eine Behauptung, der bislang noch niemand widersprochen hat. Nicht umsonst heißen Pornos im Jargon ›Wichsvorlagen‹. Wenn bislang gegen einen Roman wie *Fanny Hill* der Vorwurf der Pornographie erhoben wurde, dann bestand die einzige Rettung darin, seinen Status als Kunstwerk zu untermauern. Daraus erklärt sich, daß Kunst und Pornographie bis heute in den meisten Köpfen einen unüberbrückbaren Gegensatz bilden; kaum jemand akzeptiert, daß Kunst sehr gut pornographisch sein kann. Wie aber kommt es zu der verteufelten Wirkung literarischer Pornographie? Sicher nicht direkt, indem beispielsweise das Buch gegen die Genitalien gerieben würde. Zunächst wird der Text wie etwa die *Buddenbrooks* oder die Bibel gelesen. Daraufhin entwickeln sich, im Hirn wohlgemerkt, Bilder, Phantasien, Idealszenarien, die ihrerseits als pure Geistesprodukte physische Reaktionen hervorrufen. Es bedarf also ganz offensichtlich der geistigen Vermittlung.

Spannend ist die vehemente Ablehnung physischer Reaktionen auf Literatur vor allem deshalb, weil genau sie es waren, die anfänglich als Rechtfertigung dienten. In der ältesten überlieferten literaturtheoretischen Schrift, der *Poetik* des Aristoteles, verteidigt dieser das Theater, indem er ihm eine kathartische Wirkung zuschreibt, die den Menschen von Erregungszuständen reinigt; ein Prozeß, den der Arztsohn durchaus als körperlichen Vorgang betrachtete. Ob Aristoteles jemals den angekündigten zweiten Teil der *Poetik* über die Komödie verfaßte, wissen wir nicht. Umberto Ecos schöne Geschichte vom blinden Mönch, der eine ganze Bibliothek in Flammen aufgehen läßt, um die letzte Abschrift des Textes zu vernichten, ist eine treffende Parabel. Er begeht diese Wahnsinnstat, weil er das Wissen um die Technik, ein bestimmtes Organ aufs äußerste zu reizen, vernichten will. Nein, dieser Mönch kämpft nicht gegen den Stachel des Fleisches, ihm ist ein vibrierendes Zwerchfell, schlicht das Lachen, ein Dorn im Auge. Über dererlei Prüderie können wir selbst nur lachen, und auch Tränen sind eine Regung, die wir jedem Leser zubilligen. Allerdings ist das Lachen, laut Arthur Koestler, ein »over-statement of the body« (58), das eines »drop of adrenalin« bedarf, um seine eigentliche Funktion, Erregung abzubauen (»excitation [...] is discharged in laughter«, 51), in einer »triumphant explosion of tension« (88) zu erfüllen. Der Bannfluch liegt mitnichten auf der Pornographie, weil sie auf unseren Körper wirkt; daß sie uns aber an unserer empfindlichsten Stelle trifft, verzeihen ihr die wenigsten.

Fassen wir zusammen: Literarische Pornographie zeichnet sich durch ihre Wirkung auf den Körper des Lesers aus, was sie jedoch nicht prinzipiell von anderen literarischen Gattungen unterscheidet. Außerdem wurde eben dieser Effekt in allen genannten Definitionen der erotischen Literatur bzw. des »erotischen Realismus'« oder der »Hocherotik« genannt, sei es verschämt als »sehnsuchtsrührend« (Kinder 505), als »erotische Reaktion« oder ganz drastisch als »Reizung der Geschlechtsnerven«. Wenn man bei so vielen unterschiedlichen, ja widersprüchlichen Standpunkten auf eine derartig plausible Übereinstimmung trifft, hat man wohl das wesentliche Merkmal gefunden (vgl. Brockmeier 1974). Deshalb ist es die einfachste Lösung, das erfolglose Jonglieren mit den sich überschneidenden Begriffen aufzugeben und statt dessen das Kind beim Namen zu nennen: erregende Literatur.

Nun ist der Mensch ein Individualist und pflegt gerade in bezug auf seine intimsten Regungen verschiedenartige Vorlieben. Die eine Frau liebt breite Bizeps, die andere ist von Muskelpaketen abgestoßen. Ein Paar Damenschuhe versetzen einen Fetischisten in höchste Erregung, während sie die meisten Männer im allgemeinen völlig kalt lassen. Die Schuhe der Geliebten können einen dieser Männer trotzdem stimulieren, wenn sie beispielsweise, im Flur zum Schlafzimmer verstreut, auf erfüllte Momente hoffen lassen – niederländischen Genrebildern dient ein solches Detail übrigens als verschlüsselter Hinweis auf Ehebruch. Insgesamt will unser kleines Beispiel sagen, daß die Wirkung bestimmter Reize auf die Libido zum einen von persönlichen Präferenzen, zum anderen von der jeweiligen Situation abhängt. Unter diesen Voraussetzungen erscheint es aussichtslos, Merkmale von Texten zu bestimmen, die den Leser erregen.

Diesem Dilemma entkommen wir, indem wir uns Werken zuwenden, die besagte Funktion anerkanntermaßen seit Jahrhunderten vorbildlich erfüllen. Besonders hilfreich ist hierbei die Autoreferentialität der erregenden Literatur, ein Begriff, der später erläutert wird (s. S. 152) und der kurzgesagt die Passagen meint, in denen unterschiedlichste Erotika die Figuren zum Liebesspiel ermuntern. Wir finden regelrechte Leselisten für einsame Damen und Herren oder für all diejenigen, die ihre fast erloschene Glut neu entfachen wollen. Eine andere Schwierigkeit ergibt sich daraus, daß sich um einige der Werke eine Aura der Verworfenheit gebildet hat, die heute bestenfalls noch Klosterschülerinnen oder Betschwestern als solche wahrnehmen können. Bekanntestes Beispiel ist Boccaccios *Decameron* (1351). In den einhundert Novellen spielt Ehebruch zwar häufig eine Rolle, allerdings wird er höchstens durch ein »sie lagen miteinander« evoziert. Kann da noch erotische Spannung aufkommen?

Wir stehen vor dem Problem, daß Erotik nicht nur situationsbedingt, sondern Sexualität außerdem stark kulturell geprägt ist. Allein die Entwicklung der vergangenen Jahrzehnte zeigt, wie variabel die Erregungsschwelle ist. Nun soll dieses Buch aber keine Geschichte der Erregung sein, wenngleich gelegentlich Kommentare zu dieser Frage Erwähnung finden. Die historische Dimension spielt indirekt durchaus eine Rolle, da sie über die Auswahl der Texte mitentscheidet. Schon um die Erwartungen der Leser nicht zu enttäuschen, dürfen Werke mit einem über Jahrhunderte gefestigten Ruf als Erotikon nicht einfach ignoriert werden. Ob sie diesen Ruf wahren können, wenn wir sie aus unserer, der heutigen Perspektive betrachten, ist eine ganz andere Frage, die sich vor allem im ersten Kapitel stellt. Wenig riskieren bei dieser Aktualisierung des Blickwinkels die folgenden Texte: Pietro Aretinos *Ragionamenti* (1534/36), *Thérèse philosophe* (1748), *Fanny Hill* (1748) und die *Memoiren einer Sängerin* (ca. 1875). Alle vier erfüllen mustergültig die Aufgabe, den Leser zu erregen; zwei von ihnen haben inzwischen auch den verdienten literarischen Lorbeer geerntet. Da sie in einem Zeitraum von rund dreieinhalb Jahrhunderten entstanden sind, brauchen wir auch nicht zu befürchten, daß sie ausschließlich den Geschmack einer bestimmten Epoche widerspiegeln. Welches sind die Gemeinsamkeiten dieser Texte, die in den weiteren Kapiteln genauer vorgestellt werden?

Im Zentrum jedes der vier Romane steht die körperliche Liebe. Diese wird detailliert beschrieben, wobei wir sowohl über die Verknotungen der Kombattanten als auch über ihr Vergnügen informiert werden. Das sine qua non dieser Literatur besteht genau darin, daß sie das darstellt, was sie erregen soll, nämlich Lust. Dieser Begriff ist im Deutschen ambivalent, da er sowohl die Spannung als auch den Genuß ihres Abbaus bedeutet. Die sehr viel stärkeren Sinneseindrücke beschert uns zumeist letzterer, weshalb er uns außerordentlich erstrebenswert erscheint. So kann die Wiedergabe der Liebesfreuden unser Begehren stimulieren, indem sie die Sehnsucht nach ähnlichen Wonnen weckt.

Wie aber erfolgt diese Wiedergabe? In den genannten Büchern ist es kein allwissender Erzähler, der uns von den Freuden Dritter in Kenntnis setzt. In allen vier Fällen berichtet eine Frau, was sie persönlich erlebt oder zumindest gesehen und gehört hat. In den *Ragionamenti* sitzt die Courtisane Nanna mit ihrer Kollegin Antonia im Garten und läßt im Gespräch ihr Leben Revue passieren. Thérèse philosophe schreibt ihre Geschichte für den Geliebten auf, während Fanny Hill wie die Sängerin Wilhelmine Schröder-Devrient sich dieser Aufgabe in Briefen an eine Madam respektive den vertrauten Arzt entledigen. Das dialogische Moment ist auch hier stark ausgeprägt, zum einen durch die direkte Anrede der Adressaten, deren mögliche Einwände vorsorglich entkräftet werden, zum anderen durch Einschübe in wörtlicher Rede. Die Szene gewinnt hierdurch eine ungeheure Gegenwärtigkeit und gerade die Augenblicke der Ekstase werden häufig nur durch Wortfetzen, Ausrufe und Seufzer markiert. Ob nun aber im Dialog oder im Brief, jede der vier Frauen legt eine Art Beichte ab. Das Gesagte wird also nicht für den Leser geäußert, vielmehr dringt er in eine intime Kommunikationssituation ein, wird damit zum Komplizen und in die Handlung integriert.

Daß jeweils eine Frau die Hauptrolle spielt, ist keineswegs ein Zufall. Man erklärt dieses Phänomen gern mit der Behauptung, daß diese Romane von Männern für Männer geschrieben wurden. Für die Autoren, soweit wir sie kennen, ist dies bis zum Beginn des 20. Jahrhunderts zweifellos richtig. Mitunter verrät die Darstellung der verbotenen Spiele, daß die weibliche Psyche und Physis für die Herren Verfasser eine Terra incognita war. Was aber wissen wir über Leser und Leserinnen? Hat nicht Boccaccio seine als erotisch verschrieenen Novellen ausdrücklich dem ans Haus gefesselten schwachen Geschlecht gewidmet? Und welches Geschichtsbuch verzeichnet den Skandal um die deutlich entflammenderen Lektüren der Hofdamen der französischen Kronprinzessin, der 1687 zu deren aller Entlassung führte? Außerdem müssen wir bedenken, daß zwei Frauen, die sich in unserer Zeit der Gattung erfolgreich gewidmet haben, Anaïs Nin und die Verfasserin der *Histoire d'O*, demselben Schema treu geblieben sind. Wenn wir hierin keine Zeichen der Vorherrschaft des patriarchialischen Systems sehen wollen, müssen wir nach den wirklichen Ursachen fragen. Wieso wurde es lange Zeit als selbstverständlich akzeptiert, daß weibliche Hauptfiguren speziell für ein männliches Publikum agieren? Die Frage suggeriert die Antwort. Natürlich hat ein – heterosexueller – Mann mehr Interesse an einer Frau denn an einem Geschlechtsgenossen. Außerdem wünscht er sich, laut Alberoni, von der traditionellen Verführerrolle dispensiert zu werden, indem eine Frau, die sich ganz von ihren Sinnen leiten läßt, ihn zum Objekt ihrer Begierde macht. Frauen hingegen träumen vom Märchenprinzen, der sie auf seinen Schimmel hebt und bis ans Ende aller Tage glücklich macht. Literatur dieses Inhalts und meist zweifelhafter Qualität wie Julia-Romane werden spöttisch Pornographie für Frauen genannt, obwohl etwaige konkrete Sexualität traditionell hinter der Vorstellung der höchsten Seligkeit – dem Leben als Ehefrau und Mutter – verschwindet. Seit gut zwanzig Jahren erobert eine moderne Variante des Taschenromans, in der Erotik eine große Rolle spielt, erhebliche Marktanteile. Rund ein Zehntel jedes dieser Texte ist der erstaunlich deutlichen, wenngleich in pseudopoetische Stereotypen gefaßten Beschreibung der Umarmungen gewidmet (vgl. Thiel). Diese sind aber primär ein notwendiger Schritt auf dem Weg in die Ehe.

Wie muß ein Text aussehen, der dem angeblich schwachen Geschlecht nicht nur zur Flucht aus dem Alltagsgrau, sondern zu tiefen Wonneschauern verhilft, der statt des Immergrüns monogamen Glücks frei entfaltete Sinnlichkeit zelebriert? Wäre der Latin-lover, der am Strand von Rimini eine Nixe nach der anderen aufreißt, das geeignete Modell? Wohl kaum, denn jede Leserin würde sich mit der jeweils abgelegten Gespielin identifizieren – eine wenig lustvolle Vorstellung. Ein treuer Liebhaber könnte mit der Auserwählten das gesamte *Kamasutra* durchturnen, doch wäre dies für den Leser ähnlich ermüdend. Bleibt also auch für die Leserin nur eine Frau als Idealbesetzung der Hauptrolle. Zwar sind Gehorsam und schamhafte Zurückhaltung Leitlinien der Erziehung, und bis heute verfügen in vielen Teilen der Welt die männlichen Verwandten oder der Ehemann über die Frauen. Um aber die anerzogene Scham zu überwinden und sich vom Text erregen zu lassen, kann niemand besser helfen als eine Protagonistin, die ihre eigene Sinnlichkeit akzeptiert und sich die ersehnten Genüsse verschafft. Die vollständige Unterwerfung unter die Herrschaft eines Mannes wie in der *Histoire d'O* wird erst dann als Wunschvorstellung möglich, wenn die Frau ihre Unabhängigkeit erlangt hat. O ist eine erfolgreiche Fotografin, die sich freiwillig, also nur scheinbar willenlos, zu ihrem eigenen Plaisir den grausamsten Torturen aussetzen läßt. Eine Heldin, die sich selbst nimmt, wen und was sie begehrt, läuft natürlich Gefahr, von einer sehr jungen oder konservativen Leserin als liederliches Frauenzimmer abgelehnt zu werden. Dagegen gibt es ein treffliches Mittel, daß nämlich diese Heldin zu Beginn in vollkommener Unschuld auftritt, genau wie Nanna, Fanny, Thérèse und Wilhelmine es tun. Die reinsten Engelchen sind sie, bis sich ihnen das Geheimnis der Liebe jäh durch den Anblick eines Liebespaares offenbart. Selbst erleben sie den Genuß zunächst nur durch die Hilfe einer Freundin oder der eigenen Hand, bevor ihre Entwicklung voranschreitet. Die jungfräulichste Leserin kann sich mit der Titelfigur identifizieren und ihr zumindest ein Stück auf dem Weg ins Reich der Sinne folgen. So ist man beinahe versucht, dieses weitverbreitete Handlungsmuster als Hinweis auf eine überwiegend weibliche Leserschaft zu deuten.

Es ist bezeichnend, daß keine der vier Frauen in den Stand der Ehe tritt oder eben ihre Hochzeit die Geschichte beendet; die Freuden des Ehelebens sind offensichtlich wenig literaturfähig. Eine jede von ihnen steht am Rande der Gesellschaft, als

Prostituierte, »femme entretenue« oder Künstlerin, und die meisten sind bedauernswerte Waisenkinder. Letzteres bietet natürlich eine plausible Erklärung dafür, daß die Mädchen auf die schiefe Bahn geraten. Gleichzeitig gestattet das Fehlen der repressiven Instanz größere Freiheit zur Verwirklichung der eigenen Sehnsüchte. Die häufige Präsenz von Prostituierten läßt sich noch leichter erklären. Schließlich erfordert es ihr Metier, sich über Hemmungen hinwegzusetzen, die Initiative zu ergreifen, Männer zum Liebesspiel zu ermutigen und dabei vor extravaganten Varianten nicht zurückzuschrecken. Ständig bereit, vermitteln sie den Eindruck, ihr Leben der Lust geweiht zu haben und kein größeres Vergnügen zu kennen, als ihrem Galan zu Willen zu sein. Kein Wunder, daß wir in der Literatur zahlreiche Frauen finden, die diese Laufbahn aus Spaß an der Freude einschlagen; Josefine Mutzenbacher ist eine der bekanntesten. Gleichzeitig unterstreicht eine solche Besetzung der Hauptrolle, daß die körperliche Anziehung den Vorrang vor der seelischen Zuneigung hat.

Wenn nun die Protagonistin frei von sozialen, genauer von gesellschaftlich sanktionierten Bindungen liebt, dann ist diese Liebe eine nicht fortpflanzungsorientierte Betätigung zur Steigerung der Lebensqualität. War Empfängnisverhütung in der Renaissance ein totales Tabu, wird sie im Zeitalter der Aufklärung literarisch wie auch tatsächlich zu einem zentralen Thema. Noch die Sängerin Schröder-Devrient, um Ruf und Karriere besorgt, trifft stets die notwendigen Vorkehrungen. An diesem Punkt werden zwei Orientierungen der erregenden Literatur deutlich: Provokation und Utopie. Zum einen reizt die Darstellung genüßlich erlebter Sinnlichkeit nicht nur die Geschlechtsnerven, sondern auch den Zorn der Sittenrichter, um so mehr als die präsentierten Praktiken gegen herrschende Moralvorstellungen verstoßen. Andererseits übersteigt der ungehemmte Genuß mitunter sogar die Sehnsüchte der Figuren, fast immer den Erfahrungshorizont der Leser und nicht selten den Bereich des Wahrscheinlichen.

Auf die Empfängnisverhütung übertragen, eröffnet dies zwei Möglichkeiten der Gestaltung. Die utopische ist zweifellos die einfachere. Die Frage wird gar nicht erst gestellt, etwaige Folgen des Liebesspiels treten nicht ein oder bilden zumindest kein

Problem. Sprechen die Figuren aber von den möglichen Methoden oder wenden sie diese gar an, dann lösen sie damit die Sexualität von ihrer traditionellen Rechtfertigung, der Fortpflanzung. Es liegt auf der Hand, daß solche gewissermaßen genrebedingten Probleme den Texten eine gesellschaftskritische und sogar philosophische Dimension verleihen können.

Welche Rückschlüsse auf die Leserschaft können wir daraus ziehen, daß diese Frage seit dem 17. Jahrhundert in den Vordergrund rückt? Zunächst drängt sich der Gedanke auf, daß diese Probleme in erster Linie Frauen interessierten, da sie es sind, die eine Schwangerschaft und ihre Folgen zu tragen haben. Waren die Begegnungen flüchtig, dann konnte sie häufig die Identität des Erzeugers nicht feststellen. Bei weniger flüchtigen Begegnungen war es für die Herren durchaus von Belang, die Dame ihres Herzens zu schützen, Skandale zu vermeiden. Außerdem lieferte ihnen die Literatur wichtige Argumente, um den diesbezüglichen Widerstand einer spröden Schönen zu überwinden; oft dient das Buch als »Galeotto«, als Kuppler. Allerdings wäre es unerträglich platt, die Gespräche der Figuren über Kontrazeption lediglich als Teil einer Verführungsstrategie aufzufassen. Sie enthalten per se einen explosiven anti-klerikalen Zündstoff, da sie der körperlichen Liebe eine zweckfreie Autonomie zuerkennen, die der Papst bis heute nicht einmal Eheleuten konzediert.

Traditionell haben Ehe und Liebe wenig miteinander zu tun; nach Andreas Capellanus schließen sie einander sogar aus. In seinem Traktat über die Liebe vom Ende des 12. Jahrhunderts unterstellt er, daß selbst die Leidenschaft zweier Liebender durch die Eheschließung zerstört wird. Er verweist darauf, daß Intimität zur gegenseitigen Pflicht wird, wenn sie sich vertraglich verbinden. Tatsächlich ist die Ehe, global gesehen, eine Gemeinschaft zur Zeugung und Aufzucht von Kindern. Es bleibt zu hoffen, daß sich das Eheleben in unserer Gesellschaft freudvoller gestaltet. Für die erregende Literatur scheint das Diktum der mittelalterlichen Liebeshöfe gültig geblieben zu sein, da die Hochzeit zwischen zwei Figuren zumindest die Darstellung ihrer Umarmungen ausschließt. Nicht selten haben die Romane ein romantisches Ende, nämlich die Trauung eines Paares, das sich gegenseitig die Erfüllung aller Sehnsüchte verspricht. Wie sie dieses Versprechen einlösen, erfahren wir jedoch nicht. Weniger die Scheu vor dem heiligen Sakrament der Ehe wird die Autoren zurückgehalten haben, als vielmehr die Einsicht, daß die Kirschen in Nachbars Garten süßer und die Umarmungen mit der Frau Nachbarin pikanter sind.

Diese Pikanterie dem Leser zu vermitteln, ist die eigentliche Aufgabe der erregenden Literatur und gleichzeitig die schwierigste. Das Plaisir der Figuren soll, wie gesagt, die Libido des Lesers stimulieren. Da das höchste Liebesglück bekanntlich nicht in Worte zu fassen ist, bleibt als einziger Ausweg, die äußeren Regungen der Figuren zu beschreiben, ihr Stöhnen und Jubilieren, die zuckenden Glieder, das verzückte Gesicht. Nun muß aber auch nachvollziehbar sein, wie dieser Gipfel erklommen wurde. Schritt für Schritt soll der Leser die Handlung miterleben – das Begehren, die Annäherung, die Überwindung der Hindernisse, die ersten tastenden Berührungen, die Verschlingungen – um nicht durch die plötzliche Konfrontation mit der Ekstase schockiert zu werden. Wie wir gesagt haben, muß das Geschehen dem Leser vor Augen geführt werden, am besten, indem man ihm die Körper wie ein Tableau zeigt. Dies ist natürlich für eine involvierte Person nicht immer einfach zu leisten, weshalb sich die Autoren der vier genannten Texte eines beinahe genialen Kunstgriffes bedienen: Sie lassen die noch unschuldige Protagonistin einem Koitus zuschauen, wodurch sie nicht nur aufgeklärt, sondern auch erregt wird. Damit befindet sich die Erzählerin in genau derselben Situation wie die Leserin respektive der Leser. Ihnen wird eine Figur präsentiert, mit der sie sich vollkommen identifizieren können. Wenn diese Figur schließlich einen Weg findet, die Spannung, die der Anblick der Liebenden erzeugt hat, meist eigenhändig zu lösen, bietet sie ein klares Handlungsvorbild für den Leser und hilft ihm außerdem, etwaige moralische Skrupel zu überwinden.

Dieses Verfahren ist nicht das einzige, gewiß aber eines der wirksamsten. Auf jeden Fall nimmt der Leser stets die Rolle des Voyeurs ein und gewinnt intime Einblicke. Dabei sieht er vieles, was ihn in der Realität abschrecken, ihm alles andere als Vergnügen bereiten würde; die Werke des Marquis de Sade mögen als Beispiel genügen. Wie ist es aber möglich, daß auch sie uns zu stimulieren vermögen? Schlummern in uns allen kleine Ungeheuer oder sehnen wir uns nach der Peitsche? Ein Psychologe würde die Frage vielleicht anders beurteilen, doch die Erfahrung lehrt uns, daß auch Zeitgenossen, die Erfüllung in fast beschämend ›normalen‹ Umarmungen finden, durch die Darstellung solcher Perversionen durchaus erregt werden können. Demnach ist es keineswegs notwendig, daß die Texte das beschreiben, was den Vorlieben der einzelnen Leser tatsächlich entspricht. Was aber dann? Entscheidend ist – wie wir bereits festgestellt haben – die Wiedergabe erlebter Lust, um den Wunsch zu wecken, diese Lust selbst zu erleben. Wichtig ist hierbei die Intensität des Gefühls, sekundär hingegen die Art und Weise, wie es zustande kommt. Genau hierin liegt die Kunst, einen erregenden Text zu verfassen: Ein Maximum an Spannung und Beglückung der Sinne muß so dargestellt werden, daß der Leser in die Handlung integriert wird, um sich optimal mit den Figuren identifizieren, ihren Empfindungen nachspüren zu können. Eines der erfolgreichsten Erzähl-Modelle, dasjenige des *voyeur-narrateur*, haben wir bereits kennengelernt. Die anderen Merkmale der Lustlektüren werden in den folgenden Kapiteln erörtert, in denen die Entwicklung dieser Literatur zwischen Tabu-Bruch und Utopie anhand paradigmatischer Texte umrissen wird. Die Auswahl der Beispiele ist zwar durch eine Reihe von Klassikern, zu denen die bereits erwähnten Romane gehören, vorgezeichnet, jedoch behalte ich mir die Freiheit vor, hier – dem Thema angemessen – nach dem Lustprinzip vorzugehen.

Vor lauter Sorge um Texte und Leser ist der Autor ins Hintertreffen geraten, allerdings mit voller Absicht. Zum einen sind viele der Werke anonym, doch selbst dort, wo die Vaterschaft anerkannt ist, mangelt es an Absichtserklärungen. Die Werke hingegen wollen wir durchaus befragen, ob die dargestellten Obszönitäten, d.h. die Verstöße gegen die Sittlichkeit, ganz offensichtlich der Erregung des Lesers dienen und dienen sollen, oder, wie in *Madame Bovary*, eben nicht. Damit kommt der Autor nolens volens ins Spiel, was andererseits selbst in einer ganz auf die Texte konzentrierten Studie für die kulturhistorische Einordnung unerläßlich ist. Wir werden die Erzeuger also erwähnen, einige von ihnen vorstellen, die folgenden Seiten aber nicht mit Chronique scandaleuse füllen; anstatt über ihre Intentionen zu orakeln, wollen wir uns lieber an ihren Kindern erfreuen.

Ästhetischer Lustgewinn

Der Begriff ›erregende Literatur‹ läßt keinen Zweifel daran, daß der Wirkung auf den Leser, d.h. den Rezipienten, eine entscheidende Rolle zukommt. Die Frage, wie der »Dichter« diese Wirkung erzielt, »wie er es zustande bringt, uns [...] so zu ergreifen, Erregungen in uns hervorzurufen, deren wir uns vielleicht nicht einmal für fähig gehalten hätten« (171), bildet den Ausgangspunkt von Freuds Essay *Der Dichter und das Phantasieren*. Er unterstellt, daß »jede einzelne Phantasie [...] eine Wunscherfüllung, eine Korrektur der unbefriedigten Wirklichkeit« (174) mit häufig erotischem Inhalt ist, die »der Tagträumer [...] vor den anderen sorgfältig verbirgt« (178). Freuds »Gleichstellung des Dichters mit dem Tagträumer« (177) endet bei der »*Ars poetica*« (179), die den Dichter befähigt, das Abstoßende des Dargestellten zu überwinden und uns durch den »ästhetischen Lustgewinn, den er uns in der Darstellung seiner Phantasien bietet« (179), zu bestechen. Die herausragende Qualität des ästhetischen Lustgewinns ist nach Freud, daß er »die Entbindung größerer Lust aus tiefer reichenden psychologischen Quellen ermöglicht« (179). Erfüllt demnach die erregende Literatur nicht in besonderem Maße die Funktionen, die er der Literatur im allgemeinen zuschreibt? Diesen Eindruck verstärkt die abschließende Überlegung des Essays: »Vielleicht trägt es sogar zu diesem Erfolg nicht wenig bei, daß uns der Dichter in den Stand setzt, unsere eigenen Phantasien nunmehr ohne jeden Vorwurf und ohne Schämen zu genießen« (179).

Wenn wir uns den Texten aus einer rezeptionsästhetischen Perspektive nähern, besteht ein nicht geringer Widerstand, angeblich rein auf den Körper gerichtete Geistesprodukte wie *Emmanuelle* nach ästhetischen Kriterien zu beurteilen, da wir Ästhetik ganz im Bereich des Intellekts ansiedeln. Was aber ist die Lektüre eines solchen Textes, die sich schließlich zu allererst im Kopf abspielt, wenn nicht eine ästhetische Erfahrung? Gewissermaßen in Fortführung der Freudschen Thesen hat Hans Robert Jauß eine Definition geliefert, wobei ihm der Bereich der Sexualität mit Sicherheit weniger präsent war. Nichtsdestoweniger treffen auch seine Formulierungen in erstaunlicher Weise auf die erregende Literatur zu:

> Auf der rezeptiven Seite unterscheidet sich die ästhetische Erfahrung von anderen lebensweltlichen Funktionen durch die ihr eigentümliche Zeitlichkeit: sie läßt ›neu sehen‹ und bereitet mit dieser entdeckenden Funktion den Genuß erfüllter Gegenwart; sie führt in die anderen Welten der Phantasie und hebt damit den Zwang der Zeit in der Zeit auf. Sie greift vor auf zukünftige Erfahrungen und öffnet damit den Spielraum möglichen Handelns; sie läßt Vergangenes oder Verdrängtes wiederkehren und bewahrt so die verlorene Zeit. Auf der kommunikativen Seite ermöglicht ästhetische Erfahrung sowohl die eigentümliche Rollendistanz des Zuschauers als auch die spielerische Identifikation mit dem, was er sein soll oder gern sein möchte; sie läßt genießen, was im Leben unerreichbar oder auch schwer erträglich wäre; sie gibt den Bezugsrahmen für Situationen und Rollen vor, die in naiver Nachahmung, aber auch in freier Nachfolge übernommen werden können; sie bietet schließlich die Möglichkeit, gegenüber allen Rollen und Situationen die Verwirklichung seiner selbst als Prozeß der ästhetischen Bildung zu begreifen (Jauß 39f).

Wenn wir in diesem Zitat »ästhetische Erfahrung« durch »Lektüre erregender Literatur«, kurz »erregende Lektüre«, ersetzten, würde es keinen Deut von seiner Richtigkeit verlieren. Können wir beide Begriffe gleichsetzen? Ohne Zweifel ist die erregende Lektüre wie jede literarische Lektüre eine ästhetische Erfahrung, wenn nicht sogar die ästhetische Erfahrung par excellence. Zweifellos ist auch der Anblick eines monochromen Bildes eine solche Erfahrung, doch trifft die Jaußsche Definition in diesem Fall nur in wenigen Punkten zu. Das ist nicht weiter verwunderlich, da sie in der Auseinandersetzung mit literarischer Hermeneutik entwickelt wurde. Dort sehen wir sie bestätigt, denn wer von uns war niemals Winnetou oder Dornröschen, fühlte sich nicht als Hans Hansen oder Tonio Kröger? Wie aber sollen wir uns mit Becketts Molloy oder gar mit seinem Innommable identifizieren, wie können wir ihre Rolle in freier Nachahmung übernehmen? Natürlich bringen uns auch diese Bücher den Genuß erfüllter Gegenwart, die erregende Literatur allerdings nicht minder. Letzterer Genuß ist aber verpönt, als schnöder, rein auf den Körper gerichteter Ersatz.

Diese Argumente sind scheinheilig, da zum einen die Rezeption eines jeden Kunstwerks unser Leben um eine Facette bereichert, eine Lücke schließt, folglich eine Art Ersatz bildet. Wer würde einen Naturfreund verdammen, den der Anblick eines Constable um der schönen Landschaft willen entzückt? Zum anderen wird die ästhetische Qualität eines Kunstwerks in keiner Weise geschmälert durch die physischen Reaktionen, die es hervorruft, oder sind etwa Tragödien und Komödien deshalb schlecht, weil sie uns zu Tränen rühren oder zum Lachen bringen? Akzeptieren wir nicht fraglos, daß genau diese Gattungen die intensivsten Eindrücke vermitteln, waren sie nicht über Jahrtausende immer wieder die beliebtesten und angesehensten? Lassen wir die erregende Literatur endlich zu ihrem Recht kommen, gewähren wir ihr die verdiente Anerkennung, derer sie sich unter dem Mantel schon immer erfreute. Dann können wir neidlos konstatieren, daß keine andere Gattung perfekter darauf abzielt, die genannten Funktionen der ästhetischen Erfahrung zu erfüllen. Ganz und gar darauf ausgerichtet, den Leser in die Handlung zu integrieren, reißt sie ihn geradezu in die anderen Welten der Phantasie, läßt ihn zuschauen, ermuntert zum Mitspielen und baut Hemmungen ab, so daß er in Nachahmung oder freier Nachfolge ähnliche Freuden wie die Figuren genießen kann.

Laszivität und Muße

Es ist gewiß kein Zufall, wenn der jüngste der erregenden Texte, die bei der Begriffsbestimmung als Beispiel dienen, die *Courtisanengespräche* Pietro Aretinos, aus dem Jahre 1534 stammt. Dies legt die Vermutung nahe, daß kein antiker Text die gewünschte Funktion ähnlich vorbildlich erfüllt. Aber die *Liebeskunst* Ovids, die Freizügigkeit, mit der Aristophanes Lysistrate das Wort ergreifen läßt, die in allen Schulbüchern zensurierten *Satiren* Juvenals oder gar die Amouren des Göttervaters Zeus höchstpersönlich, soll all das nichts gewesen sein? Niemand wird bestreiten wollen, daß zahlreiche Autoren der Antike über Liebeslust und -leid, von Begehren und Erfüllung mit einer freizügigen Sinnlichkeit geschrieben haben, die wir in späteren Epochen so kaum finden. Sind diese Texte aber erregend? Die Frage läßt sich nur beantworten, indem in diesem Kapitel eine Vielzahl der Texte, die über Jahrhunderte als erotisch galten und immer wieder in die entsprechenden Anthologien Eingang fanden, genau unter diesem Gesichtspunkt analysiert werden. Natürlich muß hierbei die Rolle der Sexualität in der Literatur zur Sprache kommen.

Wenn wir uns auf die Suche nach griechischen Erotikern machen, finden wir zwar eine lange Liste von Namen; ihre Werke sind aber weitgehend verschollen oder bestenfalls fragmentarisch überliefert. Sotades von Maroneia (Mitte des 3. Jh. v. Chr.) hat seinen Namen einer ganzen Gattung gegeben, der sogenannten »sotadischen« Literatur, die laut Paul Englisch (7) gleichbedeutend mit Pornographie ist. Ob seine Werke tatsächlich derartige Qualitäten aufwiesen, darüber lassen sich heute nicht einmal mehr Hypothesen aufstellen, da keines erhalten ist.

Ähnliches gilt für die Stellungen der Elephantis, deren Ruhm beinahe sprichwörtlich war. Sueton berichtet über Tiberius: »Seine verschiedenen Schlafzimmer [im Palast auf Capri] schmückte er mit malerischen und plastischen Darstellungen lasziver Szenen und Figuren aus und versah sie mit den Schriften der Elephantis, damit niemandem beim Ausüben des Liebesaktes ein Muster der vorgeschriebenen Weise fehlte.« (197, Kap. 43) Vielleicht verdankt sie es diesem Sueton-Zitat, daß sie noch den Libertins des ausgehenden 17. Jahrhunderts ein Begriff war: »[Elephantis] peignit toutes les postures qu'elle sut en usage de son temps parmi les débauchés« (602), heißt es in der *Académie des Dames*. Von ihren Werken aber können wir uns heute – abgesehen von den Vorspiegelungen unserer eigenen Phantasie – kein Bild mehr machen.

Sexualität im Epos

Die Gedichte der Sappho sind wenigstens in Fragmenten überliefert. Jahrhundertelang galt sie als Erotikerin von höchst zweifelhaftem Ruf. Wenn wir uns heute der Frage zuwenden, wie erregend diese Lyrik tatsächlich ist, stehen wir zunächst einmal vor dem Problem der Übersetzung, denn bei diesen wie bei vielen anderen Texten variieren die stimulierenden Elemente je nach Übertragung in ungeahntem Maße. Dies gilt ebenfalls für eines der ältesten Werke der Menschheit, das *Gilgamesch-Epos*. Es beginnt mit der Klage der Bürger Uruks ob der Tyrannei des Gilgamesch. Alle männlichen Bewohner der Stadt müssen für ihn arbeiten, denn »Uruks Pracht soll strahlen vor allen Städten und Ländern« (6). Um dieses Ziel zu erreichen, läßt er nicht »die Buhle zu ihrem Geliebten, nicht die Tochter zu ihrem Mann«, zum verständlichen Ärger der Betroffenen: »Ihr Wehklagen stieg empor zu den Göttern«, die daraufhin Enkidu schaffen. Während Gilgamesch in dieser Übertragung seine Untertanen durch erzwungenen Triebverzicht peinigt, haben diese in der Fassung Jean-Jacques Pauverts, der mit diesem Text seine Anthologie eröffnet, ganz anderen Kummer: Sie flehen um Hilfe gegen die sexuellen Übergriffe ihres nimmermüden Herrschers; er ist ein Lüstling (»lubrique«, I,8), dessen Nachstellungen nicht ein Knabe oder Mädchen entgeht: »Gilgamesh ne laisse pas un fils à son père. Il ne laisse pas une vierge à sa mère«.

Zum Glück sind die Übersetzungen selten so divergent wie in diesem Fall; vor allem aber sind uns die meisten Sprachen vertrauter als die assyrische Keilschrift. Schließlich hängt es nicht allein – wie in diesem Fall – vom Sinn ab, ob ein Text unsere Phantasie und unsere Sinne zu reizen vermag, sondern sehr häufig vom genauen Wortlaut. Eingedenk solcher Probleme konzentrieren wir uns auf europäische, genauer in europäischen Sprachen verfaßte Texte. Ob Gilgamesch nun ein großer Wüstling oder ein Despot gewesen ist, können wir nicht entscheiden. Fest steht aber, daß die Götter auf Wunsch seiner Untertanen einen ihm ebenbürtigen Mann aus Lehm formten, Enkidu, der unter Tieren in der Wildnis lebt. Um ihn zu zähmen, verfällt Gilgamesch auf eine List: Eine Tempelhure soll ihn verführen, »Begierde« in ihm erregen und befriedigen. Der Plan glückt. Enkidu wird in die Gemeinschaft der Menschen aufgenommen, nachdem er sich »sechs Tage und sieben Nächte« in Liebe mit dem Weib vereint und anschließend mit Gilgamesch gerungen hat.

Sexualität dient jedoch nicht nur der Menschwerdung und dem Genuß; sie birgt auch ungeheure Gefahren: Die Liebesgöttin Ischtar versucht, Gilgamesch zu verführen, er aber widersteht und rechnet ihr die begangenen »Schandtaten« vor, wie ihre Treulosigkeit gegenüber zahlreichen Liebhabern, die sie mißhandelt und geschädigt hat. Für diese doppelte Schmähung rächt sich die Göttin grausam: Sie läßt Enkidu sterben. Voll Trauer um den Freund irrt Gilgamesch durch die Welt. Auf der Suche nach dem Leben gelangt er zum Garten der Götter. Dessen Hüterin, Sabitu, verwehrt ihm den Eintritt. Sie erklärt ihm, daß Sterblichkeit das Los aller Menschen sei, deshalb solle er das Leben genießen, bei Speise und Trank, Musik und Tanz. »Ziehe reine Kleider dir an, wasche und salbe dein Haupt, bade den Leib in frischem Wasser! Sieh froh die Kinder, die deine Hand erfassen! Freue dich in den Armen des Weibes!« (49) Sexualität ist hier ganz einfach ein Bereich des Lebens, nachdem sie uns in diesem Text zunächst als zentraler Bestandteil des Zivilisationsprozesses, bei der Bändigung des Mannes, begegnet war, und dann als Bedrohung, die zu umgehen ebenfalls Unglück bringt. Die Verführungskünste der Frau und ihre erregende Wirkung auf den Mann werden durchaus beschrieben, doch ist die Lust nicht Selbstzweck, sondern Mittel zur Zähmung des Wilden oder zur Aufrichtung des Niedergeschlagenen. Folglich gehört das *Gilgamesch-Epos* trotz seiner eindeutig erotischen Szenen keinesfalls in eine Geschichte der erregenden Literatur, denn er handelt von der Freundschaft zwischen der Titelfigur und Enkidu, ihren Heldentaten und dem verzweifelten, erfolglosen Versuch, den Tod zu überwinden.

Tod, Liebe und Leidenschaft sind die Themen der meisten Bücher der Weltliteratur. In diesem Sinn können in gewisser Weise sogar die Werke Homers als erotisch gelten. Die *Ilias* in geringerem Maße, da sie sich auf das Kriegsgeschehen konzentriert, doch findet dieser Krieg nur statt, weil eine Frau geraubt wurde: Helena, die so schön ist, daß Aphrodite sie Paris persönlich versprach, um von ihm mit dem goldenen Apfel als schönste Göttin ausgezeichnet zu werden. Helenas Liebreiz ist es gleichfalls zuzuschreiben, daß ihr betrogener Gatte Menelaos nicht allein gegen Troja zieht, sondern die Fürsten der anderen griechischen Stämme ihm beistehen, denn auch sie hatten um die spartanische Prinzessin geworben und dabei das Versprechen abgegeben, dem Siegreichen unter ihnen im Notfall beizustehen.

Die sprichwörtliche Schönheit Helenas ist ebenso außerordentlich wie typisch für die antike Literatur. Einerseits kann Schönheit zum Verhängnis werden: Nur weil ihre Reize so bewundert werden, zieht Psyche sich den eifersüchtigen Haß der Venus zu, und in Abenteuerromanen wie demjenigen Heliodors geraten die Liebenden auf ihren Irrfahrten immer wieder in Gefahr, weil sie von Fremden begehrt werden. Zum anderen ist Schönheit allein ein hinreichender Grund – und zumeist der einzige, der dem Leser mitgeteilt wird – für die Liebe des Mannes. Bereits hier finden wir das für die römische Lyrik typische Motiv des Liebhabers, der sich von der charakterlosen, untreuen Geliebten nicht zu lösen vermag, weil sie so schön ist: Aus Troja heimgekehrt lebt Menelaos mit seiner Gattin, die nach dem Tode des Paris sogar noch dessen Bruder Deïphobos geehelicht hatte, genauso einträchtig wie Odysseus mit seiner getreuen Penelope.

Am Rande sei hierzu angemerkt, daß in homerischer Zeit Liebe zwischen Ehepartnern literarisches Thema sein konnte;

»die Fülle der seligen Liebe«, die Odysseus nach seiner Heimkehr mit Penelope genießt, wird ausdrücklich erwähnt. Im klassischen Griechenland hingegen wurde die ehrbare Gattin in den Frauentrakt des Hauses weggeschlossen und durfte nicht einmal von sich reden machen. Im Hellenismus dann finden wir wenigstens postume Liebesbezeugungen der Gatten auf den Grabsteinen. Ehen wurden von den Eltern als Gemeinschaft zur Wahrung der Familienbesitzes und zur Zeugung von Nachkommen geschlossen. Die rechtliche Position der Frau, die ihr Leben lang unter der Vormundschaft der männlichen Familienmitglieder oder des Gatten blieb, war schlecht; es wäre aber, von diesen Grundkomponenten abgesehen, falsch, die antike Ehe als ein über Jahrhunderte gänzlich unverändertes Modell zu betrachten. Allein das relativ freie Leben der Römerinnen in der späten Republik und frühen Kaiserzeit genügt als Gegenbeispiel.[1]

Bevor Odysseus in die Arme der geliebten Penelope zurückkehrt, muß er bekanntlich eine Reihe von Abenteuern bestehen. Daß ausgerechnet die erotisch gefärbten zu den populärsten gehören, nimmt nicht Wunder. Schließlich wird die Phantasie der Leser stärker angeregt, wenn sie sich die Begegnung des Helden mit der Zauberin Kirke oder der Nymphe Kalypso vorstellen als dessen vergebliche Bemühungen, seine Mannschaft davon abzuhalten, die heiligen Rinder des Helios zu schlachten. Natürlich will ich mich nicht darauf versteigen, die *Odyssee* zu einem erregenden Text zu erklären. Es ist aber wichtig festzuhalten, daß sexuelle Lust in der abendländischen Literatur von Anfang an eine Rolle spielt. Gleichzeitig stellt sich die Frage, warum wir Werke wie dieses aus der Diskussion um die erregende Literatur ausgrenzen können. Eine Antwort ergibt sich aus der Bedeutung, die der Erotik qualitativ wie auch quantitativ zukommt. Kirkes und Kalypsos Begehren bilden Hindernisse auf Odysseus' Heimweg; außerdem vergnügt er sich nicht mit sterblichen Frauen, sondern wird von Göttinnen festgehalten, von Kalypso sogar wider seinen Willen. Die Umarmung mit der Gattin hingegen ist ein Element der glücklichen Heimkehr. Wichtig ist

---

1 Vgl. Siems (1988), Reinsberg (1993), Gardner (1995).

auch, wie diese Begegnungen geschildert, genauer gesagt, eben nicht geschildert werden. Nur je ein Vers evoziert das gemeinsame Lager. Es fehlt also jedwede Beschreibung des Liebesspiels, kein einziges Detail wird preisgegeben. Daraus ergibt sich, daß das Verhältnis von erzählter Zeit zu Erzählzeit zu Ungunsten der Liebesszenen ausfällt. Über das Jahr, das Odysseus bei Kirke verbringt, erfahren wir lediglich, daß ihn seine Gefährten, nachdem sie die ganze Zeit über gut verköstigt worden waren, zum Aufbruch drängen. Es kann sich nun jeder seine eigenen Gedanken machen, warum es den Helden nicht von allein in die Heimat gezogen hat; dem Wunsch der anderen folgt er jedoch sofort und ohne Zögern.

Die genossene Liebeslust dieses Paares wird in keiner Weise beschrieben. Nur zweimal ist überhaupt die Rede davon, daß sie gemeinsam »das köstlich bereitete Lager bestiegen«. Und in beiden Fällen steht keineswegs der körperliche Genuß im Vordergrund, sondern die Übereinkunft, die Odysseus und Kirke treffen. Die Liebesnacht ist sowohl Teil eines Handels als auch der Akt, der ihn abschließt. Eindeutig fordert Kirke den Helden auf:

Dann wohlan, steck ein dein Schwert und laß uns zusammen
auf meinem Lager ruh'n, damit wir beide vereinigt
uns der Umarmung erfreun und werden vertraut miteinander.
(X, 232–235)

Der Pakt des Vertrauens und nicht das Vergnügen ist also der primäre Zweck der gemeinsamen Bettstatt, die Odysseus erst besteigt, nachdem sie ihm geschworen hat, ihn nicht wie seine Gefährten zu verzaubern. So ist es nur folgerichtig, daß der Vertrag ebenfalls »auf dem köstlich bereiteten Lager« wieder gelöst wird, daß Odysseus genau dort von Kirke fordert: »Kirke, erfülle mir jetzt das Gelübde, wie du gebotest / mich nach Hause zu senden!« (X, 483/484) Vor diesem Hintergrund müssen wir selbst die Vereinigung mit Penelope – mag diese auch noch so beglückend sein – als Erneuerung des Ehekontraktes nach fast zwanzigjähriger Trennung sehen.

Von den Umarmungen Kalypsos hören wir überhaupt erst, als diese dem Helden schon lange zur Last geworden sind und es sein sehnlichster Wunsch ist, sie zu verlassen; gleich in den ersten Versen wird die mißliche Lage erwähnt. Später erfahren wir, daß die Nymphe ihn mit Gewalt hält und die Liebesdienste in ihrer Grotte für ihn Fron sind, er die Tage »mit Tränen und Seufzern und bitterem Grame sich härmend« (V, 83) verbringt – wahrlich kein Szenarium, das den Leser zur Nachahmung reizen könnte.

Wir sehen also sehr deutlich, daß die Liebesabenteuer des Odysseus – zumindest in der Form, die Homer ihnen gab – sehr viel mehr mit Abenteuer denn mit Liebe zu tun haben. Sie mögen die Phantasie späterer Autoren angeregt haben, kaum aber die Libido der Leser. Ähnliches gilt zweifellos für die *Theogonie* Hesiods, in der zwar beständig von Zeugung die Rede ist, da schließlich die Entstehung der Götter erklärt werden muß, diese aber weitgehend abstrakt bleibt. Eine immer wieder gern zitierte Ausnahme bildet die Geburt der Aphrodite aus dem Schaum »rings um das göttliche Glied« (191), das Kronos zuvor seinem Vater Uranos abgeschnitten und ins Meer geworfen hatte.

Bibel und Zensur

Von Schöpfung, Zeugung und der Entstehung der Menschheit handelt auch die Bibel. Obwohl wir die Bibel hier als von Menschen verfaßten Text und nicht als göttliche Offenbarung betrachten, wollen wir sie mitnichten zum Erotikon erklären oder wie Ruth Westheimer zum »Sexhandbuch«. Sie hält die Bibel sogar für »die älteste und immer noch klügste Anleitung zum Sex, die je geschrieben wurde« (22). Dies wäre auch dringend nötig, wenn es zutrifft, daß in der jüdischen Hochzeitszeremonie »die sexuelle Befriedigung Teil des Vertrages« und »Enthaltsamkeit keine Tugend ist – der Orgasmus schon.« (12) Welche Rolle *Liebe und Sex in der jüdischen Kultur* – so der Untertitel des Buches – tatsächlich spielen, läßt sich hier nicht klären, und wahrscheinlich teilen nicht alle Rabbiner Frau Westheimers Einschätzung der körperlichen Liebe, die für weit mehr als häuslichen Frieden und Nachkommen sorgen soll. »Die Brücke zwischen Himmel und Erde ist«, ihrer Meinung nach, »Sex, wo mit der größten dem Menschen bekannten Lust die Möglichkeit, daß aus der sexuellen Vereinigung Leben geschaffen wird, einhergeht.« (22) »Es ist bezeichnend, daß das Zeichen für den Bund zwischen Gott und Abraham auf dem Penis sein sollte, denn Gott forderte die Beschneidung« (27).

Unumstritten ist hingegen, daß wir in der Bibel immer wieder von Ehebruch, Vergewaltigung, Inzest, Verführung und vielem anderen lesen, das selbst einer freizügigen Moralvorstellung widerspricht. Bekanntestes Beispiel ist das zum sprichwörtlichen Ort der Unzucht gewordene Sodom, wobei die Verführung Loths durch seine Töchter nach der Zerstörung der Stadt stets besonderen Anstoß erregt hat. Diese handeln allerdings nicht aus Begierde; vielmehr sehen sie in ihrem Vater den einzigen lebenden Mann, von dem sie Kinder empfangen können. Dennoch stieß es immer wieder auf Unverständnis, daß Gott erst eine ganze Stadt wegen der sexuellen Verhaltensweisen ihrer Bewohner vernichtet, um im Anschluß einen doppelten Inzest mit der Geburt zweier Kinder, Amon und Moab, zu belohnen, die darüber hinaus Stammväter werden. Besonders die Bibelkritik der Aufklärung hat diesen Widerspruch immer wieder aufgegriffen, so auch Mirabeau in seinem *Erotika Biblion*[2], in dem er den Leser darauf hinweist, daß die Heilige Schrift eine Menge starken Tobak enthalte: »il faut avoir le goût robuste, car on y trouve des passages infiniment plus fermes qu'aucun de ceux que j'ai cités.« (547)

Was Ruth Westheimer als Beweis für die ›Sex-Freundlichkeit‹ Jehovas gilt, die Beschneidung nämlich, war den Christen äußerst suspekt, und sogar die Aufklärer mokierten sich darüber, daß eine Vorhaut einen göttlich Pakt besiegelt haben soll. Die einhundert Vorhäute, die Samuel von David fordert, bevor er ihm seine Tochter zur Frau gibt (1 Samuel 18,25), wurden als ein wenig konvenierender Brautpreis betrachtet. Gerade die Passagen, die von Begehren und Verführung handeln, dienten der rationalistischen Bibelkritik immer wieder als Argument,

---

[2] Dieser Essay Mirabeaus wurde 1783 publiziert und stellt einen Höhepunkt der aufklärerischen Bibelkritik (z.B. Voltaire: *La Bible enfin expliquée*) dar. In jedem der elf Kapitel behandelt er Fragen der Moral und bestimmte Formen der Sexualität, wobei er seine Beispiele meist der Bibel oder den Schriften der Kirchenväter entnimmt.

um die göttliche Offenbarung in Zweifel zu ziehen, wobei der erotische Gehalt gern in den Vordergrund gestellt wurde. Pierre Bayle beispielsweise wirft David in seinem *Dictionnaire historique et critique* von 1696 mangelnde Keuschheit vor, was nach der Aufzählung seiner diversen Ehefrauen und Konkubinen ein ironischer Euphemismus ist. Seine Liebe zu Bathseba gehört neben Susanna im Bade, Judith und Holofernes sowie Samson und Dalila zu den Stoffen, die Autoren und Maler am häufigsten inspiriert haben, wobei das Ergebnis nicht selten verführerisch ist.

Die Bibel beginnt demnach nicht nur mit einer Verführung, sie ist auch sonst mit Szenen durchaus erregenden Inhalts reich gesegnet. Mögen die Aufklärer genau hierin Angriffsflächen gefunden haben, für Ruth Westheimer entspricht dies göttlicher Logik: »Zur Erschaffung des Sex gehört die Erschaffung der Erregung, und man täuscht sich nicht, sagen die Weisen, all das wurde vom Schöpfer so erdacht« (22). Müssen wir das Alte Testament also doch in den Kanon der erregenden Literatur aufnehmen? Für Generationen von Konfirmanden lag der spezielle Reiz der Bibellektüre in der Suche nach den berüchtigten ›Stellen‹; ob diese aber die Erwartungen erfüllten, können wir nicht mehr nachvollziehen. Gewöhnt an die täglichen Darstellungen von *sex and crime* in den Medien, berührt uns die pure Erwähnung einer Vergewaltigung, eines Mordes oder einer Liebesnacht kaum mehr. Im vergangenen Jahrhundert jedoch genügte mitunter die banale Auflistung ähnlicher Sachverhalte in juristischen Fachbüchern, um die Libido des Lesers aufzuwühlen. Peter Gay berichtet über den Genfer Arzt und Tagebuchschreiber Henri-Frédéric Amiel: »Er erging sich in erotischen Tagträumen; unschuldige Pfänderspiele auf Gesellschaften, Gespräche über die Ehe oder die Erörterung von Victor Hugos Seitensprüngen konnten ihn ebenso erregen wie das Studium der einschlägigen Ehekapitel im kanonischen Recht samt ihrer aufreizenden Überschriften wie ›*fornicatio, concubinatus, raptus, adulterium, incestus, virginitas*‹, gar nicht zu reden von ›*debitum conjugale*‹ oder ›*usus naturalis et contra naturam*‹« (125). Wer nun glaubt, daß eine derartige Sensibilität gegenüber den genannten Themen auf das viktorianische Zeitalter beschränkt sei, der irrt. Schließlich galt das moraltheologische Traktat *De sacramento matrimonii* (1592) des Jesuiten Thomas Sanchez über Jahrhunderte als anstößig. Da es eben auch die Abweichungen vom Pfad der Tugend erörtert, stellte man es häufig auf eine Ebene mit Pornographie; Paul Englisch bezeichnet es als »Erotikum par excellence« (12).

Wie hat sich die Einschätzung des erregenden Textes in der westlichen Welt entwickelt? Leider bieten Norbert Elias oder Hans Peter Duerr kein passendes Modell, denn es hat weder eine kontinuierlich zunehmende Repression, noch ein stetiger Anstieg der Toleranz stattgefunden, sondern eine bis heute ununterbrochene Folge von ›Wetterumschwüngen‹, die auf Zeiten literarischer Freiheiten strenge Zensur folgen ließen. Bekanntestes Opfer ist Ovid, dessen erotische Lyrik erst gefeiert wurde und später zu seiner Verbannung geführt haben soll. Eindeutig ist das Schicksal der burlesken Renaissancelyrik oder der galanten Romane des französischen 18. Jahrhunderts, die von den nachfolgenden Generationen, der Gegenreformation und dem ›Viktorianismus‹, in die Giftschränke gesperrt wurden. Neben diesen Wellenbewegungen bestanden und bestehen innerhalb der einzelnen Epochen stark divergierende Auffassungen. Gern zitiertes Beispiel sind die *Other Victorians*[3], Kehrseite des triebfeindlichen Bürgertums, die einen großen Markt für die verschiedensten Formen der Sexualität in Wort, Bild und Realität bildeten. Noch in unserer liberalen Gesellschaft gibt es Pornographie-Konsumenten und -Gegner, vor allem Gegnerinnen, wenn wir uns an die *PorNo*-Debatte der vergangenen Jahre erinnern.

Weitgehende Einigkeit dürfte hingegen darin herrschen, daß wir die Bibellektüre nicht mehr als Stimulans der Libido betrachten. Es mag daran liegen, daß Verführung und Vergewaltigung im täglichen Fernsehprogramm derart gängige Sujets geworden sind, daß ihre Erwähnung als ein Tatbestand wie viele andere registriert wird. Doch erklärt dies nicht, warum das *Alte Testament* zu keinem Zeitpunkt primär als Erotikon benutzt wurde. Wichtigstes Argument ist zweifellos sein Status als Heilige Schrift, als Wort Gottes. Dieser Standpunkt ist rezeptions-

---

3 Marcus, Steven: The Other Victorians. A Study of Sexuality and Pornography in Mid-Nineteenth-Century England. London 1966.

ästhetisch durchaus gewichtig, uns soll die Bibel jedoch ein Text wie jeder andere sein, wenn auch der weltweit verbreitetste. Wenn wir sie unvoreingenommen lesen, erkennen wir in ihr einen Schöpfungsmythos und eine Stammesgeschichte, in der Sexualität jenseits ihrer reproduktiven Funktion kaum eine Rolle spielt. Wer sich aber Wollust um ihrer selbst willen hingibt, der wird hart bestraft, wie Samson und Holofernes, die die Verführungskünste ihrer Feindinnen das Leben kostet, oder wie die beiden Greise, die nach Susannas Unschuld trachten. Amnon wird von seinem Bruder Absalom getötet, nachdem er ihre Schwester Tamar vergewaltigt hat (2 Samuel 13, 1–29); ihr Vater David zieht sich den Zorn Gottes zu, als er Bathseba verführt und deren Mann Uria in den Tod schickt (2 Samuel 11). Beider Sohn Salomon erwarb zwar unsterblichen Ruhm durch seine Weisheit und den Bau des Tempels, doch seine Vielweiberei (700 Ehefrauen und 300 Konkubinen) führte schließlich dazu, daß er fremde Götter verehrte und damit Unheil über sein ganzes Volk brachte (1 Könige 11, 1–13).

Die Erkenntnis, daß das *Alte Testament* durchaus keinen Lobgesang auf die Freuden der Liebe anstimmt, ist nicht neu; viele der anstößigen Passagen (Susanna, Judith, Tobias) stehen darüber hinaus in den deuterokanonischen Büchern[4], die wegen ihrer unsicheren Überlieferung immer wieder abgelehnt wurden. Diese Frage zu erörtern, wäre im höchsten Maße überflüssig, wenn nicht gerade derartige Vorwürfe einen Teil der Bibelkritik ausmachten und die gewissen ›Stellen‹ zentral für eine bestimmte Rezeption des Textes gewesen wären. Welche Probleme eben diese Passagen in der zweiten Hälfte des 19. Jahrhunderts aufwarfen, zeigt das aberwitzige Unterfangen des steinreichen amerikanischen Unternehmers George Francis Train. Um den fanatischen Sittenwächter Anthony Comstock zu provozieren, »gab er eine Zeitschrift heraus, in welcher er laufend Obszönes aus der Bibel abdruckte [...] und vorschlug, sie wegen Verunglimpfung Abrahams, Salomons und Davids zu

---

4 Als deuterokanonisch bezeichnet man die apokryphen Bücher (u.a. Judith, Baruch, Tobias, Makabeer), die später in den Kanon aufgenommen, von Luther aber wieder verworfen wurden.

verbieten.« Als er schließlich festgenommen wurde, verlangte er »eine Anklage wegen Abdruck von obszönen ›Auszügen aus der Heiligen Schrift‹.« (Marcuse 117) Da das Gericht die Auseinandersetzung scheute, wurde er »zur Irren-Anstalt« verurteilt, nachdem er sich geweigert hatte, die Möglichkeit zur Flucht zu nutzen. Genau das entgegengesetzte Problem hatte ein Mann namens Wise aus Clay Center in Alabama. Er »wurde im Jahre 1895 schuldig befunden, obszönes und pornographisches Material durch die amerikanische Post vertrieben zu haben. Das besagte Material bestand aus Bibelstellen«! (Hyde 20).

Immer wieder haben die Zensoren ›Stellen‹ aufgelistet, mit deren Anzüglichkeit sie das Verbot ganzer Werke rechtfertigten. Noch 1992 indizierte die Bundesprüfstelle für jugendgefährdende Schriften den Roman *Josefine Mutzenbacher. Die Lebensgeschichte einer wienerischen Dirne, von ihr selbst erzählt*, dem sie an Hand einer ›Stellensammlung‹ den Status als Kunstwerk aberkannte, obwohl die selbstberufenen Gutachter dem Text einen »überdurchschnittlichen Kunstwert« zusprachen und »keine mutmaßliche Gefährdung i.o.g.S. von Kindern und Jugendlichen nachzuweisen oder auch nur halbwegs plausibel zu behaupten« vermochten (Glaser in: Brockmeier/Kaiser 305). Im Falle der *Mutzenbacher* ist es allerdings nicht schwierig, pornographische Stellen zu finden; das Buch gehört zweifelsfrei zur erregenden Literatur, ist einer ihrer Klassiker. Wie verhält es sich aber mit Texten wie der Bibel oder anderen Werken der Weltliteratur, in denen mitunter sogar von illegalen Sexualpraktiken die Rede ist, ohne daß die Beschreibung des Liebesgenusses eine zentrale Rolle einnähme. Wir brauchen nur an die berühmte Kutschfahrt in *Madame Bovary* zu denken. Nach dem Urteilsspruch des Oberrichters Cockburn von 1868 konnte man ein Buch wegen eines einzigen obszönen Wortes verurteilen, und noch Ende der 20er Jahre äußerte der Generalstaatsanwalt Sir Thomas Inskip im Prozeß um *The Well of Loneliness*: »Mag das Buch zu 99% einwandfrei sein, so kann doch eine einzige Stelle sein Verbot als obszönes Werk rechtfertigen« (Hyde 11). Geradezu einen Paradigmenwechsel in der Rechtsprechung brachte 1933 der Prozeß gegen den *Ulysses* in den Vereinigten Staaten. Richter John Woolsey meinte zwar, »das Werk sei in manchen Passagen eine starke Dosis für einen empfindsamen normalen Menschen« (Marcuse 14), doch urteilte er schließlich, daß es »*als ganzes gelesen, und so muß ein Buch bei der bei einer Beurteilung wie dieser gelesen werden*, nicht darauf gerichtet ist, sexuelle Gefühle oder lüsterne Gedanken auszulösen« (Hyde 16f; Hervorh. von mir, C.F.). Wenn wir diese Begründung ins Positive verkehren, erhalten wir eine recht gute Beschreibung des erregenden Textes. Wie man aber derartige Gefühle und Gedanken auslöst, soll hier rekapituliert werden.

Aus heutiger Sicht stellen wir fest, daß die bloße Erwähnung von Sexualität im allgemeinen nicht mehr genügt, um die Leser zu stimulieren. Vielmehr muß das Vergnügen detailliert beschrieben oder zumindest die erlebte Lust der Figuren deutlich evoziert werden, um die Phantasie anzuregen und den Wunsch zu wecken, Ähnliches zu verspüren. Entscheidend für die Wirkung ist die Einstellung des Rezipienten, der die Sinnenfreuden gutheißen sollte. Bestätigt wird diese These ex negativo in den Vorworten zu zahlreichen Erotika, in denen die Autoren vorgeben, nachfolgende Ausschweifungen lediglich zur Abschreckung aufs Papier gebracht zu haben. Damit versuchen sie sich gegen den Vorwurf der Pornographie zu schützen – eine Strategie, die um so leichter zu durchschauen ist, als die Lektüre sie klar widerlegt. Doch genügt es nicht, daß Sexualität im Text positiv beurteilt wird; sie muß auch eine zentrale Stellung einnehmen, die für die Handlung entscheidend ist. Dabei geht es keineswegs um ihre biologische Funktion, sondern um den Genuß, den sie den Menschen verschafft.

Besonders wichtig ist, wie bereits erwähnt, die konkrete Darstellung dieses Genusses, und genau dies fehlt – wen wird es wundern – in der Bibel. Über Loths Töchter erfahren wir lediglich, daß jede von ihnen eine Nacht lang das Lager des Vaters teilt, ohne daß er es merkt, und sie sich am nächsten Morgen geschwängert erheben (Gen 19, 31–36). Dalilas Verführungskünste bleiben gänzlich im Verborgenen. Als einzige Intimität wird preisgegeben, daß Samson auf ihren Knien schläft, während ein Philister ihm die Haare abschneidet (Richter 16, 19). Ob Susanna wirklich schon im Bade ist, als die beiden Alten sich ihr nähern, wird genauso wenig gesagt wie daß sie sich auszöge oder gar nackt wäre (Daniel 13, 15–27). Lediglich Judiths Reize sowie ihre aufwendige Schönheitspflege werden beschrieben

(Judith 10, 3–4); und zwar deshalb, weil sie ihr nicht als Vorbereitung des Liebesspiels, sondern als strategische Waffe dienen.

Eine Ausnahme bildet das *Hohelied*, das sich bekanntermaßen im Ton gänzlich von den übrigen Texten unterscheidet. Vom ersten Vers an werden die verschiedensten sinnlichen Genüsse besungen, Geschmacks-, Tast- und Geruchssinn immer wieder aufs Verheißungsvollste beschworen, die Schönheit der Frau wie die des Mannes in allen Details gelobt, wobei der Leib – Brüste, Nabel, Bauch und Flanken – detailliert geschildert wird. Wir können uns sogar die Umarmung der Liebenden vorstellen, denn es heißt, daß sein linker Arm unter ihrem Kopf liegt, während er sie mit der Rechten umfaßt. Der ständige Ausdruck der Sehnsucht und des Begehrens in seiner sinnlichen Metaphorik – Düfte, Öl, Wein – antizipieren die Freuden der Liebe mehr, als daß sie sie schilderten. Ob der Geliebte sein Versprechen, die Palme zu besteigen – er verspricht es, nachdem er die Geliebte mit einer Palme verglichen hat –, bleibt zu vermuten, denn die Vereinigung des Paares wird ausgespart. Dieser Wechselgesang der Liebenden, der König Salomon zugeschrieben wird, ist allerdings – wenn wir der weniger frommen Interpretation folgen – ein Hochzeitslied, die Vorfreude sein eigentliches Thema. Als Hochzeitslied fällt er aus dem Rahmen dieser Untersuchung, weniger weil solche Lieder die vielleicht einzige ›legitime‹ Gattung sind, deren erregender Charakter nicht nur geduldet wird, sondern sogar ihre *raison d'être* ausmacht. Martial schreibt: »Wie kann ich Polterabendlieder singen, / wenn Hochzeitsnächtliches nicht drin erwähnt wird?« (»quid si me iubeas thalassionem / verbis dicere non thalassionis?« I,35,6f). Diese formalisierten Lobgesänge auf die Freuden des Ehebettes wollen wir bestenfalls am Rande betrachten, da sie in erster Linie Teil einer rituellen Handlung sind, wie heute noch die Versteigerung des Strumpfbandes der Frischvermählten. Es nimmt nicht Wunder, wenn das »Hochzeitsnächtliche« solcher Verse mitunter recht derb formuliert ist, schließlich fand der biologische Vollzug der Ehe über lange Zeit weitgehend öffentlich statt, um so mehr falls dynastische Interessen im Spiel waren. Cesare Borgia muß bei der Inbesitznahme seiner Gattin Charlotte d'Albret wahre Heldentaten vollbracht haben. Deren Cousin, »König Ludwig XII. von Frankreich schrieb dem

Papst, Cesare habe ihn beim Vollzug seiner Ehe übertroffen, und ein Gesandter berichtete, vier Lanzen mehr als der König habe Cesare gebrochen, zwei vor und sechs nach dem Abendessen« (Krabs 97) – für die jungfräuliche Braut zweifellos eine Tortur und für den Mann wahrscheinlich kein reines Vergnügen.

Griechische Liebeslyrik

In Sapphos *Buch der Hochzeitslieder* wird die Schönheit der Braut ebenfalls gelobt. Hier ist es gänzlich unverfänglich, daß die Dichterin ihr Entzücken über weibliche Reize äußert. Da sie dies aber auch in anderen Gedichten tut, setzte man das lyrische Ich mit der realen Person der Verfasserin gleich[5], unterstellte ihr homosexuelle Neigungen und benannte die Liebe unter Frauen nach ihrer Heimatinsel Lesbos. Ob Sappho tatsächlich ihre Schülerinnen begehrte, ist genauso wenig sicher wie die Fiktion Ovids, daß sie sich aus Liebe zu dem Jüngling Phaon – der in ihren Gedichten an keiner Stelle genannt wird – vom Leukadischen Felsen in den Tod stürzte. Fest steht hingegen, daß sie adlig in Mytilene geboren wurde, heiratete, eine Tochter hatte und um 600 v. Chr. aus politischen Gründen nach Sizilien fliehen mußte. Wir dürfen bezweifeln, ob tatsächlich ihre sexuellen Vorlieben ihren ›schlechten‹ Ruf begründeten; allerdings hat sie – zumindest aus attischer Sicht – die Konventionen grob verletzt. Dort spielte sich das Leben der Ehefrauen ausschließlich im Haus ab; sie bewohnten den verschließbaren Frauentrakt meist im Obergeschoß des Hauses, wo sie keinen Besuch empfangen durften. Von Gastmählern waren sie ausgeschlossen, »selbst die Nennung ihres Namens in der Öffentlichkeit war ungehörig« (Reinsberg 42). Ihre Bildung beschränkte sich auf

---

5 Wenn ich im folgenden den Terminus Dichter oder Autor anstatt lyrisches Ich oder Sprecher für Gedichte, die in der 1. Pers. Sing. verfaßt sind, verwende, so ist damit selbstverständlich letzteres und nicht die historische Person gemeint. Ich gestatte mir diese Freiheit, um unnötige sprachliche Schwerfälligkeit zu vermeiden, zumal diese Unterscheidung wohl jedem Leser bewußt ist.

die zur Führung des Haushalts notwendigen Tätigkeiten; die »Abgeschlossenheit« ihres Daseins »führte zu einer emotionalen Verkümmerung, geistigen Verarmung und Abstumpfung« (43). Auf Lesbos hingegen nahmen die Frauen wie in homerischer Zeit am gesellschaftlichen Leben teil; es gab Verbindungen von Frauen und Mädchen, die ›Dichterschulen‹ bildeten. Eine solche soll Sappho geleitet haben. Damit wie auch durch ihre Dichtung, in der sie sich wiederholt nennt, verstieß sie gegen das Ideal, das in Athen herrschte. Dort war »die sexuelle Zurückhaltung der Ehefrau ein hoch geschätztes Gut« (Reinsberg 48), wohingegen Sappho in ihren Gedichten das Stereotyp des ›lüsternen Weibes‹ zumindest partiell bestätigt. So gab es genügend Gründe, ihr unsittliches Verhalten zu unterstellen.

Ist ihre Lyrik Ausdruck lesbischer Liebe? Sicher gibt es Elemente, die eine derartige Vermutung nahelegen, einen definitiven Beleg hingegen finden wir nicht, da uns nur Fragmente geblieben sind. Im prüden 19. Jahrhundert scheute sich Karl Otfried Müller nicht, in den beschriebenen Gefühlen »weit weniger die Farbe einer mütterlichen Fürsorge als einer verliebten Leidenschaft« (299) zu erkennen. Schon das erste Gedicht, eines der wenigen, die wohl in Gänze überliefert sind, bringt uns zum Problem der Übersetzung zurück.

> Bunten Thrones ewige Aphrodite,
> Kind des Zeus, das Fallen stellt, ich beschwör dich,
> nicht mit Herzweh, nicht mit Verzweiflung brich mir,
> Herrin, die Seele.
>
> Nein, komm hierher, so du auch früher jemals
> meinem Ruf vernommen und ganz von ferne
> hörtest drauf und ließest des Vaters Haus, das
> goldene, und kamst, den
>
> Wagen im Geschirre. Dich zogen schöne
> schnelle Spatzen über die schwarze Erde,
> flügelschwirrend, nieder vom Himmel durch die
> Mitte des Äthers,
>
> gleich am Ziele. Du aber, Selig-Große,
> lächeltest mit ewigem Antlitz und du
> fragtest, was ich wieder erlitte, was ich
> wiederum riefe,

was ich maßlos wünschte, daß mir geschähe,
rasend in der Seele. »Ja, wen soll Peitho
deinem Liebeswerben verführen, wer, o
Sappho, verschmäht dich?

Ist sie heut noch flüchtig, wie bald schon folgt sie, ist sie
Gaben abhold, sie selbst wird geben,
ist sie heut noch lieblos, wie bald schon liebt sie,
auch wenn sie nicht will.«

Komm zu mir auch jetzt; aus Beschwernis lös mich,
aus der Wirrnis; was nach Erfüllung ruft in
meiner Seele Sehnen, erfüll. Du selber
hilf mir im Kampfe.

Wie Pauvert ganz richtig feststellt, variiert der »érotisme« (I,99) der Gedichte je nach Übersetzung, doch nicht dieser allein. So hat die vorletzte Strophe in seiner französischen Fassung einen gänzlich anderen Sinn und ist wie der vorangehende Satz als Frage formuliert, so daß es offen bleibt, welchen Geschlechts die begehrte Person ist. Karl Otfried Müller hingegen läßt in seiner *Geschichte der griechischen Literatur* nicht den leisesten Zweifel daran, daß die Dichterin einen Mann durch der Göttin Hilfe gewinnen wollte (vgl. 295f). Allerdings ist im weiteren meist von weiblicher Schönheit und Liebe zu Frauen die Rede.

Lesbianismus oder nicht, uns interessiert vielmehr, ob Ovids Urteil auf einer solideren Grundlage beruht als die unglückliche Liebe zu Phaon, die er ihr andichtet. Sapphos Werk sollen die jungen Frauen kennen, »denn wer schreibt erotischer«, »quid enim lascivius illa?« (*Ars* III,331) Was genau er mit »lascivius« meinte – die Bedeutungsspanne reicht laut Wörterbuch von »lustig«, »verspielt« bis »unzüchtig«, »geil« – können wir leider nicht bestimmen, doch ohne jeden Zweifel sind diese Gedichte erotisch, denn immer wieder beschreiben sie Sehnsucht und die Spannung unerfüllten Begehrens, so auch in den zitierten Strophen. Die Worte »Und ich sehn mich und ich begehr« (XVI) sind die einzigen, die von einem anderen Gedicht geblieben sind, und in ihrem berühmtesten beklagt ein Ich, in der Mitte der Nacht allein zu liegen (LIX). Die Macht der Leidenschaft wird zwar deutlich – »Eros zerwühlte mir das Gemüt, wie ein Wind vom Gebirg in die Eiche fällt« (XXIII) – ihre Erfüllung bestenfalls sanft angedeutet – »doch ich, auf den Kissen weich lagernd, breite die Glieder« (XXII). Wer möchte ausschließen, daß diese sinnliche Evokation weiblicher Hingabe den einen oder anderen Leser noch heute zu erregen vermag? Allein, wenn hier Passion zum Ausdruck kommt, dann eher Liebesleid als -glück, so daß diese Lyrik den bislang gesammelten Kriterien erregender Literatur nicht entspricht. Wir wissen jedoch nicht, was uns alles verloren gegangen ist; besonders die folgenden Bruchstücke lassen ahnen, daß Sapphos Dichtung vielleicht in unserem Sinn des Wortes lasziv war:

> und auf Betten, die weich bereit,
> zarte . . . .
> hast gestillt deine Sehnsucht . . . . . (XL)

Auch in den Fragmenten, die von Archilochos und Alkaios erhalten sind, finden wir Erotisches. Der älteste bekannte Lyriker wird mitunter sogar recht deutlich – »da entlud sich ihm / sein Ding, das wie beim Eselhengst / so groß, beim gutgefütterten, Prienischen« (95). Die wenigen, unzusammenhängenden Fragmente machen ein genaueres Urteil unmöglich. Alkaios, Zeitgenosse der Sappho, schreibt ihr violette Locken und ein honigsüßes Lächeln zu. Wenn er von Liebe spricht, dann nur in mythologischem Gewande, wobei ihm die Sinnlichkeit der Dichterin fehlt. Es ist altbekannt, daß auch in den Oden Anakreons und Pindars von Liebe und Begehren die Rede ist, allerdings in einer Weise, welche die Mehrzahl der heutigen Leser nur ästhetisch reizen kann.

Die Epigramme der *Anthologia Greca*, die Konstantinos Kephalas um 900 in Konstantinopel zusammenstellte, würden sie sicher ähnlich beurteilen. Im 5. und 12. Buch hat Kephalas Verse über die Liebe zu Mädchen respektive Knaben gesammelt, die jedoch meist von unerfüllter Liebe handeln, die Schönheit der Geliebten loben oder ihre Geldgier tadeln. Gerne deuten die Dichter den Mythos der Danae, zu der Zeus als Goldregen kam, prosaisch um, vergleichen den Erwählten mit Ganymed oder gar mit Eros, beklagen seinen ersten Bartwuchs, ertränken ihren Schmerz im Wein. Wenn die Liebenden tatsächlich zueinander finden, ist selten von mehr als nur Küssen die Rede.

> Beide preßten wir Brust an Brust und Körper an Körper,
> drückten die Lippen vor Glück eng aufeinander zum Kuß,
> ich und Antigone. Über das Weitere möchte ich schweigen.
> Unsere Lampe allein ließen als Zeugin wir zu.
>
> *Marcus Argentarius* (V,128)

Wenn in wenigen Epigrammen auch die Umarmungen in den Text aufgenommen werden, so verhindert die Kürze – sie bestehen meist aus ein bis vier Distichen – eine detaillierte Beschreibung des Genusses, die darüber hinaus bestenfalls in Metaphern erfolgt. Noch die raren Ausnahmen bestätigen diese Regel weitgehend.

> Drei Mann auf einmal befriedige ich, die Lyde, aufs schnellste:
> Oben und unten zugleich wie auch von rückwärts hinein,
> Knabenverehrer und Weiberhelden und üppige Schwelger.
> Habt ihr es eilig, zu dritt, pfeift auf die Hemmungen und kommt!
>
> *Gallus* (V,49)

> Doris, das Mädchen mit rosigen Backen, bog ich zum Lager
> nieder und wurde zum Gott angesichts blühender Pracht.
> Mir um die Hüften klammerte sie die lieblichen Schenkel,
> lief Aphrodites Bahn grad bis zum Ziele hindurch,
> schwimmenden Blickes; und bei der Bewegung durchzuckte ein Funkeln,
> schnell wie die Blätter der Wind, leuchtend die Augen, tiefrot,
> bis wir, für beide, die schäumende Flut des Samens verströmten,
> Doris zurücksank, erschöpft, schlaff der ermattete Leib.
>
> *Dioskorides* (XII,55)

Zu den wichtigsten Quellen der Anthologia gehören die *Musa padiké* Stratons (2. Jh. n. Chr.) und der »Kranz«, den Meleagros (ca. 140–60 v. Chr.) aus eigenen Gedichten sowie denen älterer Lyriker geflochten hat. Beide Autoren sind im 12. Buch über die »Knabenmuse« mit zahlreichen Stücken vertreten. Straton äußert sich gleich zu Beginn über die Qualitäten der verschiedenen Altersstufen, Phänotypen oder »Schwänze«. Weshalb er Mädchen nicht mag, teilt er recht plastisch mit: »Kälte beweisen sie alle von hinten. Das Schlimmste: Sie bieten / einer schweifenden Hand keinerlei kräftigen Griff« (XII,7,5f). Im letzten Gedicht des Buches (XII,258) stellt er jedoch klar, daß er stets nur als Autor und nicht als Person spricht. Während Straton sich zumindest gewisse dichterische Freiheiten gestattet, beklagt Meleagros vor allem die »Unglückseroten« (XII,81), die die Wunden seiner »tränenbetauten Seele« (XII,80) immer wieder aufreißen. Nur im Traum (XII,125) ist ihm die Nähe des Liebsten vergönnt.

Männer unter sich

Zu allen Zeiten ist das Liebesleid in seinen vielfältigen Schattierungen besungen worden; das Glück erfüllter Liebe hingegen nur selten. Anstatt über die möglichen – und letztendlich offensichtlichen – Gründe zu orakeln, soll hier nur festgehalten werden, daß die Klage eines Mannes über die Hartherzigkeit des geliebten Knaben einer demographischen Wahrscheinlichkeit entsprach. Die Jahre, in denen ein Junge für die Rolle des *eromenos*, des Geliebten, in Frage kam, waren begrenzt, wohingegen er später lange Zeit selbst *erastes*, Liebhaber, sein konnte. Es bestand ein rein quantitatives Mißverhältnis, das allein schon den Liebhaber in die oft problematische Position des Bittstellers versetzte.[6]

Daß Homosexualität und Knabenliebe keineswegs so rundum positiv gewertet wurden, wie gern behauptet wird, entnehmen wir der Ablehnung solcher Praktiken durch Aristoteles, der sie wie das Kauen von Nägeln als krankhafte »Entartung« betrachtet.[7] Die Probleme zeigen sich sogar in einem Text, der gern als

---

6   Heinz Schlaffer (1995) sieht in der problematischen Situation des *erastes* den Ausgangspunkt aller Liebeslyrik: »Gerade aus dem ungewissen Status und Zweck dieser Liebe ergab sich die Notwendigkeit, unablässig ihren Grund zu bedenken und ihren Stil zu besprechen« (683). Er entwickelt sogar die überraschende These, daß diese Konstellation sich über die Jahrtausende erhalten hat. »Unter den gewohnten Formen der Liebesdichtung, deren heterosexuelle Bedeutung der Leser natürlich und daher unbezweifelbar voraussetzt, verbirgt sich eine heterosexuelle Tiefenstruktur.« (688)

7   »Das sind Formen von tierischem Wesen, andere (2a') entstehen infolge von Krankheiten – oder in manchen Fällen aus geistiger Umnachtung, z. B. bei dem Mann, der seine Mutter als Opfergabe geschlachtet und verzehrt hat, oder bei dem Sklaven, der die Leber seines Mitsklaven aufgegessen hat – andere Entartungen sind krankhaft, (2b') eine Folge von

Hohelied auf die Päderastie gelesen wird: Platons *Symposion*. Hier wird die Knabenliebe gepriesen, von Männern, die sie auch zu leben scheinen, allerdings um von dort aufzusteigen und zur »Vollendung« zu gelangen (211a). Zu dieser Vollendung gehört die Überwindung des körperlichen Verlangens, eine Stufe, die Sokrates bereits erreicht hat, denn nach gemeinsam verbrachter Nacht erhebt sich der schöne Alkibiades von dessen Lager »ohne etwas weiteres, als wenn [er] bei einem Vater oder Bruder geschlafen hätte« (219c). Zuvor erfahren wir von Pausanias, der die Knabenliebe ebenfalls hoch schätzt, daß diese Haltung durchaus nicht allgemein verbreitet ist: »In Ionien aber und sonst an vielen Orten erklärt es die Sitte für schändlich« (182b), und sogar in Athen geschieht es, daß »die Väter Aufseher bestellen für die Geliebten, um nicht zuzugeben, daß sie sich mit den Liebhabern unterhalten« (183c), solche Verbindungen also zu verhindern suchen. Andererseits ist Pausanias genauso wenig für eine völlige Schrankenlosigkeit wie in Elis und in Böotien, wo die Jünglinge nicht zögern, »den Liebhabern zu willfahren«, ohne daß es der geringsten Verführung bedurft hätte. Wir können folglich davon ausgehen, daß die Pädophilie eine weit verbreitete Praktik war. Sie unterlag aber recht komplizierten Regeln: Zu ihnen gehörte, daß der Knabe sich nicht penetrieren lassen durfte, da dies seiner Männlichkeit widersprochen hätte. Die homosexuellen Paare auf den Vasen sind fast immer durch einen großen Altersunterschied gekennzeichnet und beschränken sich – von einigen ganz seltenen Ausnahmen abgesehen – auf Handgreiflichkeiten, während heterosexuelle Vergnügungen in zahlreichen Varianten zu bewundern sind.

Im ersten nachchristlichen Jahrhundert greift Plutarch den Standpunkt Platons nochmals auf, allerdings nur, um ihn schließlich zu widerlegen. Sein *Eroticos* ist eine Hymne auf die

---

Gewöhnung, z. B. das Ausrupfen der Haare oder das Kauen von Nägeln oder sogar von Kohle und Erde. Und dazu die Päderastie. Denn dies sind Dinge, die bei manchen aus der Naturanlage, bei manchen aus der Gewöhnung stammen, letzteres z. B. bei denen, die von früher Kindheit an zur Lust mißbraucht worden sind« (*Nikomachische Ethik*, 1148). Vgl. Dover (1978), S. 168 ff.

Laszivität und Muße

Trinkschale (um 480 v. Chr.)

*Detail einer rotfigurigen Schale des Brygos-Malers
(um 480 v. Chr.)*

Ehe, die allein die wahrhaftige Verschmelzung der Liebenden ermögliche – vielleicht ein Ausdruck der Stärkung dieser Institution durch die Augusteische Gesetzgebung. Die »Paarung«

von Männern hingegen gilt Plutarch als »grob« und »tierisch«, ihre Verbindung sei selten von Dauer. Homosexualität bezeichnet er als widernatürlich, die Liebe zu Knaben allerdings setzt er derjenigen zu Frauen gleich als »ein und dieselbe Leidenschaft«. Demnach ist es nur logisch, daß eine Person sowohl Frauen als auch Knaben liebt, was Dichter zumindest in ihren Texten praktizierten. Martial liebt Damen, Freigelassene und Sklavinnen (III,33) genauso wie Knaben; Horaz sehnt sich nach neuer Liebe, »sei's ein Mädchen, blendendweiß / Oder ein schmeidiger Knabe« (»aut puellae candidae / aut teretis pueri«; *Epoden*, 11,27f). Catull scheut sich nicht, in den *Carmina*, in denen er seine Liebe zu Lesbia besingt, der Sehnsucht nach Juventius ebenfalls Ausdruck zu verleihen:

Mellitos oculos tuos, Iuventi,
si quis me sinat usque basiare,
usque ad milia basiem trecenta [...].

Mein Juventius, dürft< ich deine süßen
Augen küssen, so oft wie ich nur wollte,
Viele tausendmal würde ich sie küssen. (48)

In Rom scheint die Situation weniger komplex als im klassischen Griechenland gewesen zu sein. Der aktive Part galt als legitimer Akt der Triebabfuhr, der passive hingegen als verächtlich, da weibisch und unterwürfig, so daß er im allgemeinen Sklaven zukam, zumal die Verbindung mit freien Knaben als Mißbrauch, d.h. unzulässig betrachtet wurde. Folglich war es eine erhebliche Beleidigung, einen Römer eines derartigen Verhaltens zu bezichtigen. Sueton berichtet, daß sowohl die Feinde Cäsars als auch diejenigen des Augustus zu diesem Mittel gegriffen haben, wobei er dem Gerücht im ersten Fall etwas mehr Gewicht beimißt. Beide hätten, so schreibt er, auf diesem Wege Vergünstigungen errungen (35f, Cäsar Kap. 49; 128f, Augustus Kap. 68).

Berühmt ist das Schmähgedicht Catulls, in dem er Aurel und Furius als Schwuchtel oder »Männerhure« beschimpft und ihnen androht, sie »oben und unten« zu traktieren.

Pedicabo ego vos et irrumabo,
Aureli pathice et cinaede Furi,
qui me ex versiculis meis putastis,

quod sunt molliculi, parum pudicum.
nam castum esse decet pium poetam
ipsum, versiculos nihil necesse est,
qui tunc denique habent salem ac leporem,
si sunt molliculi ac parum pudici
et quod pruriat incitare possunt,
non dico pueris, sed his pilosis,
qui duros nequeunt movere lumbos.
vos quod milia multa basiorum
legistis, male me marem putatis
pedicabo ego vos et irrumabo.

Ich werd' unten und oben euch traktieren,
Männerhuren, Aurel und Furius, beide,
Weil ihr glaubt, daß ich sei wie meine Verse,
Wenig ehrbar und weichlich, grad wie diese,
Keusch und sittsam soll sein der fromme Dichter,
Doch die Verslein, die haben's nimmer nötig,
Die erst dann wirklich Witz und Feinheit haben,
Wenn sie weich sind und allzu wenig sittsam
Und, was geil ist, verstehen anzustacheln;
Nicht die Knaben, die stark behaarten Männer,
Die die Lenden schon nicht mehr rühren können.
Weil ihr leset bei mir von tausend Küssen,
Glaubt ihr, daß ich zu wenig Mannheit habe?
Ich werd' oben und unten euch traktieren! (16)

Es mag aus heutiger Sicht befremdlich wirken, daß der Autor diesen beiden als Strafe androht, sie in eine Position zu zwingen, die freiwillig einzunehmen er sie beschimpft, gerade so, als ob man ein dreckiges Schwein mit Schlamm bewerfen wollte. Genau die Verdoppelung hebt aber hervor, als wie erniedrigend der passive Part galt. Noch weniger verstehen wir heute, warum eine anale und orale Vergewaltigung die gerechte Vergeltung für den falschen Vorwurf mangelnder Keuschheit und Männlichkeit sein soll. Daß ein solch brutaler Akt letztere widerlegt, ist durchaus einsichtig; wie er aber Tugendhaftigkeit beweist, ist für uns schwierig nachzuvollziehen. Sicherlich war es auch seiner Zeit nicht möglich, einen solchen Beweis auf diesem Wege anzutreten. Allein der Gedanke, auf besagte Verleumdung derart zu reagieren, zeigt dennoch – wenn wir von einer gewissen Ironie absehen – daß aktive Triebabfuhr an der Person eines anderen Mannes nicht per se als unsittlich galt, oder daß zumindest ihre Androhung als Beleidigung, nicht aber als ›Antrag‹ verstanden wurde.

Was uns an diesem Gedicht interessiert, ist nicht der Kontrast zwischen der Sittlichkeit des Autors und der Freizügigkeit seiner Werke. Zum Glück ist es einerseits aus der Mode gekommen, von literarischen Texten auf die Biographie des Verfassers zu schließen; andererseits braucht sich heute niemand mehr für die Produktion erregender Kunstwerke zu entschuldigen. Interessant ist, daß der Dichter die erregende Funktion seiner Verse hier ausdrücklich erwähnt, die seiner Meinung nach »anzustacheln« verstehen. Catull spricht von »incitare« und nicht von »excitare«, das wir mit »erregen« übersetzen könnten. Da es aber die Geilheit ist, die gereizt werden soll, gebraucht er das Verb durchaus in unserem Sinne. Der Autor ist sich allerdings bewußt, daß nicht jeder gleichermaßen auf den Text reagiert. Er denkt offensichtlich nur an Männer, die über ihre volle Zeugungskraft verfügen und ohnehin schon in der richtigen Stimmung sind (»quod pruriat«, »was geil ist«). Die Worte wirken also nur dort, wo sie ›auf fruchtbaren Boden fallen‹. Ob der Text den Leser stimulieren kann, hängt demnach nicht nur von der historischen Situation und den persönlichen Vorlieben ab, sondern in mindestens ebenso starkem Maße von seiner aktuellen Disposition im Augenblick der Lektüre. Ist der Begriff der erregenden Literatur damit nicht ad absurdum geführt? Bei so vielen Variablen scheint es in der Tat ein Ding der Unmöglichkeit zu sein, allgemeingültige Regeln aufzustellen. Allerdings sind die Elemente des erregenden Textes, die wir bislang zusammengetragen haben (s. S. 37), gut geeignet, um bei einem nicht geringen Anteil der Leser zu ›zünden‹; dies um so mehr, als eben die notwendige Prädisposition besteht. Der Titel trägt entschieden dazu bei, sie zu gewährleisten, wenn er suggeriert, was vom Text zu erwarten ist. Im Laufe der Zeit entwickelte sich ein ganzes System, um allein durch das Titelblatt auf die Lektüre einzustimmen, so daß der ›Pakt der Erregung‹ noch vor der ersten Zeile geschlossen wird; ein System, das im Frankreich des 18. Jahrhunderts optimal entwickelt war.[8]

---

8 Details hierzu im Kapitel »L'Age d'or«.

Noch spannender ist der Gedanke, daß Laszivität das Salz (»salem«) dieser Verse ist. Catull argumentiert nicht – wie viele seiner Nachfolger – daß seine Dichtung Qualitäten besitze, obwohl sie nicht durchgehend den Vorschriften gestrenger Sittlichkeit genügt. Ihre Qualitäten – »Witz und Feinheit« – entstünden überhaupt erst durch den bewußten Verstoß gegen diese Regeln, und ihr Effekt auf das entsprechende Publikum beweise diese Qualität. Die aus heutiger Sicht vielleicht anzüglichen Elemente sind folglich aus poetologischer Sicht unverzichtbar für bestimmte Formen geistreicher Lyrik. Wir dürfen nicht vergessen, daß »lascivus« auch verspielt bedeutet, und diese Lyrik, als Produkt des »otium«, der Mußestunden deklariert, hatte eindeutig spielerischen Charakter, zumindest insofern als sie ein Spielfeld bildete, auf dem Freiheiten gestattet waren, die außerhalb seiner Begrenzungen anstößig gewesen wären.

Gesalzener Witz

Es ist nur konsequent, daß Martial (ca. 40–120 n. Chr.) reichlich einhundert Jahre später seinen gesalzenen Versen die von Catull empfohlene Würze verleiht. Schließlich hat er dem Epigramm – ursprünglich nichts anderes als die literarisierte Form von Aufschriften – seine spezifische Form gegeben. Wenn noch heute »›epigrammatisch‹ synonym gebraucht wird mit ›pointiert‹, ›zugespitzt‹, dann kann Martial das ganz und gar auf sein Konto verbuchen« (Martialis 1996, 30f).

> Omnia quod scribis castis epigrammata verbis
> inque tuis nulla est mentula carminibus,
> admiror, laudo; nihil est te sanctius uno:
> at me luxuria pagina nulla vacat.
>
> Daß du nur züchtige Worte im Epigramme verwendest
> und daß in deinem Gedicht niemals ein Schwänzlein sich rührt,
> anerkenn ich bewundernd: du glänzest im Heiligenscheine,
> aber in meinem Buch ist jede Seite lasziv. (III,69)

Martial tat gut daran, die »züchtigen Worte« seines Kollegen anzuerkennen, denn er hat sein Versprechen nicht gehalten. In den meisten seiner Gedichte ist überhaupt nicht die Rede von »Schwänzlein« oder ähnlichen Organen. Lediglich 150 von 1172 Epigrammen wurden 1701 für eine Ausgabe ad usum delphini »als obszön ausgemerzt« (Martialis 1966, 10). Doch selbst in diesen 150 geht es weniger um Schönheit, Sehnsucht oder Liebesgenuß als um die Pointe, die geistreiche, überraschende Formulierung. So wäre die wenig erquickende Verbindung mit Lydia kaum der Erwähnung wert, wenn diese nicht auf den Kontrast zwischen ihren körperlichen Reizen und ihrer Dummheit abzielte.

> Non est mentitus qui te mihi dixit habere
> formosam carnem, Lydia, non faciem.
> est ita, si taceas et si tam muta recumbas
> quam silet in cera vultus et in tabula.
> sed quotiens loqueris, carnem quoque, Lydia, perdis
> et sua plus nulli quam tibi lingua nocet.
> audiat aedilis ne te videatque caveto:
> portentum est, quotiens coepit imago loqui.

> Lydia, ganz zu Recht erzählte man mir, daß du schön bist,
> aber so wie ein Stück Fleisch, das keinen Ausdruck besitzt.
> Ja so ist's, wenn du neben mir liegst, so stumm und so schweigsam
> wie eine Puppe aus Wachs, wie ein gemaltes Porträt.
> Redest du aber einmal, so flieht auch die Schönheit des Fleisches,
> niemandem schadet dann so eigene Zunge wie dir.
> Mögen dich nur – sieh dich vor! – die Ädilen nicht sehen und hören:
> Unheil kündet es an, wenn eine Statue spricht. (XI,102)

Selbst dies bliebe fade ohne den verblüffenden Schluß, der drei Elemente geschickt kombiniert: Der Aberglaube, daß Statuen als Verkünderinnen großen Unheils zu sprechen beginnen, steht in witzigem Kontrast zu dem Unheil, das Lydia sich durch die eigenen – dummen – Worte zuzieht sowie zu ihrer Trägheit, die sie wie eine Statue wirken läßt. Trotz des eindeutig lasziven Sujets soll der Leser nicht durch imaginierte Sinnlichkeit verlockt werden, sondern mit klarem Verstand die Kunstfertigkeit des Autors goutieren.

Ähnliches gilt für die diversen Gedichte auf gehörnte Ehemänner. In ihnen zieht Martial alle Register, um den Betrogenen ihre Schmach möglichst pikant kundzutun. Der Frau des Gallus wirft er übermäßigen Geiz vor; nur eines gibt sie: »nämlich sich« (II,56). Candidus zählt er auf, welche Schätze er sein eigen nennt, »doch mit der Menge des Volks teilst du die Gattin« (»uxorum sed habes, Candide, cum populo«; III,26). Marian schließlich, der einen »Krauskopf« an der Seite seiner Frau als deren Geschäftsführer duldet, muß sich sagen lassen: »Deiner Frau Geschäfte besorgt er? Geschäfte der Krauskopf? Ihre Geschäfte sind's nicht: deine sind's, die er besorgt« (»res uxoris agit? res ullas crispulus iste? / res non uxoris, res agit iste tuas«; V,61). Wenn von Liebe die Rede ist, klingen die Verse keineswegs versöhnlicher:

> Thaida Quintus amat. ›quam Thaidaʻ‹ Thaida luscam.
> unum oculum Thais non habet, ille duos.
>
> »Quintus liebt Thais.« – »Welche?« – »Die, der ein Auge fehlt.«
> – »Dem Quintus fehlen beide, wenn Thais er erwählt.« (III,8)

Nicht einmal dort, wo Martial genossene Freuden recht detailliert schildert, regt er zur Nachahmung an:

> Lascivam tota possedi nocte puellam,
> cuius nequitias vincere nemo potest.
> fessus mille modis illud puerile poposci:
> ante preces totum primaque verba dedit.
> improbius quiddam ridensque rubensque rogavi:
> pollicita est nulla luxuriosa mora.
> sed mihi pura fuit; tibi non erit, Aeschyle, si vis
> accipere hoc munus condicione mala.
>
> Mit einer scharfen Maid hab unlängst eine Nacht
> gar neckisch ich und höchst vergnüglich durchgebracht.
> War eine Stellung uns auch noch so unvertraut,
> frisch gingen wir ans Werk und haben sie gebaut.
> Als ich dann müde war, da bat ich sie recht fein:
> »Zum andern Eingang auch einmal laß mich hinein!«
> Erst hat das liebe Kind ein wenig sich geziert
> und wollte lange nicht – dann ward auch das probiert.
> Zum Schluß wollt' ich noch was: das war nun ganz speziell;
> ich hab mich selbst geniert, jedoch sie tat's recht schnell.
> Du möchtest, Aeschylus, auch gern mal bei ihr sein?
> Ich rate nicht dazu: ihr Kuß ist nicht mehr rein. (IX,67)

Abgesehen davon, daß die Sprache der Übersetzung uns den Zugang erschwert, gehören diese Zeilen wohl eher in die Kategorie der Herrenwitze als der erregenden Literatur, denn es geht nicht darum, die Sinnenfreuden zu vermitteln. Vielmehr werden in möglichst amüsanter Form die verschiedenen Möglichkeiten aufgelistet, wie eine Frau den Mann befriedigen kann. Am Ende steht sie aber genauso dumm da wie der Adressat des Textes. Sie wird als durch ihre Hingabe beschmutzt herabgewürdigt, ihm dringend von einer Begegnung mit ihr abgeraten. Nicht das Liebesspiel, sondern das Spiel mit Worten steht im Vordergrund und unterdrückt somit den erregenden Charakter selbst stark libidinös besetzter Themen.

Der häufige negative Beigeschmack dieser Darstellungen trägt mit Sicherheit dazu bei, daß der Leser nicht den Wunsch empfindet, das Genannte selbst auszuprobieren. Dies gilt natürlich in sehr viel stärkerem Maße für die Satiren von Martials Zeitgenossen Juvenal[9] (ca. 55 – nach 127 n. Chr.). Hier nun sehen wir die ›Auswüchse‹ ungehemmter Sexualität in schrillsten Farben beleuchtet. Seine beinahe wütenden Verhöhnungen richten sich aber nicht nur gegen diese Form der »Unmoral«: Geiz tadelt er genauso wie Luxus, Habgier, Genußsucht, Erbschleicherei, Wucher, Verschwendung, Betrug oder Spielleidenschaft. Vom heiteren Spott Martials, dem es mitunter mehr um das ›Bonmot‹, sprich die Pointe als um gezielten Tadel zu gehen scheint, kommt bei Juvenal ein heftiges Ressentiment zum Ausdruck, besonders deutlich in der 6. Satire gegen die Frauen. Kaum eine Untugend, die er ihnen nicht zum Vorwurf macht, doch seine Misogynie gipfelt in der Behauptung, daß eine Frau, die Perfektion verkörpert – wenn Mann sie denn findet – vollends unerträglich sei (vgl. VI,161ff). Folgerichtig schlägt er die Knabenliebe als Alternative vor:

> aut si de multis nullus placet exitus, illud
> nonne putas melius, quod tecum pusio dormit,
> pusio, qui noctu non litigat, exigit a te
> nulla iacens illic munuscula, nec queritur quod
> et lateri parcas nec quantum iussit anheles?

> Oder, falls dir keiner von den vielen Auswegen zusagt, hältst du
> es nicht für besser, wenn mit dir ein Knabe schläft,
> ein Knabe, der nachts mit dir nicht streitet, von dir keine

---

9 Martial erwähnt Juvenal in VII,24 und VII,91, sonst wird er nicht genannt.

Geschenkchen verlangt, wenn er bei dir liegt, und nicht klagt,
du würdest deine Lenden schonen und nicht in dem verlangten Maß
keuchen? (VI,33–37))

Juvenal zeigt uns in aller Deutlichkeit, daß Päderastie und passive Homosexualität vollkommen unterschiedlich bewertet wurden; letztere schmäht er in der zweiten und neunten Satire in so obszönen Tönen, daß beide aus den Schulbüchern verbannt wurden, wie ihr Verfasser wahrscheinlich gegen Ende seines Lebens aus Rom. Wenn hier bestimmte Sexualpraktiken durchaus detailliert wiedergegeben werden, dann aber derartig abschätzig und degoutant – »ist es denn einfach und leicht, einen ordentlichen Penis in das Gedärm / hineinzudrücken und dort dem Mahl von gestern zu begegnen?« (»an facile et pronum est agere intra viscera penem / legitimum atque illic hesternae occurrere cenae?«; IX,43f) – daß den meisten Lesern die Lust gewiß vergeht.

Menschliche Schwächen sind auch ein traditionelles Thema der Komödie, der misogyne Züge ebenfalls nicht fremd sind. Hetären, Eunuchen und Kupplerinnen gehören zum Personal, die Liebeslust ist immer wieder Thema. Zur Protagonistin wird letztere in Aristophanes' *Lysistrate* (411 v. Chr.), da die Frauen durch Verweigerung ihre Männer zum Frieden zwingen wollen. Hier steht aber nicht weibliche Keuschheit männlicher Triebstärke gegenüber. Vielmehr stößt Lysistrates Vorschlag, diese ultima ratio zu wählen, bei ihren Geschlechtsgenossinnen zunächst auf heftigen Widerstand, da sie ebensowenig entbehren wollen, was sie verwehren sollen. Schon in den ersten Versen klagt Lysistrate, wie sehr die Frauen sich von ihrer Libido leiten lassen, und kaum beginnt sie das erste Gespräch, werden ihre Worte in obszönem Sinne mißdeutet.

> Kleonike: Was ist es aber denn,
>   Wozu du, Liebste, uns zusammenriefst?
>   Ist es ein großes Ding?
> Lysistrate: Ein großes!
> Kleonike: Dickes?
> Lysistrate: Bei Gott, ein dickes!
> Kleonike: Und da zögern wir?
> Lysistrate: Was du meinst, nicht! Sonst wär'n wir schnell beisammen!

Noch heute gelingt es Szenen wie dieser, das Publikum zu amüsieren, weshalb dieses Stück das vielleicht populärste des Aristo-

Aubrey Beardsley: Illustration zu Lysistrate *(1896)*

phanes ist. Durch die Vermengung von Doppeldeutigkeit, Mißverständnis und Anzüglichkeit schafft er komödiantischen Wortwitz, der trotz des Themas vor allem den Lachnerv der Zuschauer reizen soll. Wenn sie hier sehen, wie schwer es den Figuren fällt, auf den Genuß der Umarmungen zu verzichten, dann ist diese Schwäche nur eine von vielen, die wie Geiz, Geltungssucht oder Feigheit in der Komödie bloßgestellt werden. Sexualität ist nur einer der Stoffe, um Menschliches, Allzumenschliches auf die Bühne und damit das Publikum zum Lachen zu bringen. Die Lust, die hier provoziert wird, ist Heiterkeit.[10]

---

10 Dies gilt im gleichen Maße für die römische Komödie, die aus diesem Grunde nicht berücksichtigt wird, obwohl die Stücke von Terenz und Plautus einige durchaus ›pikante‹ Szenen enthalten.

Die Liebe als Kunst

Dienten Liebe und Sexualität den Autoren von Epigrammen, Satiren und Komödien als ein Thema neben anderen, so waren sie das große Thema Ovids. Ob die Dichtung aber seine Verbannung mitverschuldet hat, wird sich wohl nicht mehr klären lassen. »Carmen« und »error«, so schreibt er in den *Tristien* (II,207), haben zu seiner lebenslangen *relegatio* nach Tomis am Schwarzen Meer geführt. Dieser »error«, vermutet man heute, war kein Vergehen, sondern die Kenntnis von Vorgängen, an deren Geheimhaltung Kaiser Augustus im höchsten Maße gelegen war und die wahrscheinlich im Zusammenhang mit seiner eigenen Tochter Julia standen.[11] Fast gar nichts erfahren wir hierüber bei Sueton: »Beide Julien, Tochter und Enkelin, mußte er in die Verbannung schicken, da sie ihren Ruf durch ihr lasterhaftes Leben beflecken« (124f, Kap. 65).

Dies ist wenig, allzumal bei einem Autor, der uns sonst recht genau informiert, schließlich sind die populärsten Passagen seiner *Cäsarenleben* die Beschreibungen der kaiserlichen Ausschweifungen. Meist beschränkt er sich jedoch auf die schlichte Wiedergabe allgemeiner Tatsachen. So schreibt er über Claudius lediglich: »Zum weiblichen Geschlecht hatte er einen übermäßigen Hang, zum männlichen gar keinen. Brettspiele liebte er sehr« (315, Kap. 33). Über Caligula erfahren wir, daß er kein Tabu respektierte: »Mit Marcus Lepidus, mit dem Pantomimenschauspieler Mnester und mit einigen in Rom als Geiseln lebenden Fürsten soll er in gegenseitiger Unzucht gelebt haben. Ein junger Mann aus konsularischer Familie, Valerius Catullus, hat es sogar in aller Welt ausgeschrien, er sei von Caligula geschändet und durch den Verkehr mit ihm krank geworden. Abgesehen von der Blutschande, in der er mit seinen

---

11 Auch der neusten Ovid-Forschung ist es nicht gelungen, dieses Geheimnis zu lüften (vgl. Holzberg 1997, 36f). Fest steht, daß Augustus in den »Krisenjahren 4–14« strengere Ansichten in moralischen Fragen vertrat; es bleibt jedoch ungewiß, ob es »vielleicht kein Zufall [war], daß Ovid vermutlich im selben Jahr verbannt wurde wie die jüngere Julia, bei der die offizielle Strafbegründung ihr lockerer Lebenswandel, also das Verstoßen gegen die *lex Iulia de aldulteriis* war« (52f).

Schwestern lebte, und der weltbekannten Liebschaft mit der Prostituierten Pyrallis war auch sonst kaum eine vornehme Frau vor ihm sicher« (258, Kap. 36). Eine solch trockene Aufzählung mag den Leser ob der enormen kriminellen wie sexuellen Energie in Erstaunen, kaum aber in Erregung versetzen, zumal derartige ›Stellen‹ einen verschwindend kleinen Bruchteil der Viten ausmachen, die sich im übrigen auf die militärischen und politischen Taten konzentrieren. Neben dem tadelnden Tonfall widerspricht auch der Mangel an Details unseren Vorstellungen von erregender Literatur. Lediglich die ausgefallenen Praktiken von Tiberius und Nero werden beschrieben. Nero soll sich ein Spiel ausgedacht haben, das darin bestand, »daß er in das Fell eines wilden Tieres genäht aus einem Käfig herausgelassen wurde und in diesem Aufzug auf die Schamteile der an den Pfahl gebundenen Männer und Frauen losstürzte« (353, Kap. 29). Dagegen nehmen sich die Vergnügungen des Tiberius auf Capri beinahe harmlos aus. »Scharen« von Mädchen und Lustknaben »ließ er zu dreien verbunden miteinander Verkehr treiben, während er zuschaute, um durch den Anblick seine abgestumpfte Begierde wieder aufzustacheln« (197, Kap. 43). Seine verschiedenen Schlafzimmer schmückte er wie eingangs zitiert (s. S. 25f). Allerdings soll er sich auch von »der Mutterbrust noch nicht entwöhnten Kindern an seinem Glied oder an den Brustwarzen saugen lassen« sowie Knaben »die er seine ›Fischchen‹ nannte, angeleitet haben, ihm beim Baden zwischen den Beinen durchzuschwimmen, um ihn herumzuspielen, ihn dabei zu lecken und zu beißen« (198, Kap. 44).

Trotz des Voyeurismus und der recht genauen Beschreibung erscheinen mir diese Passagen in den zahlreichen erotischen Anthologien der Antike deplaziert, da sie aus dem Zusammenhang gerissen sind und der tadelnde Gestus des Sprechers sie lustfeindlich erscheinen läßt. Dies zeigt recht deutlich, wie undifferenziert der Begriff ›Erotik‹ in solchen – und anderen – Zusammenhängen verwendet wird; es genügt anscheinend, daß von Begehren oder Sexualität im weitesten Sinne die Rede ist.

Welche Rolle hat die *Liebeskunst* für die Verbannung Ovids im Jahre 8 n. Chr. tatsächlich gespielt? Wahrscheinlich keine sehr große, wenn man bedenkt, daß der Text bereits um die Zeitenwende entstanden und publik gemacht worden war. Gern wird in diesem Zusammenhang auf die Augusteische Gesetzgebung verwiesen, die drastisch auf eine Förderung der ehelichen Treue – ausschließlich seitens der Frau, versteht sich – abzielte. Doch das wichtigste diesbezügliche Gesetzt stammt bereits aus dem Jahre 18. v. Chr. Die entscheidende Neuerungen der *lex Iulia de aldulteriis* bestehen darin, daß »Ehebruch zum ersten Mal als Verbrechen angesehen« (Gardner 129) wurde und daß sie »einen speziellen Gerichtshof« (125) für derartige Fälle schuf, wodurch die *familia* ihrer Zuständigkeit für die Regelung derartiger Konflikte verlustig ging. Der Ehemann war sogar verpflichtet, seine untreue Gattin anzuzeigen, wenn er nicht Gefahr laufen wollte, selbst der Kuppelei bezichtigt zu werden; allerdings werden genügend Paare eine Möglichkeit gefunden haben, sich illegal gütlich zu einigen.

Ein Reflex dieser Gesetzgebung mit ihren drakonischen Strafen – Vermögensverlust und Verbannung für die Frau sowie für den Mann, der eine verheiratete Frau verführt – findet sich bereits in der Einleitung der *Ars amatoria*:

> Este procul, vittae tenues, insigne pudoris,
> Quaeque tegis medios instita longa pedes.
> Nos Venerem tutam concessaque furta canemus,
> Inque meo nullum carmine crimen erit.

> Haltet euch ferne von mir, zarte Haarbänder, Zeichen der Keuschheit,
> Und du, langer Besatz, der du die Füße bedeckst!
> Sichere Liebe besing' ich und heimliches Tun, das *erlaubt* ist,
> Und in meinem Gedicht wird kein Verbrechen gelehrt. (I,31f; Hervorh. von mir, C.F.)[12]

Unter den Ehefrauen, die an ihrer Kleidung, der bis zu den Füßen reichenden Stola zu erkennen waren, sollte man sich also keine Geliebte auswählen, doch auch der Umgang mit anderen ehrbaren Römerinnen, Jungfrauen oder Witwen, war verboten. An Sklavinnen und Prostituierte, wobei die meisten Prostituierten Sklavinnen waren, konnte nicht gedacht sein. Die Sklavin hatte ihrem Besitzer selbstverständlich als Objekt seiner Begierde zu dienen; ihre Vergewaltigung durch Dritte wurde

---

12 Vgl. auch II,600.

bestenfalls als Sachbeschädigung geahndet. Prostituierte hingegen standen so niedrig im sozialen Ansehen und wurden so erbärmlich entlohnt[13], daß auch sie nicht umworben wurden. Blieben die Freigelassenen – die auch Horaz als Geliebte empfiehlt[14] – und die Konkubinen, Frauen ohne *conubium*, d. h. ohne rechtliche Befähigung zur Ehe, die in eheähnlicher Gemeinschaft mit einem Mann zusammen lebten. »Weniger deutlich war jedoch der Status einer Frau, die sich diskret einen oder zwei Liebhaber hielt und von diesen Geld bekam – wie die berühmten Geliebten der Dichter und Politiker« (Gardner 135). Damit sind wir leider über genau die Frauen, von denen Ovid spricht, sowie über ihre rechtliche Lage am wenigsten informiert. Wird auch der klare Gesetzesbruch vermieden, so scheint die Situation nicht so unkompliziert zu sein wie im Fall der Prostituierten, die ihrem Gewerbe ebenso legal nachgingen wie hauptberufliche Zuhälter, doch machen wohl gerade diese Komplikationen den besonderen Reiz aus.

Wie schwierig es war, mit einer Schönen ins Gespräch zu kommen, läßt die *Ars amatoria* vermuten. Rund ein Drittel des ersten Buches ist der Frage gewidmet, wo ein Mann Mädchen begegnen und wie er Kontakt zu ihnen aufnehmen kann. Anschließend wird erörtert, wie er ihre Zuneigung gewinnt, deren Fortbestand Thema des zweiten Buches ist. Im dritten Buch schließlich wendet sich der Autor an die Frauen und erklärt ihnen, wie sie ihre Reize möglichst vorteilhaft zur Geltung bringen. Eine ›ehrenwerte‹ Römerin auf der Straße anzusprechen, war nicht nur schwierig, denn sie erschien nie ohne Begleitung, sondern sogar ein Verbrechen: »›Ansprechen‹ wird nämlich als ›einen Anschlag auf die Tugend durch schmeichlerische Reden unternehmen‹ erklärt« (Gardner 118) und als *iniuria* geahndet. Deshalb ist es besonders wichtig, den Kontakt geschickt einzu-

---

13 Der Tarif von zwei As wird in den pompejanischen Inschriften am häufigsten genannt. »Das entsprach einem Kaufkraft-Äquivalent von zwei Laiben Brot oder einem halben Liter Wein gehobener Qualität« (Weeber 1996, 63).
14 »Glaub mir, mit größter Sicherheit beziehst du deine Ware eine Klasse tiefer, wo die freigelassenen Mädchen sind« (*Satiren* I,2,47f).

fädeln. Wie ambivalent der Status der hier angesprochenen Damen ist, zeigt folgender Rat:

> Interea, sive illa toro resupina feretur,
> Lecticam dominae dissimulanter adi:
> Neve aliquis verbis odiosas offerat auris,
> Qua potes ambiguis callidus abde notis.
>
> Einstweilen, wenn auf das Polster gestützt deine Herrin sich tragen
> Läßt, tritt verstohlenen Schritts an ihre Sänfte heran,
> Und daß mit lästigem Ohr deine Worte nur niemand belausche,
> Hülle, wenn möglich, in schlau täuschende Zeichen sie ein. (I,487f)

Daß sie in einer Sänfte getragen wird, beweist das noch nicht, daß sie tatsächlich ›ehrbar‹ ist, denn erst Kaiser Domitian verbietet Prostituierten den Gebrauch von Sänften (Gardner 254), so wie Päpste im 16. Jahrhundert den römischen Courtisanen Kutschfahrten untersagen. Um sich aber diesen Luxus leisten zu können, muß die Dame über einen gewissen Wohlstand verfügen; der Anstand wiederum gebietet, daß der Verehrer nur »verstohlen« und möglichst verklausuliert das Wort an sie richtet.

Natürlich ist Ovids *Liebeskunst* kein erregender Text par excellence; dies verhindert bereits die Gattung des Lehrgedichts, das sich auf die konkrete theoretische Anleitung zur Anbahnung einer Liebesbeziehung konzentriert. Der Genuß erfüllter Leidenschaft ist zwar das erklärte Ziel und damit das implizite Thema, beschrieben wird aber der Weg dahin. Folgerichtig heißt es am Ende des zweiten Buches: »Schau, das verschwiegene Bett nahm auf die beiden Verliebten. / Bleibe, o Muse, nun stehn vor der verschlossenen Tür« (II,703f) – um dann allerdings auch von dem zu sprechen, was hinter dieser Tür geschieht. Schon zuvor finden wir Szenen voller Sinnlichkeit. Beim Wettrennen rät der Autor: »Ständig, so fest du nur kannst, drück deine Seite an sie« (I,140). Den Staub vom Schoß des Mädchens soll der Verehrer sorgfältig mit den Fingern entfernen. »Ist aber kein Staub da, schüttle dennoch ab – eben keinen« (I,151). Indem der Kavalier den Kleidersaum aus dem Schmutz aufhebt, kann er Pluspunkte bei der Angebeteten sammeln und gleichzeitig einen Blick auf ihre Beine erhaschen. Eher symbolisch ist der Austausch von Zärtlichkeiten beim Gastmahl:

Die Liebe als Kunst

Atque oculos oculis spectare fatentibus ignem:
Saepe tacens vocem verbaque vultus habet.
Fac primus rapias illius tacta labellis
Pocula, quaque bibet parte puella, bibas:
Et quemcumque cibum digitis libaverit illa,
Tu pete. dumque petes, sit tibi tacta manus.

Darfst in die Augen ihr schaun mit Augen, worin deine Glut sich
Zeigt, denn ein schweigender Blick hat oftmals Stimme und Wort.
Reiße als erster den Becher an dich, nachdem mit den Lippen
Sie ihn berührt hat, und trink da, wo das Mädchen auch trinkt.
Und von jeder Speise, von der sie sich grad mit den Fingern
Nahm, nimm auch du, und dabei sollst du die Hand ihr berührn.
(I,573)

Der Abschied schließlich bietet Gelegenheit für weitere sanfte Zärtlichkeiten. Sicher sind diese kleinen Vergnügungen recht unschuldig, da sie aber alle Glieder einer Kette sind, die am Ende zur höchsten Wollust führt, gewinnen sie eine zusätzliche Spannung, die sorgfältig bis zum Höhepunkt am Ende des zweiten Buchen gehalten wird.

Invenient digiti, quod agant in partibus illis,
In quibus occulte spicula tingit Amor.
[...]
Cum loca reppereris, quae tangi femina gaudet,
Non obstet, tangas quominus illa, pudor.
Aspicies oculos tremulo fulgore micantes,
Ut sol a liquida saepe refulget aqua.
Accedent questus, accedet amabile murmur,
Et dulces gemitus aptaque verba ioco.
Sed neque tu dominam velis maioribus usus
Desere, nec cursus anteeat illa tuos.
Ad metam properate simul. tum plena voluptas,
Cum pariter victi femina virque iacent.

Jetzt finden etwas zu tun die Finger in jenen Bereichen;
An denen stets insgeheim Amor die Pfeilspitzen netzt.
[...]
Hast du die Stellen gefunden, an denen die Frau gern berührt wird,
Halte dich Scham nicht zurück, daß du sie dort auch berührst;
Sehn wirst du, wie ihr die Augen in zitterndem Feuer erglänzen;
Häufig strahlt Sonnenlicht so vom klaren Wasser zurück.
Klagende Laute auch kommen hinzu und ein liebliches Murmeln,
Süßes Gestöhn, manches Wort, wie es zu diesem Spiel paßt.

> Laß aber nicht die Geliebte in Schußfahrt mit volleren Segeln
> Hinter dir, und deiner Fahrt eile auch sie nicht voraus.
> Eilet gemeinsam zum Ziel; die Lust ist dann erst vollkommen,
> Wenn überwältigt zugleich daliegt die Frau mit dem Mann. (II,707f)

Damit uns diese Verse mit ihrer Metaphorik und den zahlreichen – im Zitat ausgesparten – mythologischen Anspielungen noch zu erregen vermögen, bedarf es zweifellos einer entsprechenden Disposition des Lesers. Allerdings bieten sie im Vergleich zu den bisher genannten Texten die deutlichste und vor allem lustbetonteste Beschreibung des Liebesspiels. Außerdem unterscheiden sich die obenstehenden Passagen grundsätzlich von den üblichen ›Stellen‹, da sie in einem Kontext stehen, der gänzlich diesem Thema gewidmet und sorgfältig auf den Gipfelpunkt hin konstruiert ist. Diesem Schema bleibt Ovid auch im dritten, den Frauen gewidmeten Buch treu. Während er den Männern erklärt, mit welchen Aktivitäten sie die Auserwählte erobern, schreibt er jetzt: »Lehren, wie eine Frau liebenswert ist, möcht ich.« (III,28) Es versteht sich von selbst, daß dazu zuerst das Äußere – Haare, Kleidung, Schminke – gehört, aber auch die Sprache, der Gang und das Verhalten in Gesellschaft. Ihre Rolle bleibt weitgehend darauf beschränkt, anmutig zu sein und dem Mann zu gefallen. Dies ändert sich auch ganz am Schluß nicht, führt aber zu der paradoxen Konsequenz, daß sie genau auf dem Feld, das traditionell von männlicher Dominanz geprägt ist, die Initiative übernimmt, auf dem Liebeslager nämlich. In Abwandlung der delphischen Aufforderung zur Selbsterkenntnis heißt es hier: »Jede erkenne sich selbst«, damit sie dann genau die Position einnehmen kann, die ihr am besten zu Gesicht oder zu den sonstigen relevanten Körperteilen steht.

> Quae facie praesignis erit, resupina iaceto:
> Spectentur tergo, quis sua terga placent.
> Milanion umeris Atalantes crura ferebat:
> Si bona sunt, hoc sunt aspicienda modo.
> […]
> Cui femur est iuvenale, carent quoque pectora menda,
> Stet vir, in obliquo fusa sit ipsa tor.
> Nec tibi turpe puta crinem, ut Phylleia mater,
> Solvere, et effusis colla reflecte comis.
> Tu quoque, cui rugis uterum Lucina notavit,

Ut celer aversis utere Parthus equis.
Mille ioci Veneris
[...]
Sentiat ex imis Venerem resoluta medullis
Femina, et ex aequo res iuvet illa duos.
Nec blandae voces iucundaque murmura cessent,
Nec taceant mediis improba verba iocis.

Ist ihr Gesicht wunderschön, dann soll auf dem Rücken sie liegen;
Die, der ihr Rücken gefällt, soll man vom Rücken her sehn.
Auf seinen Schultern trug Milanion gern Atlantes
Schenkel: In *der* Position soll, sind sie schön, man sie sehn.
[...]
Sind ihre Schenkel jugendlich, makellos auch die Brüste,
Stehe der Mann, während sie schräg übers Lager sich streckt.
Denke nicht, es stehe dir schlecht, das Haar wie die Mutter aus Phyllos
Aufzulösen; den Hals bieg, trägst du's offen, zurück.
Du, der Lucina den Leib mit Runzeln gezeichnet hat, reite
Wie schnelle Parther, denn sie sitzen verkehrt auf dem Pferd.
Tausend Spiele kennt Venus
[...]
Bis in ihr innerstes Mark gelöst soll die Frau alle Wonnen
Spüren; das Lustgefühl soll gleich groß für beide dann sein.
Nicht sollen schmeichelnde Worte verstummen und liebliches Flüstern,
Lockere Worte solln nicht aufhören mitten im Spiel. (III,773–796)

Verglichen mit späteren Liebeslehren nimmt sich Ovids Text fast schüchtern aus. Welche Tabus allen Legenden um die unbeschwerte antike Sinnlichkeit zum Trotz auf derartigen Darstellungen gelegen haben müssen, zeigt sich bereits an den entschuldigenden Einleitungsfloskeln und auch daran, daß seine Zeitgenossen weitaus zurückhaltender in der Darstellung genossenen Glücks waren. Und schließlich hätte die *Ars amatoria* nicht als Grund oder zumindest als Vorwand für die Verbannung dienen können – alle Exemplare wurden aus den drei öffentlichen Bibliotheken entfernt – wenn sie nicht als anstößig betrachtet worden wären.

Der gesellschaftliche Stellenwert des altindischen *Kamasutra* wird gern mit demjenigen anderer ›Benimmbücher‹ wie etwa des *Knigge* verglichen, eine Sichtweise, die sicher nicht unproblematisch ist. Tatsächlich enthält der erste von sieben Teilen des um 250 n. Chr. entstandenen Werkes Lehrsätze sowie eine Liste der 64 Künste, die ein Mädchen erlernen soll, Künste, die höheren Töchtern und praktischen Hausfrauen durchaus angemessen sind; verlangt werden u. a. Gesang, Instrumentenspiel, Tanz und Malerei, aber auch Kochkünste, Fertigkeiten im Möbelschreinern sowie Kenntnisse auf so disparaten Gebieten wie Häuserbauen oder Etymologie. Der zweite Teil über die »Einigung von Mann und Frau« bringt dann, was wir uns vom *Kamasutra* versprechen. Neben recht trockenen Abhandlungen über Nagelmale, Schläge, Lustbisse und -laute, finden wir die berühmten Stellungen. Die Beschreibungen sind weitgehend technischer Natur, entscheidend ist aber letztendlich nicht die Akrobatik, sondern daß der Mann die von der Frau »am stärksten begehrte Stellung für die Einigung einnimmt, und zwar mit aller Heftigkeit der Leidenschaft, deren er fähig ist.« (90) Der heikle Ruf des Buches mag darin begründet liegen, daß es sich überhaupt in solcher Ausführlichkeit der körperlichen Liebe angenommen hat; wesentlich befördert wurde er gewiß durch den Umstand, daß hinter der Detailversessenheit sexueller Etikette nicht die »schwindelerregenden Höhen heftiger Leidenschaft, die auf ihrem Gipfelpunkt blind für die Gewalt und sogar die Qual der angewandten Mittel und Wege wird« (91), in Vergessenheit geraten.

Gerade hierin besteht die größte Schwierigkeit derartiger Anleitungen. Meist ist die Konzentration des Lesers vollauf damit beschäftigt, sich den Winkel vorzustellen, in dem der kleine Finger oder der große Zeh für die jeweilige Variante abgespreizt werden soll, so daß der eigentliche Zweck der Übung, die Maximierung der Lust nämlich, in seiner Phantasie keinen Raum mehr findet. Im Geiste konstruiert er mühsam, was in der Realität mitunter weitaus mühsamer ist, ohne daß er etwas von den damit verbundenen Freuden empfände. Regelrecht langweilig oder sogar komisch wie der »Purzelbaum« sind die endlosen Aufzählungen im *Blühenden Garten* des Scheik Nefzaui: »Die Frau muß eine Hose tragen, die sie zur Erde fallen läßt. Dann biegt sie ihren Körper so, daß sie den Kopf zwischen ihre Füße hält, ihr Kopf in der Öffnung der Hose anlangt. Der Mann ergreift in diesem Augenblick die Beine der Frau und dreht jene auf dem Rücken herum, indem er sie einen Purzelbaum schlagen läßt; während er seine Beine dann zusammendrückt, bringt er sein Glied genau dem Schoß gegenüber und führt es ein, indem er es in den Zwischenraum der beiden Beine gleiten läßt.« (95) Offenbar war es dem Autor des wahrscheinlich zu Beginn des 16. Jahrhunderts am Hofe des Bai von Tunis entstandenen Werkes bewußt, wie inadäquat eine derartige Schilderung dem Thema ist. Diesem Mißstand hat er gründlich abgeholfen, indem die Instruktionen in ein Netz reizvoller Erzählungen und Schilderungen von exquisiter Sinnlichkeit eingewoben hat. Daß es eben nicht um Gymnastik, sondern um Entfachung und Erfüllung von Leidenschaft geht, macht die Einleitung des Kapitels deutlich, und damit ist sie unendlich viel erregender als alle technischen Details: »Wenn du dir eine angenehme Einigung verschaffen willst, die beide Teile in gleicher Weise beglückt und befriedigt, mußt du zuvor mit der Frau scherzen, sie erregen durch Bisse, durch Saugen an ihren Lippen, durch Liebkosungen auf Hals und Wangen [...] Siehst du also die Lippen der Frau erzittern und sich röten, siehst du ihre Augen schmachten und ihre Seufzer stärker werden, wisse, dann lechzt sie nach Einigung, dann dringe zwischen ihre Schenkel vor, um dein Glied in ihren Schoß einzuführen.« (86)

Grundlage all dieser Liebeskünste ist die feste Überzeugung, daß nur der gemeinsame Genuß ein vollkommener ist. Somit wird es letztendlich gleichgültig oder zumindest zweitrangig, ob sie für ein männliches Publikum geschrieben wurden oder für Leser beider Geschlechter, da beider Lust in gleichem Maße berücksichtigt ist; selbst wenn die weibliche nur in Funktion auf die Erfüllung des Herren betrachtet wird, bleibt ihr dennoch kein Reiz vorenthalten. Dies wird sich in einigen Erotika späterer Jahrhunderte so grundlegend wandeln, daß wir nur staunen können.

Liebe von Göttern und Menschen

Auszüge aus dererlei Liebeslehren bilden einen selbstverständlichen Bestandteil erotischer Anthologien. Dort finden wir aber auch immer wieder Passagen aus Traktaten, die eigentlich ganz anderen Themen gewidmet sind oder zumindest nicht in der

Absicht verfaßt wurden, ihre Leser sexuell zu stimulieren, wie etwa medizinische Abhandlungen oder die Schrift des Aristoteles über die Fortpflanzung der Tiere. Sein Hinweis, daß barfuß Gehen dem Geschlechtsverkehr abträglich ist, weil kalte Füße der Liebe schaden, kann durchaus hilfreich sein; von einem erregenden Text würden wir jedoch erwarten, daß er uns reizvolle Methoden offenbart, die Füße der oder des Geliebten und damit das Verlangen zu erwärmen. Erstaunlich aufreizend ist zumindest die Szene aus Senecas *Naturbetrachtungen*, in der er über den »Wüstling« Hostius Quadra spricht (I,16). Es liegt mir aber fern, den Moralisten Seneca deshalb zum Erotiker zu erklären; vielmehr gilt für diese ›Stelle‹ dasselbe wie für Suetons *Cäsarenleben*.

Eine Sonderrolle nimmt das in der Mitte des ersten vorchristlichen Jahrhunderts entstandene *De rerum natura* von Lukrez ein – keineswegs wegen der Erotik des Werkes, wohl aber wegen der ungeheuren Sprengkraft, die ihm in den Augen eines jeden frommen Christenmenschen innewohnt. Nicht nur lehrt er Empirie sowie die Existenz von Atomen, ewiger Materie, Leere und den unendlichen Weiten des Weltraums; er wagt es sogar, die göttliche Schöpfung und Fügung sowie die Unsterblichkeit der Seele zu leugnen, nennt darüber hinaus Gott eine Erfindung der Menschen. Dagegen muten seine Äußerungen über die Zeugung geradezu harmlos an, aus denen man einen Strick drehen wollte, um Lukrez daran als der Unzucht schuldig aufzuhängen. Strafverschärfend kam hinzu, daß er sein Werk der Venus gewidmet hatte, allerdings ist er ihrer Macht gegenüber durchaus kritisch. Im vierten Buch, in dem er die Befreiung vom Aberglauben behandelt, kommt er auch auf die Liebe zu sprechen. Damit ist bereits angedeutet, was er von dieser Leidenschaft hält, die er in ihrer ganzen Kraft schildert: Sie ist ihm vor allem eine Krankheit, ein Wahn. Er sieht nur einen Ausweg, um dieser Raserei zu entgehen, die aus der Kombination von physischer Disposition – »Angereizt schwellen an die Stellen vom Samen, und Wille / wallt, ihn zu schleudern, wohin sich streckt das jähe Begehren« (IV,1045f) – und den »Treffern von Venus' Geschossen« erwächst. Er rät, den Teufel mit dem Beelzebub auszutreiben und verwirkt damit jede Chance, als zwar fehlgeleiteter, aber moralischer Heide zu gelten. Zügellose Unzucht predigt er als Mittel gegen Verliebtheit: »Scheuchen jedoch muß die Bilder man fort und, was nährt diese Liebe, / weisen zurück von sich und anderswo wenden den Sinn hin / und die versammelte Feuchtigkeit werfen in andere Körper« (IV,1063f). Selbst als ›Stelle‹ würde diese Passage heute schwerlich stimulieren; daß der Verkünder solcher Botschaften bis in die Neuzeit als Inkarnation des Leibhaftigen galt, ist hingegen plausibel. Dies hat allerdings einen klugen Mann wie den Neoplatoniker Marsilio Ficino nicht davon abgehalten, Lukrez' Rat an Liebeskranke abgemildert in sein *De Amore* aufzunehmen.

Etwa ein halbes Jahrhundert nach Lukrez' Abkehr von den Göttern verfaßte Ovid seine *Metamorphosen*, das wohl wichtigste Werk für die Überlieferung der griechisch-römischen Mythologie. Dies ist aber nicht als ein letztes Aufbäumen heidnischer Religiosität um Christi Geburt zu verstehen. Bereits um 300 v. Chr. hatte der griechische Philosoph Euhemeros verkündet, daß diese Legenden nichts anderes als die Vergötterung herausragender historischer Persönlichkeiten darstellten, eine These, die unter seinem Namen als Euhemerismus Verbreitung fand. Ovid selbst, dessen gesamtes Werk geprägt ist von mythologischen Anspielungen und Vergleichen, spricht deutlich aus, daß er sich lediglich eines Stilmittels, eines Repertoires an überlieferten Stoffen bediente, dem er keinerlei Anspruch auf Wahrhaftigkeit oder gar Transzendenz unterstellt: »Aber das sind ja Mirakel, von Vorzeitdichtern erlogen, / Dinge, die niemals es gab, geben wird nie auf der Welt« (»Prodigiosa loquor veterum mendacia vatum, / Nec tulit haec umquam nec feret ulla dies« *Amores* III,6,17f). Wie ehrgeizig Ovids Projekt ist, zeigt allein die Weite des von ihm gespannten Bogens, der von der Erschaffung der Welt über die Liebschaften der Götter, den Trojanischen Krieg, die Abenteuer des Äneas bis hin zur Vergöttlichung Cäsars reicht. Metaphysische Welterklärung, Literarisches und jüngste Zeitgeschichte werden auf ein und derselben Ebene abgehandelt.

Berühmt sind die *Metamorphosen* vor allem wegen ihrer ›erotischen‹ Szenen, die Künstler bis heute immer wieder als Vorlage dienten. Unter dem Vorwand, daß es sich nicht um Menschen, sondern um antike Gottheiten handle, fanden Maler und Bildhauer hier die perfekten Motive, die ihnen gestatteten, nackte Körper abzubilden, was eigentlich verboten war. Frauenakte wurden möglich, indem man die Dargestellte als Venus betitelte, wobei sich viele Maler wie Cranach oder Tizian nicht einmal der Mühe unterzogen, die Figuren in einen antikisierenden Rahmen zu stellen. Am weitesten wurde dieses Spielchen in Kupfern von Stellungen des Liebesspiels getrieben, die gegen Ende des 18. Jahrhunderts in Frankreich angeblich nach Vorbildern von Agostino Carracci gestochen wurden.[15] Eines der

Jacques Joseph Coiny: Jupiter et Junon;
aus L'Arétin d'Augustin Carrache *(1798)*

15 Als »Gli Amori de' Carracci« bezeichnet man einen Zyklus von vier Gemälden im Besitz des Kunsthistorischen Museums in Wien, die Agostino Carracci oder Paolo Fiamingo zugeschrieben werden und nach neustem Forschungsstand die vier Zeitalter darstellen. Das zweite, das »Silberne Zeitalter« (ursprünglich »Das Goldene Zeitalter«), zeigt mehrere Liebespaare in eindeutiger Haltung, ohne daß jedoch ihre Genitalien sichtbar wären. Zumindest der Kupferstich nach diesem Gemälde wird bis heute unwidersprochen Agostino zugeschrieben (vgl. Abb. S. 251). Näheres hierzu Kurz (1951) und Puttfarken (1982).

Liebe von Göttern und Menschen

*Paris Bordone: Mars und Venus, von Vulkan überrascht
(um 1550)*

Sujets, das die größte Offenheit gewährt, ja sogar verlangt, ist die Begegnung von Mars und Venus, da hier der Witz genau in dem Moment ihrer Vereinigung besteht, währenddessen Vulkan, Venus' eifersüchtigem Gatten, sie in einem selbstgeschmiedeten Netz fängt und dem Spott der anderen Olympier aussetzt. Ein besonderer Reiz gerade dieser Verbindung besteht in den Figuren, der ins göttliche überhöhten Inkarnation vollkommener Schönheit und absoluter Weiblichkeit mit dem qua Amt nach Jupiter potentesten und männlichsten aller Götter, dem des Krieges. Wer nun glaubt, daß Ovid diese wahrlich explosive Mischung dazu genutzt hätte, um ein erotisches Feuerwerk abzubrennen, der irrt gewaltig. Keine zwei Dutzend Verse (IV,169–189) widmet er der Episode, die lediglich in die übergeordnete Handlung um die Töchter des Minyas eingeschoben ist. Kein noch so kleines Detail erfahren wir über die Liebe des hohen Paares, nur daß sie entdeckt und zur Schau gestellt werden. Von List und Arbeit des Hahnrei handeln die meisten Verse, und trotz der Vermutung des Autors, daß »wohl mancher der nicht trübsinnigen Götter, / so in Schande zu sein« (IV,187f) wünscht, löst sich alles in Gelächter auf.

Selbst bei den Amouren des Göttervaters finden wir kein Übermaß an Sinnlichkeit. Zwar wird uns nicht vorenthalten, wie er als prächtiger Stier mit Europa an Kretas Strand poussiert, doch bricht die Erzählung an der Stelle ab, an der sie auf dem Rücken des schwimmenden Tieres ängstlich zum Ufer zurückschaut. Seine Umarmung der Callisto wird zwar kurz geschildert, der wesentliche Teil der Erzählung handelt aber von dem Ungemach, das der Nymphe aus der unfreiwilligen Begattung erwächst: Die Geburt des Sohnes Arcas offenbart Diana, daß Callisto ihre Jungfräulichkeit verloren hat, und sie verstößt sie aus ihrem Gefolge. Weit schlimmer ist der Zorn Junos, welche die Ärmste in einen Bären verwandelt. Jupiter schließlich errettet die Geliebte vor dem sicheren Tode, indem er sie als Sternbild in den Himmel versetzt.

Mag die Verbindung mit Jupiter eine Ehre für die Auserwählte darstellen, so muß er sich doch stets in anderer Gestalt nähern, zumeist, um überhaupt Zugang zu erlangen, aber auch, weil Sterbliche seinem göttlichen Erscheinungsbild nicht standhalten können. Viele der Frauen verbinden sich also keineswegs freiwillig mit dem Gott, Europa muß er entführen, Callisto vergewaltigen. Der Ehre, Mutter eines göttlichen Sprosses zu werden, die auch Amphitryon mit seiner Gattin Alkmene versöhnt, stehen vielerlei Unbilden entgegen, zumal gerade diese Ehre Junos Eifersucht aufs Heftigste reizt: Nicht das Stelldichein im kühlen Hain, sondern die Geburt des Knaben Arcas, »dieses zumeist war Junos Verdruß« (II,469). Ebenso verhält sie sich im Falle Semeles, die die Rachsucht der Betrogenen erst in dem Moment weckt, da sie schwanger ist. Diese Affäre des Göttervaters unterscheidet sich grundlegend von den anderen, die wie bei Leda oder Danaë punktuell sind und aus der einmaligen Paarung samt Befruchtung bestehen, wobei Jupiter als Schwan oder Goldregen auftritt. Seine Beziehung zu Semele gestaltet sich ganz anders, denn diese liebt ihn, und er besucht noch die Schwangere; die Verbindung währt also über die Zeugung hin-

Liebe von Göttern und Menschen

aus, bleibt nicht auf ihre reproduktive Funktion beschränkt. Diese Innigkeit bringt Picassos Illustration[16] der Episode sehr fein zum Ausdruck; sie ist die intimste seiner Radierungen zu den *Metamorphosen* (vgl. Abb.). Auch hofft Semele, daß ihr Geliebter tatsächlich Jupiter ist, so daß es Juno ein Leichtes ist, die Königstochter zu überreden, von ihm zu erbitten, in seiner göttlichen Gestalt zu erscheinen. Durch sein Versprechen gebunden gibt er diesem Wunsch nach: »Es erträgt den ätherischen Aufruhr / nicht der sterbliche Leib und verbrennt von den bräutlichen Gaben« (III,308f).

---

16 Die Originalausgabe *Les Métamorphoses d'Ovide* mit 31 Radierungen Picassos erschien 1931 in Paris bei Éditions Albert Skira.

Nicht einmal in dieser Romanze beschreibt Ovid die Freuden der Liebenden; vielmehr konzentriert er sich auf Junos Zorn, ihre List und deren Erfolg. Am Ende steht dann nicht etwa die Trauer des Gottes um die Geliebte. Vielmehr kommt der Autor auf genau das Thema zurück, das den Kern der göttlichen Amouren ausmacht: das aus ihnen hervorgegangene Kind. Es »wird aus der Mutter / Schoße gerettet und zart in den Schenkel des Vater genähet« (III,310f). Was zählt, ist also nicht die Liebe der Eltern, sondern deren Produkt, Dionysos. Die Liebe des Gottes drückt seinen Wunsch nach körperlicher Vereinigung aus, die eben stets mit Zeugung verbunden ist. Dieses Thema nun wird in der Mythologie und demgemäß von Ovid vielfältig variiert. Doch legt der Dichter den Akzent auf die komplizierten Begleitumstände und nicht auf den Moment der Vereinigung. Andererseits sind die *Metamorphosen* unendlich viel ›erotischer‹ als Hesiods trockene Genealogie, denn sie sind mehr als eine Auflistung der Zeugungsakte. Immer wieder ist von Gefühlen die Rede, und das Begehren kommt deutlich zum Ausdruck. Aus heutiger Sicht können wir das Werk wohl kaum als erregend bezeichnen; über Jahrhunderte hat es jedoch immer zu Gemälden und Skulpturen voll erregender Sinnlichkeit oder auch zu Kunstwerken wie Händels Oper *Semele* inspiriert, wodurch sich zum einen sein Ruf als Erotikon festigte, zum anderen aber der Verdacht erhärtete, daß es mehr als nur die Kreativität von Künstlern stimuliert hat.

Treulose Römerinnen

Nicht so radikale *remedia amoris* wie Lukrez empfiehlt Horaz (65–8 v. Chr.) einem unglücklich verliebten Freund; er rät ihm, sich umzuschauen, wie vielen anderen es ähnlich ergeht, auf welch seltsame Abwege Amor die Menschen führt (*Carmina* I,33). Dort, wo der Dichter in erster Person spricht, ist ihm diese Gefühlsregung ebenfalls nicht fremd:

> Mater saeva Cupidinum
> Thebanaeque iubet me Semelae puer
> et lasciva Licentia
> finitis animum reddere amoribus.

urit me Glycerae nitor
splendentis Pario marmore purius,
urit grata protervitas
et voltus nimium lubricus adspici.

Weh! Die Mutter des Liebesgotts,
Weh! Semeles Sohn, lüsterne Leidenschaft,
Alles fachet das Herz aufs neu
Mir zu Flammen empor, die ich erloschen hielt.

Mich sengt Glyceras weiße Haut,
Die in reinerem Schmelz als Alabaster strahlt,
Mich ihr schelmisches Liebesspiel,
Und ihr lockendes Aug', allzu verführerisch. (*Carmina* I,19)

Er versucht, die Glut durch Opfer an die Göttin zu mildern. Nur selten ist in der antiken Lyrik von den Freuden der Liebe die Rede – »les gens heureux n'ont pas d'histoire« – dafür um so mehr von den Leiden, die sie mit sich bringt: Sehnsucht, unerfüllte Begierde, Eifersucht und gekränkte Eitelkeit – sicher oftmals erotisch, doch kaum erregend.

Sehr viel freier kommt Sexualität dort zum Ausdruck, wo sie getadelt wird und zum Lachen bringen soll. Wie wir bereits gesehen haben, schmäht Catull (um 87–54 v. Chr.) gern durch sexuell gefärbte Beschimpfungen, worin wohl der eigentliche Grund dafür liegt, daß der nachgeborene Properz (um 50–16 v. Chr.) von den »lascivi [...] scripta Catulli« spricht. Zwar leidet Catull ganz heftig um seine Lesbia, der er »Buhlen, / Die sie gleich zu Hunderten jetzt im Arm hält« (11,17f) vorwirft, doch hindert ihn dies mitnichten daran, auch den Knaben Iuventius zu begehren oder ein Schäferstündchen mit Ipsitilla, für das er ihr verspricht, »neunmal es zu schaffen ohne Pause« (32,8).

Die »Verworfenheit« (II,5,2) seiner angebeteten Cynthia, die »schimpflicher« lebt »als die Zügellosigkeit der Zeit« (I,16,12) beklagt auch Properz. Dabei ist es ein typischer Zug der misogynen Literatur, der sich vom Altertum über die Jahrhunderte nachzeichnen läßt, Frauen Unersättlichkeit vorzuwerfen, was den logischen Gegenpol zu den Lamenti über ihre Unnahbarkeit und Hartherzigkeit bildet. Der Irrlehre des viktorianischen Zeitalters, daß die weibliche Libido, wenn überhaupt, nur schwach ausgeprägt sei, widerspricht die über Jahrtausende gültige Vorstellung von ihrer großen Intensität, für die Teresias immer wieder als Kronzeuge benannt wird. Weil er zwei Schlangen bei der Paarung gestört hat, wird er in eine Frau verwandelt, und erst nach sieben Jahren gelingt es ihm durch die gleiche Tat, wieder zum Mann zu werden. Auf Heras Frage hin erklärt er, daß die weibliche Wollust die stärkere sei, woraufhin die erzürnte Göttin ihn mit Blindheit schlägt und Zeus ihm zum Ausgleich prophetische Gaben verleiht (vgl. *Metamorphosen* III,316–340).

Genau in dieses Horn stößt auch Properz: »So oft wird mir von dir die Sinnlichkeit der ganzen Männerwelt zum Vorwurf gemacht: Glaube mir, diese beherrscht euch mehr!« (III,19) Als Beleg führt er eine ganze Liste unkeuscher Frauengestalten der Mythologie auf, die von Pasiphaë, die sich von einem Stier schwängern ließ, bis zu Klytemnestra reicht. Es bleibt natürlich unerwähnt, daß ein Gott Pasiphaë zu dieser Tat verleitete, um ihren Gatten Minos zu strafen, und daß Klytemnestra mehr Gründe als nur die Liebe zu Ägistos hatte, um Agamemnons Ende zu wünschen, schließlich war er am Tode ihrer Tochter Iphigenie schuld. Doch dererlei Details spielen hier ebensowenig eine Rolle wie bei Ovid, der mit einer ähnlichen Liste die Liebhaber ermuntert, »auf sämtliche Mädchen zu hoffen«, denn so vieles »wurde bewirkt durch weibliche Leidenschaft, welche / Heftiger ist als bei uns, eher dem Wahnsinn auch gleicht.« (*Ars* I,344f) Als ultima ratio plädiert er sogar für Vergewaltigung. Achill soll derart des Lykomedes' Tochter Deïdameia geschwängert haben, zwar gegen ihren Widerstand, aber, so rechtfertigt der Dichter die Tat, »daß Gewalt über sie siege, war trotzdem ihr Wunsch.« (*Ars* I,700) Besonders bedauerlich ist es, daß diese beiden Unterstellungen – nicht nur als literarische Topoi – bis heute fortbestehen.[17]

Wenn Properz seiner Geliebten mangelnde Tugend vorwirft, erkennt er darin gleichzeitig ein Symptom des allgemeinen Sittenverfalls. Interessant ist in diesem Zusammenhang, daß wir bei ihm einen der ältesten überlieferten Vorwürfe gegen visuelle Pornographie finden: »Die Hand, die als erste obszöne Gemälde gemalt und schändliche Bilder in ein züchtiges Haus ge-

---

17 Vgl. Kröhn in Aigner/Ginsdorf (1986), 202.

Treulose Römerinnen

*Pompeijanischen Wandgemälde
aus der Casa Centenario (1. Jh. n. Chr.)*

stellt hat, jene hat die Augen der edlen Mädchen verdorben und nicht gewollt, daß sie vor ihrer Verdorbenheit unberührt blieben.« (II,6,27f) Diese »obscenas tabellas« lassen uns an die vielen Wandgemälde in Pompei denken, die sich also, wenn wir Properz Glauben schenken dürfen, durchaus nicht nur in Bordellen befanden. So sittenstreng wie in den zitierten Versen gibt sich der Dichter nicht immer; in jedem der vier Bücher seiner *Elegiae* erwähnt er die Freuden der Unkeuschheit explizit. Er ist bereit, sein »Leben der Nutzlosigkeit bis zum Ende hin[zu]geben« (I,6,25f), um bei dem Mädchen zu bleiben, daß ihm »ganze Nächte hindurch [...] feurige Liebesworte« sagt (I,6,7). Sehr viel deutlicher wird in der Beschreibung der »Genüsse« einer Nacht, in der die Geliebte »mit entblößter Brust mit [ihm] gerungen« hat. »Auf wie mannigfaltige Weise haben wir uns umarmt und dabei die Arme wechselseitig ineinander verschlungen!« (II,15,9f)

Können diese zweifellos sehr schönen und erotischen Verse die Leser nach mehr als zweitausend Jahren noch erregen? Bringt es unser Blut noch in Wallung zu lesen, wie er bei einem Gelage mit zwei Prostituierten von Cynthia überrascht wird und sie vor Wut rast, bis sie »über das ganze Lager hin [...] Waffenstillstand« (IV,8,88) schließen? Ich glaube kaum, obwohl die zitierten Gedichte die meisten der Elemente, die bislang als konstitutiv für den erregenden Text bezeichnet wurden, durchaus enthalten. Sind wir durch die oft geschmähte ›Pornographieflut‹ völlig ›abgebrüht‹, brauchen wir stärkeren Tobak? Daran mag etwas Wahres sein, der eigentliche Grund liegt aber wahrscheinlich auf der formalen Ebene. Selbst denjenigen unter uns, die viel und gerne lesen, ist Literatur in Versen meist recht fremd geworden, und dies allemal, wenn die mimetische Funktion von Lyrik die Gefühlsebene überschreitet und Handlungen wiedergibt. Doch gerade die Wiedergabe von Handlungen und der durch sie erzeugten physischen Reaktionen ist es, die ähnliche Reaktionen im Leser auszulösen vermag. Damit dies aber möglich wird, muß die Aufmerksamkeit bei der Lektüre in erster Linie den beschriebenen Tatsachen und nicht den beschreibenden Worten gelten. Wir wissen aber, daß genau dieses Muster von der modernen Lyrik radikal durchbrochen wurde, daß der Signifikant den absoluten Vorrang vor dem Signifikat einnimmt. Dieser Wandel sowie die Abkehr von Vers und Reim, die uns ungleich fremder sind als beispielsweise den Lesern der Goethezeit, haben dazu geführt, daß ein Gedicht heute kaum mehr erregt. Folglich werden wir uns im folgenden – von einigen berühmten Ausnahmen abgesehen – nicht mehr mit dieser Gattung befassen.

Natürlich dürfen die *Liebesgedichte* Ovids nicht fehlen, um den Kreis der römischen Lyriker zu schließen. Als jüngster unter den genannten hat er – wie schon mit seiner *Liebeskunst* – eine Neuerung eingeführt, denn die drei Bände seiner *Amores* sind gänzlich der Liebe gewidmet und so komponiert, daß man in ihnen beinahe eine Geschichte nachvollziehen kann, von der ersten Verliebtheit (I,2) über Werbung, Erfüllung, Sorgen, Treuebrüche bis hin zur resignierten Bitte, die Geliebte möge ihre Untreue wenigstens leugnen und sich außerhalb des Bettes als anständige Frau gerieren (III,14). Diese Themen hat Ovid natürlich nicht erfunden, und genauso wenig war es eine Innovation, den Wert und die Wirkung der eigenen Dichtung im Werk selbst zum Ausdruck zu bringen. Neu ist allerdings neben der stringenten Komposition der *Amores*, daß dieses zweite Sujet dem eigentlichen, der Liebe nämlich, fast ebenbürtig behandelt wird, an exponierter Stelle zu Beginn und Ende der einzelnen Bücher sogar vorrangig. Die einzigen Gedichte, die nicht von Liebe sprechen, behandeln Fragen der Dichtung oder den Tod eines Dichters, Tibulls. Auch sonst werden wir immer wieder darauf hingewiesen, daß es nicht oder zumindest weniger um die Abbildung von Realität, d.h. von realen Begebenheiten oder Gefühlen geht, sondern um Literatur, um Kunst, denn ständig führt Ovid seine Kunstfertigkeit vor, indem er These und Antithese gegeneinander stellt. Am auffälligsten geschieht dies im als 9a und 9b bezifferten Doppelgedicht in der Mitte des Werkes. Erst ist er liebesmüde und wünscht sich von Amor, »entbunden vom Dienst ruhig zu leben« (II,9a,24), um gleich darauf entgegenzusetzen: »Böt eines Tags mir das Leben ein Gott, doch ohne Geliebte – / Würd ich es weigern« (II,9b, 1 f).

Neben diesen prononcierten Widersprüchen finden wir eine Reihe von Entsprechungen oder Variationen einzelner Themen: Potenzprahlerei (II,10) wird im folgenden Buch die Schmach der Impotenz (III,7) entgegengesetzt, so wie später auf die *Liebeskunst* die *Remedia amoris*, die *Heilmittel gegen die Liebe* folgen. Nachdem er sich im ersten Buch beklagt, daß der Minnedienst dem Kriegsdienst gleiche (I,9), brüstet er sich im folgenden Buch mit kriegerischen Metaphern: »Lorbeer, Zier des Triumphs, komm winde dich rings um die Schläfen! / Mein ist der Sieg! Seht, hier halt ich Corinna im Arm« (II,12). Weniger auffällig ist die Parallele zwischen der Klage um die Haare der Geliebten, die sie durch »Tinkturen und Beizen« (I,14) verloren hat, und die Sorge um ihr Leben nach einer Abtreibung.

Lange Zeit wäre ein solcher Vergleich geschmacklos erschienen, doch galt Abtreibung in der Antike als zwar gefährliches, aber völlig legales Mittel zur Vermeidung der Mutterschaft. Die meisten vorchristlichen Medizinbücher behandeln übrigens sowohl Empfängnisverhütung wie Abtreibung, wobei sie neben allerlei Hokuspokus durchaus wirkungsvolle Mittel empfehlen.[18] Es ist jedoch interessant, daß Ovid Corinnas Vorgehen moralisch verurteilt – wahrscheinlich, weil sie sich zu diesem Schritt entschlossen hat, »damit der Leib sei bewahrt vor Falte und Tadel« (II,14,7), sie also aus reiner Eitelkeit fast gestorben wäre, so wie die Eitelkeit sie bereits ihre Haare gekostet hatte. Zum Zorn des Dichters trägt nicht unwesentlich bei, daß er sich für den Vater gehalten hatte (vgl. II,13,5).

Diese Probleme sind gewiß nicht dazu angetan, die Lust des Lesers zu befördern, doch in dem einzigen Gedicht, das Liebesglück beschreibt, erweist Ovid sich als wahrhafter Meister. Der Historiker Mommsen »erklärte den Herren Studenten, unter den Gedichten Ovids seien die unmoralischen die besten. Fürs Gymnasium aber erschien derartiges unpassend« (Demandt 1.b).

> Aestus erat mediamque dies exegerat horam;
> Adposui medio membra levanda toro.
> Pars adaperta fuit, pars altera clausa fenestrae,
> Quale fere silvae lumen habere solent,
> Qualia sublucent fugiente crepuscula Phoebo,
> Aut ubi nox abiit nec tamen orta dies.
> Illa verecundis lux est praebenda puellis,
> Qua timidus latebras speret habere pudor.
> Ecce Corinna venit, tunica velata recincta,
> Candida dividua colla tegente coma;
> Qualiter in thalamos formosa Sameramis isse
> Dicitur et multis Lais amata viris.
> Deripui tunicam; nec multum rara nocebat,
> Pugnabat tunica sed tamen illa tegi;
> Quae cum ita pugnaret tamquam quae vincere nollet,
> Victa est non aegre proditione sua.
> Ut stetit ante oculos posito velamine nostros,
> In toto nusquam corpore menda fuit.

---

18 Vgl. Hopkins in Siems (1988).

Quos umeros, quales vidi tetigique lacertos!
Forma papillarum quam fuit apta premi!
Quam castigato planus sub pectore venter!
Quantum et quale latus! quam iuvenale femur!
Singula quid referam? nil non laudabile vidi
Et nudam pressi corpus ad usque meum.
Cetera quis nescit? lassi requievimus ambo.
Proveniant medii sic mihi saepe dies!

Heiß war der Tag und eben vorbei die mittlere Stunde;
Hatte die Glieder bequem mitten aufs Lager gestreckt.
Wenig geöffnet das Fenster, der andere Laden geschlossen,
Wars ein Licht, wie des Walds dämmernder Schatten es birgt,
Oder wie Abendschein nachfolgt der entschwundenen Sonne,
Oder wenn morgens die Nacht weicht und noch säumet der Tag.
Solch ein Dämmer, er war für geschämige Mädchen das Rechte,
Leiht der furchtsamen Scheu Schleier und deckenden Schutz.
Siehe, Corinna erscheint! Umweht vom wallenden Kleide,
Frei verteilt sich das Haar über den schimmernden Hals:
So trat einst ins Gemach Semiramis' prangende Schöne,
Meldet die Sage, so kam Laïs, der mancher erlag.
Wollte das Kleid ihr entziehn; war leicht auch und spärlich die Hülle,
Kämpfte sie doch um den Schutz, den das Gewand ihr noch bot,
Kämpfte indessen, wie eine, der nichts am Siege gelegen;
Unschwer ward sie besiegt durch ihren eignen Verrat.
Stand nun mir vor den Augen, gefallen war alle Verhüllung:
Auf und ab ohne Fehl strahlte und Makel der Leib.
Was für Schultern, wie schön zu schaun und fassen die Arme!
Brüste, wie fest! Ihre Form fordert die pressende Hand.
Nach der gemeißelten Brust wie blank dann der Leib und wie eben!
Edel die Hüfte und voll! Schenkel von Jugend gestrafft!
Aber was zähl ich es her? Ich sah, und ich sah nur Vollkommnes!
Dichter drückt ich und dicht an mich die nackte Gestalt.
Was dann kam, weiß jeder. Ermattet ruhten wir beide.
Wollt, mir gediehe noch oft also die Mitte des Tags! (I,5)

Zunächst schafft der Dichter in vier Distichen eine angenehme Stimmung – Hitze, Dämmerlicht, ein weiches Lager – ein Ambiente großer Ruhe. Diese wird jäh unterbrochen durch Corinnas Auftritt: »Ecce Corinna venit, tunica velata recincta« (9). Das »Ecce« bildet den Auftakt, die bis dahin gemächlich fließenden Verse werden plötzlich stark rhythmisiert, Bewegungen ausgedrückt, so daß Corinna wirklich als lebendige Gestalt erscheint.

Der Tempuswechsel in die Gegenwart[19] unterstreicht das Plötzliche der Situation. Ein derartiger Tempuswechsel ist in erzählenden Texten ein gängiges Stilmittel, das als historisches Präsens besonders in der Geschichtsschreibung, beispielsweise in Cäsars *De bello Gallico*, Verwendung findet und prägnante Geschehnisse aus dem Fluß der Handlung hervorhebt. Die Wiedergabe im Präsens trägt dazu bei, dem Leser zu vergegenwärtigen, was einstmals geschah. Da der Leser erregender Texte am eigenen Leibe verspüren soll, was die Figuren empfinden, es also ›miterleben‹ soll, ist diese Gegenwärtigkeit von besonderer Bedeutung, wie sich in den folgenden Epochen zeigen wird.

Ovid fällt nach dieser Zäsur ins Perfekt zurück, doch gleich wird die schneeweiße (»candida«) Haut erwähnt, die er ganz entblößt, indem er den Kampf um die Tunika der Geliebten gewinnt. Auch hier wird erneut Bewegung suggeriert, die gewiß mit heftigen Berührungen verbunden ist, so daß dieser Kampf den Liebeskampf vorwegnimmt. Nackt und makellos steht sie vor ihm; zunächst tastet er ihren Körper mit den Augen, gleich darauf mit den Händen ab. Über Schultern, Brüste, Leib gleiten sie zu den Schenkeln; die Leibesmitte wird zwar nicht genannt, wohl aber evoziert, spätestens wenn der Dichter die Geliebte an sich preßt. Die eigene Augenfreude sowie die recht detaillierte Beschreibung fördern den Voyeurismus des Lesers: Er wird ständig aufgefordert, sich ein Bild der Szene zu machen und sie auf diese Weise mitzuerleben – ein typisches Verfahren der erregenden Literatur. Außerdem kommen die Intensität der Anziehung und die Begeisterung ob soviel begehrenswerter Schönheit in aller Deutlichkeit zum Ausdruck. Als nun die Erregung zumindest des Sprechers aufs äußerste gereizt ist, blendet er ab, wohl um die Dezenz zu wahren, vielleicht aber in der Gewißheit, die Phantasie des Lesers so weit stimuliert zu haben, daß dieser das weitere Geschehen imaginieren kann – um so mehr, wenn das Gedicht, wie damals üblich, öffentlich vorgetragen wurde. »Die Bewe-

---

19 Es ist natürlich nicht eindeutig, daß es sich bei »venit« tatsächlich um die Präsensform handelt, da der Satz aber mit »ecce« beginnt dürfen wir davon ausgehen; zumindest bekäme selbst ein Perfekt durch diese Einleitung etwas äußerst Gegenwärtiges.

gung, die durch die Togen auf den Zuschauerbänken ging, können wir uns wohl nicht heftig genug denken«, meint der Ovid-Spezialist Niklas Holzberg (39).

Der geile Gott

Eine lyrische Gattung, die sich ausschließlich sexuellen Sujets widmet, ist diejenige der *Carmina priapea*. Die meisten von ihnen sind dem Gott Priapos in den Mund gelegt oder an ihn gerichtet. Priapos ist ein phrygischer Fruchtbarkeitsgott, der in der Mythologie fast keine Rolle spielt und erst spät in Griechenland und dann im Römischen Reich Einzug hielt. Seine Mutter ist Aphrodite, die Vaterschaft ungeklärt, und einem Fluch der Hera soll er es verdanken, mit einem völlig überproportionalen Penis ausgestattet zu sein. Seine Statue wurde in Gärten aufgestellt, doch scheint seine Funktion weniger eine fruchtbringende als eine schützende gewesen zu sein, denn er war Wächter der Gärten und drohte jedem Dieb, ihn mit seinem riesigen Glied zu bestrafen. Hiervon handeln die *Priapea*, in denen wir das »pedicabo et irrumabo« Catulls in vielfältigen Variationen wiederfinden. Die Funktion dieser Götterbilder macht auch Horaz deutlich:

> Olim truncus eram ficulnus, inutile lignum,
> cum faber, incertus scamnum faceretne Priapum,
> maluit esse deum. deus inde ego, furum aviumque
> maxima formido; nam fures dextra coercet
> obscaenoque ruber porrectus ab inguine palus,
> ast inportunas volucres in vertice harundo
> terret fixa […].
>
> Ein Stamm vom Feigenbaum war ich dereinst, wertloses Holz; ob eine Bank, ob ein Priapus aus mir werden sollte, schwankte erst der Zimmermann; dann machte er mich lieber zum Gott. Ein Gott bin ich seitdem, der größte Schrecken für die Diebe und die Vögel: denn den Dieben wehrt die Rechte und der rote Pfahl, der sich aus unanständiger Lendengegend reckt, die frechen Vögel aber scheucht das Schilf auf meinem Kopf (*Satiren* I,8).

Interessant ist hierbei zweierlei: Zum einen bleibt völlig unerwähnt, daß oder ob Priapos die Fruchtbarkeit des Gartens be-

Laszivität und Muße

Vase des Perseus-Malers (2. Viertel d. 5. Jh. v. Chr.)

fördern sollte; zum anderen hatte dieses Standbild auch einen ganz praktischen Nutzen: Es diente als Vogelscheuche. Diese Art von Räubern konnte es mit Sicherheit von den Früchten fernhalten; ob es auch Menschen abzuschrecken vermochte, erscheint ungewiß. Eindeutig ist allerdings die Geste des erigierten, rotgefärbten Penis als Terrainmarkierung, als Abschreckung. Noch heute tragen die Krieger der Eipo auf Papua-Neuguinea lange, aggressiv aufwärtsweisende Penishülsen. Eibl-Eibesfeldt berichtet, daß die Männchen verschiedener Affenarten »an der Peripherie ihrer Gruppe ›Wache‹ zu sitzen pflegen [...] Die ›Wachenden‹ sitzen immer mit dem Rücken zu ihrer Gruppe und stellen dabei die männlichen Geschlechtsorgane zur Schau, die bei diesen Tieren ganz überraschend bunt gefärbt sind [...] Es handelt sich um ein Imponiergehabe, das der Revierkennzeichnung dient« (zit. n. Fehling in Siems, 284).

Der geile Gott

Weinkanne (470/460 v. Chr.)

Im Kontext der *Priapea* stellt sich die Frage, ob die passive Rolle per se verurteilt wurde und deshalb der anale Koitus eine Vergeltungsmaßnahme darstellte, oder ob der passive Part als erniedrigend galt, weil der aktive eine Strafaktion war. Ähnlich der Frage nach Henne und Ei wird auch diese kaum zu beantworten sein. Halten wir fest, daß diese beiden Elemente in der antiken Kultur tief verwurzelt waren; neben den bereits zitierten Texten römischer Autoren wird gerne das Vasenbild genannt, auf dem ein griechischer Krieger sich anschickt, einen unterlegenen Perser zu vergewaltigen, eine der ganz wenigen Darstellungen dieser Sexualpraktik unter Männern (vgl. Abb.). Letztendlich bleibt es für ein Verständnis der *Priapea* irrelevant, welches Ansehen der penetrierte Partner genoß, da es sich um eine Vergewaltigung handelt, also um einen Akt der Unterwerfung, der gegen den Willen des Opfers geschieht, seine Intimsphäre grob verletzt, ihm wahrscheinlich Schmerzen zufügt und ihn zutiefst erniedrigt. Derartige archaische Strukturen haben bis heute überlebt, sei es bei den Aufnahmeritualen, der »bizutage« in französische Eliteschulen, in Gefängnissen oder bei

Massenvergewaltigungen im Krieg.[20] Das zuletzt genannte Beispiel wirft aber ein weiteres Problem auf. Wenngleich eine Vergewaltigung in erster Linie eine Aggression darstellt, so bedarf der Vergewaltiger doch eines Mindestmaßes an Triebstärke, um die notwendige physische Disposition zu erlangen, und er vollendet sie erst mit dem eigenen Orgasmus. Es ist demnach nicht möglich, die libidinösen von den aggressiven Elementen einer solchen Handlung zu trennen. Noch komplexer wird das Ganze, wenn man – wie es oft und gern geschieht – auch den Opfern ein gewisses Vergnügen unterstellt; wir brauchen uns nur an die Verse Ovids zu erinnern.

Aus dem Gesagten wird deutlich, daß dieses eigentlich traurige Thema, zumal wenn es in spielerischer Form abgehandelt wird, durchaus erotische Züge trägt. Schon die beiden ersten Gedichte der *Priapea* beginnen mit einem Hinweis auf den Spielcharakter dieser Lyrik (»lusus«, »ludens«), und in beiden wird die Fiktion entworfen, daß es sich um Epigramme im ursprünglichen Wortsinn handelt, die auf ein Priapos-Heiligtum geschrieben wurden. So geht man davon aus, daß ein Großteil der Gedichte tatsächlich zuerst auf den Statuen angebracht war und später kopiert wurde. Über lange Zeit schrieb man sie den verschiedenen römischen Dichtern zu, mit Vorliebe Vergil.

Das zentrale Thema der meist kurzen Gedichte ist in der Tat die Bestrafung der Gartenräuber. Vom Geschlecht der Delinquenten hängt es ab, welche Köperöffnung Priapos für die Bestrafung auswählt:

Femina si furtum faciet mihi virve puerve,
haec cunnum, caput hic praebat, ille nates.

Zeigen Mädchen, Knabe oder Mann ein diebisches Gelüst,
büßt ihr Schoß und sein Gesäß, doch beim Mann der Kopf es büßt! (22)

---

20 Kröhn in Aigner/Ginsdorf (1986) verweist auf die Motive und Aspekte, »in denen das sexuelle Element, die Vergewaltigung, lediglich das Vehikel darstellt, sei es zur Kontrolle als Ausdruck von Dominanzkonflikten des Täters, sei es zur Herabsetzung und Erniedrigung der Frau.« (202) Er sieht »Anzeichen dafür, daß das Vergewaltigungsgeschehen in manchen Fällen dem *Ausagieren nicht-sexueller Konflikte*« (206) dient.

Wiederholungstätern wird in mehreren Gedichten die orale Vergewaltigung angedroht, was deutlich macht, daß sie als Strafverschärfung betrachtet wird: »si tam gravis et molesta poena / non proficerit, altiora tangam.« (28,4f) Dies entspricht durchaus der weitgehenden Ablehnung oraler Praktiken in vielen Kulturen. Wir können heute nicht mehr beurteilen, ob es sich um Ironie handelt, wenn Martial im zitierten Epigramm vom Besuch eines Mädchens abrät, das ihn mit dem Munde befriedigt hat, weil dieser Mund nunmehr unrein sei. Im *Kamasutra* jedenfalls wird diese Technik aus genau demselben Grund abgelehnt: »Nur unzüchtige oder sittenlose Frauen, die sich um kein Gebot kümmern, üben die Einigung mit dem Mund aus [...]. Überdies wird der Mann wahrscheinlich selbst unter dem innerlichen Widerstreben leiden, falls er zuläßt, daß er mit dem Mund einer solchen Kulata oder unzüchtigen Frau bei einer derartigen Einigung in Berührung kommt« (104). Noch in den 60er Jahren unseres Jahrhundert rechnet Montgomery Hyde in seiner *History of Pornography* Fellatio zu den Perversionen, und bis heute stehen derartige Liebesspiele in einigen US-Bundesstaaten selbst bei Eheleuten unter Strafe.

Was dort das Gesetz verbietet, verhängt Priapos als Buße. Es entspricht einer inneren Logik, daß er seinen Penis als Waffe bezeichnet (z.B. 9 u. 20), allerdings suggeriert die kontinuierliche Erektion nicht nur ständige Wachsamkeit, sondern auch ständige Geilheit. Die Gedichte bekommen neben dem obszönen Tonfall eine derb-erotische Note, da dem Gott immer wieder unterstellt wird, auf Diebe zu warten, damit er zu seinem Vergnügen kommt. Er will den Akt um seiner selbst (»pedicare volo«; 38,3), er glüht vor Verlangen (»adeo mea plena libido est«; 33,3) und schilt die hohen Hecken, die keine Diebe in den Garten lassen (vgl. 77). So ist es kein Wunder, daß er auch als Gott der Potenz und der Lust verehrt wird und den leidenschaftlichen Frauen sogar als höchste Gottheit gilt (vgl. 40). Wenn den Dieben sogar unterstellt wird, daß sie sich die bekannte Strafe wünschen, daß sie genau das reizt, was sie bedroht (»hoc vos et ipsum, quod mimamur, invitat«; 51,28), klingt damit in jeder Androhung der Penetration ein deutlich erotischer Unterton an, und es stellt sich die Frage, ob die angekündigte Energie – bis zur siebenten Rippe soll der Schwung reichen (»ad costam tibi septimam recondam«; 6,6) – nicht eher der Anziehung als der Abschreckung dient. Mögen diese mitunter recht kruden Gedichte nicht unbedingt dem Geschmack heutiger Leser entsprechen und gewiß kein Musterbeispiel der erregenden Literatur darstellen, wir müssen sie dennoch dazuzählen, denn in kaum einem anderen Text werden Potenz und Libido so direkt zur Sprache gebracht sowie ihr vehementes, wollüstiges Ausagieren so hemmungslos gefordert. Es ließe sich einwenden, daß die Drohungen hypothetisch bleiben; allerdings bringt der Gott sie mit einem Nachdruck vor, der glauben macht, daß er kennt, wovon er spricht und dabei kein geringes Vergnügen empfindet. Wer weiß, ob diese Gedichte nicht manches Liebespaar zu dem angeregt haben, wozu sich eine »puella« mit ihrem »fututore« beim Standbild des Priapos trafen, um die verschiedenen »figuras« auszuprobieren (vgl. 63).

Dialog und Roman

Sind diese Texte nun Pornographie? Wenn wir nun davon ausgehen, daß die Damen käuflich waren, an die sich die Liebesgedichte der römischen Lyriker richten, dann sind diese Verse zumindest im etymologischen Sinn des Wortes Pornographie, denn es stammt von »porne« und »graphein«: »Prostituierte« und »schreiben«. Allerdings ist kein Text vor den *Hetärengesprächen* Lukians (um 120–180 n. Chr.) ausschließlich den Frauen gewidmet, die vom Liebeslohn leben. Allerdings beschreibt er nicht, was Ovid den Mädchen am Ende der *Ars amatoria* rät; meist geht es um Liebe, Eifersucht, Herzschmerz und Geldnöte. So harmlos sind diese kleinen Dialoge, daß Wieland sich nicht scheute, sie zu übersetzen; einen ließ er jedoch aus. Das »Sujet selbst« habe ihm die Eindeutschung unmöglich gemacht, denn hier handelt es sich um Lesbianismus. Nur widerwillig erzählt Leaina, wie sie als Flötenspielerin zu einem Frauensymposion geladen und schließlich von den Gastgeberinnen aufgefordert wurde, sich zwischen sie zu legen. Nach einigen Küssen und Diskussionen soll sie sich einer der beiden hingeben. Mehr erfahren wir jedoch nicht, denn auf die Frage ihrer Kollegin antwortet sie abweisend: »Das sind so unschickliche Sachen, darüber kann ich, bei der himmlischen Aphrodite, nicht reden.« (169) Wieland hat also recht, daß Lukian den Gegenstand »züchtig genug« behandelt hat, insgesamt sogar zu züchtig, um damit heute noch die Libido der Leser nachhaltig zu kitzeln. Diese fünfzehn kurzen Dialoge spielen in der Geschichte der erregenden Literatur aber insofern eine wichtige Rolle, als sie ihr eine wesentliches Modell liefern, denn spätestens seit dem Beginn der Neuzeit sind viele der als Pornographie abgetanen Werke dies zumindest etymologisch: Immer wieder wird die Courtisane oder die Hure die Hauptrolle in Romanen spielen, deren erregende Wirkung bis heute anhält.

An dieser Stelle sei ein Seitenblick auf die *Gespräche der Götter, der Meergötter und der Toten* gestattet. Hatte Ovid die Mythologie bereits deutlich erotisiert, den Schwerpunkt aber auf der Genealogie belassen, so bildet letztere bei Lukian nur mehr den Hintergrund für Frivolitäten. Gleich im ersten Dialog erlangt der gefesselte Prometheus seine Freiheit zurück, indem er Zeus vor einer Liebelei mit der Nereide Thetis warnt. Später mokieren sich Poseidon und Hermes über den Göttervater im Wochenbett, nachdem er Semeles Sohn Dionysos, den er nach ihrem Tode in seinem Schenkel austrug, zur Welt gebracht hat. Zuvor mutmaßt Poseidon, daß Zeus nicht zu sprechen sei, weil er sich mit der Gattin oder seinem Liebling Ganymed zum Vergnügen eingeschlossen habe (vgl. IX). Von äußerster Respektlosigkeit gegenüber den Göttern sind sämtliche Gespräche geprägt. Sie sind im zweiten christlichen Jahrhundert lediglich Figuren, denen jegliche menschliche Untugend und Niedrigkeit unterstellt wird; die Mythologie ist auf eine bloße Stoffsammlung reduziert. Bezeichnend hierfür ist das vierte der *Totengespräche*, in dem der Götterbote vom Fährmann der Unterwelt Geld eintreiben will. Penibel rechnet Hermes Charon vor, wie viele Drachmen dieser ihm für Nägel, Stricke, Wachs und einen Anker schuldet, wobei der Olympier seine Geldgier am Ende explizit mit derjenigen der Sterblichen auf eine Stufe stellt.

Lukians Erzählung *Lukios oder der Esel* geht offensichtlich auf dieselbe Quelle zurück wie *Der goldene Esel* des Apuleius (ca. 125–180 n. Chr.), der ebenfalls im zweiten nachchristlichen Jahrhundert entstand und der wohl damals wie heute populärste

Roman des Altertums ist. Die meisten dieser Werke sind Abenteuergeschichten, die nach folgendem Schema ablaufen: Zwei junge Liebende werden getrennt, durchleben eine Ketten von Widrigkeiten und Gefahren, wobei ihre Schönheit oft zu einer argen Bedrohung für ihre Tugend wird. Nach den unglaublichsten Begebenheiten und Zufällen – Scheintod, Schiffbruch, Piraterie, Verwechslungen, Aussetzung von Kindern, die ihre Eltern wiederfinden, prophetische Träume, Orakel und dergleichen mehr – finden sie am Ende unversehrt zueinander. Mitunter erobert der Held unterwegs noch ein Königreich, oder die Angebetete entpuppt sich wie Heliodors Chariklea als Königstochter. In diesem vielleicht berühmtesten Werk des Genres haben die Leiden des Paares wenigstens ein Gutes: Als Menschenopfer sollen sie in Chariklea Heimatland Äthiopien ihr Leben verlieren; man erkennt sie jedoch, und die barbarische Sitte wird abgeschafft. Dies mag für den Leser erbaulich sein, die komplizierten Verwicklungen sind jedoch aus heutiger Sicht eher langatmig denn spannend und in der Tat kaum erregend.

Ein wenig aus dem üblichen Muster fällt Longus' *Daphnis und Chloë*, vermutlich um 200 n. Chr. entstanden. Es ist die Geschichte zweier mit reichen Gaben ausgestatteten Findelkinder, die auf Lesbos von einem Schaf- respektive Ziegenhirten aufgezogen werden und später die Tiere ihrer jeweiligen Zieheltern hüten. Heranwachsend entdecken sie ihre Gefühle für einander, müssen aber die üblichen Abenteuer – Raub, Entführung, Schiffbruch, prophetische Träume, Krieg – bestehen, bevor sie ihre wahren Eltern wiederfinden und nunmehr reich und glücklich heiraten dürfen.

Eine Besonderheit des Buches ist die eindringliche Schilderung des idyllischen Landlebens, dem das Paar auch nach der wundersamen Wandlung seines Schicksals treu bleibt und weiterhin in Verbundenheit mit der Natur und ihren Gottheiten, Pan und den Nymphen, lebt. Dieser Rahmen erhöht den eigentümlichen Reiz der allmählich knospenden Liebe zweier Heranwachsender. Ihrer Erfüllung stehen weniger die genannt stereotypen Hindernisse im Weg, oder andere Äußerlichkeiten wie die Trennung im Winter und der Widerstand der Zieheltern gegen eine Heirat. Vielmehr hemmen sie ihr Unwissen und ihre

Schüchternheit. Chloë sieht den Gefährten nackt im Bade, entdeckt seine Schönheit »und als sie den Rücken ihm abwusch, bemerkte sie das weiche Fleisch« (31). Sie verliebt sich, doch weiß nicht, was ihr geschieht, »denn sie war jung und in ländlicher Unwissenheit erwachsen, und nicht einmal von anderen hatte sie den Namen der Liebe gehört.« Ähnlich ergeht es Daphnis, als Chloë ihm einen Kuß gibt, ungelenk zwar und kunstlos, aber die Seele zu entflammen ganz geeignet« (33). Nachdem er »Chloë entkleidet und die zuvor verhüllte Schönheit entschleiert gesehen hatte, da krankte sein Herz wie von Gift verzehrt.« (41) Anmutig wird hier beschrieben, wie die sinnlichen Reize unbekannte Gefühle in den Heranwachsenden erwecken und sie versuchen, ihr Begehren in unschuldigen Küssen und Umarmungen zu stillen – erfolglos versteht sich. Wahrlich nicht aus Nächstenliebe erteilt eine Nachbarin dem Knaben praktischen Aufklärungsunterricht, von dem aber ähnlich zurückhaltend berichtet wird wie von der abschließenden Hochzeitsnacht der Liebenden, in der lediglich von weiteren Küssen, Umarmungen und von Schlaflosigkeit die Rede ist. *Daphnis und Chloë*, ein erotischer Roman? Gewiß, denn wir erfahren genau, wie das Verlangen durch körperliche Anmut, Nacktheit, Blicke, Berührungen erweckt und zumindest partiell befriedigt wird. Die unschuldige Idylle, in der sich das Ganze abspielt, verleiht dem Text zwar einen ganz eigenen Reiz, der aber in der Verbindung mit den zahlreichen Elementen des Abenteuerromans nur den erregen wird, der sich vom Zauber der Bukolik einfangen läßt.

Ganz andere Töne schlägt Petronius in seinem *Satyricon* an. Über seine Person wissen wir nichts Genaues, es wird aber allgemein angenommen, daß er identisch mit dem *elegantiae arbiter* Neros ist, von dem Tacitus in den *Annalen* berichtet. Dieser Gajus Petronius soll die Nacht zum Tage gemacht haben und ein Meister der verfeinerten Lebenskunst gewesen sein, die er noch unter Beweis stellte, als er im Jahre 66 n. Chr. in den Freitod getrieben wurde. Obwohl ein Bonvivant, sei er seinen Aufgaben als Stadthalter und Konsul energisch nachgekommen. Von den verschiedenen Genüssen des Lebens ist im *Satyricon* so üppig und offen die Rede, daß wir gut nachvollziehen können, warum nur Fragmente der ursprünglich mindestens 15 Bücher erhalten sind. Allein durch die recht derbe Sprache eignete es sich wenig als Schullektüre. Außerdem fällt auf, daß selbst in den überlieferten Passagen Lücken an den entsprechenden ›Stellen‹ klaffen. Längste, vollständigste und berühmteste Szene ist das *Gastmahl des Trimalchio*, das im 18. Jahrhundert an europäischen Fürstenhöfen nachgestellt und von Fellini verfilmt wurde. Die Überfülle sowie die ausgefallene Gestaltung der Speisen sind zweifellos ebenso exuberant wie die Prunksucht des neureichen Gastgebers; in unserem Kontext spielen sie jedoch keine Rolle. Sehr viel spannender sind für uns die anderen Fragmente, in denen es recht häufig ›zur Sache‹ geht, allerdings mit den genannten Zäsuren an den entscheidenden Punkten. Dies erschwert die Beurteilung der erregenden Qualitäten des Werkes ungemein, doch zeigt der vorhandene Text, daß sich die Satire auch auf die sexuelle Ebene erstreckt. Der Held Eumolpos nämlich leidet unter dem Fluch eines Gottes, wahrscheinlich des Priapos, der ihm seine Manneskraft genommen hat. So bleibt die Verführung der schönen Circe erfolglos, und weder Hexerei noch den Reizen des geliebten Knaben Giton gelingt es, diesen Phoenix aus seiner eigenen Kläglichkeit auferstehen zu lassen. Die sexuelle Lust ist zwar ein Hauptthema des Buches, ihre Erfüllung jedoch finden zumindest in den überlieferten Fragmenten keinen Ausdruck. Der Fluch der Götter, der Name der Geliebten sowie zahlreiche Anspielungen im Text verweisen auf die klassischen Epen, die hier ebenfalls Zielscheibe der Satire sind. Dies beweist einmal mehr, daß Sexualität sich außerhalb der ›hohen‹ Gattungen, gerade in deren Gegenformen als literarisches Thema anbietet, besonders offenherzig dort, wo sie kritisiert oder als Motiv der Erheiterung wie in Komödie oder Satire dient.

Sehr viel mehr, wenngleich unliebsamen Erfolg haben Zauberkünste in Apuleius' *Goldenem Esel*. Der Ich-Erzähler Lucius wird nämlich auf einer Reise nach Thessalien, Heimatland der Hexerei, in einen Esel verwandelt, und es gelingt ihm erst nach ungezählten Strapazen und Abenteuern, seine menschliche Gestalt wiederzugewinnen, woraufhin er sich zum Priester der Isis weihen läßt. Da der Esel durch Raub oder Verkauf an die verschiedensten Besitzer gerät, ist bereits dieser Rahmen äußerst facettenreich. Darüber hinaus sind in die elf Bücher dieses älte-

Dialog und Roman

sten in Gänze überlieferten Romans (wahrscheinlich um 170 n. Chr.) noch mehr Erzählungen eingeflochten, als es für die Gattung ohnehin typisch ist. Bereits im *Satyricon* wird die berühmte Geschichte der zunächst untröstlichen Witwe von Ephesos wiedergegeben, der ein anderer aber schnell hilft, den Verlust des Gatten zu verschmerzen. Daphnis und Chloë erfahren vom Ziegenhirt Lamon den Mythos der Nymphe Syrinx. Auf der Flucht vor Pan wird sie in Schilf verwandelt (oder versinkt dazwischen im Sumpf). Pan schneidet sich aus dem Rohr eine Flöte, der er den Namen der Verschwundenen gibt. Heliodor hingegen blendet mehrmals die Erlebnisse der einzelnen Figuren als Rückblenden in seinen kompliziert aufgebauten Text ein. Im *Goldenen Esel* schließlich finden wir Einschübe jedes dieser Genres; der längste und bekannteste ist zweifellos das Märchen von Amor und Psyche (IV,28-VI,24). Die Königstochter ist so wunderschön, daß der Liebesgott persönlich sein Herz an sie verliert. Nach schweren Prüfungen wird sie schließlich in den Olymp aufgenommen und auf ewig mit ihm vereint. Einen eigenständigen kleinen Roman bildet ebenfalls die in mehrere ›Folgen‹ aufgeteilte herzzerreißende Liebe zwischen Charite und Tlepolemus, die nach Trennungen und Gefahren sich zunächst wiederfinden, bis der Tod sie kurz darauf endgültig voneinander scheidet. Im Kontrast zu dieser zarten Innigkeit steht das neunte Buch, in dem das Thema Ehebruch so reichhaltig variiert wird, daß die Verfasser von Schwänken und Novellen hier Vorlagen fanden. Populärstes Beispiel ist die von Boccaccio übernommene Unverfrorenheit einer Frau, die erst ihren Liebhaber in einem Faß versteckt und später das unterbrochene Spiel mit ihm vollendet, während der Gatte das Faß von innen schrubbt.

Diese skizzenhaften Inhaltsangaben ihrerseits sind nicht als Unterhaltung für die Leser gedacht; sie sollen vielmehr belegen, daß Apuleius auf den verschiedenen Stilebenen über Liebe spricht: im hohen Ton von göttlicher Leidenschaft, im mittleren von den unglücklich endenden Abenteuern edler Liebender und im niedrigen Stil schließlich von den Streichen untreuer Ehefrauen aus dem Volke. Dieses Gefälle zeichnet die Reihenfolge der Episoden deutlich nach. Sexualität spielt hierbei speziell im dritten Fall eine zentrale Rolle, das eigentliche Sujet bilden jedoch die Probleme, die aus dem Begehren erwachsen. Interessant ist in diesem Zusammenhang, daß das Verlangen den Stilebenen jeweils entspricht. Geht es auf unterem Niveau ausschließlich um die illegale körperliche Vereinigung, so streben Charite und Tlepolemus nach einer vollkommenen, umfassenden Verbindung. Amor und Psyche hingegen genießen die Freuden des gemeinsamen Lagers von Anfang an, nur darf sie ihren Gemahl nicht sehen. Dies ist Ausdruck ihrer Ungleichheit, so daß ihr Verstoß gegen das Gebot nur zum Teil Ausdruck menschlicher Neugierde ist – ein Charakterzug, dem auch Lucius seine Verwandlung in einen Esel verdankt – gleichzeitig aber dem vielleicht unbewußten Wunsch entspringt, dem Gatten ebenbürtig zu sein, was ihr mit der Aufnahme in den Olymp schließlich gelingt. Nicht um erfülltes Liebesglück geht es damit in den verschiedenen Geschichten, sondern um die mannigfaltigen Verwicklungen, die das Begehren verursacht.

Dem Erzähler hingegen wird dieses Vergnügen als Mensch wie als Tier zuteil. Es spricht für die sorgfältige Komposition des Werkes, daß seine erste Liebelei vor den erwähnten Einschüben, die zweite dahinter steht. Kaum in Thessalien angekommen, verliebt er sich in die Magd Photis und bleibt, wie bei literarischen Liebschaften mit derartigem sozialen Gefälle üblich, nicht unerhört. Ihre Reize offenbaren sich sogar am Herd: »Soeben schwenkte sie mit niedlichen Händen die Kasserolle um, in der sie das Essen zurechtmachte. Durch ihre rasche Bewegung gerieten alle ihre zarten Glieder gleich Gallert in das sanfteste Beben. Hin und her wallten die wohlgepflegten Lenden, und wollüstig zitterten unter ihnen die runden Hüften.« (II,7) Uns ist die altertümliche Sprache der Übersetzung mit ihren Stabreimen etwas fremd, doch läßt sich leicht nachvollziehen, daß »jeder schlummernde Sinn« des Betrachters erwacht und aufbegehrt, um so mehr wenn die Schöne verheißt: »ich bin gleich geschickt im Bett wie in der Küche und weiß süß zu würzen.« Bald kann er sich »vor Übermaß der Wollust nicht mehr halten« (II,10), doch zum Glück verspricht die Holde ihm die folgende Nacht. Wie sehr der Reiz, den ein solcher Text auf uns auszuüben vermag, von jedem einzelnen Wort abhängt, veranschaulicht die vorsichtig modernisierte Übersetzung August Rodes von 1783, die heutige Leser eher amüsiert denn erregt.

Rotfigurige Schale des Epiktetos (Ende 6. Jh. v. Chr.)

Die Beschreibung der folgenden Nacht macht recht anschaulich, wie das Verlangen erst auf äußerste gesteigert und dann befriedigt wird. Allerdings ist die Szene recht kurz und isoliert, nimmt nur eine der rund dreihundert Seiten des Romans ein. Kaum länger ist die Szene mit der Dame, der wie Pasiphaë ein menschliches Glied nicht genügt, so daß sie sich nach der Vereinigung mit dem Esel sehnt. Mag dieser Inhalt auch frivol sein, so ist er mehr burlesk denn obszön beschrieben, und wir werden an die Worte erinnert, die Apuleius dem Text voranstellt: »Merke auf, es wird zu lachen geben«. Dies widerspricht, wie wir bereits gesehen haben, grundsätzlich dem Ziel, den Leser zu erregen. Vielmehr soll er durch die ungeheure Vielfalt der Themen unterhalten werden, wobei eines der literarischen Standardthemen, die Liebe, in den unterschiedlichsten Schattierungen auftritt: sinnlich oder komisch, beglückend oder tragisch, erhaben oder niedrig. Die ganze Bandbreite des Sujets wird ausgemessen, der Sinnlichkeit nur ein schmaler Streifen zugemessen. Zwar befand Ludwig Marcuse vor gut drei Jahrzehnten: »Tatsächlich reizen die leise streichelnden Anspielungen des ›Goldenen Esel‹ mehr als viele der deutlichsten, aber kältesten unanständigen Passagen unserer Jahre.« (Marcuse 38). ›Lascivus‹ ist der Roman aber weit mehr im Sinne von ›verspielt‹, so daß auch dieser antike Text heute kaum mehr einhändig gelesen wird.

Kuppler war das Buch

Dantes Begegnung mit Paolo und Francesca da Rimini gehört zurecht zu den berühmtesten Passagen der Weltliteratur. Im zweiten Höllenkreis treibt ein ewiger Sturm die Seelen, die der Sünde der Luxuria verfallen waren; dort sieht der Dichter eine Reihe mythologisch-historischer Gestalten vorüberwirbeln: Semiramis, Dido, Cleopatra, Helena, Paris und Tristan. Seine Aufmerksamkeit erweckt jedoch ein Paar, das eng umschlungen den Qualen der höllischen Winde ausgesetzt ist. Francesca, die sich in ihren Schwager Paolo verliebt hatte und 1285 mit ihm von ihrem Gatten, Gianciotto Malatesta getötet wurde, erzählt mit ergreifenden Worten von ihrem ersten Kuß:

Noi leggiavamo un giorno per diletto
di Lancialotto come amor lo strinse:
soli eravamo e sanza alcun sospetto.
Per piú fiate li occhi ci sospinse
quella lettura, e scolorocci il viso;
ma solo un punto fu quel che ci vinse.
Quando leggemmo il disiato riso
esser baciato da cotanto amante,
questi, che mai da me non fia diviso,
la bocca mi baciò tutto tremante.
Galeotto fu il libro e chi lo scrisse:
quel giorno piú non vi leggemmo avante.

Wir lasen eines Tags zu unsrer Lust
Von Lanzelott, wie Lieb' ihn hielt gebunden,
Wir beid' allein, uns keines Args bewußt.
Oft hatten schon die Augen sich gefunden
Bei diesem Lesen, oft erblaßten wir,
Doch *eine* Stelle hat uns überwunden:
Da wo das heißersehnte Lächeln ihr
Zuerst geküßt wird von dem hohen Streiter,

> Da küßte bebend meine Lippen mir
> Dieser, hinfort mein ewiger Begleiter.
> Galeotto war das Buch und der es schrieb.
> An jenem Tage lasen wir nicht weiter. (Dante, *Inferno*, V,127–138)

So anrührend diese Szene, so suggestiv das »An jenem Tage lasen wir nicht weiter« sind, hier steht sie nicht selbst als literarischer Text, sondern lediglich als Beleg für die Wirkung anderer Werke. Dreimal, am Anfang, in der Mitte und am Ende dieser zwölf Verse, ist vom Lesen die Rede, das Buch wird explizit als Kuppler bezeichnet, der die Liebenden zum ersten Kuß verleitet. Kuppler ist das Buch schon in rein praktischem Sinne, da es den beiden die Möglichkeit eröffnet, sich miteinander zurückzuziehen, »soli«, »allein« zu sein, ohne daß sie selbst oder dritte dabei Verdacht schöpften. Wenn wir vermuten, daß sie einander laut vorgelesen haben, dann konnten die Stimme, die Betonung einzelner Worte den Sinn in die gewünschte Richtung verschieben, was die erwähnten Blicke verstärkten. Wechseln sie sich ab, so bot das Herüberreichen des Buches Gelegenheit für manche Berührung.

Zuerst spricht Francesca vom Akt des Lesens, der sie und Paolo in eine räumliche Situation brachte, die der Liebe Gelegenheit bot. Dann erzählt sie, welche körperlichen Reaktionen die Lektüre von Lancelots Verlangen hervorgerufen hat: Sie trieb (»sospinse«) ihre Augen, sich gegenseitig anzuschauen – gleich dem Höllensturm, der sie nun voran treibt – ließ sie erbleichen. Wie sehr das unverdächtige Miteinander sich durch das Lesen des Textes bereits gewandelt hat, streicht das »Quando leggemmo« heraus, denn erst als Paolo und Francesca erfahren, wie der Ritter die lächelnden Lippen der Angebeteten küßt, ist ihre Erregung aufs äußerste gesteigert und überwältigt sie. Die Lust der literarischen Figuren teilen und imitieren sie, zumal diese ihnen ein vollkommenes Identifikationsmodell liefern. Die Verbindung von Lancelot und Guenievre ist nicht nur deshalb unrechtmäßig, weil Guenievre eine verheiratete Frau ist; das Vergehen gilt als besonders gravierend, weil sie die Frau Artus', des Königs, ist. Deshalb muß sie es sein, die Lancelot von sich aus küßt, zumindest in allen bekannten Fassungen, die Dante vorgelegen haben können. Niemals hätte der Ritter sich dem Landesherrn gegenüber eine solche Illoyalität zuschulden kommen lassen dürfen. Noch schwerer wog für die Zeitgenossen die Verfehlung von Paolo und Francesca, da ihre Verbindung sogar einen Inzest darstellt. Größere Schuld lädt sich nur Tristan auf, der in Isolde die Frau seines Königs und Onkels liebt. Lancelot und Guenievre sind aber das erfreulichere Modell, da ihre Leidenschaft sie nicht in einen tragischen Tod oder gar in die Hölle führt; lediglich der Zugang zum heiligen Gral bleibt Lancelot verwehrt ob dieser Sünde.

Dante hat den Roman, der das Begehren seines Liebespaares überhaupt erst entfacht – denn zu Beginn der Lektüre waren sie sich »keines Args bewußt« – trefflich gewählt und modifiziert, denn im Gegensatz zum Roman läßt er den Ritter die Königin küssen. So bietet der Text ein perfektes Handlungsmuster. Es fehlt allein Galehaut, der treue Freund, der Lancelot und Guenievre zusammenbringt. Wenn Francesca seine Funktion dem Buch zuschreibt, verstärkt sie damit einerseits ihre eigene Identifikation mit den Figuren, während sie andererseits die Rolle des Buches sowie ihr Bewußtsein dieser Rolle herausstreicht. Sie bestätigt die These, daß Literatur das menschliche Denken, Fühlen und Handeln in Liebesdingen nachhaltig prägt, denn laut ihrem Bericht sind sie und Paolo nur durch die Lektüre für einander entflammt, wobei der Text ihnen als Szenario und als Ersatz für den fehlenden Mittler gedient hat. Wie fließend der Übergang verläuft zwischen dem bloßen Mitempfinden des Beschriebenen und dem realen Nachspiel, zeigt ihr letzter Vers, in dem das Nicht-mehr-lesen den Liebesakt metaphorisch wiedergibt; Leben und Literatur verschmelzen wie die Körper des Paares.

Die altfranzösische Prosafassung des *Lancelot* gilt als das unbestrittene Meisterwerk dieser Gattung und zusammen mit dem *Prosa-Tristan* als das populärste des Mittelalters. Dante erwähnt also einen allgemein bekannten Text, dem er eine eindeutige Wirkung zuschreibt, die er paradigmatisch illustriert. Demnach wären *Tristan*, *Lancelot* und andere höfische Romane erregend? Wenn wir Dante Glauben schenken, haben sie diese Funktion durchaus erfolgreich erfüllt; schließlich würde er die Szene kaum so beschrieben haben, ohne auf das Verständnis seines Publikums zu zählen. Und heutige Leser? Sicher beflügelt wenig die Phantasie so sehr wie die absolute Leidenschaft, die Tristan und Isolde verbindet; doch deren Darstellung in den mittelalterlichen Handschriften ist uns sehr fern. Allerdings dürfen wir nicht vergessen, daß die meisten Fassungen nur verstümmelt, unvollendet oder gar nicht – wie diejenige von Chrétin de Troyes – auf uns gekommen sind. Die Prüderie späterer Epochen zeigt sich auch darin, daß die Miniaturen, die Liebespaare im Bett zeigen, in erhaltenen Manuskripten häufig zerstört oder aus ihnen herausgerissen wurden, wie im Falle einer in Montpellier aufbewahrten *Perceval*-Handschrift.

Andererseits galt dieser Mythos selbst im ›prüden‹ 19. Jahrhundert als so unanstößig, daß Richard Wagner ihn auf die Bühne bringen konnte. Er jedoch drückt in seiner Musik die ganze Gewalt des Verlangens aus, ja sogar die physische Ekstase, so daß die Musik einerseits manifestiert, was sonst unter dem Mantel des Schweigens verhüllt bleibt und gleichzeitig das Feigenblatt bildet, hinter dem sich alles, aber wirklich alles abspielen darf.[1] Doch nicht die Vertonung allein bewirkt einen derartigen Unterschied. Der Vergleich von Romanfragmenten und Libretto zeigt, daß Wagner die Handlung radikal auf das Liebesdrama reduziert, die zahlreichen Kämpfe, Feindschaften und Verwicklungen eliminiert hat. Mag der Kern des populären Stoffes in der tragischen Leidenschaft bestehen, so füllen doch die ungezählten Abenteuer und Heldentaten die Mehrzahl der Seiten. Dies gilt noch stärker für den *Prosa-Lancelot*, von dem es in der Literaturgeschichte des französischen Mittelalters heißt, daß das Ameisengewirr der Abenteuer unmöglich zu analysieren oder zu resümieren sei. Lancelots Beziehung zu Guenievre ist nur eines von vielen Handlungselementen. Dante sagt auch ganz präzis, daß nicht etwa der Roman als solcher die fatalen Folgen gezeitigt hätte, sondern eine bestimmte Stelle, in der das Paar die Freuden erfüllten Verlangens im Kuß vereint erlebt.

Aetas ovidiana

Welch umfassende Bildung junge Damen aus gutem Hause dank ihrer Lektüren erwerben konnten, zeigt Julias Kommentar

---

[1] Zu diesem Paradox der Oper im 19. Jahrhundert vgl. Rauseo (1993).

auf Romeos erste Annäherung: »You kiss by the book« (I,5,113). Wie es im Buche steht, vermag er sie zu küssen. Leider verrät Julia uns nicht, aus welchen Büchern sie ihr Wissen bezieht. Aus Ovids *Ars amatoria* jedenfalls nicht, denn er gibt den Frauen zwar die erwähnten praktischen Hinweise, wie sie beim Liebesspiel die beste Figur machen, das Küssen scheint er aber für eine natürliche Begabung des Menschen zu halten, die nicht weiter gelehrt werden muß. Schon zu Lebzeiten war dem Dichter ein »spezielles Bemühen um Breitenwirkung« (Holzberg 38) zu eigen. Dies mag neben den literarischen Qualitäten seiner Werke zu deren Popularität im Mittelalter beigetragen haben; sie war so groß, daß man das 12. und 13. Jahrhundert oft als *aetas ovidiana* bezeichnet. Die *Metamorphosen* waren eine der wichtigsten Quellen für die Kenntnis antiker Mythologie; sie wurden sowohl in moralischem als auch in christlichem Sinne ausgelegt. Doch auch seine anderen Schriften wurden kommentiert und übersetzt, dienten als rhetorische, grammatikalische sowie literarische Vorbilder. Eine der frühesten Übertragungen der *Liebeskunst* von Chrétien de Troyes (ca. 1170–1175) ist leider verloren, »doch aus dem 13. Jahrhundert sind fünf freie Bearbeitungen überliefert« (Bartz 19).

Rund zehn Jahre später entstand das eindeutig von Ovid beeinflußte *De Amore* des Andreas Capellanus. Genaues über ihn ist nicht bekannt, vermutlich lebte er am Hofe von Marie de Champagne (Tochter Ludwigs des VII. und Eleonores von Aquitanien) wie Chrétien, dessen Lancelot Roman *Le Chevalier de la Charette*, im Auftrag der Gräfin geschrieben, ihn vielleicht beeinflußt hat. Wie die *Ars amatoria* ist das Liebestraktat von Andreas Capellanus in drei Bücher geteilt. Die beiden ersten entsprechen denjenigen Ovids, das dritte hingegen den *Heilmitteln gegen die Liebe*. Das an die Frauen gerichtete Buch muß fehlen, da Andreas von der Fiktion ausgeht, mit diesem Text seinen Freund Walter zu beraten. Im ersten Buch erklärt er, was die Liebe ist und wie man sie erringt. Außerdem gibt er diverse Beispiele für die verbale Annäherung zwischen Männern und Frauen unterschiedlichen Standes. Diese Abstufungen machen deutlich, daß diese Art der Liebe zu einem nicht unwesentlichen Teil Gesellschaftsspiel ist. Wer wie die Bauern nicht der Schicht angehört, an die der Text sich richtet, dem wird folgerichtig die

Teilnahme verweigert, in diesem Fall mit dem Argument, daß sie lediglich ihren natürlichen Trieben nachgingen. Diese Triebe nun, die den Menschen mit dem Tier verbinden, leugnet Andreas Capellanus in keiner Weise; schließlich bezeichnet er die Liebe als den Wunsch, die Umarmungen des anderen zu genießen, als das beständige Verlangen, sich mit der Geliebten zu vereinen.

Allerdings darf der Liebende seiner Sehnsucht nicht blindlings Erfüllung verschaffen, sondern muß genaue Regeln befolgen. Dies ist nicht allzu schwierig, da der Liebe die wundersame Eigenschaft innewohnt, die besten Seiten des Liebenden hervorzukehren und ihn die guten Sitten zu lehren. Diese Vorstellung entspricht einem literarischen Topos, der beispielhaft in Boccaccios Novelle V,1 zum Ausdruck kommt. Cimone, der so dumm und roh ist, daß sein Vater ihn des Hauses verwiesen hat, verliebt sich mit solcher Heftigkeit in Efigenia, daß er um ihretwillen zu einem der gebildetsten, wohlerzogensten und tüchtigsten Männer seiner Zeit wird.

Selbst der versierteste Liebhaber kann in eine Situation geraten, in der das richtige Verhalten alles andere als evident ist. 21 solcher Fälle werden im zweiten Buch von edlen Damen wie Marie de Champagne oder ihrer Mutter Eleonore von Aquitanien entschieden. Folgendes Beispiel zeigt recht gut, daß diese Verbindungen keineswegs rein ›platonischer‹ Natur waren. Allerdings stärkten diese Regeln den Rang der Frauen und stellten sie unter besonderen Schutz.

> XII. Aliud etiam iudicium tale procedit amoris: Quidam satis idoneo copulatus amori, alterius dominae instantissime petit amorem quasi alterius mulieris cuiuslibet destitutus amore; qui etiam iuxta sui desideria cordis plenarie consequitur, quod multa sermonis instantia postulabat. Hic autem fructu laboris assumpto prioris dominae requirit amplexus et secundae tergiversatur amanti. Quae igitur super hoc viro nefando vindicta procedet? In hac quidem re comitissae Flandrensis emicuit sententia talis: Vir iste, qui tanta fraudis fuit machinatione versatus utriusque meretur amore privari et nullius probae dominae debet ulterius amore gaudere. (282f)

> 12) Ein anderes Liebesurteil lautet folgendermaßen: ein Mann, der in glücklicher Liebe mit einer Frau lebt, wirbt eindringlich bei einer anderen Frau um Liebe, und zwar tut er so, als habe die erste Frau

ihn verlassen. Er erreicht auch mit viel Überredungskunst sein Ziel. Eben dieser Mann verlangt nun, nachdem er bei der zweiten Frau alles erreicht hat, von der ersten wieder Hingabe und Liebe und kehrt der zweiten den Rücken. Welche Strafe verdient dieser üble Kerl? Die Gräfin von Flandern fällt hier folgendes Urteil: Der Mann, der in der Liebe so hinterlistig handelte, soll beider Frauen Liebe verlieren. Keine anständige Frau soll ihm fernerhin noch Liebe gewähren. (313f)

Wie schon die *Ars amatoria* behandelt das zweite Buch die Frage, welche Verhaltensweisen die Fortdauer der Liebe gewähren können (»quas possit Amor remanere per artes«, *Ars* II,17); es endet allerdings nicht mit einer Beschreibung der körperlichen Lust. Stattdessen werden in 31 Sentenzen die Regeln wiederholt, denen die Liebenden unterworfen sind. Das dritte Buch schließlich benennt mitnichten Heilmittel gegen die Liebe, sondern lehnt sie – ad maiorem Dei gloriam – rundweg ab. Hierbei wird nochmals unterstrichen, um welche Art von Liebe, es sich handelt, die nun aber in schwärzesten Farben gemalt wird. Die schlimmste aller Sünden, so heißt es, sei die »fornicatio«:

> O miser et insanus ille ac plus quam bestia reputandus, qui pro momentanea carnis delectatione gaudia derelinquit aeterna et perpetuae gehennae flammis se mancipare laborat! (315)

> Wahrlich, töricht, arm und sinnlos, viehisch ist der Mensch, der seiner Seelen Seligkeit für die zeitlichen Freuden des Fleisches hingibt und sich den ewigen Flammen der Hölle ausliefert! (346)

Die Interpretation dieses dritten Buches und mit ihm der beiden vorangehenden ist bis heute ungeklärt. Handelt es sich lediglich um ein rhetorisches Kunststück, wie wir sie in Ovids *Amores* bewundern? Der Text spricht zunächst dagegen, denn der Autor erklärt dem Freund abschließend, daß er ihm diese methodische Liebeskunst nur geschrieben hätte, um seiner Bitte nachzukommen. Mit diesem Regelwerk könne er zwar in den Genuß aller physischen Genüsse kommen, ginge aber der Gnade Gottes verlustig. So endet das Buch mit einem Aufruf an den Freund, zur Rettung seines Seelenheils die Eitelkeit der Welt zu fliehen und sich der Nächstenliebe, der *caritas*, und ihren guten Werken hinzugeben.

Dieser moralische Schluß läßt uns das ganze Werk zunächst in einem negativen Licht erscheinen; es bedarf aber nicht einmal einer dekonstruktivistischen Lektüre, um Andreas' Taktik zu entlarven. Allein das rein quantitative Verfahren des Seitenzählens bringt uns einen großen Schritt voran. Gerade auf ein Fünftel der Länge des ersten Buches bringt es diese Widerlegung, und auch das zweite ist noch deutlich länger. Zwar finden sich schon in den ersten beiden Büchern Aussagen über die Liebe, die sich durchaus kritisch verstehen lassen. Andererseits ist es mehr als unglaubwürdig, daß der Autor seinem Freund so lange, ausführlich und anschaulich schildert, wie dieser eine Frau erobern kann, wenn er in erster Linie um dessen unsterbliche Seele besorgt wäre. Wenigstens hätte er seine Warnung an den Anfang stellen müssen, um die Leser von seiner Aufrichtigkeit zu überzeugen. Offensichtlich haben seine Zeitgenossen ihn verstanden, denn Drouart la Vache schwächt die harten Urteile des dritten Buches in seiner französischen Vers-Übersetzung von 1290 deutlich ab, während es in der deutschen Fassung des Eberhard von Cersne aus Minden (1404) gänzlich fehlt. Den Bischof von Paris, Etienne Tempier, scheint der Widerruf der Liebeslehre ebenfalls nicht überzeugt zu haben, denn er verurteilt *De Amore* am 7. März 1277 und verbietet seinen Studenten unter Androhung der Exkommunikation die Lektüre.

Von Gärten und Rosen

Erst einige Jahrzehnte nach seiner Entstehung zwischen 1181 und 1186 scheint das *De Amore* in Umlauf gekommen zu sein; als erstes Zeugnis seiner literarischen Rezeption gilt die Fortsetzung des *Roman de la Rose* durch Jean de Meun. Um 1230 verfaßte Guillaume de Lorris den ersten *Rosenroman*, in den eine Liebeslehre eingeschlossen ist: »Ce est li Romanz de la Rose, / Ou l'Art d'Amors est toute enclose.« (37f) Der Ich-Erzähler dringt in einen wunderbaren Garten ein, der von allegorischen Figuren bevölkert ist: Frohsinn, Reichtum, Jugend, Schönheit, Müßiggang, Courtoisie, Liebe und über alle herrscht »Deduit«, das Plaisir. Er verliebt sich in die Rose und unterwirft sich

Amor, der seine Gesetze verkündet, Höflichkeit und Minnedienst verlangt.

Das Bild des Gartens ist natürlich ebenso vieldeutig wie dasjenige der Rose.[2] Beide Metaphern bezeugen die enge Verquickung religiöser und weltlicher Symbolik. Schon in Apuleius' *Goldenem Esel* muß Lucius Rosenblätter essen, um wieder zum Menschen zu werden, allerdings ist die Metamorphose nur der Beginn seiner Vervollkommnung, da er sich anschließend zum Priester der Isis weihen läßt. Die Rose ist die Blume der antiken Liebesgöttin, andererseits steht sie für die Jungfrau Maria. Gleichzeitig symbolisiert sie die Wunden des Heilands, wie auch das Blut, das er vergossen hat oder das Gefäß, in dem es aufgefangen wurde, den heiligen Gral, und damit das Ziel der Artus-Ritter. Als Dante schließlich in die höchste Himmelssphäre aufgestiegen ist, erscheint ihm dort die »candida rosa« (*Paradiso*, Gesänge XXX–XXXII), die blütenweiße Himmelsrose, die alle Seligen, über denen die Muttergottes thront, in sich vereint. Während sich Dante die göttliche Liebe offenbart, die das gesamte Universum lenkt (»l'amor che move il sole e l'altre stelle«, XXXI,145), ist die Rose im nach ihr benannten Roman die Allegorie der Geliebten, so wie sie generell Zeichen der irdischen Liebe ist.

Aller Bedeutungsschwere zum Trotz bleibt die Rose eine Pflanze, deren ›natürliche‹ Umgebung der Garten ist, den vielleicht noch mehr Symbole befrachten als die Blume. Ein jeder Garten erinnert zunächst an den primordialen Garten Eden, das Paradies – Ort des Sündenfalls, der ersten Verführung. Damit stellt das Paradiesgärtchen den prädestinierten Treffpunkt für Liebespaare dar, zumal es der antike Topik des *locus amoenus*, des schattigen, begrünten Winkels, wo frisches Wasser sprudelt, Blumen blühen und Vögel zwitschern, entspricht. Als Abbild der vollkommenen göttlichen Schöpfung des Paradieses symbolisiert andererseits der *hortus conclusus* die Jungfrau Maria. Diese Verknüpfung von erotischer und christlicher Symbolik wird gern als Beleg dafür betrachtet, daß die mittelalterlichen Liebesgedichte und -lehren sich im 12. und vor allem im 13. Jahr-

---

2 Vgl. Bec (1992), 333–384.

hundert in enger Verbindung mit dem Marienkult entwickelten. Für diese Deutung spricht ebenfalls, daß die Stellung der Frau in gerade dieser Literatur eine extreme Aufwertung erfährt; sie ist die Herrin, der der Mann dienen und die Treue halten muß. Es gibt aber eine weitere Erklärung für die erstaunliche Überschneidung der sprachlichen Bilder, die die irdische und die himmlische Liebe beschreiben, nämlich die bewußte Verwendung profanen Vokabulars zur Erklärung religiöser Phänomene. »Schon der griechische Kirchenvater Origenes (um 185–253/4) hat das Prinzip verteidigt, die göttliche Liebe in der Sprache der Erotik zu preisen, um das Verständnis zu erleichtern.« (Bartz 43)

Im Gegenzug konnten Texte, die in eben dieser Sprache verfaßt sind, religiös interpretiert werden. Musterbeispiel ist zweifellos das *Hohelied*. Bereits im Judentum wurde es als Gleichnis für Jahwes Beziehung zu seinem Volk verstanden. Die christlichen Deutungen sind vielschichtig (z. B. das Verhältnis von Christus zur Kirche oder zur Seele) und zeichnen sich zumeist darin aus, daß sie den wörtlichen Sinn oder *sensus historicus* ablehnen (vgl. Engammare 1.4). Auf genau dieser Ebene sieht der Benediktiner Honorius Augustodunensis (12. Jh.) als erster Theologe im *Hohelied* die Beschreibung der Hochzeit zwischen Salomon und der Pharaonentochter, worin ihm nur wenige Exegeten gefolgt sind. Noch 1544 kommt es zu einer vehementen Auseinandersetzung zwischen Sebastian Châteillon und Calvin. Châteillon, Prinzipal des Genfer Kollegs, versteht den Text wörtlich, woraus er die Schlußfolgerung zieht, daß diese Unsittlichkeit Salomon unmöglich vom Heiligen Geist eingegeben wurde. Calvin ereifert sich darüber, daß Châteillon das Gedicht für lasziv und obszön hält und glaubt, daß Salomon darin seine unkeuschen Liebschaften schildere (Engammare 10f); er hingegen betrachtet es als festen Bestandteil des Kanons und lehnt diese Auslegung radikal ab.

Da wir uns mit Literatur beschäftigen und nicht mit Theologie, interessiert uns ausschließlich der *sensus litteralis*, und dieser ist, wie wir im vorigen Kapitel gesehen haben, im höchsten Maße sinnlich. Die Natur, Flora und Fauna, ist der wichtigste Bildbereich. Obwohl die Liebenden verschiedene Landschaften und auch die Stadt durchstreifen, spielt der Garten eine besondere Rolle. Ausdrücklich wird die Geliebte mit einem Garten gleichgesetzt.

> Meine Schwester, liebe Braut, du bist ein verschlossener Garten, eine verschlossene Quelle, ein versiegelter Born. Deine Gewächse sind wie ein Lustgarten von Granatäpfeln mit edlen Früchten [...]
>
> Mein Freund komme in seinen Garten und esse von seinen edlen Früchten.
>
> Ich bin gekommen, meine Schwester, liebe Braut, in meinen Garten. Ich habe meine Myrrhe samt meinen Würzen abgebrochen« (4,12–13 u. 5,1).

Nach dieser Identifikation ist die Aufforderung an den Mann, in den Garten zu kommen und die köstlichen Früchte zu genießen, recht eindeutig. Auch das Eindringen des Ich-Erzählers in den *hortus conclusus* des *Rosenromans* durch die schmale Spalte in der Gartenmauer kann als erstes Sinnbild des Geschlechtsverkehrs gelesen werden, um so mehr als ihm eine Jungfrau das Türchen öffnet (»Le guichet, qui estoit de charme«, 524). Daß hinter diesen quadratischen Mauern süße Früchte zu holen sind, betont die Bezeichnung des Gevierts als »vergier«, als Obstgarten, was wiederum die Anklänge ans Paradies verstärkt. In diesem Zusammenhang sei an die Dornenhecke in *Dornröschen* erinnert, die der Prinz durchdringen muß, um zur schlafenden Schönheit vorzustoßen; ihre psychoanalytische Interpretation ist nur allzu evident.

Die extreme Überlagerung von irdischer und himmlischer Liebe im Mittelalter verdeutlichen die bildlichen Darstellungen des Paares aus dem *Hohelied*: In derselben Haltung wie profane Liebende stehen Sponsus und Sponsa genau wie diese prächtig gewandet in einen begrenzten Garten (vgl. Bartz). Lediglich der Heiligenschein dient in einigen Fällen als Unterscheidungsmerkmal. In ihrer spannenden Analyse mittelalterlichen Bildmaterials zeigt Gabriele Bartz außerdem, wie früh biblische Szenen als Vorlage für ›freizügige‹ Illustrationen dienten. Noch faszinierender sind die Verzierung der um 1400 entstandenen *Wenzelsbibel*, die sich – wie eine Bademagd im gänzlich transparenten Gewande – schwerlich für eine fromme Deutung eignen (Abb. S. 107).

Im Garten des *Rosenromans* gelten Amors Gesetze, die auf die

Hans Sebald Beham: David und Bathseba (um 1525)

sittliche und moralische Vervollkommnung des Liebenden abzielen, höfisches Verhalten von ihm fordern und ihn in den Dienst aller Frauen stellen, wobei er keine Mühe scheuen darf (»Toutes fames serf et euneure / En eus servir poine et labeure«, 2115f). Nach diesen und anderen Ermahnungen verlangt es den Liebenden schließlich nach einem Kuß, und er bittet Frau Venus um Hilfe.

> Adès me tarda li otroiz
> Dou baisier que je desiroie,
> Mais Venus, qui toz jorz guerroie,
> Chasteé, me vint au secors:
> Ce est la mere au deu d'Amors,
> Qui a secoru maint amant.
> Ele tint un brandon flamant
> En sa main destre, don la flame
> A eschaufee mainte dame.

> Im Augenblick ließ die Erlaubnis zu dem Kuß,
> nach dem ich mich sehnte, noch auf sich warten,
> doch Frau VENUS, die beständig Krieg
> gegen die KEUSCHHEIT führt, kam mir zu Hilfe:
> Sie ist die Mutter von Gott AMOR,
> die manchem Liebenden geholfen hat.
> Eine brennende Fackel hielt sie
> in der rechten Hand, deren Flamme
> manche Dame erhitzt hat. (3418–3426)

Von Gärten und Rosen

Bordürenmedaillon der Wenzelsbibel (Ende 14. Jh.)

Venus erklärt Bel Acueil, dem Schönen Empfang, warum er dem Liebenden gestatten solle, die Rose zu küssen. Zum einen liebt er seine Dame und dient ihr treu (»Qu'il sert e aime en leiauté«, 3447), zum anderen verfügt er über alle notwendigen Qualitäten, wie Schönheit, gute Abstammung und Sitten (»Vees come il est acesmez, / Come il est biaus, come il est genz, / Et douz et frans vers toutes genz«, 3450–3452). Der Liebescodex findet hier also genaue Beachtung. Doch sind es nicht die Argumente der Göttin, die Bel Acueil dazu bewegen, dem Liebenden die Genehmigung zum Küssen zu erteilen. Nicht rational fällt er diese Entscheidung, vielmehr ist es die Glut der Fackel, die den letzten Widerstand dahinschmelzen läßt:

> Bel Acueil, qui senti l'aier
> Dou brandon, senz plus delaier
> M'otreia un baisier en dons,
> Tant fist Venus e ses brandons,
> N'i ot onques plus demoré:
> Un baisier douz e savoré
> Ai pris de la rose erraument.
>
> Der SCHÖNE EMPFANG, der die Hitze
> der Fackel fühlte, bewilligte mir,
> ohne weiteres Zaudern, einen Kuß zum Geschenk,
> so viel vermochte VENUS und ihre Fackel;
> da gab es kein längeres Zögern:
> Einen süßen und lieblichen Kuß
> empfing ich sogleich von der Rose. (3473–3479)

Nicht kühle Überlegung, sondern erhitzte Libido löst den Widerstand, doch kaum ist die innige, beglückende Berührung erfolgt, bricht ein Sturm der Empörung los: Der Rosenstock wird von Jalousie, der Eifersucht, in eine Festung eingemauert, in der auch Bel Acueil eingesperrt wird. Mit einer herzzerreißenden Klage des Liebenden, der Bel Acueil bittet, ihn im Herzen zu bewahren (»Bel Acueil, biaus douz amis, / Se vos estes en prison mis, / Gardez moi au moins vostre cuer«, 4003ff), enden die gut viertausend Verse von Guillaume de Lorris. Ob der Autor sein Werk an dieser Stelle abgeschlossen oder abgebrochen hat, ist bis heute umstritten. Rund vierzig Jahre später, um 1270, schrieb Jean de Meun eine mehr als viermal so lange Fortsetzung, an deren Schluß die Festung gestürmt und die Rose erobert wird. Zuvor präsentiert er dem Leser eine umfangreiche Summe des Wissens seiner Zeit. Jedoch beschreibt er – ungeachtet der Allegorisierung – überdeutlich, ja geradezu grob, wie die Rose gepflückt wird. Gleich zweimal verwendet er eindeutige Metaphern der Entjungferung, bei der Erstürmung der Festung ebenso wie bei der Inbesitznahme der Rose.

Von Gärten und Rosen

*Meister von Berry Cleres Femmes: Venus entzündet den Schönen Empfang.
Miniatur in einem Manuskript des Rosenromans (um 1410)*

Lors ai tant fait e tant erré,
A tout mon bourdon desferré,
Qu'entre les deus beaus pilerez,
Con viguereus e legerez,
M'agenoillai senz demourer;
Car mout oi grant fain d'aourer
Le bel saintuaire enourable
De cueur devot e piteable;
Car touz iert ja tombez par terre;
Qu'au feu ne peut riens tenir guerre
Que tout par terre mis n'eüst,
Senz ce que de riens i neüst.
Trais en sus un po la courtine
Qui les reliques encourtine;
De l'image lors m'apressai
Que dou saintuaire près sai;
Mout la baisai devotement,
E, pour estuier sauvement,
Vos mon bourdon metre en l'archiere,

> Ou l'escharpe pendait darriere
> Bien l'i cuidai lancier de bout,
> Mais il resort, e jou rebout,
> Mais riens ne vaut, toujourz recule.
>
> Alsdann habe ich so viel getan und bin so weit gewandert
> mit meinem Pilgerstab ohne Eisen,
> bis ich mich zwischen den beiden schönen Pfeilern
> als kräftiger und behender Mann
> ohne Verweilen niedergekniet habe;
> denn ich hatte großen Hunger
> das schöne ehrenwerte Reliquiar
> mit andächtigem und frommem Herzen anzubeten;
> denn es war schon ganz zu Boden gefallen;
> denn gegen das Feuer kann nichts Krieg führen,
> das dieses nicht ganz zu Boden gestürzt hätte,
> ohne irgendwelchen Schaden dabei anzurichten.
> Ich hob ein wenig den Vorhang hoch,
> der die Reliquie verhüllt;
> dann näherte ich mich der Statue,
> die ich bei dem Reliquiar weiß;
> sehr demütig küßte ich sie,
> und um ihn sicher aufzubewahren,
> wollte ich meinen Pilgerstab, hinter dem
> der Sack hing, in die Schießscharte stecken.
> Ich glaubte, ihn mit dem ersten Stoß hineinzustoßen,
> doch er kommt wieder heraus, und ich stecke ihn wieder hinein,
> doch nützt es nichts, stets kommt er zurück. (21587–21609)

Die leicht zu entschlüsselnde Bildlichkeit einer zunächst mißglückten Penetration bedarf wohl keiner weiteren Interpretation; es fällt aber auf, daß hier erneut »Feuer« das Objekt der Begierde zum Erliegen bringt. Schwierigkeiten bereitet dem Liebenden lediglich ein Zaun am Rande der Schießscharte, die er nach vielen Mühen durchstößt, denn »um nichts in der Welt hätte [er] davon abgelassen, den Pilgerstab dort ganz hineinzustecken: Weiter habe ich ihn ohne Verzug geführt, doch der Sack bleibt draußen« (»Mais pour riens nul ne laissasse / Que le bourdon tout n'i passasse: / Outre l'ai passé senz demeure / Mais l'escharpe dehors demeure«, 21645–48). Er sagt uns, was wir längst begriffen haben, warum er sich nämlich diesen Strapazen unterzieht: »weil es keinen anderen Eingang gibt, um die Knospe im rechten Augenblick zu pflücken« (»Que d'autre entree n'i a point / Pour le bouton cuillir a point«, 21671f). Als er sich schließlich der Rose nähert, muß er »ein wenig von der Rinde verletzen; denn anders wußte ich das nicht zu erlangen, wonach ich so große Sehnsucht hatte« (»Entamer un po de l'escorce; / Qu'autrement aveir ne savaie / Ce don si grant desir avaie«, 21716–18).

Dem heutigen Leser wird dieser Text hochgradig artifiziell erscheinen, zum einen formal ob der durchgängigen Allegorisierung, zum anderen inhaltlich, weil die Liebe überwiegend diskutiert und kaum gelebt wird. Für zeitgenössische Leser, denen die Praxis der Allegorese – die Ausdeutung der Bibel wie auch literarischer Texte auf eine höhere Wahrheit hin – vertraut war, mag gerade in der allegorischen Gestaltung der Figuren ein besonderer Reiz gelegen haben. Außerdem sind sowohl der Text von Guillaume de Lorris als auch dessen Fortsetzung konsequent auf die körperliche Erfüllung des Begehrens ausgerichtet; sie erläutern präzise die notwendigen Schritte, so daß sie durchaus als ein Muster für eigenes Verhalten dienen konnten. Wie sehr vor allem der Text Jean de Meuns die Gemüter erregte, zeigt spätestens die Diskussion in den Jahren 1401 und 1402, die erste »querelle« der französischen Literatur. Die Dichterin Christine de Pisan empörte sich über die Frauenfeindlichkeit in den Äußerungen des »Eifersüchtigen« sowie über die von »Raison« gepredigte Libertinage. Sie findet Unterstützung durch den Theologen Jean Gerson, der in seinem *Traicté d'une vision contre le Ronmant de la Rose* den Autor von der Keuschheit anklagen läßt. Diese Debatte unterstreicht die Bedeutung des *Rosenromans*, der so häufig wie kaum ein anderes Werk kopiert und bereits 1480 gedruckt wurde – bis zum Jahre 1538 insgesamt achtunddreißig Mal.

Besonders spannend ist der Text, weil er zwei grundverschiedene Liebeskonzeptionen enthält. Guillaume de Lorris unterwirft den Liebenden strengsten Regeln und demonstriert, welche fatalen Folgen es hat, sich ohne die notwendigen Vorsichtsmaßnahmen – absolute Diskretion und Heimlichkeit – von den eigenen Sinnen hinreißen zu lassen. Jean de Meuns Figuren hingegen vertreten einander widersprechende Standpunkte; die Bandbreite erstreckt sich über Frauenlob und die Aufforderung zu sexueller Freizügigkeit bis hin zu Misogynie. Erstaunlich ist aber vor allem das Ende, nicht nur wegen seiner Unverblümtheit. Vielmehr geschieht hier etwas, das weder im erregenden Text und schon gar nicht in der höfischen Liebe seinen Platz hat: Der Liebende schwängert die Rose.

> A la parfin, tant vous en di,
> Un po de graine i espandi,
> Quant j'oi le bouton eslochié;
> […]
> Si fis lors si meller les graines
> Qu'eus se desmellassent a peines
> Si que tout le boutonet tendre
> En fis eslargir e estendre.

> Am Ende, und nur so viel sage ich Euch,
> verstreute ich dort ein wenig Samen,
> als ich die Knospe geschüttelt habe;
> […]
> Und dann ließ ich die Samen sich so gut vermischen,
> daß sie sich kaum wieder voneinander trennen würden,
> derart daß ich das ganze zarte Knösplein
> sich dadurch erweitern und ausdehnen machte. (21719–30)

Die so kunstvoll durchgestaltete Liebe wird hier auf ihre bloße biologische Funktion reduziert, eine Funktion, die zum einen die Utopie der unbegrenzten und folgenlosen Körperlichkeit zerstört. Zum anderen nimmt sie, was viel schlimmer noch ist, den höfischen Liebespaaren, die grundsätzlich nicht miteinander verheiratet sind – wie wir bei Andres Capellanus nachlesen können – jede Möglichkeit der ersehnten Vereinigung.

Fin'amor und die weniger feine Liebe

Die Unvereinbarkeit von Liebe und Ehe erklärt auch Marie de Champagne zum unumstößlichen Gesetz, denn Liebende gewähren sich alles freiwillig und stehen nicht unter Zwang, während Verheiratete verpflichtet sind, die Wünsche des anderen zu erfüllen. Marie de Champagne war eine bedeutende Mäzenin – Chrétien de Troyes und wahrscheinlich auch Andreas Capellanus lebten an ihrem Hofe – und die Tochter einer der faszinierendsten Frauen der Weltgeschichte, Eleonore von Aquitanien. Ihrerseits Enkelin von Wilhelm IX., dem ersten Trobador, heiratete sie 1137 fünfzehnjährig den französischen König Louis VII. Als Herrin über ganz Südwest-Frankreich war sie nicht nur eine der reichsten Erbinnen, sondern außerdem noch sprichwörtlich schön, intelligent und gebildet. Die Ehe mit dem frommen, verschlossenen König war so schlecht, daß sie 1152 annulliert wurde, obwohl zwei Töchter aus ihr hervorgegangen waren. Nur zwei Monate später heiratete sie den Grafen von Anjou und Herzog der Normandie, der als Heinrich II. den englischen Thron bestieg, so daß sie gemeinsam das größte Reich der Christenheit beherrschten. Für uns ist diese herausragende Frau, die über achtzig Jahre lang lebte, wichtig, weil sie und ihre insgesamt neun Kinder – unter ihnen neben der erwähnten ersten Tochter Marie auch Richard Löwenherz, der selbst dichtete – entscheidend dazu beitrugen, die hohe Kunst der Trobadors in Europa zu verbreiten.

Die Vita ihres Großvaters ist kaum weniger aufregend. Mächtiger als der König übernahm Wilhelm IX. (1071–1126) von Aquitanien und Poitiers kaum fünfzehnjährig, die Herrschaft über den Südwesten Frankreichs, organisierte einen desaströsen Kreuzzug, tat sich im Kampf gegen die Sarazenen hervor, wurde wegen Verstößen gegen das kanonische Recht sowie wegen seines skandalösen Lebenswandels wiederholt exkommuniziert. Er galt als Frauenheld und war der erste volkssprachliche Dichter des europäischen Mittelalters; elf seiner Gedichte sind überliefert. Diese allein würden genügen, um das stereotype Bild einer Trobadorlyrik, die sich auf den Lobpreis einer unerreichbaren Geliebten beschränkt, zu entlarven. Wenn er sich rühmt, daß keine Freundin ihn eine Nacht lang besitzen wird, ohne am nächsten Tag schon wieder nach ihm zu verlangen (»Ja m'amig' anuech non m'aurà / Que no'm vuelh'aver l'endemà«, Bec 27), scheint er nicht an Selbstzweifeln zu leiden. Allerdings ist dies nicht der Tonfall, den wir von einem Trobador erwarten. Pierre Bec bezeichnet ein solches Abweichen von der Norm als »contre-texte«, als Gegentext. Dieser etabliert sich innerhalb des literarischen Codes, verwendet dessen Vorgehensweisen bis an die Grenze der Übersättigung, weicht aber radikal von dessen

Inhalt ab.³ Wie Bec selber schreibt, ist die Trennung in diesem Fall besonders problematisch, da »texte« und »contre-texte« nicht nur gleichzeitig, sondern bereits im Werk eines einzigen und noch dazu des ersten Autors der Gattung entstehen. Damit machen allein die nur 11 überlieferten Gedichte Wilhelm IX. deutlich, daß die stilisierte *fin'amor* durchaus nicht als die einzig mögliche Form der Liebe betrachtet wurde. Genauer gesagt drückt er dies schon im Gedicht über seine beiden Pferde aus, die er nicht beide behalten kann, da das eine das andere nicht duldet (»ma no'ls puesc tener amdos, que l'uns l'autre non consen«, I,9)⁴. Das eine ist so wild und ungezähmt, daß es gegen das Striegeln wehrt« (»ez es tan fers e salvatges, que del bailar si defen«, I,15), wohingegen das andere aus eigener Züchtung stammt und dem Sprecher ständig zur Verfügung steht. Offenbar sind hier zwei Damen gemeint, von denen die eine fremd ist und erst nach allen Regeln der Kunst umworben werden muß, die andere hingegen aus dem ›eigenen Stall‹ kommt. Letztere hat zwar einen anderen Herren, ist demnach verheiratet, ihr Gatte ist jedoch dem lyrischen Ich verpflichtet. Wenn wir dieses Ich mit der Person des Autors gleichsetzen, bedeutet dies, daß Wilhelm einem seiner Lehnsmänner ein Fräulein mit der Auflage zur Frau gab, daß sie ihm als Geliebte dient. Die stereotype Konstellation, in der der Liebhaber sich zum Diener seiner Domna macht, ist in ihr Gegenteil verkehrt. Auf die andere Dame besitzt er aber keinerlei Einfluß und muß sie mühsam für sich gewinnen.

Sogar dreigeteilt ist die Liebe in einem Lied von Daude de Prades aus der ersten Hälfte des 13. Jahrhunderts, was ihm aber keine weiteren Schwierigkeiten zu bereiten scheint.

> Car ieu ai mes tot mon esper,
> Mon penssar e m'entencio
> En amar dompna coinde bella,
> E soi amatz d'una piucella,

---

3   »Il s'installe en effet *dans* le code littéraire, mais le dévie fondamentalement de son contenue référentiel.« (Bec 1984, S. 11)
4   Die Verse Wilhelms IX. von Aquitanien werden nach folgender Ausgabe zitiert: Guglielmo IX d'Aquitania: Poesie. Hg. v. Nicolò Pasero. Modena 1973.

> E quan trob soudadeira gaia,
> Deporte mi cossi qe-m plaia;
> E par tant non son meins cortes
> Ad amor si la part en tres. (Nelli 220/222)

Ist es Amor gegenüber unhöflich, so fragt er, die Liebe dreizuteilen? Denn all sein Hoffen und Denken richtet sich auf eine edle Dame, während er eine Jungfrau, die ihn liebt, nach Herzenslust küssen und liebkosen kann. Dies hält ihn jedoch nicht davon ab, sich gelegentlich mit einem Freudenmädchen zu vergnügen,[5] das ihm alles gewährt, was Amor für das Liebesspiel verlangt und ohne Zank oder Streit Hemd und Rock ablegt (»Tot so c'Amors vol a jazer, / E non fassa plaig ni tensso / D'ostar camisa ni gonella«, Nelli 224).

Interessant ist hier nicht nur, daß neben der *fin'amor* und der weitgehend unpersönlichen, ganz auf Triebbefriedigung ausgerichteten Zweisamkeit noch eine dritte Form der Liebe propagiert wird. Dieser ist Körperlichkeit keineswegs fremd, das Mädchen ist zugänglich, bestimmte Regeln müssen aber trotzdem respektiert bleiben und die Beziehung zeichnet sich durch gegenseitige Zuneigung aus. Ebenso aufschlußreich ist seine Auffassung der hohen Minne: Es sei vom Manne falsch, ›alles‹ von der Geliebten zu fordern, so wie sie ihren Körper nicht zur Liebesgabe machen dürfe. Damit zeigt dieses Gedicht perfekt die doppelte Problematik der *fin'amor*. Zum einen war es fragwürdig, ob die Liebenden die äußerste Gunst überhaupt verlangen und gewähren durften; zum anderen konnte dies, wenn man die Frage positiv beschied, erst nach langer Werbung und nur unter Überwindung größter äußerer Hindernisse geschehen. Welche Schwierigkeiten dieses Spannungsfeld aufwarf, zeigen die beiden Gedichte. Während Wilhelm IX. um eine Lösung ringt, da er sich entscheiden muß, hat Daude de Prades eine äußerst pragmatische Regelung gefunden, indem er die drei Bereiche Triebabfuhr, emotionale Zuneigung und Teilnahme am Gesellschaftsspiel des *fin'amor* personell aufteilt.

---

5 »Soudadeira« heißt wörtlich Söldnerin, eine Frau, die für ihre Arbeit Lohn erhält. Es muß sich also nicht um eine Prostituierte handeln; es könnte beispielsweise auch eine Spielfrau gemeint sein.

Bei Daude de Prades sehen wir, daß diese im Höchstmaße elaborierte Form der Liebe von den Zeitgenossen tatsächlich als solche und als nur eine von verschiedenen Möglichkeiten aufgefaßt wurde. Allerdings bietet sie sich gerade ob ihrer extremen Kodierung besonders gut für die literarische Verarbeitung an, was die Entwicklung der Lyrik in den folgenden Jahrhunderten eindrucksvoll beweist. Doch zu Beginn der Entwicklung konnte die körperliche Beziehung von Mann und Frau offensichtlich thematisiert werden, so daß diese Texte eigentlich erst in dem Moment zu »contre-textes«, zu Gegentexten werden, in dem die *fin'amor* sich als vorherrschendes Thema durchgesetzt hat. Dann erst findet das Sprechen über Sexualität außerhalb der ›offiziellen‹ Literatur statt.

So rundum wie Daude de Prades lehnen aber nicht alle Trobadors die Hingabe der Angebeteten ab. Es ist nur zu verständlich, daß wir in den mehr als 2500 Gedichten von rund 450 Autoren und Autorinnen aus zwei Jahrhunderten unterschiedliche Standpunkte finden. Die einfachste Möglichkeit, diese Frage zu umgehen, bestand darin, die Dame in unerreichbare Ferne zu rücken, der *amor de loing* zu huldigen wie Jaufre Rudel. Daß Wilhelm von Aquitanien selbst dann, wenn er störrische Stuten zu zähmen sich vornimmt, nicht darauf verzichtet, sie zu reiten, verschweigt er durchaus nicht: Gott möge ihn noch so lange leben lassen, bis er seine Hände unter dem Mantel der Umworbenen habe (»Enquer me lais Dieus viure tan / qu'aia mas mans soz son mantel«, X,23f), lautet sein Wunsch, mit dem er, verständlicherweise, nicht allein dasteht. Daß die Vereinigung der Liebenden fraglos ein dem System der *fin'amor* inhärentes Verhaltensmuster darstellt, bringt die Gattung der Alba, des Morgenliedes, klar zum Ausdruck. In ihnen beklagt das edle Paar nach gemeinsam verbrachter Nacht den Anbruch des Tages, der sie wieder trennt.

Bauernmädchen gegenüber legten die hohen Herren sich keine Zurückhaltung auf, und es steht zu befürchten, daß dieser literarische Gemeinplatz realen Verhaltensmustern entsprach. Macabru versucht eine Spröde mit dem Argument zu überzeugen, daß ihre Schönheit sich verdoppeln würde, wenn er sich einmal auf ihr und sie unter sich sähe (»seria.us ben doblada, / si.m vezia una vegada / sobira e vos sotrayna«, Riquer I,182).

Nicht gerade dezenter ist in dem Gedicht *Estornel, cueill ta volada* sein Liebeswerben, das ein Star der Begehrten ausrichten soll: Er will unbedingt wissen, ob sie nackt schläft, und wenn sie ihn nur machen ließe, bekäme sie es dreimal statt nur einmal von ihm; er werde sich ihr völlig anheimgeben, sie aber solle sich unter ihn legen, auf daß sie ihn umschlinge und umschließe (e.il m'autrei, / mas sotz mei / aplat sei, / qu'ela.m lass'e.m lia.« Riquer I,215). Obwohl die Angesprochene offensichtlich eine edle Dame ist, schreckt sie das konkrete Angebot keineswegs, denn sie läßt den Vogel übermitteln, daß sie es annimmt und verabredet ein Stelldichein, nicht ohne die gemeinsame Lust, die sie bereits erlebt hat, zu evozieren: »La cambr'er de cel guarnida, / d'un ric jauzir per jauzida, / c'ab dous baizar s'es sentida / desotz se plat de plasensa« (Riquer I,219).

Die Erfüllung der Sehnsucht ist Ziel der oft mühsamen und langwierigen Werbung, was in mehreren Tenzonen, Streitgedichten, zum Ausdruck kommt, die René Nelli in seiner Anthologie antikonformistischer Trobadors vorstellt. So bestreitet Guiraut de Bornelh, daß hochstehende Persönlichkeiten als *fin'aman* auftreten könnten. Dem widerspricht der König von Aragon mit dem Argument, daß er noch nie von seiner Macht Gebrauch gemacht habe, um eine Edle zu erobern. Trotzdem wird deutlich, welches das erstrebte Ziel seiner Liebesmühe ist und daß er selbst – die Treulosigkeit andrer Herren tadelnd – die Damen im Plural liebt (vgl. Nelli 107ff). Nicht weniger offen sind die Tenzonen, in denen folgende Fragen diskutiert werden: Soll man der höherstehenden Dame, die nur selten ihre Gunst gewährt, den Vorzug geben vor der weniger edlen, die immer zugänglich ist? Ist der falsche Ruhm, von einer Schönen erhört worden zu sein, dem heimlichen Genuß vorzuziehen oder eine treue Spröde einer Geliebten, die auch andere gewähren läßt (vgl. Nelli, 1116ff, 140ff)? Interessant sind diese Debatten vor allem deshalb, weil die Gesprächspartner sexuelle Lust selbstverständlich auf derselben Ebene behandeln wie die anderen Verhaltensmuster der *fin'amor*: der Dienst des Liebenden an der höher gestellten Dame und seine Unterwerfung, die Auszeichnung durch die Liebe zu einer besonders Edlen, Treue sowie die Pflicht, das Glück im Stillen zu genießen.

Es erscheint überflüssig festzustellen, daß die Trobadorlyrik heutige Leser nicht mehr erregt. Wie aber mag sie auf das zeitgenössische Publikum gewirkt haben, das sie überwiegend gesungen rezipierte? Der öffentliche Vortrag dieser Gedichte unterstreicht einerseits ihren Charakter als Gesellschaftsspiel. Andererseits konnte der Dichter seine Sehnsucht, sein Begehren voller Inbrunst besingen und seiner Fiktion scheinbare Authentizität verleihen, indem er die in vielen Texten enthaltene Anrede einer Geliebten an eine der anwesenden Damen, wahrscheinlich an die sozial hochrangigste, richtete. Darüber hinaus dürfen wir vermuten, daß den Zeitgenossen die uns mitunter äußerst fremde Metaphorik durchaus geläufig war und sie Anspielungen und Zweideutigkeiten sehr sensibel wahrnahmen. Ob diese Gedichte tatsächlich als konkrete Werbung gedient haben, bleibt ebenso Spekulation wie die Frage, ob sie diesen Zweck erfüllten. Unserer Definition von erregender Literatur entsprechen die Texte schon deshalb nicht, da sie die Liebeslust, wenn überhaupt, nur hypothetisch behandeln. Wir erfahren lediglich, was die Trobadors gerne unternähmen, wenn die Frauen mitspielten. In Daude de Prades' Beschreibung der dreigeteilten Liebe erfahren wir, wie er sich konkret der Dame und dem Mädchen gegenüber verhält; er nennt jedoch nur im Konjunktiv, was er mit dem Freudenmädchen *täte*, welches Verhalten er sich von ihr *wünschte*, wenn er denn eines fände. Lediglich in den Morgenliedern klingen genossene Freuden an, und es heißt sogar, daß sich die Liebenden umarmen und küssen; der Höhepunkt liegt in der Vergangenheit und das eigentliche Thema bildet der Trennungsschmerz und die mit ihm sofort wieder einsetzende Sehnsucht nach einander. Selbst im zweifellos obszönsten aller Trobadorgedichte kündigen Mann und Frau lediglich an, was sie miteinander treiben werden.

Die Kehrseite der Trobadorlyrik

Wie wir gesehen haben, ist das Modell von Text und »contre-texte« für den Beginn der Trobadorlyrik nicht unproblematisch; man könnte hier einfach zwischen hoher und niederer Minne unterscheiden. Nachdem sich im Laufe des 12. Jahrhunderts aber die literarischen Formen gefestigt und die *fin'amor* als zentrales Thema durchgesetzt haben, konnten Gedichte entstehen, die sich eindeutig vom *mainstream* absetzen, auf parodistische Distanz gehen und erst vor dem Hintergrund der parodierten Werke ihren vollen Witz entfalten.

Ein besonders krasses und gelungenes Beispiel ist die anonyme Bearbeitung einer Strophe des 1231 verstorbenen Folquet de Marseille; sie handelt von der Not des Liebhabers, der nicht weiß, wie er seine Leidenschaft verstecken soll; sie beginnt mit den Worten: »Euch möchte ich den Schmerz zeigen, den ich verspüre« (»A vos vòlgra mostrar lo mal qu'ieu sent«, Bec 170). Die nachgedichtete *cobla* behält die Bilder, Worte und Reime Vers für Vers weitgehend bei, verkehrt aber den höfischen Sinn ins Obszöne.

> A vos vòlgra metre lo veit que'm pent
> E mos colhons desobre'l cul assire;
> Eu non o dic mais per ferir sovent,
> Car en fotre ai mes tot mon albire,
> Que'l veit chanta, quant el ve lo con rire,
> E per paor que no'i venga'l gelós,
> Li met mon veit e retenc los colhós. (Bec 171)

> Euch möchte ich meinen Schwanz reinstecken, der mir hängt,
> Und meine Hoden auf den Hintern setzen.
> Mehr sagt ich nicht, um häufig zuzustoßen,
> Denn aufs Ficken habe ich mein ganzes Sinnen gerichtet.
> Da der Schwanz singt, wenn er die Möse lachen sieht,
> Und aus Angst, daß nicht [vielleicht] der eifersüchtige [Ehemann] kommt,
> Stecke ich meinen Schwanz dort hinein und halte die Hoden zurück.

Noch krasser ist die »contre-textualité« im folgenden Streitgespräch zwischen dem Herrn Aufsteiger und einer wenig feinen Dame, in der beide in bestem Einvernehmen wie die Kampfhähne aufeinander losgehen. Ob seiner Obszönität geriet der Text »jahrhundertelang ins Abseits«, wurde 1974 zum ersten Mal allerdings ohne Übersetzung ediert – seitdem aus wahrscheinlich denselben Gründen bereits mindestens siebenmal.[6] Dies zeigt

---

6 A. Rieger (372) weist fünf weitere Editionen vor ihrer eigenen von 1989 nach, außerdem wurde der Text von Pauvert in seine Anthologie aufgenommen.

einmal mehr, daß in Folge der ›68er Revolution‹ die Tabus, die Sexualität und ihre Darstellung einengten, immer weiter gelockert wurden, ohne daß das Interesse an diesem Thema nachließe.

La Tenzon de Seigner Montan e de la Domna

Eu veing vas vos, Seingner, fauda levada,
c'auzit ai dir c'avetz nom En Montan,
c'anc de fotre non fui asassonada,
et ai tengut dos anz un capellan,
e sos clergues e tota sa masnada;
et ai gros cul espes e trameian
e maior con que d'autra femna nada.

Et eu vas vos, dompn', ab braga bassada,
ab maior viet de niull az'en despan;
e fotrai vos de tal arandonada
que los linzols storzerez l'endeman
– e pos diretz c'ops i es la bugada;
ni mais no-m leu ni mais mei coillon gran
se tan no-us fot que vos zaires pasmada.

Pois tan m'aves de fotre menazada,
saber volria, Seingner, vostre van,
car eu ai gen la mia port'armada
per ben soffrir los colps del coillon gran;
apres commençarai tal repenada
que no-us poirez tener als crins denan,
anz de darier vos er ops far tornada.

Sapchatz, Midons, que tot aizo m'agrada
– sol que siam ensems a l'endeman,
mon viet darai en vostra port'armada;
adoncs conoisseretz s'eu sui truan
qu'eu vos farai lanzar per la culada
tals peitz que son de corn vos senblaran
– et ab tal son fairetz aital balada.

Das Streitgespräch zwischen Herrn Montan und seiner Dame

Ich komme zu Euch, mein Herr, mit hochgehobenem Rock,
weil ich habe sagen hören, daß Ihr »En Montan«,
Herr »Aufsteiger«, heißt,
denn vom Vögeln konnte ich noch nie genug bekommen
– und ich hatte zwei Jahre lang einen Kaplan
und seine Schreiber und sein gesamtes Personal;
und ich habe ein großes, gut gepolstertes Hinterteil und ein Spalte
und größere Möse als jede andere Frau.

Und ich zu Euch, Herrin, mit heruntergelassener Hose,
mit einem größeren Schwanz als ein Esel in der Brunft,
und ich werde Euch mit solcher Vehemenz vögeln,
daß Ihr am nächsten Tag die Laken auswringen werdet,
und dann werdet Ihr sagen, daß sie eine Wäsche nötig haben;
und ich werde nicht eher weichen und meine prallen Hoden auch nicht,
bis ich Euch nicht derart gevögelt habe, daß Ihr ohnmächtig liegenbleibt.

Da Ihr mir so sehr droht, mich zu vögeln,
möchte ich wissen, mein Herr, was an Eurer Angeberei Wahres ist,
denn ich habe meine Pforte wohl gerüstet,
um dem Ansturm Eurer prallen Hoden standhalten zu können.
Danach werde ich mich so aufbäumen,
daß Ihr Euch nicht auf meinem Schamhügel werdet halten können,[7]
Ihr Euch vielmehr nach hinten werdet wenden müssen.

Wisset, Herrin, daß mir das alles wohl gefällt;
wenn wir nur bis zum nächsten Morgen zusammen sind,
werde ich meinen Schwanz in Eure behütete Pforte stoßen;
dann werdet Ihr sehen, ob ich zuviel versprochen habe,
denn ich werde Euch dazu bringen, solche Fürze
aus dem Hintern zu blasen, daß sie Euch wie Trompetenstöße vorkommen werden
– und auf diese Melodie werdet Ihr ein solches »Tanzlied« verfassen.
(A. Rieger 367f)

Aus verständlichen Gründen wurde dieser Text als gänzlich fiktiv bezeichnet, zumal Montan, Aufsteiger, ein mehr als sprechender Name ist, auch ohne an die Stutenmetapher Wilhelms IX. zurückzudenken. In ihrer Standardausgabe der *Trobaritz*, der Werke dichtender Frauen, nennt Angelica Rieger zwei bekannte Trobadors als mögliche Autoren des männlichen Parts. Außerdem erinnert sie an die Vortragssituation dieser Lyrik und schreibt, daß »der Einsatz von Frauenstimmen im Text nur dann sinnvoll ist, wenn diese auf der Ebene der ›performance‹ auch wirklich von einer Frau übernommen wird. Hat sich aber

---

7 An dieser Stelle weiche ich von A. Riegers Übersetzung ab, die diesen Vers mit »daß Ihr Euch nicht auf der Kruppe [meiner Schamhaare] werdet halten können« übersetzt.

eine Frau für den Vortrag solcher Verse gefunden, ist es auch nicht undenkbar, daß sie auch für die Entstehung (mit-)verantwortlich ist« (373). Wir glauben gern, daß eine solche Performance das Publikum nicht unberührt gelassen hat, vor allem wenn die Sänger sich ihren eigenen Aussagen gemäß verhielten, also mit gerafftem Rock und heruntergelassener Hose auftraten. Dabei dürfen wir nicht vergessen, daß Spielleute nicht nur in höfischem Rahmen auftraten.

Die Anklänge an die konventionellen Texte sind evident: Eine Frau und ein Mann handeln die Modalitäten ihrer Beziehung aus, die auf eine gemeinsame Nacht abzielt. Sie sprechen sich gegenseitig mit den entsprechenden ehrerbietigen Anreden (Seigner, Midons) an. Die parodistische Ebene wird auch dadurch betont, daß einige der sexuellen und skatologischen Ausdrücke sich gleichzeitig auf das Trobar beziehen, beispielsweise der letzte Vers (vgl. 375f). Ansonsten wird uns hier eine gänzlich verkehrte Welt vorgeführt. Anstatt sich lange umwerben zu lassen und hartnäckig zu widerstehen, kommt die *Domna* auf den Mann zu. Während er sonst größter Überredungskünste bedarf, damit er sie sehen oder auch nur wissen kann, ob sie nackt schläft, um wenigsten seiner Phantasie Nahrung zu verschaffen, wenn mehr ihm versagt bleibt, hat sie sich hier bereits selbst entblößt. Damit demonstriert sie eine Schamlosigkeit, die ihre anschließende Schilderung der eigenen Unersättlichkeit äußerst glaubwürdig macht. Weibliche Tugenden wie Keuschheit, Zurückhaltung, Bescheidenheit und Demut sind ihr fremd. Dies scheint den wackeren Recken nicht zu schrecken; ganz im Gegenteil animiert ihn soviel Tatendrang, seinen eigenen Heldenmut zu beweisen. Daß er bei deren Ankündigung weniger appetitliche Details (die Laken) nicht verschweigt, scheint ihr zu gefallen. Die versprochene Vehemenz versetzt zumindest ihre Phantasie so sehr in Erregung, daß sie sich mit dem *usus naturalis* nicht begnügen will. Er ist's zufrieden und gleitet in den letzten Versen ins Skatologische ab, was insofern besonders parodistisch ist, als er damit auf das Trobar anspielt. Von Emotionen ist hier keine Rede mehr, alles ist auf die rein körperliche Lust konzentriert. So radikal mit allen Regeln der *fin'amor* gebrochen wird, in einem Punkt stimmt dieses Streitgespräch noch mit den zartesten Gedichten überein: Die Lust des Paares bleibt hypothetisch, wird nur im Konjunktiv oder im Futur erwähnt. Allerdings haben wir den Eindruck, daß diese beiden ihren verbalen Attacken umgehend Taten folgen lassen werden, zumal die relevanten Körperteile bereits entkleidet sind.

Wie nun haben die Zeitgenossen auf den Vortrag dieses Dialogs mit verteilten Rollen reagiert? Leider verraten die Quellen nichts über die Rezeption des Stückes; wir wissen nicht einmal, vor welchem Publikum es aufgeführt wurde. Wir dürfen aber davon ausgehen, daß die Zuhörer aufs Beste mit der zu diesem Zeitpunkt bereits über anderthalb Jahrhunderte währenden literarischen Tradition vertraut waren und von daher erkannten, daß der eigentliche Reiz in der doppelten Parodie lag – derjenigen einer konkreten Strophe sowie des gesamten Modells von *fin'amor* und Trobar. Neben diesem rein intellektuellen Vergnügen können die karnevaleske Verkehrung aller Werte in dieser Tenzone, die Entlarvung des beinahe mechanisch gewordenen Codes der Liebeswerbung sowie die Entblößung der Genitalien eine gewisse Heiterkeit hervorgerufen haben. Der Exhibitionismus wird aber primär einen anderen Stimulus auf das Publikum ausgeübt haben. Mag der Dialog in der alleinigen Absicht entstanden sein, ein System der Liebeswerbung, das inzwischen – in der zweiten Hälfte des 13. Jahrhunderts – zum Stereotyp geworden ist, im wahrsten Sinn des Wortes bloßzustellen, so wird seine Wirkung doch gleichzeitig eine ganz andere gewesen sein. Die Komik liegt nicht bei wie *Lysistrate* – über die wir heute noch lachen – im Text selbst, sondern in seinem Verhältnis zum literarischen Bezugsrahmen. Neben dem daraus resultierenden Wortwitz wird hier gezeigt, was hinter dem hehren Schmachten des *fin'aman* und der Zurückhaltung seiner *Domna* tatsächlich steckt, wodurch diese Form des Witzes sexuelle Erregung zusätzlich steigern kann, da sie die gesamte konventionelle Trobadorlyrik im Nachhinein erotisiert und den Zuhörer im doppelten Sinne zum Voyeur macht: direkt als Zeuge von Montans Wortgefecht mit der heißblütigen Dame und indirekt beim Blick hinter die Kulissen einer ganzen Liebestradition, die durch diesen Text zum dezenten Vorhang vor einer indezenten Realität wird.

Die Frau, die hier spricht, trägt deutliche Merkmale eines misogynen Klischees, denn sie ist treulos und unersättlich, rühmt sich ihres großen Genitals. Trotzdem halte ich es für falsch, den Text als frauenfeindlich zu bezeichnen, denn ihr Partner reagiert höchst angetan und entspricht ihr in seinem Verhalten. Doch ist die Frauenfigur mehr als ein Gegenentwurf zur gestrengen Domna; sie verkörpert genau den Typus, von dem – laut Alberoni – Männer träumen. »In der (männlichen) Pornographie werden Frauen zu Phantasiegestalten, vollkommen im Banne des Sex, getrieben von dem unwiderstehlichen Drang, sich auf den nächsten Penis zu stürzen« (Alberoni 13). Zwar blieb dem Publikum verwehrt, an der erlebten Lust des Paares teilzuhaben, allerdings wird diese mit soviel Vehemenz und Vorfreude beschrieben, daß sie die Phantasie allemal anzuregen vermochte. Wenn wir uns darüber hinaus vorstellen, daß die beiden Akteure zeigten, wovon sie sprachen, können wir sicher sein, daß Heiterkeit nicht die dominierenden Reaktion auf dieses Spektakel war.

Eine herausragende Rolle spielt hierbei das obszöne Vokabular, vor allem für jene, die sich auf die Lektüre des Textes beschränken müssen. Über Jahrtausende bis heute mit einem Tabu belegt, stellt das Aussprechen dieser Wörter einen Tabubruch dar; er wirkt um so stärker, je weniger wir solche Ausdrücke erwarten, wie in einer Literatur als Manifestation des Schönen-Wahren-Guten oder eben in der Trobadorlyrik, die in ihrer Hauptströmung ein Modell der Triebregulierung entwirft.

Diese regulierende Funktion entwickelt sich im Laufe der Jahrhunderte zumindest in der Lyrik immer stärker zur Unterdrückung des Wunsches nach Vereinigung mit der Angebeteten, die ihrerseits in eine unüberwindliche Distanz rückt. Durch den indirekten, rein literarischen Einfluß wie auch durch die persönliche Anwesenheit mehrerer Trobadors am Hofe des Stauferkaisers Friedrichs II. bildet sich auf Sizilien in der Mitte des 13. Jahrhunderts die erste italienische ›Dichterschule‹, also bevor die *Tenzon de Seigner Montan e de la Domna* geschrieben wurde. Die folgende Entwicklung verlief – schematisch, reduziert und eindimensional gesehen – über Bologna in die Toscana, wo der *Dolce stil novo* entstand, aus dem Dantes Lyrik hervorging. Einen krönenden Abschluß bildet unbestritten der *Canzoniere* von Francesco Petrarca (1304–1374), die erste durchkomponierte Lyriksammlung nach der Antike, bestehend aus 366 Gedichten. Petrarca nun problematisiert sogar das Begehren als solches und nicht mehr nur dessen Umsetzung wie die Trobadors. Sein Dilemma besteht nicht mehr darin, daß ihm die Vereinigung mit Laura verwehrt bleibt, sondern daß er sich überhaupt nach ihr sehnt. So wundervoll seine Gedichte auch sind und so erotisch die in ihnen ausgedrückte Spannung mitunter sein mag, erregend in unserem Sinn sind sie nicht.

Seine Dichtung war über Epochen und in Rudimenten bis heute das Modell europäischer Liebeslyrik und fand besonders im 16. Jahrhundert unzählige Nachahmer. Den Imitationen der sogenannten Petrarkisten fehlten häufig die Originalität, der besondere Reiz und die sprachliche Vollkommenheit ihres Vorbildes, so daß sie bald eine Gegenbewegung, den Antipetrarkismus auf den Plan riefen. Dabei geschah es nicht selten, daß ein Autor, der sich zunächst am petrarkistischen Modell geschult hatte, später explizit davon Abstand nahm, um einen eigenen Stil zu finden. Berühmtestes Beispiel ist der Abgesang des französischen Dichters Joachim Du Bellay (1522–1560) *Contre les pétrarquistes*, in dessen erstem Vers der Autor versichert, daß er »die Kunst des Petrarkisierens« vergessen habe (»J'ay oublié l'art de pétrarquizer«). Diese Opposition wendet sich weniger gegen das Liebeskonzept; sie ist in erster Linie eine literarische Polemik gegen stereotype Beschreibungen von weiblicher Schönheit und Liebesschmerz, gegen die in vorgeformten Mustern formulierten »feintes douleurs« (10), den geheuchelten Schmerz.

Nur selten geht die Kritik so weit, die Überhöhung der Geliebten auf eine derartig irdische, körperliche Ebene zurückzuholen wie in der *Tenzon de Seigner Montan*. Pietro Aretinos *Wollüstige Sonette*, über Jahrhunderte von sprichwörtlichem Ruhm, bilden die prominenteste Ausnahme. Wem dieser Sprung über zweieinhalb Jahrhunderte zu groß erscheint, der wird spätestens beim Vergleich der Texte sowie dem Verhältnis zu den literarischen Mustern, von denen sie sich abheben, merken, wie ausgeprägt die Parallelen sind.

Aretinos geschwänzte Sonette

Mit einem kräftigen Skandal beginnt die Geschichte der *Sonetti lussuriosi*. Im Jahre 1524 fertigt Marcantonio Raimondi – der bedeutendste italienische Kupferstecher der Zeit – 16 Stiche an, die je ein Paar zeigen, das den göttlichen Auftrag »Seid fruchtbar und mehret euch« erfüllt. Trotz des unbestrittenen künstlerischen Wertes dieser Bilder läßt Papst Klemens VII. Raimondi ins Gefängnis werfen, was um so delikater ist, als Klemens' drei Jahre zuvor verstorbener Onkel Leo X. die Vorlagen zu den Stichen bei Giulio Romano in Auftrag gegeben haben soll. Leider ist keine von ihnen erhalten; lediglich die Museen in Budapest und Stockholm besitzen Blätter, die beweisen, daß »Giulio sehr poetische Zeichnungen zum Thema homo- wie heterosexueller Liebe« geschaffen hat (Gombrich 68; vgl. Abb.). Zum Glück hat Marcantonio einflußreiche Freunde, unter ihnen Pietro Aretino (1492–1556), der sich allein durch seinen Witz einen Platz am Hofe Leos X. hatte sichern können und es dank seiner manierierten Pamphlete nach dem Tod des Papstes zu erstaunlicher Popularität gebracht hatte. Aretino nun setzt sich nebst anderen erfolgreich für die Freilassung des Künstlers ein und feiert diesen Triumph, indem er zu jedem der 16 Stiche ein Schweifsonett, ein Sonett mit einem zusätzlichen dritten Terzett, schreibt – der Zerstörungswut der Sittenwächter entging nur ein Exem-

Dammi la lingua, e appouta i pedi al muro,
    Stringe le cofcie, e tieumi ſtretto ſtretto,
Laſciateu'ir ariuerſo ſa'l letto
Che d'altro che di fotter, non mi curo;
Ah traditor tu hai, che cazzo duro,
    O come ſu la potta ci confetto,
    Vn di tormelo in culo ti prometto,
    E di farlo uſcir netto t'aſsicuro;
I o ui rn gratio cara lorenzina
    Mi ſforzero ſeruirui, ma ſpingete
    Spingete, come fa la ciabattina
I o farò adeſſo, e uoi quando ſarete?
    Adeſſo, dammi tutta la lenguina,
    Ch'io moi o, e io, e uoi cagion ne ſete,
                Adunq; compirete?
Adeſſo, adeſso faccio ſignor mio,
Adeſso hò fatto, e io, Ahime, ò Dio,

plar, das vermutlich 1527 mit Holzschnitten nach den Stichen gedruckt wurde. (vgl. Abb.).

Die Verbindung von Bild und Text nutzt Aretino auf sensationelle Weise. Er beschreibt nicht etwa, was wir ohnehin sehen, sondern ›vertont‹ die Szene. Damit suggeriert er Bewegungen und einen Ablauf, die im Kopf der Betrachters das starre Bild in Verbindung mit dem Dialog der Figuren zu einem Film werden lassen, der hinter den Augen abläuft. Diese Gesprächsform – in der italienischen Lyrik äußerst selten – verbindet Aretinos Sonette mit dem provenzalischen, genauer altokzitanischen Text ebenso wie die Tatsache, daß es auch bei ihm häufig die Frau ist, die zuerst spricht, und ganz klar äußert, was sie will und wie die *Domna* mitunter fordert, daß der Mann ihre Rückseite ebenso traktiert wie die Vorderseite.

»Dammi la lingua, e apponta i piedi al muro,
stringe le coscie, e tiemmi stretto stretto«;
»Laciatev'ir a riverso in su'l letto,
che d'altro che di fotter non mi curo«;

»Ahi, traditor, tu hai che cazzo duro«,
»O come su la potta ci confetto«;
»Un dí, tòrmelo in culo ti prometto,
e di farlo uscir netto t'assicuro«;

»Io vi ringrazio, cara Lorenzina:
mi sforzerò servirvi; ma spingete
spingete, come la Ciabattina.

Io farò adesso, e voi quando farete?«,
»Adesso; dammi tutta la lenguina,
ch'io moro«; »E io, e voi cagion ne sète.

Adunque compirete?«;
»Adesso, adesso faccio, signor mio;
adesso ho fatto«; »E io«, »Ahimè«, »O Dio!«.

»Gib mir die Zunge und stütz die Füße gegen die Wand,
press' die Schenkel und halte mich ganz, ganz fest.«
»Laßt Euch zurückfallen auf's Bett,
denn um was andres als vögeln kümmere ich mich nicht.«

»Ah! Verräter, welch harten Schwanz du hast!«
»Oh! welche Süße ich in der Möse verspüre!«
»Eines Tages steck' ich ihn mir in den Arsch, das versprech' ich Dir,
und ihn sauber wieder rauszuziehen, versichere ich Dir.«

»Ich dank Euch, teure Lorenzina:
Ich bemühe mich, Euch zu Diensten zu sein; aber stoßt,
stoßt wie die Ciabattina.

Ich komme jetzt, und wann kommt ihr?«
»Jetzt, gib mir das Züngelchen ganz,
Denn ich sterbe.« – »Und ich, und Ihr seid der Grund dafür.

Vollendet Ihr's jetzt?«
»Jetzt, jetzt komm' ich, mein Herr;
jetzt bin ich gekommen.«- »Und ich!« – »Ei weh!« – »Oh Gott!«

Meiner unbeholfenen Prosaübersetzung gelingt es schwerlich, den zugegebenermaßen mimetischen Rhythmus des Originals wiederzugeben, aber dieses Beispiel illustriert das bisher Gesagte sowie eine Reihe anderer Charakteristika der Sonette. Der deutlichste Unterschied zur *Tenzon* besteht darin, daß die Figuren nicht nur ankündigen, sondern tun, worüber sie sprechen. So wird der Leser zum Augen- und Ohrenzeugen des Geschehens. Die Wortwechsel finden während des Liebeskampfes statt, so daß die entzückten Ausrufe das Ende des Gedichtes sowie des Aktes markieren. Die technischen Details, die Körperhaltung, werden zu Beginn zwar kurz erwähnt, zentrales Thema ist aber – wie sollte es anders sein – das Vergnügen, das am Ende zu seinem Höhepunkt gelangt. Bereits der Stich drückt durch die instabile Haltung der Figuren Bewegung aus, die vom Text aufgegriffen wird und und sich wie der Satzrhythmus zu beschleunigen scheint: Die Imitation der höchsten Lust gelingt vollkommen. Die erregende Wirkung der Texte formuliert der Autor im Epilog, wo er sie mit der Reaktion der Nase auf Pfeffer vergleicht. Den Effekt der Sonette könne ein jeder Leser mit einem Griff zwischen die eigenen Schenkel selbst überprüfen.

Gleichzeitig stellen die *Sonetti lussuriosi* einen *contre-texte*, eine ›Gegenliteratur‹ dar. Während seiner Studienzeit in Perugia hatte Aretino 1512 mit stereotyper petrarkistischer Lyrik, der *Opera nova*, debütiert. Er mußte also wissen, daß seine geschwänzten Sonette ein Mischform waren aus dem klassischen 14-zeiligen Sonett und der Pasquinade, dem Spottsonett mit langer *coda*, die seinen Ruhm beim Konklave nach dem Tode Leos X. begründet hatten. Er war sich auch bewußt, daß er während der Blütezeit des Petrarkismus die entgegengesetzte Seite der Liebe zum Thema machte, genau wie dies rund 250 Jahre zuvor in der *tenzon* erfolgt war. Folgerichtig ersetzte er die *donna angelicata*, die engelsgleiche Dame, durch Courtisanen, denn alle identifizierbaren Frauen im Text tragen die Namen berühmter Liebesdienerinnen, die im Rom der Zeit eine erhebliche soziale und wirtschaftliche Macht besaßen. Gleichzeitig kritisierte er das Sexualgebaren der Prälaten sowie die hohen Herren und das elende Leben an den Höfen der Mächtigen. Auf der Folie einer vorherrschenden Gattung, von der er sich deutlich abhob, schuf er jedoch ein eigenes Genre erregender Literatur. Im Epilog verweist er nicht nur auf die Wirkung seines Werks; er erklärt darüber hinaus, das genau dies der Stoff sei, aus dem Literatur gemacht werden müsse.

> Vedute avete le reliquie tutte
> de' cazzi orrendi in le potte stupende,
> [...]
> e son cose da farne le legende,
> sí come di Morgante e di Margutte.
>
> Gesehen habt Ihr all die Reliquien
> der furchterregenden Schwänze in den hinreißenden Mösen,
> [...]
> und dies sind Dinge, um Legenden zu machen,
> so wie von Morgante und Margutte.

Damit stellt Aretino die Spiele von »cazzo« und »potta« auf dieselbe Ebene wie die Abenteuer von Morgante und Margutte aus dem populären Ritterepos *Il Morgante*, mit dem Luigi Pulci 1478 eine neue literarische Tradition begründet hatte, die einen »der originellsten und typischsten Beiträge Italiens zur Weltliteratur bildet« (Knapp 102).

Eine weitere Übereinstimmung zwischen Sonetten und *Tenzon* besteht in der Sodomie. Als Todsünde war sie im Mittelalter wie in der Renaissance mit einem besonderen Tabu behaftet. Dieses Tabu zu brechen drückt die schrankenlose Lust aus, die den Mittelpunkt beider Texte bildet. Gleichzeitig löst die Sodomie die Sexualität von ihrer generativen Funktion. Dies spielt zum einen für die erregende Literatur eine wichtige Rolle, andererseits war der Analverkehr eine absolut sichere Methode der Empfängnisverhütung, die bei außerehelichen Beziehungen – und ausschließlich um solche handelt es sich hier – ausgesprochen nützlich war. In welchem Maße sie im 13. Jahrhundert praktiziert wurde, wissen wir nicht. Ob sie für die Katharer, die Nachkommen aus religiösen Motiven ablehnten, da der Mensch das Böse verkörpere, von Bedeutung war, ist reine Spekulation, ein Mythos, den die Protokolle der Inquisition für die Nachwelt festgehalten haben. Für die italienische Renaissance wissen wir hingegen, daß männliche Homosexualität als humanistisches Erbe der Antike nicht nur unter Klerikern weitverbreitet war. Daß Analverkehr unter Todesstrafe stand, scheint kein Hinderungsgrund gewesen zu sein, diesen Weg auch bei Frauen zu wählen, zumal er als Schutz von Syphilis galt. Francesco Molza erzählt die Novelle des Florentiners Ridolfo, der sich seiner Frau erst nähert, als sie ihm ihr Hinterteil präsentiert. Es ist bezeichnend, daß diese Art der Vereinigung in der Literatur keiner anderen Epoche eine ähnliche große Rolle spielt; später wird sie zumeist abgelehnt, als italienische Perversion bezeichnet oder bestenfalls als expliziter Tabubruch praktiziert.

Die Wahl der Worte

In dem zitierten Sonett erkennen wir, daß Aretino ein reduziertes und obszönes Vokabular zur Wiedergabe der Genitalien sowie des Geschlechtsaktes gewählt hat. Er beschränkt sich auf »cazzo«, »potta«, »culo« und »fottere«, wobei »cazzo« im Schnitt drei Mal pro Gedicht eingesetzt wird. Daß Aretino sich ganz bewußt sowohl für die Auswahl dieses Vokabulars als auch für seine extreme Reduktion entschieden hat, beweisen spätestens seine rund zehn Jahre später entstandenen *Courtisanengespräche*, die *Ragionamenti* (1534/36), in denen er diese Vokabeln explizit ablehnt und eine ungeahnte Fülle neuer Metaphern findet. Außerdem unterstreicht er mit dieser Wortwahl seine Gegenposition zum Petrarkismus sowohl durch die Obszönität als auch durch die radikale Beschränkung, mit der er genau das Stilmittel verwendet, das im Zentrum der antipetrarkistischen Kritik steht.

Wie wir im Epilog lesen können, war sich Aretino über die Wirkung seiner Sonette durchaus im Klaren, und wir dürfen ihm unterstellen, daß er diese optimal zu befördern versuchte, was ihm so gut gelang, das die *Sonetti lussuriosi* über Jahrhunderte eines der berüchtigsten Werke des Genres waren. Dies hat zweifellos seine Entscheidung begründet, sich auf das genannte Vokabular zu konzentrieren. Dabei stand sicher nicht der Antipetrarkismus im Vordergrund seiner Überlegungen, sondern das intuitive oder empirische Wissen, daß es sich um Reizwörter handelt. Laut Ferenczi wohnt ihnen »eine eigentümliche Macht inne, die den Hörer gleichsam zwingt, sich den benannten Gegenstand, das geschlechtliche Organ oder die geschlechtliche

Tätigkeit in *dinglicher Wirklichkeit* vorzustellen« (62). Da sie außerdem Verdrängungen aufheben können, eignen sie sich ideal, um die Schamgrenze des Lesers zu senken, damit er das Dargestellte wenigstens in der Phantasie miterleben kann. Die »starke Vermengung der Sprachvorstellung obszöner Worte mit motorischen Elementen« sorgt außerdem dafür, daß die Verbindung aus Bild und Text tatsächlich einen Film im Kopf entwickelt. Daß diese Reizworte der Zensur zu allen Zeiten ein besonderer Dorn im Auge waren, liegt wahrscheinlich an ihrer Wirkung. Aus diesem Grunde haben sie sicher auch dafür gesorgt, daß Heiterkeit nicht die vorherrschende Reaktion des Publikums auf die *Tenzon de Seigner Montan e de la Domna* war.

Es ist nur allzu verständlich, daß Aretino ein provokatives Werk wie die *Sonetti lussuriosi* in einem Widmungsbrief rechtfertigt. Als Zeitvertreib, als Spiel für den Geist – »trastullo de l'ingegno« – würden Künstler seit der Antike »cose lascive« schaffen (*Lettere*, 399). Er legitimiert sein Schreiben, indem er sich einerseits in eine Tradition einreiht und andererseits diesen Text von seiner sonstigen, ›ernsthaften‹ literarischen Arbeit (Theaterstücke, Heiligenviten etc.) trennt, also ähnlich argumentiert wie bereits Ovid. Anschließend erklärt er, daß er überhaupt keinen Grund habe, sich zu entschuldigen, denn was sei Schlechtes daran, einen Mann eine Frau besteigen zu sehen: »Che male è il veder montare un uomo adosso a una donna?« (400). Dies seien schließlich natürliche Vorgänge, und jenes Glied, das die Natur uns zur Erhaltung ihrer selbst gegeben hat, sollte als Schmuckstück getragen werden, da ihm große Männer zu verdanken sind. Es wäre eher gerechtfertigt, Mund und Hände zu verstecken, da diese sich diverser Verbrechen schuldig machen. Einen Vergleich verschiedener Körperteile finden wir bereits in den Schriften des Kirchenvaters Tertullian. »Denn nicht zur Begehrlichkeit haben wir unsere Augen bekommen, die Zunge nicht zur üblen Rede, die Ohren nicht, um üble Rede aufzunehmen, [...] die Geschlechtsteile nicht zu Exzessen der Unzucht [«genitalia ad excessus impudicitiae«], die Hände nicht zur Gewalttätigkeit und die Füße nicht für ein unstetes Leben« (11 u. 13). Wenn wir diesen frommen Satz neben den Widmungsbrief stellen, erkennen wir sofort, worin der Fehler in Aretinos Argumentation besteht. Er zählt für Mund und Hände nur die Verbrechen auf, die sie begehen und stellt ihnen die berühmtesten Produkte menschlicher Zeugungskraft entgegen, obwohl die Hände selbstverständlich zu guten Taten dienen wie zu schlechten und die Genitalien ebenso zur Fortpflanzung oder zur ›Sünde‹. Seine Verteidigungsstrategie, die gerade die Fortpflanzung in den Mittelpunkt stellt, wird außerdem von den Sonetten selbst gründlich desavouiert, da sie keineswegs von der Zeugung, sondern ausschließlich von der als sündig gebrandmarkten Lust handeln.

Aretino selbst greift seine Argumentation rund zehn Jahre später in seinen *Courtisanengesprächen* wieder auf. Hier diskutieren die Amme und die Kupplerin allerdings nicht darüber, was gezeigt werden darf; sie verhandeln die Wahl der Worte. Zu Beginn des Buches hatte die Protagonistin Nanna ausdrücklich erklärt, daß »cu, ca, po e fo« auf keinen Fall ausgesprochen werden dürfen. Als ihre Kollegin Antonia sie fragt, warum sie sich so umständlicher Metaphern bediene, um von dererlei Dingen zu sprechen, antwortet sie, daß selbst im Bordell der verbale Anstand gewahrt bleiben müsse (vgl. 105). Amme und Kupplerin sind sich dieses Tabus zwar bewußt, wollen es jedoch nicht anerkennen.

BALIA: [...] ed è una strana cosa che non si possa dire cu', po' e ca'.
COMARE: Cento volte ho pensato per che conto noi ci aviamo a vergognare di mentovare quello che la natura non s'è vergognata di fare.
BALIA: E così ho pensato io, e più oltre ancora; e mi parria che fosse più onesto di mostrare il ca', la po' e il cu' che le mani, la bocca e i piedi [...] Perché il ca', la po' e il cu' non bestemmiano, non mordano e non isputano ne la faccia come fanno le bocche, né danno dei calci come danno i piedi, e non giurano il falso, non bastonano, non furano e non ammazzano come le mani.
COMARE: [...] tu sei in una buona via; ed è fatto un gran torto a la po' e al ca', i quali mertano di essere adorati e portati al collo per gioielli [...] fanno gli imperadori, i re, i papi. (536)

AMME: [...] 's ist einfach verrückt, daß man nicht mehr Ar, Vo und Schwa sagen soll.
GEVATTERIN: Hundertmal hab' ich bei mir gedacht, warum wir uns schämen sollen, etwas bei Namen zu nennen, was die Natur sich nicht geschämt hat zu machen.
AMME: Darüber hab' ich auch nachgedacht; und ich geh' sogar noch weiter und sage: es scheint mir anständiger zu sein, den Ar, den Schwa und die Vo sehen zu lassen als Mund, Hände und Füße. [...]

Weil Schwa, Vo und Ar nicht fluchen, beißen und ins Gesicht spukken, wie's der Mund tut, keine Tritte versetzen, wie's die Füße tun, keine Meineide schwören, nicht prügeln, nicht stehlen, nicht morden, wie's die Hände tun.
GEVATTERIN: [...] Du hast recht, der Vo und dem Schwa wird schweres Unrecht getan; sie verdienten angebetet, als Kleinode [...] getragen zu werden [...] Sie machen sogar Kaiser, Könige, Päpste« (440f).

Aretino muß sich klar darüber gewesen sein, mit seinen Sonetten zwei Tabus zu brechen: die Darstellung menschlicher Sexualität und ihre Benennung mit obszönem Vokabular. Dies überrascht uns soweit nicht; erstaunlich ist hingegen, daß er beides mit derselben – unhaltbaren – Argumentation verteidigt. Ist es folglich dasselbe, ob ich ein Liebespaar hinter einem Vorhang verstecke oder ob ich sein Tun in metaphorisch verbrämte Worte hülle? Dann allerdings wäre es in letzter Konsequenz nur möglich, das Aufziehen dieses Vorhangs in einer direkten, kruden Sprache zu beschreiben.

Derartige sprachliche Einzelheiten werden bereits im *Rosenroman* verhandelt. Der Liebende wirft der Raison vor, daß sie von Hoden (»coilles«) gesprochen habe, die im Munde einer wohl erzogenen Jungfrau nicht sehr anständig sind (»Qui ne sont pas bien renommees / En bouche a courteise pucele«, 6930f). Seiner Meinung nach hätte sie das Wort wenigstens mit einem »höfischen Ausdruck« (»quelque courteise parole«, 6935) umschreiben müssen. Die Raison erwidert, daß sie sehr wohl, »eine Sache, die doch nur gut ist, frei und offen bei ihrem Namen nennen« könne; »selbst vom Bösen kann ich gewiß in der gemäßen Weise sprechen« (6947–50). Im weiteren erklärt sie, daß nicht die willkürlich gesetzten Worte, die Signifikanten, »häßlich« sind, sondern wir negative Vorstellungen von den Dingen, die sie bezeichnen, den Signifikaten, haben. So kann Raison sagen:

Coilles est beaus nons e si l'ains;
Si sont, par fei, coillon e vit;
Onc nus plus beaus guieres ne vit.

Hoden ist ein schöner Name und deshalb habe ich ihn gern;
ebenso ist es, meiner Treu, mit Hode und Glied;
niemand hat je schönere gehört. (7116–19)

Damit wird hier deutlich, was auch hinter der Erörterung bei Aretino steht, nämlich die Frage, die laut Marcuse schon Klemenz von Alexandrien aufgeworfen hat: »Warum soll ich mich schämen, je Körperteile zu nennen, die zu erschaffen sich Gott nicht geschämt hat?« (Marcuse 29) Es geht also nicht, wie wir aus heutiger Sicht unterstellen, um ›anständiges‹ oder ›unanständiges‹ Vokabular. Das Thema, das hier verhandelt wird, ist das eigentliche oder das uneigentliche Sprechen, die direkte Benennung der Dinge bei ihrem eigenen Namen (»apertement, par propre non«, 6947) oder ihre metaphorische Umschreibung. Eine Alternative zwischen dem, was wir obszön nennen und dem uneigentlichen Sprechen hat ganz offensichtlich nicht bestanden. Sowohl im *Rosenroman* als auch in den *Ragionamenti* wird ganz eindeutig letzteres praktiziert, wenn wir von den genannten Diskussionen absehen, in denen Aretino sich sogar auf die Abkürzung der inkriminierten Worte beschränkt. Andererseits ist es gerade die ungeheuer kunstvolle sprachliche Gestaltung, die den Ruhm der beiden Werke wesentlich befördert hat, allerdings läßt sich nicht sagen, ob die Form um ihrer selbst Willen oder als Medium eines ansonsten zu anstößig wirkenden Stoffes geschätzt wurde.

Vielleicht erscheint dieser Streit uns verjährt; es gibt jedoch bis heute keine gesellschaftsfähige Bezeichnung der Genitalien, des Aktes, die nicht medizinisch (Penis, Vulva, Koitus) oder zumindest im Ursprung metaphorisch (Glied, Scheide, miteinander schlafen) wären, wohingegen das umgangssprachliche Vokabular, das eindeutig und ausschließlich diese Bereiche benennt, obszön ist.[8] Demnach wohnt den obszönen Worten die von Ferenczi beschriebene Wirkung nicht primär deshalb inne, weil sie obszön sind, sondern weil sie die einzigen ›direkten‹ Signifikanten bilden, denen schon auf Grund dieser Tatsache die damit nicht mehr »eigentümliche«, sondern die klar verständliche Macht innewohnt, die »dingliche Wirklichkeit« der Signifikate

---

[8] Nach Guiraud (1978) sind auch diese Worte im Französischen ursprünglich Metaphern, haben allerdings ihren metaphorischen Charakter inzwischen eingebüßt: »La métaphore est la source principale du vocabulaire érotique; peu de mots y échappent, y compris des termes aujourd'hui lexicalisés, en raison de l'évolution historique«, S. 104.

zu evozieren. Wer also der Boileauschen Formel »j'appelle un chat un chat« wirklich gerecht werden will, dem bleibt keine andere Wahl, als sich für obszönes Vokabular zu entscheiden. Ob dieses Vokabular oder die eigentümliche Spannung zwischen einer keuschen Wortwahl und einer unkeuschen Handlung die Leser stärker erregt, müssen wir in den folgenden Kapiteln diskutieren.

Mit List und Tücke

Wohl keine andere Gattung war neben der Lyrik im Europa des Mittelalters und der Renaissance so verbreitet wie die kurze Erzählung in Versen oder Prosa: die französischen *fabliaux*, die *Canterbury Tales*, die deutschen Schwänke und Mären oder die Novellen Boccaccios, um nur einige Beispiele zu nennen. Während Boccaccios *Decameron* zu den berühmtesten Texten der Weltliteratur gehört, erwähnen selbst die Spezialisten kaum, daß wir bereits unter den elf überlieferten Gedichten des ersten Trobadors, Wilhelms IX. von Aquitanien, eine Art ›Urtext‹ der Gattung finden. Mit der kuriosen Begründung, daß er ein Lied machen werde, weil er schläfrig ist (»Farai un vers, pos mi sonelh«), erzählt er, wie er als Pilger zu zwei Frauen kommt und sich stumm stellt. Die beiden Damen sind ob dieser Gelegenheit ganz glücklich, doch überzeugen sie sich zunächst aufs Grausamste, daß er wirklich stumm ist. Kein Laut kommt über seine Lippen, als ihm die »rote Katze« mehr als hundert Wunden beibringt. Die Qual scheint sich insofern gelohnt zu haben, als er sich hinterher bis an die Grenzen seiner Leistungsfähigkeit mit den beiden vergnügen kann, allerdings nicht ohne negative Folgen für seine Gesundheit. Die Pointe steht in der letzten Strophe, in der er einen Freund mit diesem Gedicht zu den Missetäterinnen schickt. Genau dies zeigt im Kern, was auch die Kurzerzählungen der folgenden Jahrhunderte prägen wird: Häufig geht es um Sexualität, Ehebruch und Weiberlist. Sexualität ist aber nur das Movens, das eigentliche Thema hingegen ist die List, mit der das Ersehnte erreicht wird oder dank derer sich das ertappte Liebespaar rettet.

Wie kommt es nun aber, daß Boccaccios *Decameron* bis heute der Ruf eines Klassikers der erotischen Literatur anhaftet? So mußte sich ein Student noch 1995 mit anzüglichem Unterton von seinem Onkel fragen lassen, ob man so etwas jetzt schon im Seminar lese, wohingegen die Teilnehmer eben dieses Seminars sogar über die ›gewissen‹ Szenen in Pasolinis Verfilmung des Buches, die Anfang der 70er Jahren Proteststürme entfesselt hatte, nur noch lachen konnten. Natürlich hat Pasolini lediglich einige der einhundert Novellen übernommen und auf die Rahmenhandlung völlig verzichtet. Sieben junge Frauen und drei Männer, alle ebenso schön wie von tadelloser Abstammung und Gesinnung, fliehen im Jahre 1348 aus dem von der Pest verwüsteten Florenz aufs Land. Dort verbringen sie zwei Wochen in märchenhafter Umgebung, aber nach einem exakt geregelt Tagesablauf, zu dem es gehört, daß jeder eine Geschichte erzählt, also einhundert in zehn Tagen. Nach Ablauf dieser Frist kehren sie in die Stadt zurück, da es der Anstand gebietet. Zum einen bildet das äußerst sittsame Verhalten der Figuren in der Rahmenhandlung einen klaren Kontrast zu der mitunter freizügigen Handlung der Novellen; zum anderen wird ausdrücklich gesagt, daß das Erzählen eine Form der Geselligkeit und ein gepflegtes Freizeitvergnügen ist. Als ein solches soll es auch den Frauen dienen, denen Boccaccio das Werk gewidmet hat, da sie nämlich zu einem zurückgezogenen Leben verurteilt sind. Wir finden das Motiv des »otium« als Ausgangssituation wieder, in der die ›kleinen‹ Gattungen entstehen; sie spiegelt sich in der Lebenslage der Frauen, die der Autor sich als Leserinnen vorstellt, und wird damit verdoppelt. Die äußeren Umstände von Wiedergabe und Rezeption der Novellen könnten ansonsten aber nicht unterschiedlicher sein. Völlig frei von gesellschaftlichen Zwängen sitzen die Erzählerfiguren in den schönsten Gärten[9] und gestalten ihre Tage nach den eigenen Vorstellungen. Die Frauen hingegen, denen das Werk gewidmet ist, leben die meiste Zeit in ihren Kemenaten eingeschlossen (»il più del tempo nel piccolo circuito delle loro camere racchiuse«, Proe-

---

9 Zur symbolischen Bedeutung der drei verschiedenen Gärten, in denen die Figuren des *Decameron* ihre Novellen erzählen, vgl. Kern, Edith: Die Gärten in der Rahmenerzählung des *Decameron*; in: Brockmeier (1974).

mio 10). Der Garten als gezähmte Natur ist natürlich der Ort des gepflegten Müßiggangs *par excellence*, er kann aber auch als Gleichnis für Boccaccios Haltung gegenüber den natürlichen Bedürfnissen des Menschen verstanden werden. Weder der unbeschnittene Wildwuchs noch die asketische Wüstenei, sondern der weise Umgang mit einer sorgsam umzäunten Natur, die Vergnügen und Nutzen bietet wie eben ein Garten, ist sein Modell. Ausdrücklich verteidigt er sein Werk in der *Conclusione* gegen den Vorwurf mangelnder Ernsthaftigkeit mit dem Hinweis, daß diese Dinge in Gärten, an Orten der Lustbarkeiten (»ne' giardini, in luogho di sollazzo«, 7) zur Sprache gebracht wurden, was ihre Freizügigkeit rechtfertige.

Der Gärtner als Bock

So ist der Garten ebenfalls Schauplatz einer der berühmtesten Novellen und ihr Protagonist ein Gärtner. Genau wie der Ich-Erzähler bei Wilhelm von Aquitanien stellt Masetto di Lamporecchio sich taub, um in einem Nonnenkloster als Gärtner angestellt zu werden. Bald bearbeitet er mehr als nur die Beete, wobei die Initiative stets von den Nonnen ausgeht. Als schließlich auch noch die Äbtissin zu ihm kommt, fühlt er sich endgültig überfordert, schweigt nicht länger und erklärt ihr, daß ein Hahn zwar zehn Hennen befruchten könne, aber zehn Männer kaum eine Frau befriedigen. Dies mag frauenfeindlich klingen, doch ist es diese Novelle im Unterschied zum Text Wilhelms gerade nicht. Wilhelm verurteilt die beiden Frauen, weil sie verheiratet sind und sich trotzdem den erstbesten Mann ins Bett zerren, ihn rücksichtslos zum Objekt ihrer Lust degradieren. Außerdem zeichnen sie sich durch äußerste Grausamkeit aus und ruinieren die Gesundheit ihres Galans. Gegen eine standesgemäße Liebesbeziehung zu einem Ritter hat der Autor nichts einzuwenden; Frauen, die sich mit Klerikern einlassen, sollte man jedoch verbrennen und diesen beiden, die ohne jede Lebensart über einen scheinbar dahergelaufenen Pilger herfallen, bringt er wenig Sympathie entgegen. Ganz anders präsentiert Boccaccio die Nonnen, denen keine andere Möglichkeit bleibt, um herauszufinden, ob die Liebe tatsächlich so süß ist, wie man sagt. Sie finden eine gütliche Lösung, nachdem ihr stummer Gärtner die Sprache wiedergefunden hat, und die sonstige Gottgefälligkeit ihres Lebenswandels wird an keiner Stelle bezweifelt. Obwohl die Freuden der Liebe das Ziel aller Figuren dieser Novelle sind, wird sie heutige Leser kaum mehr erregen, denn hier stehen die List des Gärtners, die reizende Naivität der Nonnen und die Klugheit der Äbtissin eindeutig im Vordergrund. Zwar erfahren wir, daß Masetto durchaus zu reiten verstand und die Nonnen nicht enttäuschte; alles weitere verschweigt der Autor.

Einzelheiten des Liebesspiels gibt Boccaccio nur dort preis, wo diese für die Erzählung unabdingbar sind, wie in der Novelle des Mönches, der von seinem Abt mit einem Mädchen überrascht und zur Rede gestellt wird (I,4). Der kluge Mönch hat es zuvor jedoch arrangiert, daß er seinerseits den Abt mit dem Mädchen beobachtet. So kann er auf die Strafpredigt antworten, daß er zwar eine schwere Sünde begangen habe, nun aber wisse, daß man sich als Kleriker nicht auf die Frauen legen darf, sondern diese auf sich setzen müsse. Der Abt begreift, daß der junge Ordensbruder ihn entlarvt hat, so daß er von weiteren Vorwürfen absieht und sich mit ihm einigt, das Mädchen auch weiterhin kommen zu lassen. Wenn der Autor hier die genaue Stellung beschreibt, dann liefert er damit die Grundlage für die Verteidigung des Mönches und nicht primär ein erregendes Detail für den Leser.

Recht deutlich wird Boccaccio auch bei der Bearbeitung eines Stoffs, der uns bereits in Apuleius' *Goldenem Esel* begegnet ist (VII,2). Die Frau versteckt den Liebhaber in einem Faß, als der Ehemann überraschend nach Hause kommt und erklärt ihm, einen Interessenten für das Gefäß gefunden zu haben. Daraufhin kommt der vermeintliche Käufer heraus und moniert die mangelnde Sauberkeit des Handelsobjektes. Während der Hahnrei das Gefäß von innen reinigt, gibt die Frau ihm Anweisungen, die auch ihrem Liebhaber gelten, der hinter ihr stehend das unterbrochene Spiel beendet (vgl. Abb.). Diese Novelle liefert der Phantasie genau wie die vorherige genügend Stoff, um sich ein genaues Bild der Szene zu machen, im Mittelpunkt steht jedoch die List der Hauptfigur, der es durch Geistesgegenwart gelingt, Schaden abzuwenden und das eigene Wohlergehen zu beför-

dern. Damit ist die Sexualität sowie die mit ihr verbundenen Komplikationen nur eines von vielen Feldern, auf denen Boccaccios Figuren ihren Witz unter Beweis stellen müssen.

Daß Boccaccio immer nur genau so viel zeigt, wie die Logik des Geschehens verlangt, wird auch in zwei anderen Novellen deutlich. In der zehnten Novelle des achten Erzähltages kommt ein junger Händler namens Salabaetto mit kostbaren Waren nach Palermo, wo er in die Fänge einer skrupellosen Courtisane gerät. Um ihre Verführungskünste glaubwürdig wiederzugeben, beschreibt der Autor detailreich, mit welchem Luxus und welcher Aufmerksamkeit sie ihn im Badehaus umgibt.

> Dove egli non stette guari che due schiave venner cariche: l'una aveva un materasso di bambagia bello e grande in capo e l'altra un grandissimo paniere pien di cose; e steso questo materasso in una camera del bagno sopra una lettiera, vi miser sù un paio di lenzuola sottilissime listate di seta e poi una coltre di bucherame cipriana bianchissima con due oriligieri lavorati a maraviglie; [...] Appresso questo, come a lei piacque, ignudi ammenduni se ne entraron nel bagno e con loro due delle schiave. Quivi, senza lasciargli por mano addosso a altrui, ella

> medesima con sapone moscoleato e con garofanato maravigliosa-
> mente e bene tutto lavò Salabaetto […] E tratti del paniere oricanni
> d'ariento bellissimi e pieni qual d'acqua rosa, qual d'acqua di fior
> d'aranci, qual d'acqua di fiori di gelsomino e qual d'acqua nanfa, tutti
> costoro di queste acque spruzzarono; ed appresso, tirate fuori scatole
> di confetti e preziosissimi vini (VIII,10,14–18).

> Er war noch nicht lange dort, als zwei beladene Sklavinnen kamen,
> die eine eine schöne große Baumwollmatratze auf dem Kopfe tra-
> gend, die andere einen Korb voll Sachen; und nachdem sie die Ma-
> tratze in eine Kammer des Badehauses auf eine Bettstatt gelegt hat-
> ten, breiteten sie ein paar weiche, mit Seide besetzte Laken darüber
> und dann eine schneeweiße Decke aus feinstem zyprischem Linnen
> samt zwei Kissen von wundersamer Arbeit. […] Hierauf stiegen sie
> auf ihren Wunsch beide nackt ins Bad und zwei Sklavinnen mit ih-
> nen. Ohne daß sie ihn von einer anderen hätte berühren lassen,
> wusch sie ihn selbst mit einer von Bisam und Gewürznelken duften-
> den Seife; […] Und die Sklavinnen entnahmen dem Korbe prächtige
> Fläschchen voll Rosenwasser, Orangenblütenwasser, Jasminblüten-
> wasser und Lavendelwasser und besprengten [das nackte Paar] damit;
> und dann entnahmen sie dem Korbe Schachteln mit Konfekt und
> köstlichen Wein (752f).

Während also sämtliche Vorbereitungen dieses Bades sowie das Bad selbst opulent geschildert, an feinsten Laken, edelsten Duftwässern oder kostbaren Speisen und Weinen nicht gespart wird, beschränkt sich die Wiedergabe des ›Eigentlichen‹ auf die knappe Bemerkung, daß sie zum großen Vergnügen Salabaettos eine Stunde miteinander verweilten.

> Costei abbracciò Salabaetto e egli lei, e con grandissimo piacer die
> Salabaetto, al quale pareva che costei tutta si struggesse per suo
> amore, dimorarono una lunga ora. (VIII,10, 20)

> […] umarmte diese […] ihren Salabaetto und er sie, und so verbrach-
> ten sie eine lange Weile zur großen Wonne Salabaettos, den es
> deuchte, daß sie aus Liebe zu ihm verschmachte. (754)

Natürlich schaffen die Prachtentfaltung und die zärtliche Aufmerksamkeit, mit der die Courtisane Salabaetto umgibt, ein äußerst erotisches Klima; dieses ist aber kein Selbstzweck. Vielmehr ist es notwendig, um ihn glauben zu lassen, daß sie ihm treu ergeben und wohlhabend ist, so daß er ihr schließlich seine gesamte Barschaft ohne jede Sicherheit borgen und auf diesem Wege verlieren wird.

In einer anderen Novelle (II,3) muß eine junge Frau ihren Bettgenossen erst einmal von ihrem Geschlecht überzeugen. Es ist die Tochter des Königs von England, die als Abt verkleidet nach Rom reist, sich dabei in einen jungen Mann verliebt, mit dem sie eines Nachts aus Platzgründen die Lagerstatt teilt. Ihre zärtliche Annäherung hält er zunächst für widernatürlich und reagiert entsetzt, bis sie seine Hand ergreift und ihn spüren läßt, daß sie eine Frau ist. Damit ist dieses Vorspiel keine beliebige erotische Beigabe, sondern ein wesentliches Handlungsmoment, in dem sie ihre wahre Identität offenbart. Dann allerdings verlangt die Prinzessin, daß der Erwählte sofort den Bund der Ehe mit ihr schließt, deren Vollzug nur noch in einem Nebensatz erwähnt wird: »[...] si fece sposare; e appresso insieme abbracciatisi, con gran piacer di ciascuna delle parti quanto di quella notte restava si sollazzarono.« (»Sie [..] ließ ihn den heiligen Bund der Ehe versprechen. Darauf umarmten sie einander, und den Rest der Nacht vergnügten sich beide miteinander« II,3,35). Auch hier ist die körperliche Liebe nicht das eigentliche Thema. Wenn Boccaccio sie aber erwähnt, vergißt er nicht hinzuzufügen, daß sie beiden großen Genuß bereitet, der meist die ganze Nacht währt.

Berühmt sind vor allem zwei Metaphern Boccaccios: ›den Teufel in die Hölle schicken‹ und ›die Nachtigall fangen‹. Wie ›sittsam‹ die Sprache des *Decameron* ansonsten ist, kommt wohl am besten dadurch zum Ausdruck, daß diese beiden harmlosen Umschreibungen das Liebesspiel deutlicher evozieren, als dies sonst erfolgt. Allein die Holzschnitte der Ausgabe von 1492 zu den entsprechenden Novellen zeigen deren Sonderrolle, denn nur sie stellen ein nacktes Paar dar, wohingegen die anderen Liebenden bekleidet im Bett liegen oder wenigstens von einer Decke verhüllt sind (vgl. Abb. S. 143). Der besondere Reiz der Geschichten besteht gerade darin, daß sie ganz und gar auf der jeweiligen Metapher aufgebaut sind. Er wäre nicht der Rede wert, daß Caterina und Ricciardo sich heimlich treffen, von den Eltern überrascht werden und heiraten müssen, wenn diese Rede sich weniger kunstvoll um das Motiv der Nachtigall rankte. Caterina bittet die Mutter, im Freien schlafen zu dürfen, um der Nachtigall lauschen zu können. Dort besucht sie ihr Geliebter, und viele Male lassen sie das Vögelchen singen (»e dopo

Der Gärtner als Bock

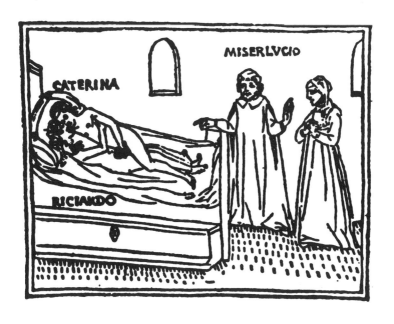

molti basci si coricarono insieme e quasi per tutta la notte diletto e piacer presono l'un dell'altro, molte volte faccendo cantare l'usignuolo«, V,4,29). Indem die Formulierung, die das Mädchen als Ausrede gebraucht, zur Sexualmetapher umgedeutet wird, beginnt ein ebenso faszinierendes wie amüsantes Spiel, das letztendlich sogar allgemeine Fragen zur referentiellen Funktion der Sprache aufwirft. Die Oberfläche jedoch bestimmt die Doppeldeutigkeit von Caterinas Vorwand, die den Leser spätestens dann erheitert, als der Vater am nächsten Morgen nachschaut, ob die Nachtigall sein Töchterchen gut habe schlafen lassen und er feststellen muß, daß sie das Objekt ihres Begehrens noch in der Hand hält.

> »Sù tosto, donna, lievati e vieni a vedere che tua figliuola è stata sì vaga dell'usignuolo, che ella l'ha preso e tienlosi in mano.« (V,4,33)

> »Hurtig, Frau, steh auf und komm schauen, wie begierig deine Tochter nach der Nachtigall gewesen ist, daß sie sie gefangen hat und in der Hand hält.« (472)

Die Pointe liegt keineswegs in Ricciardos Heiratsversprechen, sondern in den weiteren Bemerkungen zu diesem Vogel. So zauberhaft das Bild dieses jungen Paares, das nackt in zärtlicher Umarmung von den ersten Strahlen der Morgensonne beschienen wird, auch ist, es steht dennoch im Schatten einer Sprache, die immer wieder auf sich selbst verweist, indem sie zwischen der ›eigentlichen‹ und der ›uneigentlichen‹ Bedeutung des Wortes »usignuolo« pendelt. Andererseits wird die Sexualität gerade dadurch betont, daß die Metapher, die sie bezeichnet, den gesamten Text prägt. So kommt der Metapher die paradoxe Rolle zu, daß sie einerseits die Darstellung der Liebesnacht und der intimen Körperhaltung am nächsten Morgen überhaupt erst möglich macht, daß andererseits das kontinuierliche Spiel mit dem Wort Nachtigall die Aufmerksamkeit des Lesers verstärkt auf die Textebene lenkt, die ihrerseits durch dieses Spiel erotisch aufgeladen wird. Damit nicht genug: Boccaccio zeigt hier, was er in der *Conclusione* behauptet, daß er nämlich alles »con onesti vocaboli« (3) sagt, daß aber das anständigste Wort einen anzüglichen Sinn bekommen kann. Jede Rede kann also durch eine entsprechende Situation mit sexueller Bedeutung aufgeladen werden, wie die Bemerkung des ahnungslosen Vaters bezeugt.

Nach einem ähnlichen Muster läuft die Novelle der jungen Sarazenin ab, die sich von einem Einsiedler das Christentum erklären lassen will. Er kann ihren Reizen nicht widerstehen, so daß er ihr die Jungfräulichkeit, nicht aber die Unschuld raubt, indem er seinen »Teufel« in ihre »Hölle« schickt. Als ihre Lebenslust seine Kräfte übersteigt, schickt er sie nach Hause, wo sie sich zunächst weigert, einen Moslem zu heiraten, bis die Frauen ihr erklären, daß auch diese derartige ›christliche‹ Rituale praktizieren.

Reizvoll sind diese und andere Novellen für heutige Leser gewiß noch immer; eine stimulierende Wirkung wird ihnen jedoch niemand mehr zubilligen wollen. Den Zeitgenossen hingegen ist Boccaccio offensichtlich zu weit gegangen, denn bereits in der Vorrede zum vierten Erzähltag verteidigt er sich gegen den Vorwurf, daß ihm die Frauen zu gut gefielen. In der *Conclusione* rechtfertigt er gewisse Freizügigkeiten des Textes mit ihrer inhaltlichen Notwendigkeit. »Wenn sich in einer Novelle irgend etwas [Freizügiges] findet, so hat die Art der Novellen es erfordert; wenn man sie nämlich mit dem vernünftigen Blick einer verständigen Person betrachtet, so wird man deutlich erkennen, daß sie nicht anders erzählt werden könnten, wenn ich ihnen nicht ihre Form hätte entziehen wollen.«[10] Die Analyse einiger Beispiele hat gezeigt, daß dies keine Schutzbehauptung ist. Das *Decameron* ist tatsächlich nach diesem Prinzip geschrieben und immer wird nur soviel Sexualität dargestellt, wie für die Handlung notwendig. Dabei bleibt der Autor stets dezent, betont allerdings das Vergnügen der Figuren. Dieses Vergnügen ist aber sehr viel mehr als eine Beigabe zum eigentlichen Geschehen, da es überhaupt erst den Wunsch der Paare nach Vereinigung verursacht. Gegen eine erregende Wirkung des Textes spricht auch die Tatsache, daß nicht die Liebeslust im Vordergrund steht, sondern die vielfältigen Verwicklungen, die sie auslöst. Damit zeigt sich aber andererseits, daß die Libido einer der wichtigsten Antriebe menschlichen Handelns ist. Es ist

---

10 »Se alcuna cosa in alcuna n'è, la qualità delle novelle l'hanno richesta, le quali se con ragionevole occhio da intendente persona fian riguardate, assai aperto sarà conosciuto, se io quelle della lor forma trar non avessi voluto, altramenti raccontar non poterlo« (*Conclusione* 4).

vollkommen richtig, daß viele der Novellen davon handeln, wie die Figuren durch Geistesgegenwart und einem der Situation angemessenen Verhalten das bekommen, was sie wollen oder sich aus einer Gefahr retten können. Mag dieser Aspekt das Geschehen noch so sehr bestimmen, ohne den Wunsch nach Liebe wären die Figuren meist gar nicht in die entsprechende Situation geraten. Da Liebe bei Boccaccio grundsätzlich wie im *De Amore* das Verlangen nach körperlicher Erfüllung einschließt und dieser Trieb als menschliches Grundbedürfnis ausdrücklich gerechtfertigt wird, spielt die Lust im *Decameron* letztendlich eine viel größere und zentralere Rolle, als moderne Leser dies vielleicht wahrnehmen, da sie häufig das Geschehen auslöst oder verursacht.

Boccaccio hingegen war sich dessen vollauf bewußt, denn er gibt seinem Werk den Beinamen *Prencipe Galeotto*, spielt damit auf die Szene von Paolo und Francesca bei Dante an, unterstellt seinem Buch eine ähnliche starke erregende Funktion wie der Lektüre, die diese beiden füreinander entbrennen läßt. Damit erscheint die Widmung an die Frauen, denen es zum Zeitvertreib dienen soll, in einem ganz anderen Licht. Schließlich betont der Autor vorab, daß er am eigenen Körper Liebesqualen erfahren hat, »wegen der von einem unbezähmbaren Begehren in meinem Inneren entzündeten übermäßigen Glut, welche mich oftmals, weil ich um ihretwillen an keiner Grenze befriedigt innehalten konnte, mehr Pein als nötig fühlen ließ« (»per soverchio fuoco nella mente concetto da poco regolato appetito: il quale, per ciò che a niuno convenevole termine mi lasciava contento stare, più di noia che bisogno non m'era spesse volte sentir mi facea«, *Proemio* 3). So wie ihm die Worte von Freunden in dieser Situation halfen, will er nun den Frauen Trost spenden, womit er unterstellt, daß sie Vergleichbares empfinden. Folgerichtig wendet er sich an all jene, die lieben (»quelle che amano«, 13), die von feurigem Begehren (»focoso disio«, 11) ergriffen sind. Wie nun die Erleichterung (»alleggiamento«, 7) aussieht, die er ihnen verschaffen will, bleibt ihrer und unserer Phantasie überlassen. Daß dieser Klassiker der erotischen – und einstmals der erregenden – Weltliteratur den Frauen gewidmet ist, widerlegt das Vorurteil, daß diese Texte das ›schwache Geschlecht‹ nicht interessieren.

Das *Decameron* bot also über Jahrhunderte genügend Material für die Rezeption als erregendes Werk, eine Rezeption, die dadurch verstärkt wurde, daß anstößige Novellen von der Zensur unterdrückt oder aus dem Rahmen gerissen publiziert wurden. Die Popularität der ›erotischen‹ Novellen steigerte sich noch zusätzlich, indem gerade sie von späteren Autoren bearbeitet wurden. So beruft sich La Fontaine in seinen *Contes et nouvelles* (1664) ausdrücklich auf Boccaccio, wohl in der Überzeugung, die Erwartung des Publikums zu lenken und seine Gunst zu gewinnen. Es spricht für sich, daß er die Geschichten des stummen Gärtners, des Liebhabers im Faß sowie des Einsiedlers, der den Teufel in die Hölle schickt, auswählt.

Es hat Boccaccios Ruhm ganz sicherlich gefördert, daß er fast gänzlich frei von starren Werturteilen erzählt – eine Tatsache, die man sogar zum Gattungsmerkmal der Novelle erklärt hat. Er richtet nicht über seine Figuren; bei ihm gewinnt derjenige, der es schafft, klug und angemessen auf die jeweilige Situation zu reagieren. Damit unterscheidet Boccaccio sich nicht nur von den mittelalterlichen Exempla; auch die deutschen Schwänke oder Mären enden oft mit einer moralischen Sentenz, so die heitere Geschichte vom *Pfaffen im Käsekorb*. Die Handlungsstruktur ist derjenigen ähnlich, die wir bereits von Apuleius und Boccaccio kennen: Der Liebhaber wird bei der überraschenden Heimkehr des Gatten im einem großen Behältnis versteckt. Andererseits weist dieser Schwank eine Reihe von typischen Merkmalen auf. Er spielt nicht in der Stadt, sondern unter Bauern; der Liebhaber ist ein Geistlicher. Die klerikerfeindliche und misogyne Tendenz, die uns schon bei Wilhelm von Aquitanien begegnet ist, fehlt auch hier nicht: Der Pfaffe wird entblößt und damit lächerlich gemacht, die Frau insofern getadelt, als sie keinerlei Motiv für ihre Treulosigkeit hat und den Liebhaber mit den besten Leckerbissen verwöhnt – auch dies charakteristisch für die Gattung. Als ihr Ehemann überraschend heimkehrt, kriecht der Pfaffe in den Käsekorb, wo ihm eigentlich keine Gefahr droht. Allerdings sieht die Frau zu ihrem Schrecken, daß ausgerechnet sein verräterischstes Körperteil aus dem Korb heraushängt. Es gelingt ihr aber, ihn zu warnen, so daß alles zu einem guten Ende kommt. Dieses Beispiel zeigt nicht nur eine Vielzahl der Elemente der Märendichtung, es ist auch recht typisch für den Umgang mit Erotik, die hier in erster Linie komisch wirkt. Es entspricht dieser Logik, daß der Pfaffe das unterbrochene Spiel nicht fortsetzt, nachdem der Ehemann das Feld geräumt hat, sondern die Flucht ergreift. Die kluge Reaktion gereicht der Frau keineswegs zur Ehre, vielmehr dient sie in der Schlußbetrachtung als negatives Beispiel für die Durchtriebenheit der Weiber – also Frauen- und Klerikerschelte sowie Scherze auf deren Kosten anstatt der Freuden der Liebe.

Von der Novelle zum erregenden Roman

An dieser Stelle könnten wir uns nun weiterhin mit der Kurzerzählung in verschiedenen Jahrhunderten und europäischen Ländern beschäftigen, deren privilegiertes Thema eigentlich stets der Ehebruch ist. Dies würde uns zwar zahlreiche Details, jedoch keine bedeutenden Erkenntnisse für unser Thema bringen. Wir dürfen aber nicht vergessen, daß allein in Italien Boccaccio nicht der einzige Novellist war. Spätestens im 16. Jahrhundert war das *Decameron* das prägende Modell, um so mehr als Pietro Bembo seine Prosa zur gültigen Literatursprache erklärte. Wenngleich alle Autoren sich auf ein Vorbild beriefen, divergierten ihre Werke doch stark. Morlinis lateinische *Novellae* (1520) sind wieder äußerst moralisch, Straparolas *Piacevoli notti* (1550/53) weisen ausgeprägte märchenhafte Züge auf, während Matteo Bandello auf eine Rahmenhandlung für seine *Novelle* (1554) verzichtet, sie dicht an historischen Ereignissen ausrichtet und ihnen häufig eine Wendung ins Schreckliche gibt.

Eine Gegenwelt zu Boccaccios höfischer Gesellschaft entwirft Pietro Aretino in seinen *Ragionamenti*. Hier sind es zwei Prostituierte, die sich miteinander unterhalten. Auch der Ort ihrer Gespräche ist ein Garten, allerdings keine wie von Zauberhand angelegte Oase, nein, sie sitzen im Weingarten der Protagonistin Nanna. Diese Gärten dienten den wohlhabenden römischen Bürgern während der heißen Sommermonate als kühler Aufenthaltsort und gleichfalls als Nutzfläche. Wer es für unglaubwürdig hält, daß eine Liebesdienerin zu einem solchen Anwesen kommen konnte, der irrt, denn die österreichische Historikerin Monika Kurzel-Runtscheiner fand in jahrelangen Archivstudien heraus, daß diese Gärten ein bevorzugtes Anlage- und Prestigeobjekt der römischen Courtisanen im 16. Jahrhundert darstellten. Aretino siedelt die Handlung also in einer realistischen Umgebung an und verweist recht deutlich auf den Inhalt der Gespräche, indem er Nanna und ihre Kollegin Antonia im Schatten eines Feigenbaumes Platz nehmen läßt, denn die Feige ist im Italienischen auch sprachlich ein Symbol für das weibliche Genital. Es ist amüsant, daß Bernard-Henri Lévy und Françoise Giroud sich fast ein halbes Jahrtausend später ausgerechnet unter einen Feigenbaum setzten, um über die Liebe zu sprechen, wobei – mit Verlaub – Aretinos Nanna Interessanteres zu vermelden hat.

Nanna und Antonia sind berufstätige Frauen und brauchen keine Beschäftigung zum Zeitvertreib. Ihr Gespräch ist pragmatischer Natur. Da Nanna sich entscheiden muß, ob ihre Tochter Pippa Nonne, Ehefrau oder Prostituierte werden soll, bittet sie Antonia um Rat und erzählt ihr von ihrer Vergangenheit, da sie alle drei Lebensformen aus eigener Erfahrung kennt. Heute klingt die Wahl zwischen diesen Alternativen vielleicht ironisch, im Italien der Renaissance waren sie jedoch die einzigen für eine Frau, die nicht mit einer harten, schlecht bezahlten Tätigkeit (Wäscherin, Magd) eine elende Existenz fristen wollte. Daß Nanna und Antonia selbständige Unternehmerinnen sind, kommt schon darin zum Ausdruck, daß sie sich den Luxus des Müßiggangs und des Erzählens nur leisten können, da Feiertage sind, drei an der Zahl, an denen Nanna erst von ihrem Leben als Nonne, dann von der Wollust der Ehefrauen und schließlich von ihren Betrügereien als Courtisane erzählt. Im zweiten Teil des Buches von 1536 weist sie ihre Tochter zunächst ins Metier ein, warnt sie vor den Gemeinheiten der Männer und hört sich abschließend mit ihr die Ratschläge einer Kupplerin an.

Nannas Erzählungen unterscheiden sich wie schon der Rahmen von dem Modell, auf das Aretino sich allerdings immer wieder wenn auch kritisch bezieht. So beginnt der zweite Tag mit einer Parodie auf die Sonnenaufgänge des *Decameron* und im folgenden gibt Nanna genau zehn Geschichten zu dem Standardthema der Novellistik, den treulosen Ehefrauen, zum Besten. Allerdings sind die Frauen, die sie präsentiert, von schier unerschöpflicher Geilheit und völlig frei von Skrupeln wie sie selbst, die schließlich ihren Ehemann umbringt. Der zweite Tag des zweiten Teils weist eine ähnliche Struktur auf, denn die einzelnen Bosheiten der Männer gegenüber meist unschuldigen Frauen können wir ebenfalls als Novellen betrachten. Außerdem machen sie deutlich, daß beide Geschlechter gleichermaßen mit Fehlern behaftet sind. Neben dieser Kritik sind besonders Kleriker und Höflinge die Zielscheibe von Aretinos Spott, wie sie dies ansatzweise bereits in den *Sonetti lussuriosi* waren.

Doch Aretino wendet sich in seinen *Ragionamenti* auch gegen andere literarische Vorbilder. Kein Zeitgenosse konnte diese Anleitung für die »cortigiana« lesen, ohne darin eine ebenso deutliche wie parodistische Anspielung auf den *Cortegiano*, das *Buch vom Hofmann*, Baldassare Castigliones zu erkennen. Besonders perfide ist hierbei die Parallele, daß beider Erfolg, der des Edelmannes genau wie derjenige der Prostituierten, allein davon abhängt, ob sie das Wohlwollen ihres Gönners, des Fürsten respektive des Freiers, gewinnen können. Eines der populärsten literarischen Muster dieser Zeit war, wie bereits erwähnt, der Petrarkismus. In den *Ragionamenti* nimmt Aretino ihn erneut aufs Korn: Zum einen macht er sich in eingeschobenen Gedichten über die stereotype Verherrlichung der Angebeteten lustig und betont, daß es doch nur eine Frau aus Fleisch und Blut ist; zum anderen entlarvt er das Sonette-Schreiben als eine Verführungsstrategie, die lediglich zu dem Ziel führen soll, die angeblich so himmlische Geliebte ganz irdisch zu besitzen.

Diese *Courtisanengespräche* sind also in mehrfacher Hinsicht ein *contre-texte*, stehen in ausdrücklicher Oppositionen zu wichtigen Werken und Gattungen der Zeit. Aus dieser Opposition heraus schafft Aretino jedoch eine neue Gattung und sogar das Fundament für den Roman. Wie wir eingangs festgestellt haben, unterscheidet sich das Erzählen bei Aretino primär dadurch, daß es zum einen zweckgerichtet ist – Antonia soll am Ende einen Rat für Pippas Zukunft geben – und zum anderen eine Figur ausschließlich das berichtet, was sie selbst erlebt, gesehen, oder zumindest von Zeugen gehört hat. Damit entscheidet nicht mehr der Rahmen – das Ende einer Landpartie, einer Reise etc. – über das Ende des Erzählens, sondern der Inhalt des Erzählten selbst. Die Erzählung des ersten Tages bildet eine in sich abgeschlossene Geschichte, da Nanna berichtet, wie sie ins Kloster kommt, was sie dort beobachtet und was ihr widerfährt, bis die Mutter sie zurück nach Hause holt. Am zweiten Tag hört Antonia die Geschichte von Nannas Ehe, in die allerdings die Abenteuer anderer Ehefrauen eingeflochten sind. Erst am dritten Tag, an dem Nanna schildert, wie sie Prostituierte wurde und die Männer ausgenommen hat, ist sie die einzige Protagonistin. Als Antonia genug erfahren hat, um mit Nanna entscheiden zu können, daß Pippa denselben Beruf ergreifen soll, ist der Zweck des Gesprächs erfüllt, und das Buch findet seinen logischen Abschluß. Damit ist es Aretino gelungen, nicht nur die Episoden der einzelnen drei Tage jeweils in einen konsistenten Zusammenhang zu bringen, sondern auch die Summe dieser drei Tage. Besonders kunstvoll ist es, daß er diesen Zusammenhang an jedem Tag anders herstellt. Am ersten Tag wandert Nanna durch Kloster und wird Augenzeugin des Geschehens, am zweiten Tag ist sie lediglich durch ihren Stand als verheiratete Frau indirekt an den Liebeleien der anderen beteiligt, während sie am dritten Tag alle Fäden selbst in der Hand hält.

Pornograph par excellence

So wichtig es literarhistorisch auch sein mag, daß Aretino aus der Novellensammlung einen Prototyp des modernen Romans entwickelt hat, uns interessiert er als Pornograph. Im ersten Abschnitt der *Ragionamenti*, der *Vita delle moniche*, liefert er nämlich das perfekte Modell des erregenden Romans, das zumindest bis ins 19. Jahrhundert gültig ist. Das Kloster, in das Nanna eintritt, ist der schrankenlosen Lust geweiht. Obszöne Bilder an den Wänden des Refektoriums, längliche Glasfrüchte als Trost für einsame Nonnen, so fängt es an. Durch die eigens für Voyeure gedachten Ritzen im Mauerwerk sieht die Novizin bald, daß hier keine Nonne lange allein bleibt, und von den mannigfaltigen Beispielen angeregt, entjungfert sie sich mit dem Glastengel, noch bevor ihr Galan kommt. Die eigenen Erlebnisse erwähnt sie kaum, dafür um so ausführlicher, was sie bei ihrem nächtlichen Streifzug durch die unheiligen Hallen sieht, und das ist eine ganze Menge. Damit ist Nanna die perfekte Erzählerin des erregenden Textes, denn wenn sie nicht von sich, sondern von anderen spricht, befindet sie sich in derselben Situation wie der Leser, ist Voyeur wie er. Indem Aretino außerdem beschreibt, daß der Anblick einer Orgie in der Nachbarzelle ihr jungfräuliches Blut derart in Wallung bringt, daß sie sich kurzerhand selbst defloriert und dabei vor lauter Vergnügen nicht einmal Schmerzen verspürt, liefert er dem Leser ein genaues Handlungsvorbild, das ihn sogar von etwaigen moralischen Skrupeln entlastet. Genau dasselbe Verfahren – das ich als die Autoreferentialität des erregenden Textes bezeichne – wendet Aretino einige Seiten später erneut an.

Mit einer anderen Braut Christi blättert Nanna in einem Büchlein, das ihr Liebster ihr geschenkt hat. Es handelt sich nicht, wie vermutet, um ein Brevier; es enthält »lauter Bilder, auf denen man sehen konnte, wie die ausgelernten Nonnen sich die Zeit vertreiben« (65). Sie betrachten die Bilder so lange, »bis wir solche Lust bekamen, die abgebildeten Stellungen mal auszuprobieren, daß wir notgedrungen zum Glasstengel greifen mußten. Meine kleine Freundin klemmte ihn sich so geschickt zwischen die Schenkel, daß er stand wie ein Mannsding, das sich vor der Versuchung bäumt. Dann legte ich mich wie eine von den Frauen auf der Marienbrücke auf den Rücken, schob meine Beine über ihre Schultern, und sie steckte ihn mir bald ins gute, bald ins schlimme Loch, so daß ich gar bald mein Geschäft besorgt hatte.«[11]

Doch nicht nur der Anblick leibhaftiger und gemalter Liebespaare erregt in den *Ragionamenti*. Antonia sagt Nanna, welche direkte Wirkung ihre Erzählungen auf sie haben, nämlich eine körperliche.

---

11 »[...] dipinture che si trastullano nella foggia che fanno le savie moniche; [...] ci mise in tanta voglia di provare i modi dipinti, che ci fu forza a consigliarcene col manico di vetro: il quale acconciossi fra le cosce la mia compagnetta sì bene, che parea il cotale di uno uomo drizzato inverso la sua tentazione; onde io gittatami là come una di quelle di ponte Santa Maria, le pongo le gambe in su le spalle; ed ella ficcandomelo ora a buon modo e ora a tristo, mi fece far tosto quello che io avea a fare« (113).

ANTONIA: Sai tu, Nanna, quello che interviene a me udendoti ragionare?
NANNA: No.
ANTONIA: Quello che interviene a uno che odora una medicina: che sanza prenderla altrimenti, va due o tre volte del corpo.
NANNA: Ah! ah! ah!
ANTONIA: Dico che mi paiono tanto veri i tuoi ragionamenti, che mi hai fatto pisciare sanza che io abbia gustato né tartufo né cardo. (113f)

ANTONIA: Weißt du, Nanna, was mir passiert, wenn ich dich so erzählen höre?
NANNA: Nein.
ANTONIA: Na, es kommt ja vor, daß einer an einer Medizin bloß schnuppert, und daß sie ihm zwei- bis dreimal durch den Leib geht, ohne daß er sie genommen hätte.
NANNA: Hahaha!
ANTONIA: Jawohl, ich sehe deine Bilder so handgreiflich vor mir, daß ich naß geworden bin; und ich habe doch weder Trüffeln noch Artischocken gegessen. (66)

Es genügt demnach, Nannas Geschichten zu hören, um Lust zur Nachahmung zu verspüren. Die erregende Wirkung des Textes wird also im Text selbst thematisiert. Dies soll auch dem naiven Leser klarmachen, wie er zu reagieren hat. Falls ihm also Nanna als Identifikationsmodell nicht genügt hat, wird jetzt noch Antonia angeboten, die genauso wenig wie der Leser gesehen hat, aber trotzdem das verbal mitgeteilte Begehren nachempfindet. Aretino fordert den Leser hier mit allem Nachdruck auf, sich in den allgemeinen Lusttaumel des Textes hineinziehen zu lassen.

Aretino zeigt also in den *Ragionamenti* Figuren, die hemmungslos ihren Trieben folgen, um ein Maximum an sexueller Lust zu verspüren und die auch in anderen Lebensbereichen von Skrupeln gänzlich unbelastet sind. Außerdem ist der Text in hohem Maße autoreferentiell, da er demonstriert, daß das Geschehen durchaus geeignet ist, das Begehren nach ähnlichen Vergnügungen zu wecken, sei es bei direkten oder indirekten Rezipienten, d.h. sowohl bei Zuschauern der Orgien wie Nanna, oder bei Betrachtern von Abbildungen oder Zuhörern der Beschreibungen. Gerade Figuren, die letztere beiden Rollen im Text übernehmen, sind für den Leser besonders wichtig, da sie sich in der gleichen Situation wie er befinden, ihm also vorleben, daß diese Texte sexuell erregend sind. Um die Identifikation des Lesers mit den Figuren zu erleichtern, ist es ideal, als Erzählerin ein zuerst unschuldiges Mädchen einzusetzen, da ihre Erregung der sichere Beweis dafür ist, daß eine solche Reaktion dem Menschen angeboren, natürlich und damit frei von dem ist, was der Kirche als Sünde gilt. Wenn dieses noch vollkommen unerfahrene Mädchen sich dann sogar selbst befriedigt, stellt sie damit unter Beweis, daß es für den Leser keinen Grund gibt, es ihr nicht gleichzutun; er soll an den Liebesfreuden so wie sie indirekt teilhaben und die durch die Lektüre aufgebaute Spannung auf angenehme Weise lösen. Es ist also kein Wunder und gewiß auch kein Zufall, daß dieses Erzählmodell in den folgenden Jahrhunderten immer wieder als Grundstruktur erregender Texte diente.

Ein entscheidendes Element der stimulierenden Wirkung der *Ragionamenti* ist der Dialog. Daß Aretino diese Form gewählt hat, bezeugt seinen Wunsch, den Text in die literarische Tradition seiner Epoche zu stellen und somit die Eigenheiten seines Textes zu unterstreichen. Wie bereits gesagt, reihen sich Nannas Erzählungen in die Novellistik ein, mit den beiden Unterschieden, daß sie zum einen in rhythmischen Abständen von Antonia unterbrochen wird und daß sie zum anderen die einzige Erzählerin ist, die darüber hinaus Selbsterlebtes zum Besten gibt. Dialoge hingegen waren im 15. und 16. Jahrhundert die bevorzugte Form der Traktate, ob sie nun von Liebe, Familienleben, Frauenschönheit, Malerei, Philosophie oder dem korrekten Verhalten des Hofmannes handelten. Damit dient der Dialog Aretino als Medium, um sich von zwei vorherrschenden Strömungen der Zeit in parodistischer Weise abzusetzen. Gleichzeitig hat er mit dieser Form die ideale Lösung gefunden, um den Akt des Erzählens in einer fiktiven Gegenwart wiederzugeben, gerade so als ob der Leser mit Nanna und Antonia unter dem Feigenbaum säße. Sie will ihre Geschichten nicht geheimhalten, sondern einem Publikum präsentieren, dem Antonia demonstriert, wie es zu reagieren hat. Außerdem erlebt Nanna, während sie erzählt, die Klosterorgien und die folgenden Episoden erneut, transponiert sie somit in die Gegenwart, stellt sie dem Leser, der optimal in die Handlung integriert wird, vor Augen. Um nun die Imagination des Lesers zu befördern, spart sie nicht mit visuellen Details, bei denen sie betont, wie sehr sie selbst und die Kombattanten sich an dem dargebotenen Augenschmaus erfreuen.

Il valente generale, poste le unghie a dosso alla monica più graziosa e più fanciulla, recatole i panni in capo, le fece appoggiare la fronte nella cassa del letto: e aprendole con le mani soavemente le carte del messale culabriense, tutto astratto contemplava il sesso, il cui volto non era per magrezza fitto nell'ossa, né per grassezza sospinto in fuore, ma con la via del mezzo tremolante e ritondetto, lucea come faria un avorio che avesse lo spirito; e quelle fossettine che si veggiono nel mento e nelle guance delle donne belle, si scorgeano nelle sue chiappettine (parlando alla fiorentina); e la morbidezza sua avria vinto quella d'un topo di molino nato, creato e visso nella farina; ed erano sì lisce tutte le membra della suora, che la mano che si le ponea nelle reni sdrucciolava a un tratto sino alle gambe con più fretta che non sdruccciola un piede sopra il ghiaccio (90).

Der wackere General aber kriegte die hübscheste und jüngste von den Nonnen zu packen, schlug ihr die Röcke über den Kopf zurück und ließ sie sich mit der Stirn auf die Bettstelle aufstützen. Dann hielt er mit seinen Händen sanft ihre Hinterbacken auseinander – es sah aus, wie wenn er die weißen Blätter seines Meßbuches aufschlüge – und betrachtete ganz hingerissen ihren Popo. Der war aber auch weder ein spitzes Knochengerüst noch ein schwabbeliger Fettklumpen, sondern gerade die richtige Mitte: ein bißchen zitterig und schön rund und schimmernd wie beseeltes Elfenbein. Die Grübchen, die man mit solchem Vergnügen an Kinn und Wangen schöner Frauen sieht, sie zierten auch diese beiden Backen, die so zart waren wie eine Mühlenmaus, die in lauter Mehl geboren und aufgewachsen ist. Und so glatt waren alle Glieder des Nönnchens, daß die Hand, die man ihr auf die Lende legte, sofort bis an die Waden herunterfuhr, wie der Fuß auf dem Eise ausrutscht (32).

Geschickt verbindet Nanna die Schilderung weiblicher Schönheit und des Verhaltens eines Bewunderers mit der Suggestion taktiler Reize sowie des Vergnügens, diese auszukosten. Es erfordert noch größeres erzählerisches Talent darzustellen, wie der »wackere General«, sein »Nönnchen« sowie die anderen Teilnehmer der Orgie gemeinsam zum Höhepunkt kommen. Nanna, die Beobachterin, beschränkt sich darauf, den Gesichtsausdruck, die Gesten und die Wortfetzen der Glücklichen wiederzugeben.

> Così, attento ognuno al compire, si udiva un »ahi, ahi«, un »abbracciami«, un »voltamiti«, »la lingua dolce«, »dàmmela«, »tòtela«, »spinge forte«, »aspetta ch'io faccio«, »oimè fa'«, »stringemi«, »aitami«; e chi con sommessa voce e chi con alta smiagolando, pareano quelli dalla *sol, fa, mi, re*ne; e faceano uno stralunare d'occhi, un alitare, un menare, un dibattere (91).

> »Ach! Ach!« und »Küsse mich!« und »Dreh dich besser zu mir her!«, »Die süße Zunge!«, »Gib mir die doch!«, »Da hast du sie!«, »Stoß feste!«, »Wart, es kommt schon!«, »Oh, da ist's!«, »Drücke mich!«, »Hilf mir doch!« – und das alles bald halblaut, bald in den höchsten Tönen und in allen Klängen der Tonleiter. Und das war ein Augenverdrehen, ein Stöhnen, ein Schieben und ein Strampeln (33f).

Genau so wie wir es bereits in den *Sonetti lussuriosi* gelesen haben, gibt Aretino auch hier den Orgasmus in erster Linie durch die Ausrufe der Paare wieder, so daß dem Dialog – wenngleich in äußerst reduzierter Form – eine entscheidende Rolle für die Darstellung der höchsten Lust zukommt.

In den *Courtisanendialogen* erfüllt Aretino seine eigene Forderung, Sexualität zum Thema von Literatur zu machen. Wer allerdings vom ersten Tag der *Ragionamenti*, der *Vita delle moniche*, auf die folgenden Tage schließt, der wird enttäuscht werden. Das erregende Potential des Textes nimmt nämlich am zweiten Tag, dem *Leben der Ehefrauen*, deutlich ab und ist schließlich bei der Beschreibung von Nannas Karriere als Courtisane auf ein Minimum reduziert. Paul Larivaille hat diesen Abbau biographisch erklären wollen, indem er davon ausgeht, daß der Text über einen längeren Zeitraum (1531–34) entstand, währenddessen Aretino der soziale Aufstieg gelang und er aus diesen Gründen auf weitere ›gewagte‹ Szenen verzichtete – eine Hypothese, die schon dadurch entkräftet wird, daß die drei ersten Erzähltage 1534 gemeinsam erschienen.

Ein überzeugenderes Argument liefert uns jedoch die innere Logik des Textes, denn aus zwei Gründen müssen die Nonnen sehr viel lasterhafter sein als die Huren. Zum einen kann Antonia genau mit diesem Argument Nanna dazu raten, ihre Tochter zur Courtisane auszubilden, zum anderen unterstreicht diese karnevaleske Verkehrung Aretinos gesellschaftskritischen Ansatz.

ANTONIA. Il mio parere è che tu faccia la tua Pippa puttana: perché la monica tradisce il suo consagramento, e la maritata assassina il santo matrimonio; ma la puttana non la attacca né al monistero né al marito: anzi fa come un soldato che è pagato per far male, [...] poi, secondo che per le tue parole comprendo, i vizi delle puttane son virtù. (275)

ANTONIA: Ich bin der Meinung, du solltest deine Pippa Hure werden lassen; denn die Nonne verrät ihr heiliges Gelübde und die Ehefrau gibt dem Sakrament der Ehe den Todesstoß; aber die Hure tut weder dem Kloster noch dem Ehemann was zuleide, sondern sie macht's wie ein Soldat, der dafür bezahlt wird, daß er Unheil anrichtet. [...] ferner sind, wenn ich dich recht verstanden habe, alle Laster an einer Hure als Tugenden zu betrachten. (211)

Während also das Kloster ein Ort der systematischen Ausschweifungen ist und die Ehefrauen jeden anderen Mann dem eigenen vorziehen, ist die Wollust die geringste Sünde der Prostituierten, denn, erklärt Nanna, wer ständig trinkt, hat niemals Durst (»chi sempre beve non ha mai troppo sete«, 252). So ist es nur konsequent, daß Aretino in der *Vita delle puttane* nicht zeigt, mit welchen verbotenen Spielen Nanna ihre Kundschaft ergötzt, sondern daß er sie als Geschäftsfrau präsentiert, die stolz darauf ist, einen maximalen Profit zu erzielen. Unter diesen Voraussetzungen führt auch das Konstruktionsprinzip des erregenden Textes dazu, daß wir in diesem Teil der *Ragionamenti* fast keine derartigen Szenen finden. Nanna ist jetzt selbst Protagonistin, kann also nicht mehr als Voyeurin und als vermittelnde Instanz tätig werden. Außerdem könnte sie lediglich Umarmungen beschreiben, bei denen sie keinerlei Vergnügen empfindet. Da aber die Darstellung intensiver Lust der Kern jeder erregenden Lektüre ist, kann die *Vita delle puttane* eine solche nicht sein. Wie sehr dieses Thema dennoch das Publikum interessiert hat, zeigt sich daran, daß eben dieser Teil der mit Abstand populärste war, getrennt gedruckt und in mehrere Sprachen – Latein, Spanisch, Englisch, Deutsch – übersetzt wurde.

Das Fehlen sexueller Stimuli muß ein geschäftstüchtiger Autor einige Jahrzehnte später, wahrscheinlich nach Aretinos Tod, erkannt haben. Genau nach dem Muster der Courtisanenvita schrieb er den Dialog *La puttana errante*, der bis ins 18. Jahrhundert ein Bestseller blieb und immer wieder Aretino zugeschrieben wurde. Dieser perpetuierte Irrtum wie auch der Erfolg des Textes lassen sich ganz einfach dadurch erklären, daß der Anonymus verschiedene erregende Elemente aus den Werken des »Göttlichen« zusammengefaßt hat. Die grundlegende Erzählsituation der *Ragionamenti* sowie das Thema des dritten Tages ergänzt er geschickt durch die grenzenlose Wollust der Protagonistin, die ihr Metier nicht wie Nanna wegen des Profits, sondern zur Befriedigung ihrer ausgeprägten Libido ergreift. Dabei übernimmt er aus dem ersten Tag sehr viel mehr als nur die Konstellation, daß eine junge Unschuld durch die Beobachtung eines Liebespaares aufgeklärt und stimuliert wird; eine der zentralen Szenen, wie nämlich die Protagonistin sich mit dem Glasstengel selbst entjungfert, zitiert er fast wörtlich. Abgerundet wird der an Witz und Einfallsreichtum weit unter den *Ragionamenti* stehende Dialog durch die besondere Attraktion der *Sonetti lussuriosi*: eine Liste von – je nach Ausgabe 37 bis 52 – verschiedenen Stellungen.

Humanistenscherze

Zwar ist es Aretinos Verdienst, ein Modell des erregenden Textes und eine Vorform des Romans geschaffen zu haben; er war jedoch keineswegs der einzige, der in der ersten Hälfte des 16. Jahrhunderts das Thema Sexualität freizügig gestaltete. Die meisten dieser Schriften sind recht kurz und häufig von berühmten Humanisten und Gelehrten wie zum Zeitvertreib verfaßt, viele von ihnen sind homosexuell orientiert und dabei nicht selten frauenfeindlich, wohingegen lesbische Liebe als Thema nicht erscheint. Eine frühe Verbindung von Humanismus und Frivolität finden wir bei Antonio Beccadelli (1394–1471), genannt Il Panormita, ein sizilianischer Adliger, der als Historiograph und Botschafter wirkte und von Kaiser Sigismund zum *poeta laureatus* gekrönt wurde. Sein *Hermaphroditus* ist eine lateinische Epigrammsammlung in Anlehnung an Martial; er betont allerdings die Sexualität stärker als der römische Dichter. Die Tradition der 17zeiligen Schweifsonette, in die Aretino sich stellen wird, begründete hingegen ein Tischlerssohn, Domenico di Giovanni (1404–1449), genannt Il Burchiello, der allerdings wie sein ›Nachfolger‹ Antonio Cammelli (1436–1502), genannt Il Pistoia, stark metaphorisch schreibt. Dies gilt ebenfalls für die verschiedenen *capitoli*, ironische Lob- oder Spottgedichte.

In der Mitte des 16. Jahrhunderts publizierte Il Lasca (i.e. Anton Francesco Grazzini 1503–1584) die *Opere burlesche* diverser Autoren, unter ihnen Aretino. Er selbst beklagt im Canto *d'uomini impoveriti per le meretrici* das Los der Männer, die von Prostituierten um ihre Habe gebracht wurden und lobt im *Capitolo della salsiccia* die Wurst, wobei recht deutlich ist, daß nicht eigentlich kulinarische Genüsse gemeint sind. Zwei Jahre vor seinem Tod gründete er 1582 die berühmte Accademia della Crusca, deren erstes *Vocabolario* 1612 erschien. Der wohl bedeutendste burleske Dichter, Francesco Berni (1497/8–1535), ein erklärter Feind Aretinos, machte aus seiner Neigung zum eigenen Geschlecht kein Geheimnis, schrieb *capitoli* auf die Pfirsiche, eine geläufige Metapher für die Hinterbacken, oder explizit auf einen Knaben. Giovanni della Casa (1503–1556), bis heute bekannt als Autor des *Galateo*, eines Manuals für korrektes Benehmen, scheute sich nicht, neben zahlreichen Orationen ein *Capitolo del forno* (des Ofens) und ein Gedicht *In laudem sodomiae* zu verfassen. Letzteres soll ihn den Kardinalshut gekostet haben, obwohl er sich als Bischof von Benevent und apostolischer Nuntius Meriten im Kampf gegen die Häresie verdient hatte. Dieses Pech blieb Kardinal Pietro Bembo (1470–1547) erspart, dessen lateinische *Priapea* nichts daran ändert, daß er als derjenige in die Literaturgeschichte eingegangen ist, der sowohl durch seine literarischen (petrarkistische Lyrik und neoplatonische Liebeslehren) wie auch seine theoretischen Schriften die italienische Literatursprache kodifiziert hat. Die Wahl des Lateinischen und die kunstvolle Metaphorisierung lassen keinen Zweifel daran, daß es sich bei der *Priapea* um einen Humanistenscherz und weniger um erregende Literatur handelt. Dies trifft allemal für *Il commento di Ser Agresto da Ficaruolo sopra la prima ficata del Padre Siceo con la diceria de' nasi* zu. Dieser Text gibt sich als gelehrter Kommentar zum *Capitolo in lode de' fichi*, einem der wenigen Texte der Art, in der die Frauen, genauer ihre Genitalien, die »Feigen«, gelobt werden, von Francesco Maria Molza (1489–1544). Annibale Caro (1507–1566) nimmt jeweils einige Verse des *capitolo* und erklärt sie, wobei er sich an den Wortsinn hält, eine Menge nonsense produziert und damit zeigt, daß eben dieser Sinn nicht der primäre des Textes ist.

> Perchè non ho di quello un pezzo tale,
> Che far bastasse ad ogni fica onore,
> A me pregio divino, ed immortale? (30)
>
> warum habe ich von jenem nicht ein solches Stück,
> das jeder Feige zur Ehre gereichte,
> und mir zu göttlichem Preis und Unsterblichkeit?

Der Kommentar dieser Verse beginnt mit der Bemerkung, daß man in ihnen dreierlei erkennen könne, nämlich die Bescheidenheit des Dichters, seine Zuneigung zu den Feigen und was er von ihnen erhofft; die vermeintliche Erklärung spinnt also die Doppeldeutigkeit das *capitolo* weiter. Zur »Unsterblichkeit« heißt es weiter, daß sie sich auf die biologische Existenz wie auf den Ruhm beziehe, ein Gemeinplatz. Auf komische Abwege gerät Caro, wenn er letzteren Gedanken weiterführt: »Perciocchè molti uomini, e molti luoghi hanno avuto da' Fichi nome immortale: come Sicilia, che trovo nella Ficologia esser detta da' fichi« (35; »Denn viele Menschen und viele Orte haben den unsterblichen Namen von den Feigen bekommen: wie Sizilien, von dem es in der *Ficologia* heißt, daß es aus Feigen sei«).

Es nimmt nicht Wunder, daß die Blütezeit dieser Literatur mit dem Beginn der Gegenreformation in der Jahrhundertmitte ein jähes Ende fand, und es ist kaum weniger verständlich, daß spätere Generationen kaum noch Interesse an diesen humanistischen Wortspielen fanden. Eine Sonderrolle nimmt die *Cazzaria* von Antonio Vignali ein, die er um 1525/6 in Siena verfaßte. In diesem Dialog werden zunächst so relevante Fragen behandelt wie diejenige, warum die Frauen möglichst oft begattet werden wollen oder warum die Beichte erfunden wurde. Spätestens die Antworten offenbaren eine Misogynie und einen Antiklerikalismus, die einander an Heftigkeit in nichts nachstehen; schon die Einleitung beginnt mit der Feststellung, daß der Autor sich bislang noch immer und bei jeder Gelegenheit als Feind der Frauen gezeigt hat. Sexualität wird hier also in größter Freiheit besprochen, allerdings häufig in parodistischem oder abschätzigem Ton, so daß dieser Text trotz seiner Freizügigkeit keine Hymne auf die Freuden der körperlichen Liebe ist. Dessen ungeachtet erfreute er sich im 18. Jahrhundert als *Libro del Perché* (Buch des Warum) einer gewissen Popularität. Von kulturhistorischem Interesse ist vor allem der zweite Teil, der wahrscheinlich auch der Grund für die Verbannung des Verfassers aus seiner Heimatstadt Siena war. Vignali erzählt die Geschichte dreier *cazzi* namens Cazzone, Cazzocchio und Cazzetto, die nichts anderes als die verschlüsselte Wiedergabe stadtinterner Auseinandersetzungen ist. Hier steht also nicht mehr harmloses Gemüse für die Genitalien, sondern Penisse dienen der allegorischen Darstellung realer Machtkämpfe. Die Provokation war eine doppelte, doch scheint es, daß Vignali vor allem wegen der politischen Dimension in Ungnade fiel.

Aretinos Forderung, daß Sexualität das Thema der Literatur sein sollte, wurde also von seinen Zeitgenossen in mannigfacher Weise erfüllt. Die meisten dieser Texte sind jedoch für heutige Leser schwer verständlich, bestenfalls kurios und weder erotisch noch gar erregend. Auch Aretinos Sprache ist wegen ihrer Manier nur schwer zugänglich, doch hat er – in einem gewiß fruchtbaren Umfeld – ein Modell für die erregenden Romane der folgenden Jahrhunderte geschaffen, das bis in unsere Tage durchaus einen – wenn auch mitunter befremdlichen – Reiz ausübt.

L'Age d'or

Als goldenes Zeitalter bezeichnen die meisten Nachschlagewerke zur erotischen Literatur das französische 18. Jahrhundert. Dies ist zweifellos richtig, denn zu kaum einer anderen Zeit spielt die Erotik auf den verschiedenen literarischen Ebenen eine derartig umfassende Rolle. Nicht nur in erregenden und galanten Romanen, auch in den Texten der Aufklärer kommt ihr eine zentrale Bedeutung zu. Der Harem in Montesquieus *Lettres persanes* ist Sinnbild unnatürlicher, despotischer Unterdrückung; der Kuß, den Candide Cunégonde zu geben wagt, löst eine machtvolle Demonstration der Standesunterschiede aus und führt zu Candides Vertreibung aus einer Welt, die vielleicht doch nicht die beste aller möglichen ist. In Rousseaus *Nouvelle Héloïse* schließlich bestimmt das Begehren von Saint-Preux und Julie einen großen Teil der Handlung. Außerdem, und dies interessiert uns vor allem, etablierte sich in dieser Epoche der erregende Roman als eigenständiges Genre, das wichtige Beiträge zur Weltliteratur wie *Fanny Hill* oder die Werke des Marquis de Sade liefert. Diese Entwicklung beginnt jedoch nicht erst um 1700, sondern bereits rund vierzig Jahre zuvor.

Die lockere Muse

In der ersten Hälfte des 17. Jahrhunderts finden wir eine Reihe ›frivoler‹ Verse. Sie stehen teilweise in der Tradition der burlesken Dichtung, behandeln die diversen Aspekte der Liebesfreuden, allerdings in einer Weise, die den Leser eher zum Schmunzeln als zu anderen Regungen reizt, zumal die Lyrik – wie bereits dargelegt – im allgemeinen nicht das geeignete Medium der erregenden Literatur ist. Der Vollständigkeit halber seien hier einige Autoren genannt, allen voran Giovanbattista Marino. In den Gedichten des zweiten Teils seiner *Lira* (1602–1614) wendet er sich – wie die im vorigen Kapitel erwähnten Dichter des *Cinquecento* – gegen den petrarkistischen Usus, die Frau als unerreichbares, engelsgleiches Wesen anzubeten. Stattdessen verweist er recht deutlich auf ihre körperliche Funktion, dem Manne Befriedigung zu verschaffen, weshalb man ihn bis heute »im Namen von Petrarcas Vergeistigung der Liebe als obszön verurteilt« (Kapp 185).

Zu jener Zeit wurden in Frankreich mehrere Sammlungen mit Stücken verschiedener Autoren gedruckt, oftmals anonym oder mit ungewisser Zuschreibung. Théophile de Viau wehrte sich – erfolglos – dagegen, daß sein Name 1622 auf dem Titelblatt von *Le Parnasse des poètes satyriques ou dernier recueil des vers picquans et gaillards de nostre temps* stand. Im Prozeß, der am 1. Juli 1625 mit dem harten Urteil der lebenslänglichen Verbannung endete, legten die Richter Viau weniger die Freizügigkeit der ihm zugeschriebenen Stücke zur Last. Als Verhängnis für ihn erwies sich der Vorwurf der Irreligiosität, der sich vor allem auf seine anderen Schriften stützte. Daß dies kein bloßer Vorwand war, zeigt das sehr viel glücklichere Schicksal François de Maynards. Obwohl er erwiesenermaßen mehr als vierzig Stücke des 1632 veröffentlichten *Cabinet satyrique, ou recueil des vers piquans et gaillards de ce temps* verfaßte, kam er zwei Jahre später zu der Ehre, als Gründungsmitglied der Académie française berufen zu werden. Die beiden genannten Sammlungen sind nicht die einzigen, wohl aber die berühmtesten der Zeit. Keineswegs nur zur Tarnung tragen sie die Bezeichnung »satyrique« im Titel. Tatsächlich ist ein großer Teil der Dichtung epigrammatisch, und der Wortwitz steht häufig im Vordergrund. Vergleichbare Anthologien des 18. Jahrhunderts wie der *Recueil de pièces diverses rassemblées par les soins d'un Cosmopolite* betonen mitunter die Sexualität stärker, nehmen beispielsweise die Texte von Aretinos Sonetten und ähnliche Gedichte, Epigramme und kurze Erzählungen auf, insgesamt sind sie jedoch nicht zu unrecht in Vergessenheit geraten.

Zwei Lyrikbändchen, eines vom Anfang und eines vom Ende des Jahrhunderts, greifen typisch erregende Modelle auf. 1710 verfaßte Alexis Piron (1689–1773) eine *Ode à Priape*. Diese ›Ju-

Frontispiz des Arétin françois *(1787)*

gendsünde‹ verschloß dem Autor zwar den Zugang zur Académie, doch ziert seine Büste bis heute die Comédie française. Die je nach Ausgabe 12 bis 16 zehnzeiligen Strophen der Ode sind ein enthusiastisch überbordender Lobgesang auf die Freuden der körperlichen Liebe, die als die Antriebskraft des Universums unverhüllt und obszön gefeiert werden. Parodistisch und eigenwillig erfolgt die Anrufung der Musen und Apolls in den ersten Versen.

> Foutre des neuf garces du Pinde,
> Foutre de l'amant de Daphné,
> Dont le flasque vit ne se guinde
> Qu'à force d'être patiné;
> C'est toi que j'invoque à mon aide (zit. n. Pauvert I,833).

Der Gott wird auf seine Rolle als Liebhaber der spröden Daphne reduziert, die Musen als Pindars Flittchen apostrophiert; nicht sie selbst, nur ihren »foutre«[1] ruft der Dichter zu Hilfe. In den folgenden Strophen variiert Piron das Motiv, daß die Libido die Welt regiert: Geld macht nicht glücklich, da im Moment des Orgasmus alle Gleiches empfinden. Der Heldenmut selbst eines Achill oder Agamemnon unterliegt der Liebeslust: »Sur le fier amour de la gloire / L'amour du foutre a la victoire« (834). Ohne seine Mitbürger oder Zeus zu fürchten, masturbiert Diogenes fröhlich in seiner Tonne, während Sokrates Frauen nur deshalb verachtet, weil er einen anderen Weg der Befriedigung vorzieht. Die Götter des Olymp haben auch keine anderen Sorgen, denn schließlich ist das Ejakulat die Basis der Welt, die fruchtbare Quelle, die dem Universum Ewigkeit verleiht:

> Le foutre est la base du monde,
> Le foutre est la source féconde
> Qui rend l'univers éternel (834).

Ob der fröhliche Ausruf der letzten Verse dem Dichter in seinem recht elenden Alter noch über die Lippen gekommen ist, dürfen wir bezweifeln, doch gibt er recht gut die Stimmung des ganzen Gedichts wieder.

> On me méprise, on me déteste,
> Que m'importe! Le vit me reste,
> Je bande, je fous: c'est assez! (835)

> Man verachtet mich, man verabscheut mich,
> Was macht's! Mir bleibt der Schwanz.
> Ich bin steif, ich vögele: das genügt!

Dieser Überschwang, diese ungezügelte Lust haben das kleine Werk zu einem der erfolgreichsten der Gattung gemacht, mit mehr als 20 Editionen allein zwischen 1796 und 1872. Die Pariser Nationalbibliothek besitzt eine besonders hübsche Ausgabe aus dem 18. Jahrhundert (Enfer 478), in der jede Strophe ein-

---

[1] »Foutre« dient im Französisch des 18. Jahrhunderts sowohl als obszöne Bezeichnung des Spermas und des Vaginalsekrets als auch des Geschlechtsaktes.

zeln neben einem Kupferstich abgedruckt ist. Damit greift das Büchlein die Tradition von Aretinos *Sonetti lussuriosi* auf, die Felix Nogaret 1787 explizit fortführt. In der Vorrede seines *Arétin françois* erklärt er ausdrücklich, keine Übersetzung des italienischen Textes zu liefern; einige seiner Achtzeiler lassen dennoch vermuten, daß er ihn gekannt hat. Die »künstlerisch vollendeten Illustrationen gehören zu den Meisterwerken des Antoine Borel; sie wurden von François-Roland Elluin in Kupfer gestochen« (Brunn, I,275) und weisen verschiedene Parallelen zu den Stichen von Marcantonio Raimondi auf. Das originelle Frontispiz und jedes der siebzehn Liebespaare begleitet je ein Gedicht. Stilistisch und inhaltlich liegen die Texte zwischen Aretinos und Pirons Dichtung; allerdings gelingt Nogaret weder die perfekte Verbindung von Wort und Bild des ersten, noch die Ausgelassenheit des letzteren.

FIGURE TREIZIEME

Qu'il est long! qu'il est ferme! il perceroit un mur,
Point de vuide avec lui, sans cesse il m'aguillonne;
HERCULE, & MARS l'ont moins gros et moins dur.
Quel maître vit! au diable s'il déconne!
– Déconner, je t'en fous; rien ne peut amortir
Le feu d'un cul qui contre ton cul choque,
– Athlete audacieux, ta fierté me provoque:
Mes coups vaudront les tiens, & tu vas les sentir.

DREIZEHNTE FIGUR

So lang und hart, er könnt' eine Mauer durchstoßen.
Er macht keine Pause, unentwegt spießt er mich auf,
Fester als der des Herkules, des großen,
O Meister-Schwanz! Hol's der Teufel, hört er je auf!
– Aufhören! Ich werde verrückt! Nichts kann das Feuer
Des Schwanzes löschen, er dringt in dich hinein!
– Kühner Athlet, Dein Stolz reizt mich ungeheuer:
Meine Stöße werden den Deinen würdig sein.[2]

---

[2] Weder die französische noch die deutsche Ausgabe enthält Seitenzahlen; die deutsche Übersetzung habe ich minimal abgewandelt, um dem französischen Wortlaut näher zu kommen.

L'Age d'or

»Figure treizième« *des* Arétin françois *(1787)*

Ähnlich der Lyrik Marinos in Italien und des *Parnasse satyrique* gab es im deutschen Sprachraum die Schlesische Dichterschule, mit deren Werken wir, wie Paul Englisch ganz richtig, wenn auch etwas altertümlich, formuliert, die Vorstellung von »erotischen, geleckten Versen und pornographisch aufgemutzten Szenen« (171) verbinden. Erregend ist es jedoch nicht, wenn hier in barocker Wortpracht das eine oder andere Brüstchen gelobt wird oder wenn Hofmannswaldau (1617–1679) bei der Vereinigung mit der menstruierenden Geliebten »durchs rote Meer in das gelobte Land« geht. Berühmt-berüchtigter noch sind Goethes Epigramme. Für sie gilt, was wir bereits für Martials Verse festgestellt haben, daß nämlich die Pointe im Vordergrund steht, der Leser primär intellektuell gereizt werden soll und sich über den »elften Finger« wohl vor allem amüsiert. Nachdrück-

Chronique scandaleuse

Gemme aus der Sammlung Goethes

lich stellt sich Goethe, der sonst recht unmißverständlich den Frauen zugeneigt war, in antike Tradition:

> Knaben liebt ich wohl auch, doch lieber sind mir die Mädchen,
> hab ich als Mädchen sie satt, dient sie als Knabe mir noch.

Der Antikenbezug dieser Dichtung wird in modernen Ausgaben gerne dadurch betont, daß einige Exemplare aus Goethes Gemmen-Sammlung sie illustrieren.

Chronique scandaleuse

Die Lyrik behandelt das Thema Sexualität zumeist spielerisch und eher allgemein. Der Reiz der *Chronique scandaleuse* besteht hingegen bis heute darin, daß wir erfahren, wer was mit wem tut. Das Wer-mit-wem vernachlässigt einer der bemerkenswertesten Chronisten, Pierre de Bourdeille (ca. 1540–1614), in seinen *Dames galantes* zugunsten einer fast ausufernden Vielzahl von Begebenheiten, die er oft nur kurz und ohne Namensnennung skizziert. Einiges mag er aus literarischen Quellen übernommen haben, vieles hat er jedoch während der äußerst bewegten ersten Hälfte seines Lebens selbst erlebt oder gehört. Bei seiner Großmutter, einer Hofdame der Margarete von Navarra, aufgewachsen, steht er später in engem Kontakt zum Hof der letzten Valois-Könige und bleibt ihrer Schwester, der Reine Margot, auch dann noch verbunden, nachdem Heinrich IV., der erste Bourbone auf den französischen Thron, sie verstieß. Als Abt von Brantôme nimmt er den Namen seiner Pfründe an, lebt aber als Höfling und Soldat. Er reist 1559 mit dem Bruder des Kardinals de Lorraine nach Neapel, begleitet Maria Stuart nach dem frühen Tod ihres Gatten François II zurück nach Schottland, kämpft in den Religionskriegen für den spanischen König Philipp II. sowie für die Strozzi, rüstet sogar auf eigene Faust ein Korsarenschiff aus. Ohne einen unglücklichen Sturz vom Pferd, der 1583 seinem militärischen Tatendrang ein jähes Ende setzte und ihn für vier Jahre ans Bett fesselte, hätte er vielleicht nie zur Feder gegriffen. Wichtiger noch ist der biographische Hintergrund wegen Brantômes enger Verbindung zum Hofe der Valois, die natürlich die Vermutung nahelegt, daß die ungenannten galanten Damen an eben diesem Hofe lebten.

Gegliedert sind die Ereignisse nicht chronologisch, sondern thematisch in sieben »discours«: 1) Über die Frauen, die Liebe machen und ihren Ehemännern Hörner aufsetzen; 2) Über die Frage, was in der Liebe am meisten befriedigt, die Berührung, der Anblick oder die Worte; 3) Über die Schönheit eines schönen Beines und die Macht, die es hat; 4) Über die Liebe der alten Damen, und daß einige lieben wie die jungen; 5) Darüber, daß die schönen und ehrbaren Damen die heldenhaften Männer lieben, und die tapferen Männer die mutigen Damen; 6) Darüber, daß man niemals schlecht über Damen sprechen darf und welche Konsequenzen daraus entstehen; 7) Über die Ehefrauen, die Witwen und die Mädchen und die Frage, welche von ihnen heißer in der Liebe sind als die anderen. Wie diese Titel zu verstehen geben, will Brantôme kein vollständiges Bild der höfischen Gesellschaft zeichnen; dafür behandelt er die verschiedenen Bereiche der Liebe ausführlich. Stets stehen die Frauen im Mittelpunkt, über die er – wie der sechste »discours« vermuten läßt – keineswegs schlecht spricht. Es kritisiert zwar das Fehlverhalten einzelner, billigt ihnen jedoch selbst im Alter noch Anziehungskraft zu und vor allem das Recht, ihr ›Feuer zu löschen‹. Solche Freiheiten bleiben selbstverständlich den edlen Damen vorbehalten, die allein sie mit Ehre und Anstand zu verbinden wissen. Brantôme entwirft die Vorstellung eines Hofes, dessen Lebensinhalt die erfüllte Liebe bildet. Wenn Madame de La Fayette knapp einhundert Jahre später ihren Roman *La Princesse de Clèves* (1678) an genau diesem Hof ansiedelt – die Titelheldin ist eine Vertraute der »reine dauphine« Maria Stuart – verschweigt sie dessen »galanterie« mitnichten, liefert aber eine weitgehend idealisierte Darstellung, die Sexualität unterschlägt.

Sehr viel offener sind Gédéon Tallemant des Réaux (1619–1692) in den *Histoirettes* sowie Saint-Simon (1675–1755) in seinen Memoiren, in denen sie von den vielfältigten Intrigen um die drei ersten Bourbonen-Könige (Henri IV, Louis XIII und XIV) berichten. Genau wie Brantôme waren sie klug genug, ihre Indiskretionen nur dem Papier anzuvertrauen, so daß diese erst lange nach ihrem Tod gedruckt wurden – die erste Gesamtausgabe der *Mémoires* 1829/30, die *Histoirettes* wenige Jahre später. Roger de Bussy-Rabutin mußte bitter bereuen, daß er es an dieser Vorsicht hatte ermangeln lassen. Angeblich nur zur Unterhaltung seiner erkrankten Geliebten, Madame de Montglas, schrieb er 1660 die *Histoire amoureuse des Gaules*. Für heutige Verhältnisse enthält diese kleine Zusammenstellung der Liebesgeschichten einiger adliger Herrschaften nichts Aufsehenerregendes; spannend nur die Affaire des Autors mit seiner Cousine, Madame de Sevigné, die die Grenzen der Sittsamkeit nie verletzt, was vielleicht dazu beigetragen hat, daß der unerhörte Liebhaber ein wenig schmeichelhaftes Porträt der berühmten Briefeschreiberin zeichnete.

Zu einem Skandal führte das Buch durch die Indiskretion einer ›Freundin‹ vor allem deshalb, weil man in den Figuren leicht den König und Personen seiner Entourage erkannte. Als Bussy-Rabutin dem Monarchen sein Mauskript vorlegte, nahm dieser keinen großen Anstoß daran, glaubte aber dem Gerücht, daß es sich um eine ›bereinigte‹ Kopie handelte, so daß er den Autor erst in die Bastille sperren ließ und dann auf sein schönes, indes einsam gelegenes Schloß im Burgund verbannte. Die persönliche Aversion Louis XIV gilt als eigentlicher Grund der strengen Bestrafung, zumal es dem Missetäter bis an sein Lebensende im Jahre 1693 nicht mehr gelang, in die Gnade des Königs aufgenommen zu werden. Seinem Zorn machte er ein wenig Luft, indem er die Wände seines Arbeitszimmer mit Porträts der Mächtigen ausmalen ließ, die er durch boshafte Kommentare ergänzte.

1666 erschienen gleich mehrere Raubdrucke des Manuskripts, das der Autor unvorsichtigerweise für 48 Stunden aus der Hand gegeben hatte. Groß war das Interesse für derartige Publikationen zu jenem Zeitpunkt, auch Brantômes *Dames galantes* wurden zum ersten Mal gedruckt. Bussy-Rabutins Vergehen lag nicht in der Frivolität seiner Schriften – La Fontaine veröffentlichte seine Verserzählungen in jenen Jahren unter eigenem Namen – vielmehr wurde ihm zum Verhängnis, daß er Persönlichkeiten aus dem Umkreis des Monarchen bloßgestellt hatte. Erregt haben solche Offenbarungen wohl lediglich die Sensationslust des Publikums sowie den Unmut der Betroffenen. Für uns sind diese Texte aber trotzdem wichtig, und zwar aus zwei Gründen: Zum einen bilden diese Werke, die vom Sexualgebaren der Figuren handeln, einen wichtigen Meilenstein auf dem Weg zu den ersten modernen Romanen; zum anderen spielt die *Chronique scandaleuse* im 18. Jahrundert eine entscheidende Rolle für die erregende Literatur sowie für die antiklerikale und antimonarchistische Propaganda, wobei die Bereiche sich nicht selten überschneiden.

Wie bereits erwähnt spielt die *Princesse de Clèves* im selben historischen Rahmen, aus dem viele der Anekdoten Brantômes stammen. Wir erfahren nicht wenig über die Intrigen des Hofes; beispielsweise wird Diane de Poitiers, die Maitresse von François Ier sowie seines Sohnes Henri II, recht unfreundlich beurteilt. Im Mittelpunkt stehen jedoch die Seelenqualen der Titelheldin. Die genaue psychologische Beobachtung und Analyse machen den Text unbestritten zu einem der ersten ›modernen‹ Romane, der den Bruch mit den viele Bände füllenden Ritterepen markiert. Wir dürfen darüber nicht vergessen, wie sehr dieses Meisterwerk in der von der Literaturgeschichte wenig beachteten Tradition der galanten Chroniken steht. Es liegt wahrscheinlich an der Mißachtung dieser Gattung, daß man den *Illustres Françaises* von Robert Challe (1713) erst jetzt Anerkennung zollt, ihren Autor als »génial précurseur du roman moderne«[3] feiert. Sieben als »histoires véritables« ausgegebene Liebesgeschichten hat er so geschickt verschlüsselt, daß die Ge-

---

3 So im Vorwort der *Illustres françaises* (VII).

lehrten bis heute an der wahren Identität der Figuren rätseln. Die Rolle des Erzählers übernehmen die Betroffenen selbst oder ein ihnen Vertrauter, während die Damen sich durch sittsame Zurückhaltung auszeichnen. Der Aufbau des umfangreichen Werkes ist recht kunstvoll, denn die einzelnen Beziehungen, die meist mit einer Heirat enden, sind untereinander verwoben und das wechselnde Publikum der Geschichten ist zumindest indirekt betroffen. Erzählt und agiert wird hier mit äußerster Zurückhaltung, so daß die Weigerung einer Dame, mit einem bestimmten Herren ein Kind über das Taufbecken zu halten, bereits als Liebeserklärung aufgefaßt werden kann, da die gemeinsame Patenschaft eine spätere Ehe zwischen den Paten ausschließt.

Einen Gegenpol zu dieser Entwicklung bildet die zunehmende Betonung des Skandalösen in den Chroniken. Hatte Louis XIV zu unrecht befürchtet, von Bussy-Rabutin bloßgestellt worden zu sein, so war diese Sorge in bezug auf *La France galante* (1668) nur zu begründet, in der Gatien Sandriz du Courtil das abwechslungsreiche Liebesleben des Monarchen so realistisch wie ausführlich beschreibt. Während der Sonnenkönig seine Maitressen *comme il faut* unter den Damen des Hofes auswählte, die letzte von ihnen, Madame de Maintenon, 1684 nach dem Tode der Königin sogar heimlich heiratete und bigott wurde, war sein Urenkel, Louis XV, dafür bekannt, daß er auch Mädchen aus dem Volke nicht verschmähte. Als letzte offizielle Geliebte wählte er ein Geschöpf zweifelhafter Herkunft, das als Madame Du Barry in die Geschichte einging. Eine solche Verbindung trug nicht wenig dazu bei, die sakrosankte Aura des Königtums zu zersetzen, zumal eine Vielzahl vorgeblicher Bekenntnisschriften der für ihre Verschwendungssucht berüchtigten Comtesse das ungleiche Paar wenig vorteilhaft in Szene setzte. Immer wieder wird auf ihre geringe Abstammung und die Lehrzeit, die sie im Bordell verbracht haben soll, angespielt. Bezeichnend ist die Reaktion eines Höflinges, des Duc d'Ayen, in den *Anecdotes sur Mme la comtesse Du Barry* auf die Äußerung des Monarchen, ganz neue Freuden in den Armen seiner Geliebten kennenzulernen: »Sire, répondit ce seigneur, c'est que vous n'avez jamais été au bordel« (24; »Sire, antwortete dieser Edelmann, es liegt daran, daß Sie noch nie im Bordell waren«).

Recht bald, nachdem Louis XVI 1774 den Thron bestiegen hatte, begannen ähnliche Pamphlete gegen seine Gattin Marie-Antoinette zu kursieren, die ab 1789 bis zu ihrer Hinrichtung immer unflätiger wurden. Die Unfähigkeit des Königs, die Ehe zu vollziehen, der vertraute Umgang Marie-Antoinettes mit seinem Bruder, dem Comte d'Artois und späteren König Charles X, ihre extreme Großzügigkeit gegenüber einigen Favoritinnen – so zahlte sie die Schulden der für ihre lesbischen Liebschaften berüchtigten Schauspielerin Mademoiselle Raucourt – boten genügend Stoff für Schmähschriften wie *Les Amours de Charlot et de Toinette* (1779) oder *Les Fureurs utérines de Marie-Antoinette, femme de Louis XVI* (1791). Hatte Bussy-Rabutin die Liebschaften der als Messalina verschrienen Comtesse d'Olonne in aller Dezenz geschildert, wird nun die weitgehend tugendhafte Königin als Messalina dargestellt.

Bereits ein halbes Jahrhundert zuvor hatte ein Skandal der antiklerikalen Propaganda reiches Material geliefert. Im Jahre 1730 war Cathérine Cadière von ihrem Beichtvater, dem Jesuiten Jean-Baptiste Girard unter Vorspiegelung frommer Handlungen mißbraucht und geschwängert worden. Der Pater nutzte die totale Naivität und die fromme Hysterie seiner hübschen Penitentin, die nicht einmal dann begriffen haben will, was geschah, als sie große Mengen Bluts verlor, nachdem der Kirchenmann ihr aus gegebenem Anlaß ein Abortivum verabreicht hatte. Erst der Beistand eines anderen Beichtvaters öffnete der angeblich Unschuldigen die Augen, so daß sie Girard anzeigte. Der Prozeß sorge für großes Aufsehen, da der Pater der Hexerei bezichtigt wurde und die unglaubliche Einfalt der Klägerin nicht ohne Pikanterie war, was die Akten belegen, die bereits 1732 in deutscher Übersetzung erschienen. Auf die Frage, ob »sie nie eine fleischliche Liebe, oder eine andere Absicht, als die zu Gott zu führen, an ihm gemercket habe«, antwortete Cathérine Cadière: »Sie habe niemahlen was anders an ihm gesehen, als ein Verlangen nach ihrer Seeligkeit« (378).

> Sie füget hinzu, daß, als sie der P. Girard einstens im Hemde auf ihr Bette niederlegen lassen, mit vermelden, daß sie wegen des Fehlers, den sie begangen, weil sie sich ihme nicht überlassen wollen, müßte gestraffet werden, sie gefühlet hätte, angefeuchtet und geküzelt zu werden. Zu andern Zeiten habe er ihr eine Disciplin auf die Hinter-

backen gegeben, und solche geküsset. Da sie sich gleichfalls wieder angefeuchtet und gekützelt gefühlet. (357)

Der Freispruch des Paters erregte heftigen Unmut in der Bevölkerung, der dazu beitrug, daß bald in ganz Europa Schriften über diesen außergewöhnlichen Fall zirkulierten. Literarisch verarbeitete ihn der Marquis d'Argens, Kammerherr Friedrichs des Großen, in dem Roman *Thérèse philosophe ou Mémoires pour servir à l'histoire du Père Dirrag et de Mademoiselle Éradice* (1748), ein Titel, der die Namen der Prozeßgegner anagrammatisch aufnimmt.

Schulen der Liebe

Sehr viel schlechter als Théophile de Viau oder Bussy-Rabutin erging es Ferrante Pallavicino. Um diesen Verfasser wütender Schmähschriften unschädlich zu machen, ließ Papst Urban VIII. ihn in Südfrankreich auf das Territorium des Kirchenstaates locken, dort festnehmen und dem erst 29jährigen am 5. März 1644 den Kopf abschlagen. Die Anzahl der Werke, die er in seinem kurzen Leben verfaßte, ist erstaunlich. Seine Bearbeitung des Mythos von Venus und Vulkan steht ganz in der Tradition Lukians, da er den Göttern jede Erhabenheit nimmt und sie zu komischen Figuren des Alltagslebens umdeutet. Griechische Anklänge finden wir ferner im Titel seines bekanntesten Werkes, *Alcibiades fanciullo a scuola*. Mit einer Flut von Argumenten überzeugt ein Schulmeister den Knaben von der Vorzügen der Päderastie für beide Seiten; dabei greift er die typischen misogynen Behauptungen auf, die uns bereits aus der *Cazzaria* Vignalis vertraut sind, daß beispielsweise die weiblichen Genitalien zu groß seien, um dem Manne Befriedigung zu gewähren. Die elaborierte Rhetorik des Lehrers verleitet zu der Vermutung, daß es sich um einen Jesuiten handelt, zumal dieser Orden ein Monopol auf dem Gebiet der Bildung besaß – damit stünde dieser Text ebenfalls auf der langen Liste von Pallavicinos antiklerikalen Schriften. Trotz des Themas und der nicht zu leugnenden literarischen Qualitäten – die Oscar Wilde begeistert haben sollen – ist das Buch keineswegs erregend, da es viel zu sehr auf den Diskurs konzentriert ist und sich eher wie der wissenschaftliche Beweis der Behauptungen als wie eine lebendige Verführung liest.

Ähnliches gilt für die *Rettorica delle puttane* (1642). Sie gibt sich als Dialog zwischen einem bettelarmen Mädchen und einer alten Dirne, die erstere in die Geheimnisse des Metiers einweiht. Tatsächlich handelt es sich jedoch um ein trockenes Traktat, in dessen *Conclusione* die Männer vor den Schlichen der Courtisanen gewarnt werden. Außerdem endet es mit einer *Confessione dell'Autore*; in dieser Selbstbezichtigung verteidigt Pallavicino sein Werk mit dessen vorgeblichem Nutzen für die Allgemeinheit, die er über dererlei Gefahren aufklärt. Das Ganze ist so spritzig wie ein Rhetorik-Lehrbuch. Noch die Szene, in der ein Kunde sein für die Entjungferung der Maid gezahltes Geld zurückverlangt, weil diese sich zuvor mit einem dazu prädestinierten gläsernen Instrument in aller Unschuld defloriert hatte, ermangelt jeglicher Sinnlichkeit. Interessant ist dieser Text dennoch, da er – wie bereits diese Szene und seine vorgebliche Erzählstruktur belegen – verschiedene Traditionen des *Cinquecento* miteinander verknüpft. Literarische ›Würdigung‹ hatten die käuflichen Liebesdienerinnen bereits bei Lukian, Aretino und in der *Puttana errante* erfahren. Wenige Jahre vor Aretinos *Courtisanengesprächen* war 1531 ebenfalls in Venedig ein Werk erschienen, das bereits den Titel *La puttana errante* trägt. Hierin beschreibt Lorenzo Veniero, ein venezianischer Patrizier, in äußerster Hyperbolik und nicht ohne degoutante Details die Geschichte der unersättlichen Elena Ballarina. In den vier Gesängen, einer Parodie auf die populäre Ritterepik der Zeit, reist die Protagonistin quer durch Italien und gibt sich einer Unzahl von Männern hin, zuletzt in Rom einer ganzen Armee. *La Tariffa delle puttane di Vinegia* (1535) wird gleichfalls Veniero zugeschrieben. Es ist eine Liste der Eigenschaften und Preise der Prostituierten Venedigs, wie man sie in späteren Jahrhunderten immer wieder für verschiedene europäische Metropolen findet. Allerdings besitzt dieser frühe Katalog die Besonderheit, daß er völlig von der misogynen Tendenz der Epoche durchdrungen ist und die Fehler der einzelnen Damen sarkastisch herausstreicht. Das gnadenlose Urteil über die fünftplazierte Lucrecia Squarcia, deren Liebe für Poesie und Bildung pure Heuchelei sein soll, ist charakteristisch:

Et ab antiqua e gran genealogia
Fa il suo natal, si come d'un barbiero
Che si mori in Spedal, figlia non sia.
[...]
E sono tali i suoi costumi rei,
Che tutti i chiassi gli harebbono a schivo,
E nel contarli al fin mai non verrei.
Et è ben goffo e d'intelletto privo
Chi la cerca chiavar, che, com'intendo,
Entra in un mar che non ha fondo o rivo. (24/26)

Und *ab antiqua* und mit großem Stammbaum
leitet sie ihre Herkunft ab, als ob sie eines Barbiers,
der im Hospital starb, Tochter nicht wäre.
[...]
Und derart sind ihre schlechten Gewohnheiten
daß alle Bordelle sie verabscheuen würden
und ich niemals ein Ende fände, sie zu erzählen.
Und recht dumm ist und bar jeden Verstandes
wer sie vögeln will, da er, wie ich höre,
in ein Meer ohne Grund oder Ufer eindringt.

Ferrante Pallavicino orientiert sich gut einhundert Jahre später zum einen an der Mode der literarischen Prostituiertenfiguren, zum anderen aber an der Metaphorik der burlesken Dichtung, da er in seiner *Rettorica delle puttane* tatsächlich immer wieder Vokabular aus dem Gebiet der Rhetorik verwendet, um die Regeln der Prostitution zu erklären. Dies gelingt ihm, indem er den Begriff der »persuazione« in den Mittelpunkt stellt, doch will die Courtisane nicht wie der Redner von einer Idee, sondern von ihren eigenen Reizen überzeugen. Nach seitenlangen Benimmregeln wird er schließlich in der fünfzehnten und letzten Lektion recht originell, wenn er auf die »eloquenza corporale« zu sprechen kommt, die den kunstvollen Gebrauch der Zunge mit den Bewegungen der Gliedmaßen verbindet (»artificiosamente adoperando la lingua, & il movimento delle membra«, E3v). Falls der Courtisane keine derartigen ›Argumente‹ einfallen, empfiehlt er die »figure dell'Aretino« als Vorbild, die sie ohnehin als Dekoration ihres Schlafzimmers wählen sollte. Besonders an der Wand gegenüber dem Bett sorgen solche lasziven Bilder für eine wundersame Wirkung (»Fanno mirabile effetto queste imagini«, E1r), da sie den »appetito di lussuria«

stimulieren. Obwohl Pallavino also um den Effekt der Darstellung von ›körperlicher Eloquenz‹ auf den Rezipienten wußte, fehlen entsprechende Szenen in der *Rettorica*. Ihm ging es um die genaue Anwendung seines Regelwerkes: »La dottrina è buona, ma bisogna essere ben regolata nell'esercitio« (F2v). Falschheit und Täuschung lautet die Maxime, und damit die Disziplin gewahrt beleibt, muß die Novizin ein Gelübde ablegen: »Oltre li tre ordinari voti, di lussuria d'avaritia, e d'una eterna simulatione in conformità de' Padri Giesuiti. v'aggiunse il quarto di non mai creder ad alcun huomo.« (E12r; »Neben den drei gewöhnlichen Gelübden der Luxuria, des Geizes und einer ewigen Verstellung kam wie bei den Jesuiten das vierte hinzu, niemals einem Manne zu glauben«).

Ferrante Pallavicino ließ keine Gelegenheit aus, seinem Haß auf das Papsttum – hier auf die dem Heiligen Vater zu absolutem Gehorsam verpflichteten Jesuiten – Luft zu machen. Obwohl die *Rettorica* wahrlich kein prickelndes Lesevergnügen bietet, haben die Zeitgenossen Gefallen an dem sperrigen Text gefunden; 1684 wurde er ins Englische übertragen und gilt als »l'un des premiers classiques de l'érotisme anglais« (Alexandrian 120). Im Jahre 1684 war jedoch ein anderes Werk sehr viel wichtiger für den »érotisme anglais«, für die englische Literatur überhaupt. Rochester veröffentlichte nämlich *Sodom*, eine ebenso scharfe wie obszöne und geistreiche Satire auf das ausschweifende Sexualgebaren des Königs Charles II und seines Hofes. Bolloxinion, Herrscher von Sodom, gebietet seinen männlichen Untertanen Homosexualität und hält sich als erster an dieses Gesetz. Derweil amüsieren sich seine Gattin Cuntigratia und ihre Hofdamen Fuckadilla, Officina, Cunticula sowie Clytoris mit Dildos, denen sie schließlich echte Männer vorziehen. Die Kinder des Königspaares, Pricket und Swivia, leben in einträchtigem Inszest. Das Ganze führt zu einem – wenn auch nicht sehr ernst zu nehmenden – apokalyptischen Ende.

Insgesamt ist es dennoch richtig, daß der britische Bedarf an Erotika bis ins 19. Jahrhundert überwiegend durch Übersetzungen gedeckt wurde. 1658 erschien Aretinos *Vita delle puttane* auf Englisch, und nur drei Jahre nach der zweiten Edition der *Ecole des Filles* – die erste von 1655 wurde von den Zensoren vollständig vernichtet – konnte Samuel Pepys am 9. Februar 1668 in sein berühmtes Tagebuch eintragen, daß ihm die Lektüre dieser Übersetzung so viel Vergnügen bereitet hatte, daß er sein Exemplar kurzerhand verbrannte.

Die politische und kulturelle Situation auf den Britischen Inseln ändert sich 1660 mit der Restauration radikal. Der in Frankreich erzogene König ließ die Theater wieder öffnen und zum ersten Mal auch Frauen auf der Bühne auftreten, was Pepys, ein begeisterter Theaterbesucher, mit Freuden registrierte. Im folgenden Jahr übernahm in Frankreich der junge, galante Sonnenkönig nach dem Tode des Kardinals Mazarin persönlich die Herrschaft. Welche Auswirkungen diese Veränderungen auf die Literatur hatten, läßt sich nicht mit Sicherheit bestimmen; fest steht aber, daß das Interesse an erregenden Texten anstieg. Italienische Werke wurden wie die *Ragionamenti* neu aufgelegt oder in andere Sprachen übertragen. La Fontaine schrieb seine frivolen Verserzählungen, von denen viele wiederum auf italienischen Quellen, allen voran Boccaccios *Decameron*, basieren. Das für unseren Kontext wichtigste Ereignis haben die Literaturgeschichten bislang geflissentlich ignoriert: die Publikation der beiden ersten erregenden Romane, *L'Ecole des Filles, ou la Philosophie des Dames* (1655) und *L'Académie des Dames* (1660).

Der erregende Pakt

Die Wirkung, die ersterer Text auf Samuel Pepys ausübte, war durchaus beabsichtigt. Dies bezeugt eine *Bulle orthodoxe*, die auf die insgesamt 145 Punkte umfassende Inhaltsangabe des zweigeteilten Dialogs folgt.

> Notre auguste père Priape fulmine anathème contre tous ceux de l'un et de l'autre sexe qui liront ou entendront lire les préceptes d'amour, expliqués moralement en la célèbre *École des Filles*, sans spermatiser ou être stimulés de quelque émotion spirituelle ou corporelle. (183)
>
> Unser ehrwürdiger Vater Priapus schleudert den Bannstahl gegen all jenen des einen oder anderen Geschlechts, die die Liebesregeln, die in der berühmten *École des Filles* moralisch erklärt werden, lesen oder vorgelesen hören, ohne zu ejakulieren oder von einer geistigen oder körperlichen Regung gereizt zu sein.

Neben dem deutlichen Antiklerikalismus und der ironischen Anspielung auf den mehrfachen Schriftsinn interessiert uns dieser Passus wegen seiner eindeutigen Aufforderung an die Leser. Sie werden von vornherein darüber in Kenntnis gesetzt, welche Lektüre sie und welche Reaktion der Autor von ihnen erwartet. Diese Reaktion wird natürlich dadurch gefördert, daß sie erwünscht ist, ja geradezu verlangt wird. Bevor der Leser also die erste Zeile des Dialogs liest, wird ihm bereits erklärt, daß er dieses und kein anderes Buch zur Hand nimmt, weil er erregt werden möchte – seine innere Haltung wird damit festgelegt. Eine angemessene Disposition ist zwar für die Rezeption jeder Form von Kunst wichtig, für den erregenden Text aber wahrscheinlich in besonderem Maße, da er sich Freiheiten nimmt, die bei fehlender Vorbereitung so heftig schockieren können, daß genau das Gegenteil des beabsichtigten Effekts eintritt. Der Leser muß also wissen, worauf er sich einläßt, damit er sich wirklich auf den Text einlassen kann. Jean-Marie Goulemot stellt überzeugend dar, nach welch ausgeklügeltem System Romane des 18. Jahrhunderts bereits von der Titelseite aus signalisieren, daß sie zur einhändigen Lektüre bestimmt sind. Er hält eine deutliche Markierung für notwendig, da solche Bücher vor dem Erwerb nicht lange begutachtet werden konnten. Diese Begründung halte ich für wenig überzeugend, denn die Kunden wußten bereits durch die besondere Verkaufssituation ›unter dem Ladentisch‹ und wahrscheinlich auch durch einschlägige Hinweise der Buchhändler, wofür sie bezahlten. Sicher ist ein prägnanter Titel bis heute für alle Bücher eine gute Werbung, die besondere Gestaltung der Titelseite erregender Literatur dient demgegenüber meines Erachtens primär dazu, den ›erregenden Pakt‹ zwischen Buch und Leser zu schließen, ihn in die richtige Stimmung zu versetzen, seine Bereitschaft für einen ungewöhnlich intensiven Leseeindruck zu wecken.

Welche Signale die Titelseiten des 18. Jahrhunderts aussenden, zeigt Goulemot sehr detailreich, und was er sagt, gilt bereits für frühere Epochen. Das erste Augenmerk fällt auf den Titel. Obszönes Vokabular ist also ein Signum, ein anderes ist der Verweis auf die Freuden der Liebe – unmißverständlich ist hierbei der Name der Liebesgöttin, wie in *Vénus dans le cloître* (ca. 1680) oder Sacher-Masochs *Venus im Pelz* (1869), oder der

Der erregende Pakt

Auf den ersten Blick können wir nicht erkennen, was die Dame auf diesem Stich von Hubert (1775) tut, doch der Titel ihrer Lektüre, L'Art d'aimer, *hilft uns, das Bild zu entschlüsseln.*

Hinweis auf Prostitution. Häufig sind Anspielungen auf bereits bekannte Werke; schon die *Académie des Dames* verweist auf *L'École des Filles ou la Philosophie des Dames*. Auch das Prinzip der Fortsetzung wird gern genutzt, entweder vom Autor selbst, wenn wir an die diversen Folgen von *Émanuelle* denken, oder indem Epigonen bestimmte Figuren aufgreifen, so Josefine Mutzenbacher in der Geschichte ihrer 365 Liebhaber oder Dom Bougre, dessen gesamte Verwandtschaft literarisch gewürdigt wird. Als ein weiteres Kennzeichen werden gern die Namen von Aretino, Sade oder anderen berühmten Pornographen eingesetzt.

Da die fragliche Literatur bis vor kurzem meist eine verbotene war und es in vielen Ländern bis heute ist, konnte sie nicht regulär vertrieben werden; der Verlag war also stets ein spezieller, beispielsweise die Olympia-Press, oder es handelte sich um Privatdrucke. Derartige Merkmale lassen bereits Rückschlüsse zu, was ebenfalls für den Druckort gilt. Besagte holländische Ausgabe der *École des Filles* soll »à Fribourg, chez Roger Bon Temps« gedruckt worden sein, d.h. außerhalb Frankreichs und von einem Herren, dessen Namen zwar vielversprechend aber offensichtlich falsch ist, so wie die *Académie des Dames* gewiß nicht »à Venise, chez Pierre Arétin« erschien. Allerdings haben sich die Verleger im 18. Jahrhundert amüsantere Druckorte einfallen lassen: Cythère, Constantinople, Cupidopolis oder gar Foutropolis sprechen für sich; antiklerikale Werke wurden hingegen in »Rom« oder im »Vatikan« gedruckt.

Wenn wir zur *Bulle orthodoxe* zurückzukehren, stellen wir fest, daß sie sich ausdrücklich an Männer wie an Frauen wenden, nachdem das Widmungsschreiben die Mädchen aufgefordert hat, in der Öffentlichkeit stets Zurückhaltung zu üben, um dort nicht gegen »bienséance« und »honnêteté« zu verstoßen. Das Buch war also nicht allein für ein männliches Publikum bestimmt, was derartigen Werken immer wieder unterstellt wird. Bussy-Rabutin berichtet seiner Cousine, Madame de Sévigné, in einem Brief vom 19. Februar 1687, daß alle Hofdamen der Gattin des Thronfolgers entlassen worden seien, weil man dieses wenig orthodoxe ›Lehrbuch‹ bei ihnen gefunden habe. Ein Exemplar der Erstausgabe, die 1655 beschlagnahmt und vernichtet wurde, hatte Nicolas Foucquet gerettet, wie sich bei seiner Festnahme im Jahre 1661 herausstellte. Acht Jahre zuvor hatte Mazarin ihn zum Oberintendanten der Finanzen und Staatsminister ernannt, Ämter, die große Macht und noch größeren Reichtum einbrachten. Letzteren nutze Foucquet, um eine Reihe von Schriftstellern, unter ihnen Corneille, Molière und La Fontaine, zu fördern, aber auch heute vergessene wie Jean l'Ange. Ihn befand man für schuldig, Autor der *École des Filles* zu sein und verurteilte ihn zu einer langjährigen Galeerenstrafe, die durch Foucquets Einfluß in drei Jahre Verbannung aus Paris abgemildert wurde.

Dem Oberintendenten selbst brach die prunkvolle Einweihungsfeier seines Schlosses Vaux-le-Vicomte das Genick. Molière schrieb eigens für diese Feier ein Stück; tausend Fackelträger sollen für Glanz auf den 36 Dutzend Gold- und 500 Dutzend Silbertellern gesorgt haben. Soviel Prachtentfaltung und mit ihr verbundene Machtdemonstration mußten dem jungen Sonnenkönig – auch ein Meister der Selbstinszenierung – mißfallen, um so mehr als ihn Finanznöte gezwungen hatten, sein Service einzuschmelzen. Nur drei Wochen später ließ er Foucquet festnehmen und bis an dessen Lebensende 1680 unter strengsten Sicherheitsvorkehrungen einkerkern. Seine Güter beschlagnahmte er – die Schöpfer von Vaux stellte er in eigene Dienste und ließ von Louis Le Vau Versailles erbauen, es von Charles Le Brun mit Bildern ausschmücken, den Garten von André Le Nôtre gestalten und fortan dort Stücke Molières aufführen. Ob der König das Schloß für seine Geliebte, Louise de la Vallière, konzipierte, ist mehr als fragwürdig; das dreitägige Fest der *Ile enchantée* im Mai 1664 war aber – inoffiziell – ihr gewidmet.

La Fontaine hielt seinem in Ungnade gefallenen Förderer die Treue, doch selbst seine *Élégie aux Nymphes de Vaux* vermochte den König nicht milde zu stimmen. Allerdings fand der Dichter in Ludwigs großer Jugendliebe, Marie Mancini, Nichte Mazarins und verehelichter Duchesse de Bouillon, eine neue Gönnerin. Von ihr soll er zu der Verserzählung *Le Tableau* inspiriert worden sein, in der er eine Szene der *Ragionamenti* verarbeitet. 1664 erscheint der erste Band seiner *Contes et nouvelles en vers*, der mit einer Version der Geschichte Boccaccios von Masetto de Lamporecchio, dem Gärtner im Nonnenkloster, endet. La Fontaine ›entschärft‹ das pikante Sujet, indem er es aus amüsierter, mitunter ironischer Distanz erzählt, den Schwerpunkt auf den Wortwitz legt – wozu die Reime das ihrige tun – und allgemeine Betrachtungen an den Anfang stellt. Diese Verfahren sind für die Sammlung typisch; sie schaffen einen großen Abstand zu etwaiger Obszönität und sorgen für einen galant-tändelnden Tonfall. So beginnt die *nouvelle* mit den Versen:

> Le voile n'est le rempart le plus sûr
> Contre l'amour, ni le moins accessible:
> Un bon mari, mieux que grille ni mur,
> Y pourvoira, si pourvoir est possible. (693)

> Was schert sich die Liebe um Schleier und Schwur,
> Was sind ihr Klostergitter und Mauern!
> Sie zügelt ein tüchtiger Gatte nur -
> Falls Zügel noch helfen. (136)

Offensichtlich will La Fontaine seine Leser bestenfalls zum Schmunzeln anregen. Es gelingt ihm durch die Gestaltung, den ›anstößigen‹ Stoff gesellschaftsfähig zu machen, so daß er nach einem anonymen ›Probelauf‹ des ersten Bandes im Dezember 1664 es sogar wagen kann, ihn im folgenden Monat unter eigenem Namen zu publizieren. Auch die Kupfer des berühmten Stechers Charles Eisen in der Amsterdamer Ausgabe von 1762 stehen ganz in der galanten Tradition und unterscheiden sich augenfällig von den Illustrationen zeitgenössischer Erotika (Abb. S. 185). Wie kunstvoll La Fontaine mit den Worten spielt und damit die Signifikanten in den Vordergrund stellt, belegt der Schluß der Erzählung, der sich mit den Folgen von Mazettos Eifer beschäftigt.

> Le compagnon bien nourri, bien payé
> Fit ce qu'il put, d'autres firent le reste.
> Il les engea de petits Mazillons,
> Desquels ont fit de petits moinillons;
> Ces moinillons devinrent bientôt pères;
> Comme les sœurs devinrent bientôt mères;
> A leur regret, pleines d'humilité;
> Mais jamais nom ne fut mieux mérité. (697f)

> Ihm war es recht. Er klagte niemals mehr,
> Tat, was er konnte (andern blieb der Rest),
> Und füllte mit Mazettchen reich das Nest.
> Die machte man zu kleinen Klostermönchen,
> Und aus den Brüdern wurden fromme Väter,
> So wie aus Schwestern fromme Mütter später
> geworden sind die gottergebnen Nönnchen.
> Und ganz gewiß – ich darf es offen sagen -
> Ward nie ein Titel ehrlicher getragen. (143f)

Der erregende Pakt

Es ist ein faszinierendes Phänomen, daß diese literarische Tradition wenige Jahre, nachdem sie in Italien mit Ferrante Pallavicino zu Ende ging, von den Franzosen aufgegriffen und in Anlehnung an italienische Vorbilder fortgeführt wird. La Fontaine vermerkt zumeist im Untertitel, wenn er Stoffe von Boccaccio, Ariost, Machiavelli und Aretino übernimmt. Der Einfluß des letztgenannten auf die *École des Filles* und die *Académie des Dames* ist weniger offenkundig, aber keineswegs geringer. Genau wie in den *Ragionamenti* unterhalten sich in diesen Romanen jeweils zwei Frauen über die körperliche Liebe, wobei die eine der anderen ihre Erfahrungen mitteilt und sie aufklärt. Diese Texte, die um 1660 entstehen, reihen sich also in eine Folge ein. Sie konstituieren sich im Anschluß an vorgegebene Modelle und damit nicht mehr als *contre-texte* in Opposition zu anderen Werken, obwohl sie durchaus einige contra-textuelle Elemente enthalten; die Namen der Figuren in der *Académie des Dames* beispielsweise entsprechen denjenigen ihrer preziösen Pendants.

Wenn nun La Fontaine zu Beginn einzelner Stücke angibt, daß er die Geschichten italienischer Autoren bearbeitet habe, betont er damit, daß es sich bei seinen Texten um Literatur handelt. Zwar hat bereits Boccaccio für die meisten seiner Novellen auf ältere Quellen zurückgegriffen; doch hält er an der Fiktion fest, daß seine Figuren wahrhaftige Ereignisse erzählen, wohingegen La Fontaine unterstreicht, daß er Literatur aus Literatur macht; diese Literarizität akzentuiert er durch die Form (Vers und Reim) sowie durch Erzählerkommentare. Entgegengesetzt verfahren die Autoren der *École des Filles* und der *Académie des Dames*: Sie geben die Gespräche zweier junger Cousinen wieder, beginnen, um die Situation realistischer zu gestalten, jeweils mit der Begrüßung. Mehr noch als bei Aretino handelt es sich um ›echte‹ Dialoge, weil das unschuldige Mädchen zunächst die Unterhaltung durch Fragen und Einwände mitgestaltet und in späteren Abschnitten selbst zur Erzählerin wird, nachdem sie die Belehrungen der Älteren in die Tat umgesetzt hat. Hierin besteht auch ein wesentlicher Unterschied zu den Texten von Pallavicino, der in der *Rettorica della puttane* lediglich behauptet, daß es sich um einen Dialog handele, dabei aber ein trockenes, metaphorisch verklausuliertes Traktat verfaßt.

Frühe Aufklärung

An Lebendigkeit mangelt es den beiden französischen Dialogen nicht im mindesten. Voller Spontaneität plaudern die Cousinen miteinander und begeistern sich immer wieder für die höchste aller Lüste, nicht nur abstrakt wie in *Alcibiade fanciullo a scuola*, sondern in detaillierten Berichten über ihr Liebesleben – Berichte, die so detailliert sind, daß sie allein der Zuhörerin einen gewissen Kitzel verschaffen. Dies wiederum hebt die Autoreferentialität des erregenden Textes hervor. Sie präsentiert sich in der *École des Filles* auf eine herzerfrischend naive Weise, die uns wirklich davon überzeugt, daß Fanchon erst sechzehn und Suzanne kaum älter ist. Die ganz großen Leidenschaften scheinen die Mädchen noch nicht entdeckt zu haben, dafür schäumen sie

Frühe Aufklärung

geradezu über vor fröhlichem, ja kindlichem Amüsement. Der Stil ist schlicht und kolloquial, gespickt mit Ausrufen, Elipsen und obszönem Vokabular; in ihrer Lebhaftigkeit scheut sich Suzanne nicht, ihrer Cousine Freundlichkeiten wie »dumme Gans« oder »arme Idiotin« an den Kopf zu werfen. Nachdem Fanchon jedoch die Theorie mit ihrem Robinet praktiziert hat, kommt auch sie zu Verstand. Diesen literarischen Topos greift La Fontaine in der Erzählung *Comment l'esprit vient aux filles* auf[4], allerdings ohne ihm die Bedeutung zu verleihen, die er im Dialog erhält. Hier sind es nämlich die »expérience«, der Versuch, und das damit verbundene persönliche Erleben, die Fanchon dazu anregen, einige ihrer Vorurteile zu revidieren und selbständig zu denken. Diese Elemente sind neu im erregenden Kontext und verweisen bereits auf die Aufklärung. Nach ihrem indirekten Plädoyer für Empirie erklärt Suzanne am Schluß:
»Ainsi va le monde, ma pauvre cousine: le mensonge gouverne la vérité, la raison veut reprendre l'expérience, et les sottises s'érigent en titre de bonnes choses.« (285f; »So ist der Lauf der Welt, meine arme Cousine: Die Lüge beherrscht die Wahrheit, die Vernunft will die Erfahrung zurücknehmen und die Dummheiten behaupten sich als gute Dinge«). Noch drastischer antwortet sie auf die Frage, ob nicht Gott die Liebesfreuden verbiete. Geradezu empört weist sie solche Gedanken zurück:

> Dieu qui sait tout ne le viendra pas dire et ne découvre rien aux autres. Et puis, à bien dire, ce n'est qu'une petite peccadille que la jalousie des hommes a introduite au monde à cause qu'ils veulent des femmes qui ne soient qu'à eux seuls; et crois-moi d'une chose, que si les femmes gouvernaient aussi bien les églises comme font les hommes, elles auraient bien ordonné tout au rebours. (202)

---

[4] Man möchte meinen, daß La Fontaine sich an der *École des Filles* inspiriert hat, denn Fanchon erklärt nach ihrer Defloration, daß sie beginne, vernünftig zu werden, nachdem sie vorher bestenfalls zum Spinnen und Stillschweigen gut war (»Je n'étais bonne auparavant qu'à filer et me taire, et à présent […] l'esprit commence à me venir«, 224). La Fontaine gebraucht überraschend ähnliche Formulierungen, um Lise und die Folgen ihrer Unterweisung durch einen Mönch zu beschreiben. »Lise n'était qu'un misérable oison. Coudre et filer était son exercice« (811), doch kaum hat ihr der fromme Mann eine dreifache Dosis »esprit« eingegeben, bemerkt sie umgehend den Effekt: »A nous venir l'esprit tarde bien peu« (813).

> Gott, der alles weiß, wird nichts sagen und verrät den anderen nichts. Und außerdem ist es genau gesagt nichts als eine Petitesse, die die Eifersucht der Männer in die Welt gesetzt hat, weil sie wollen, daß die Frauen ihnen allein gehören; und eines kannst du mir glauben, daß wenn die Frauen die Kirche genauso gut beherrschten wie die Männer, dann hätte sie alles genau umgekehrt bestimmt.

Einen solch heftiger Angriff gegen Gott, Kirche und Gesellschaft überrascht in diesem naiv gehaltenen Text. Gottes Allmacht, eine göttliche Gerechtigkeit oder Strafen für Sünder nach dem Tod werden schlichterdings geleugnet; die tranzendente Instanz spielt keinerlei Rolle mehr; lediglich vor der Gesellschaft muß die *bienséance* gewahrt bleiben. Außerdem tut Suzanne die Todsünde der Luxuria als »pécadille«, als leichtes Vergehen, ab. Fragt sich, als Vergehen wogegen, nämlich nicht gegen göttliche Gebote, sondern lediglich gegen Vorschriften, die die Männer aus reinem Egoismus erlassen haben. Damit entdeckt sie hinter den Dogmen theologische Lehren, die Machtinteressen schützen sollen. Schließlich schwingt Suzanne sogar das feministische Banner, indem sie kirchliche und gesellschaftliche Gesetze als Mechanismen entlarvt, mit denen das starke Geschlecht das vorgebliche schwache unterdrückt. Hier erscheint mit aller Macht, was René Etiemble in seinem Essay *L'érotisme dans l'art et la littérature* beschreibt, daß nämlich die ›erotische‹ Literatur insofern moralisch ist, als sie sehr oft freizügig oder wenigstens befreiend ist oder sein will.[5]

Sehr viel subtiler ist die Kritik in der *Académie des Dames*. Tullie erkennt die Macht des Ehemannes über seine Frau als Faktum an, kompensiert aber gleichzeitig ihre untergeordnete Position. Hinter der Maske makellosen Anstands hat sie sich einen Geliebten und damit gewisse Freiheiten genommen; außerdem ist sie in dieser Konstellation – gemäß dem Muster der preziösen Liebe – die bestimmende Kraft. Die außereheliche Liebschaft führt also mit einem Doppelschritt in Richtung weiblicher Emanzipation, da sie sexuelle Selbstbestimmung und Dominanz bedeutet. Kritik an christlichen Glaubenssätzen wird in der *Académie* höchst vorsichtig formuliert. Dafür finden wir

---

5 »En ceci la littérature ›érotique‹ est morale que, très souvent, elle se veut, ou se sait libertaire, ou du moins libératrice«; Etiemble (107).

im fünften der sechs Dialoge zwei Szenen, die die *priestcraft*, die betrügerischen und unsittlichen Machenschaften des Klerus, aufs Heftigste bloßstellen. Am Vorabend ihrer Hochzeit begleitet Octavie ihre Mutter Sempronie zu einer Bußübung, bei der ein alter Priester beide Frauen nacheinander mit heftigen Rutenschlägen auf das nackte Gesäß peinigt. Als er diese Prozedur wenige Tage nach dem Vollzug des heiligen Bundes wiederholt, erlebt Octavie am eigenen Leibe, warum die Mutter sich freiwillig diesen Qualen aussetzt. Gewiß nicht, um sich – wie der Pater behauptet – von ihren Sünden zu reinigen, sondern um nach dieser Tortur – per aspera ad astra – ihre Lust in der Vereinigung mit dem Geliebten in ekzessivem Maße zu steigern, denn sie ist keine Masochistin, die Freude am Schmerz oder der Unterwerfung empfände. Die Szene ist ganz physiologisch und nicht psychologisch aufgebaut: Die Rutenstreiche regen die Durchblutung der Körpermitte so stark an, daß der anschließende Geschlechtsverkehr ein unvergleichlich stärkeres Lustempfinden hervorruft, das Octavie in den Armen ihres Gatten auskostet.

> Il monta sur le lit, défait son haut-de-chausse et, tirant son instrument consolatif, il me le fait prendre à pleine main; je me mets en état, il me trousse et se jette tout d'un coup sur moi. Le croiras-tu, Tullie? à la première secousse, je sentis couler ma semence, mais si abondamment que je te jure que jamais je n'avais goûté un pareil plaisir. En un mot, je déchargeai trois fois dans ce moment, ou plutôt ce ne fut qu'une décharge continuelle, accompagnée d'un chatouillement si doux que je ne puis pas l'exprimer. Ce ne fut pas tout. Car lorsque Pamphile fit son devoir, ne crois pas qu'il éteignit mes feux, non, il les ralluma; et après même qu'il eut fini l'affaire et qu'il se fut retiré de ma partie, le seul attouchement de sa main qu'il y porta pour l'essuyer me fit encore fondre et répandre avec profusion cette divine liqueur dont l'écoulement faisait tout mon plaisir. (529)

> Mit diesen Worten holte er das genannte Glied hervor und bat mich, das anschwellende in die Hand zu nehmen; gleich darauf legte er sich in mein Bett; er hatte seine Hosen heruntergelassen und mich bis zum Gürtel aufgedeckt. Er stürzt sich auf mich, setzt die Lanze an, und beim ersten Stoß strömt ein reichlicher Venusregen aus den Tiefen meines Schoßes hervor. – ›Möge ich sterben, liebste Octavia‹, rief er, ›wenn ich je zuvor eine solche Wonne gekostet habe!‹ Um es kurz zu machen: bei dieser einen Begattung brachte ich nicht weniger als dreimal der Venus ein Sprengopfer, gleichsam

zum Dank für die höchste Wonne, die mir zuteil wurde. Als Pamphile seine Pflicht getan hatte, genügte der Strom, den er ergoß, nicht einmal, um den Brand meiner Wollust zu löschen; er wurde von neuem entfacht. Einzig die Berührung seiner Hand, mit der er mein Gärtlein trocknen wollte, ließ mich erneut schmelzen und viel von jenem göttlichen Naß verströmen, dessen Erguß mein größtes Glück war. (158)[6]

Die Rolle des Priesters hingegen ist äußerst fragwürdig. Er genießt den Anblick der entblößten Hinterbacken und Genitalien und nutzt seine Machtposition schamlos aus, um die Penitentinnen überall zu berühren, zu kneifen und ihnen sogar Schamhaare auszuzupfen, wobei man ihm ein gewisses sadistisches Vergnügen nicht absprechen kann. Bedenklicher noch als sein Verhalten sind die absurden Lehren, die er verbreitet: Er sagt, daß Octaviens Kinder in den Himmel kämen, wenn sie sich nach dem Vollzug der Ehe erneut besagter Prozedur unterziehe. Ein derartiger Unsinn aus dem Munde eines Priesters stellt natürlich den ganzen Kampf der Kirche gegen die Fleischeslust in ein höchst suspektes Licht.

Derartige Schlußfolgerungen müssen die Leser jedoch selber ziehen, und einen der strittigsten Punkte, der bis heute die Christenheit erhitzt, die Empfängnisverhütung, klammert Tullie von vornherein aus, da sie nur verheirateten Frauen sexuelle Freiheiten einräumt. Dies verhält sich, wie bereits der Titel suggeriert, in der *École des Filles* ganz anders. Nicht einmal in den verschiedenen Courtisanengesprächen wurde dieses Thema behandelt, über das sich Suzanne völlig unbekümmert ausläßt. Ihre Methoden sind allerdings mehr als zweifelhaft und abgesehen vom coitus interruptus zur Nachahmung nicht zu empfehlen. Falls dabei etwas schief gehen sollte, habe sie noch im nachhinein Mittelchen auf Lager und schlimmstenfalls könne Frau ein Kind heimlich austragen. Damit spielt Suzanne zum einen die Frage der Geburtenregelung herunter, indem sie die Gefahr einer Befruchtung als minimal bezeichnet; zum anderen schlägt sie Verhaltensmuster wie Empfängnisverhütung, Abtreibung und Kindesaussetzung vor – die in der Antike gängig waren – ob-

---

6 Die deutsche Übersetzung ist so frei, daß ich sie an den französischen Text angleiche und stellenweise nicht übernehmen kann.

wohl die Kirche sie verdammt. An den Praktiken hat sich letztendlich im Christentum nicht allzuviel geändert, wohl aber an ihrer Einschätzung, die zumindest offiziell Suzannes Vorstellungen entgegengesetzt ist. Indessen stellt Jacques Dupâquier in seiner Geschichte der französischen Bevölkerung fest, daß vieles dafür spricht, daß die Zahl der Kinder in den gehobenen Ständen reguliert wurde, und gerade ihnen gehören die Dialogpartnerinnen an. Dies verleiht den Texten eine besondere Sprengkraft, da sich hier nicht mehr Courtisanen unterhalten, sondern Frauen, die aus denselben sozialen Gruppen wie die Leserinnen und Leser entstammen, und sich folglich als Identifikationsmodelle anbieten.

Stilfragen

Gerade in der *Académie des Dames* verweist der hohe Stil, in dem das Buch weitgehend verfaßt ist, darauf, daß Tullie und Octavie der Oberschicht angehören. Wir können auch sprachliche Parallelen zur ›offiziellen‹ Literatur der Zeit erkennen, obwohl es sich bei der französischen Fassung um eine Übersetzung handelt, da das Buch ursprünglich um 1660 auf Latein geschrieben wurde, mit an Sicherheit grenzender Wahrscheinlichkeit von dem Grenobler Rechtsanwalt Nicolas Chorier. Der Originaltitel lautet *Elegantiae latini sermonis Aloisae Sigeae Toletanae Satyra sotadica de arcanis Amoris et Veneris*; es soll sich um das Werk der 1570 verstorbenen spanischen Dichterin und Hofdame Luisa Sigea handeln, das der niederländische Latinist Johannis Mersius in die gelehrte Sprache übertragen habe. Nun war es unter Humanisten, wie wir gesehen haben, nicht unüblich, derartige Texte auf Latein zu verfassen, und solche Übersetzungen gab es tatsächlich; ein Pendant bildet der Usus, in griechischen Lettern festzuhalten, was Autoren oder Verleger als unanständig erachteten. Der Hinweis auf die »Eleganz« des Textes ist vollkommen berechtigt; die Fiktion einer spanischen Autorin entlarvt er aber schnell, da die Handlung in Italien lokalisiert und ein Gedicht in italienischem Kauderwelsch eingestreut ist. Die erste französische Ausgabe im Jahre 1680 verzichtet folgerichtig auf dieses Versteckspiel und benennt das Werk – in Anlehnung an die *École des Filles* – *Académie des Dames*.

Wie vertraut dem Übersetzer die Literatur seiner Zeit war, verdeutlicht bereits der oberflächliche Vergleich mit zwei der berühmtesten Werke, Racines *Phèdre* sowie der *Princesse de Clèves* von Madame de La Fayette. Neben den Parallelen treten auch die Unterschiede zwischen den Texten hervor; der zeitgenössische Leser konnte die *Académie* vor diesem Hintergrund als Abbildung jener Realität verstehen, die von der streng an den Konventionen orientierten ›hohen‹ Literatur sorgsam versteckt wurde. Sowohl die Princesse de Clèves wie auch Tullie werden als »digne«, als »würdig«, bezeichnet, allerdings in Zusammenhängen, die entgegengesetzter kaum sein könnten. Nachdem die Prinzessin ihren Gatten gebeten hat, sich vom Hof entfernen zu dürfen, da sie fürchtet, der Liebe des Duc de Nemours nicht auf Dauer wiederstehen zu können, ist dieser zwar verzweifelt, achtet seine Frau aber um so mehr.[7] Octavie hingegen sagt die Mutter Sempronie bei der Vorbereitung auf die Hochzeitsnacht, daß sie ihres Bräutigams würdig sei; damit bezieht sie sich jedoch nicht auf die Charakterfestigkeit ihrer Tochter, sondern auf deren körperliche Reize, die sie betrachtet, als das Mädchen auf ihr Geheiß die Röcke bis zum Bauchnabel hebt.[8] Diese frivole Verdrehung erhält einen besonders pikanten Beigeschmack, wenn wir bedenken, daß auch die Wertschätzung des Prinzen maßgeblich von der Schönheit seiner Frau beeinflußt wird, als sie in Tränen aufgelöst vor ihm kniet.

Die Liebeserklärungen der Herren in dieser Akademie sind in einem Vokabular verfaßt, das der tragischen Bühne nicht unwürdig wäre. Pamphile erklärt seiner Braut Octavie zu Beginn der Hochzeitsnacht, wie sehr er sich ihr verpflichtet fühle, da sie sich ihm bedingungslos hingibt (»Ah! que je vous ai d'obliga-

---

[7] »Quand elle eut cessé de parler, qu'il jeta les yeux sur elle, qu'il la vit à ses genoux le visage couvert de larmes et d'une beauté si admirable, il pensa mourir de douleur, et l'embrassant en la relevant: ›[…] Vous me paraissez plus digne d'estime et d'admiration que tout ce qu'il y a jamais eu de femmes au monde‹«. (163)

[8] »›Levez votre jupe et votre chemise jusqu'au nombril‹, me dit ma mère. Je lui obéis aussitôt; d'abord qu'elle me vit nue, elle sourit: ›Il faut avouer, Octavie, me dit-elle, que vous êtes digne de Pamphile.‹« (470)

tion«, 472). Der Liebhaber Cléante hingegen behauptet, daß die Gewalt seiner Leidenschaft ihn in der Hoffnung zu der Schönen führe, daß sie Mitleid mit ihm haben möge und droht sogar, zu ihren Füßen sein Leben auszuhauchen (»la violence de ma passion m'a conduit ici, espérant que la belle Octavie aura pitié de moi. [...] divine Octavie, je vais expirer à vos pieds«, 543). Dieser Diskurs steht in flagrantem Gegensatz zu der folgenden Orgie, zeigt aber, daß gewisse Umgangsformen in jeder Lebenslage gewahrt bleiben können. Sogar als Cléante Tullie bittet, seine Hoden zu streicheln, damit er Octavie um so reichlicher benetzen könne, tut er dies mit ausgewählter Höflichkeit.

> Je désire que [...] vous, Tullie, qu'avec votre belle main vous me grattiez doucement la peau de la bourse qui renferme votre trésor. Je ne vous demande cela qu'afin que cette belle enfant soit arrosée avec abondance et puisse goûter à longs traits la douceurs de ce plaisir extatique. (561)

> Ich wünsche mir, daß Ihr, Tullie, mit Eurer schönen Hand mir sanft den Beutel reibt, die Euren Schatz umschließt. Ich bitte Euch nur darum, damit dieses schöne Kind mit Abundanz betaut werde und die Süße dieser ekstatischen Lust in vollen Zügen genießen kann.

Dieser Kontrast zwischen ausgesuchter Höflichkeit und enthemmter Sinnlichkeit erzeugt zum einen eine reizvolle Spannung; andererseits vermittelt er den Eindruck, daß wir es hier nicht mit zügellosen Individuen, sondern mit Damen und Herren der besten Gesellschaft zu tun haben, die durchaus wissen, was sie sich schuldig sind. Dem gemäß predigt Tullie, daß eine Frau peinlich auf ihren Ruf achten und sich nach außen hin den Anschein strengster Sittsamkeit geben muß. Damit suggeriert der Text, daß er keine Ausnahmesituation schildert. Vielmehr entlarvt er eine Gesellschaft, die ihr wahres Gesicht hinter einer Maske der Wohlanständigkeit verbirgt. Daß der Schein trügt, verschweigt nicht einmal Madame de La Fayette in ihrem idealisierten Portrait der höfischen Gesellschaft. »Si vous jugez sur les apparences en ce lieu-ci [...] vous serez souvent trompée: ce qui paraît n'est presque jamais la vérité« (44). Zwar bezieht sich diese Äußerung primär auf die politischen Ränke, aber schließlich beginnt der Roman mit der Feststellung, daß man an noch keinem anderen Hofe so viel »galanterie« gesehen habe, und eben diese »galanterie« bestimmt die weitere Handlung. Wenn wir unterstellen, daß nicht alle Damen den Avancen ihrer Liebhaber so tapfer widerstanden wie Madame de Clèves, dann können wir die *Académie des Dames* als einen Blick hinter die Kulissen lesen, der uns zeigt, was die ›offizielle‹ Literatur verschweigt.

Die Bezeichnung der Genitalien ist dem Stil des Romans angemessen. Lediglich zur Begriffsklärung werden obszöne Vokabeln verwendet, in der Konversation hingegen preziöse Umschreibungen wie in obenstehendem Zitat. Nachdem Tullie Octavie einmal erklärt hat, was Sperma ist, wird nur noch von himmlischem Tau oder göttlicher Ambrosia gesprochen (»céleste rosée«, »divine ambroise«). Die Sexualmetaphorik ist weitgehend dem Kriegswesen entnommen: Auf dem Schlachtfeld der Lust werden Attacken geritten und Festungen gestürmt. Das Begehren hingegen kommt in einer Sprache zu Ausdruck, die dem Liebesdiskurs der klassischen Tragödie weitgehend entspricht. Octavie gesteht ihrer Cousine, daß ihr Verlobter sie schon vor der Hochzeit ein erstes Mal geküßt hat und beschreibt ihre Reaktion: »je fus saisie d'une certaine chaleur imprévue qui me mit toute en feu, toutes les parties de mon corps en furent animées« (406; »Ich wurde völlig von einer ungeahnten Hitze ergriffen, die ein Feuer in mir entfachte, das alle Teile meines Körpers belebte«). Dies erinnert stark an die Worte, in denen Phädra den Effekt ihrer ersten Begegnung mit Hyppolyte schildert: »Je sentis tout mon corps et transir et brûler. / Je reconnus Vénus et ses feux redoutables« (»Ich fühlte meinen ganzen Körper erfrieren und verbrennen. / Ich erkannte Venus und ihr schreckliches Feuer«, I,3,276f). Sie leugnet also keineswegs, daß sie sich körperlich zu ihrem Stiefsohn hingezogen fühlt; allerdings bekämpft sie die Liebe als eine Schwäche, ganz wie Racine dies in seiner Einleitung fordert. Der Kampf geht aber über ihre Kräfte, so daß sie aus unerfüllter Leidenschaft bereits auf der Schwelle zum Tode steht, als die Handlung beginnt. Ihrem Siechtum sowie dem frühen Tod der Princesse de Clèves, die sich einer Verbindung mit dem Geliebten verweigert, stellt Tullie eine eigenwillige und rein physiologische Erklärung für die Krankheit vieler Mädchen entgegen:

Il y a beaucoup de filles qui tombent dans de dangereuses maladies, dont elles ne peuvent être guéries que par des remèdes qui les provoquent à l'expulsion de la semence qui croupit dans leurs reins. (587)

Es gibt viele Mädchen, die schwere Krankheiten bekommen, von denen sie nur durch Mittel geheilt werden können, die den Ausstoß des Samens provozieren, der in ihren Lenden vermodert.

Sie übernimmt die aus der Antike überlieferten Vorstellung, daß das Vaginalsekret, das Frauen während des Orgasmus in verstärktem Maße absondern, der männlichen Samenflüssigkeit entspricht, zur Befruchtung notwendig ist (vgl. Flandrin 131ff) und regelmäßig vom Körper produziert wird, so daß die Entleerung zur medizinischen Notwendigkeit gerät. Welches Heilmittel sie bei derartigen Krankheiten vorschlägt, bleibt der Phantasie des Lesers überlassen. Klar ist jedenfalls, daß die Beeinträchtigung der Gesundheit durch Liebesschmerz hier nicht auf seelische Ursachen zurückgeführt wird. Ausschließlich der Körper löst solche Leiden aus. Der regelmäßige Geschlechtsverkehr, ja mehr noch, die regelmäßige Befriedigung sind – so die Lehre – lebensnotwendig, da sie allein die Lenden von den angestauten Sekreten befreit. Die pathologischen Erscheinungen, die unerfüllte Liebe hervorruft, sind rein physischer Natur, was exakt der im Text vorgestellten Form des Liebesglücks entspricht, die über die organische Vereinigung kaum hinaus geht. Die psychologische Dimension wird fast gänzlich ausgeblendet, wohingegen Madame de Clèves und Phädra an ihren Gewissenqualen nicht weniger schwer zu tragen haben als an ihrer unglücklichen Liebe.

Doch alle Psychologie, alle hehren Gefühle werden von Suzanne in der *École des Filles* als Chimäre enthüllt, als Selbstbetrug, der die wahren, d. h. körperlichen Bedürfnisse veredeln soll. Die wesentliche Ursache der Liebe, »c'est le plaisir du corps« (254), ohne das es nach Meinung Suzannes gar keine Liebe gäbe. Die meisten Mädchen wissen aber nicht, warum sie eigentlich lieben, »da an der Liebe genau das fein und wunderbar ist, daß sie uns nicht an das Reiten denken läßt, obwohl es ihr einziger Zweck ist« (»l'amour a cela de fin et de merveilleux qu'il ne fait pas penser à chevaucher, et cependant c'est sa seule fin«, 256). Jegliche Sublimierung der Libido wird zwei Jahrhunderte vor Freud als solche erkannt, denn die Mädchen müssen zugeben, »daß diese körperliche und gemeine Paarung das Feuer ist, das sie beseelt und daß es die Quelle und das Ziel all dieser geistigen und erhabenen Gedanken und Vorstellungen von Liebe ist« (»que cet accouplement charnel et grossier est le feu qui les anime et qu'il est la source et la fin de toutes ces belles pensées et imaginations d'amour spirituelles et élevées«, 256). Indem Suzanne die Sublimierung als Maske profaner Triebe diskreditiert, spricht sie ihr jeden Nutzen ab; solange nach außen hin die Konventionen gewahrt bleiben, sieht sie keinerlei Grund dafür, sich diskrete Genüsse zu versagen. Damit spricht sie aus, was in der *Académie* im höflichen Diskurs der Kombattanten indirekt zum Ausdruck kommt, daß nämlich hinter der Fassade der Sittlichkeit alle von den gleichen Regungen erfaßt werden. Es ist folglich nur vernünftig und gesund, sie nicht in ihrer Entfaltung zu hemmen, wobei die Texte suggerieren, daß dies sogar der gängigen Praxis widerspräche.

Beide Texte, vor allem aber die *Académie des Dames*, stehen in einem faszinierenden Spannungsverhältnis zur allgemein anerkannten Literatur der Zeit. Einerseits zeigen sie, was sonst verschwiegen oder sogar massiv bekämpft wird; andererseits verbindet ihre Protagonisten vieles mit den Figuren, denen wir auf der Bühne und im Roman begegnen. Obwohl beide Dialoge in eindeutiger Opposition zu bestimmten vorherrschenden Mustern stehen, sind sie doch weit entfernt von der *contre-textualité* der *Ragionamenti*. Statt zweier Prostituierter unterhalten sich hier Frauen, die sich ihrer gesellschaftlichen Stellung nur zu bewußt sind, die Konventionen äußerlich respektieren, sich andererseits privat und diskret amüsieren. Nichts erinnert an das Pandämonium der Klosterorgien oder an die Megären der *Vita delle maritate*. Während Aretino beim Blick hinter die Klostermauern unbeschwert von der Sorge um eine realistische Gestaltung des Sujets in der ihm eigenen bildreichen Sprache fabuliert, vergegenwärtigen die distinguierten Umgangsformen von Tullie, Octavie und ihren Liebhabern, daß diese Figuren zwar gewisse moralische Regeln verletzen, aber selbst in ihrer Lust noch die äußere Form wahren, ganz wie der tragische Held in seinem Schmerz. Dieses ambivalente Verhältnis zu den Werken, die mit königlichem Privileg gedruckt wurden, erhält seinen besonderen Reiz dadurch, daß beide Dialoge – die *Académie des Dames* und die *École des Filles* – auf je eigene Art suggerieren, was hinter dem Pathos literarischer Liebesschwüre und unter dem Mantel gesellschaftlicher Konventionen tatsächlich steckt. Zumindest in diesem Punkt sind auch Crébillon und Laclos Schüler von Nicolas Chorier.

Die *Académie des Dames*, die Alexandrian zurecht als »premier chef-d'œuvre de l'érotisme littéraire en France« (138) bezeichnet, nimmt damit gattungsgeschichtlich einen besonderen Rang ein. Durch ihren Inhalt zweifellos ein *contre-texte*, steht sie andererseits bereits in einer literarischen Tradition und weist deutliche Parallelen zur ›offiziellen‹ Produktion ihrer Zeit auf. Es ist nichts weniger als erstaunlich, daß dieses Werk das gesamte 18. Jahrhundert hindurch ein Bestseller blieb und bis heute immer wieder, auch in deutscher Übersetzung, aufgelegt wird.

Erregende Augenblicke

Wie wir bereits gesehen haben, ist der Voyeurismus ein zentrales Element des erregenden Textes. Er bildet gleichsam eine Verbindung zu den Werken anderer Gattungen, sofern sie von Liebe handeln. In der Formulierung der ›Liebe auf den ersten Blick‹ steckt bis heute die über Jahrtausende gültige Vorstellung, daß die visuelle Wahrnehmung genügt, um Zuneigung zu einem anderen Menschen zu erzeugen, daß der gegenseitige Blick in die Augen zu einem Austausch mit schwerwiegenden Folgen führen kann. So genügte es Petrarca, Laura einmal beim Kirchgang zu erspähen, um sie über ihren Tod hinaus anzubeten. Ohne ein Wort mit ihr gewechselt zu haben, entbrennt der Prince de Clèves in einer extraordinären Passion zu seiner späteren Gemahlin, als er ihr zufällig beim Juwelier begegnet. Auch Phädra reagiert direkt auf den Anblick von Hyppolytos: »Je le vis, je rougis, je pâlis à sa vue« (»Ich sah ihn, errötete, erblaßte bei seinem Anblick«, I,3,273). Folgerichtig versuchen sie und Madame de Clèves, die Objekte ihrer illegitimen Begierde aus ihrem Sichtfeld zu verbannen. Der ›Augenschmaus‹ kann also Leidenschaft entzünden, schüren und den Liebenden einen gewissen Genuß bereiten.

Den hochwohlgeborenen Damen des französischen Hofes ist die Schaulust nicht unbekannt. Beinahe anzüglich klingen die Worte, mit denen die Schwester des Königs die Angebetete dem Prince de Clèves präsentiert: »Voyez si je ne vous tiens pas ma parole et si, en vous montrant Mlle de Chartes, je ne vous fais pas voir cette beauté que vous cherchiez« (19; »Sehen sie, ob ich ihnen nicht Wort halte und ob ich sie, indem ich ihnen Mademoiselle de Chartes zeige, nicht diese Schönheit sehen lasse, die sie suchten«). In den beiden Dialogen wird die Schaulust auf einer ganz anderen Ebene genossen. Von allen Seiten und in möglichst aufreizenden Posen soll die Geliebte ihren Körper darbieten. In der *École des Filles* verstreut Suzannes Freund hundert Rosenblüten, die er sie vor seinen Augen im Evaskostüm aufheben läßt. In der *Académie* bewundern die Frauen untereinander die Schönheit ihrer Körper. Tullie kniet sich sogar als anatomisches Modell vor ihre Cousine. Die Intimität der beiden trägt zweifellos entscheidend zum Charme des Romans bei, dessen erregendes Potential Nicolas Chorier meisterhaft gestaltet hat. Die sechs Dialoge bieten immer stärkere Stimuli für den Leser sowie für die zunächst unschuldige Octavie. Im ersten, kurzen Gespräch wird sie von Tullie begrüßt, die sie vor ihrer Hochzeit in die Geheimnisse der Ehe einweisen soll. Schnell findet die erfahrene Frau heraus, daß ihr naives Cousinchen doch nicht völlig unerfahren und vor allem recht temperamentvoll ist. Daraufhin wagt sie eine Liebeserklärung, kaum daß die beiden im Bett liegen, um die Nacht miteinander zu verbringen. In diesen Unterhaltungen spielt die Liebe also die verschiedensten Rollen. Zum einen findet die rein technische Aufklärung statt: Die verschiedenen Körperteile und ihre Funktion werden erklärt. Dann berichten sich die Cousinen von ihren Erlebnissen, was die theoretischen Ausführungen plastisch illustriert, aber gleichzeitig die Zuhörerin in höchste Erregung versetzt.

Tullie. – Ah! de grâce, ma mignonne! ma chère enfant, soulage un peu ta pauvre Tullie: prête-moi ta main.

Octavie. – Je te la donne tout à fait. Que veux tu faire?

Tullie. – Mets-la, je te prie, dans cet endroit qui est tout en feu, pousse ton doigt au dedans le plus avant que tu pourras. Sers-moi de mari, ma chère Octavie, monte sur moi et par tes secousses, tâche d'éteindre ce feu que tu as *excité par ton discours*. Bon, voilà qui est bien; secoue maintenant pendant que je te tiens embrassée. Ah! comme nos deux parties sont jointes l'une à l'autre! ah! que tu me plais de cette manière! encore plus fort! ah! c'est à ce coup que je n'en puis plus, je n'en puis plus, je coule, je coule. Ah! Cléante! poussez, poussez! je décharge, ah! ah! ... (466; Hervorh. von mir, C.F.)

Tullia: Ich bin von Sinnen, meine Wachtel, mein Turteltäubchen. Ach, ach – leih mir deine Hand.

Octavia: Ich leihe sie dir nicht, ich gebe sie dir zu eigen. Was willst du denn damit?

Tullia: Stecke sie zwischen meine Schenkel, flach ausgebreitet, bedecke damit die Zitadelle der Venus, erstürme die Festung, in der der innere Krieg tobt. Stecke deinen Finger so weit hinein wie du kannst. Sei mein Gatte, teure Ocatvia, steig auf mich hinauf und versuche mit deinen Stößen das Feuer zu löschen, das du mit deinen Reden entfacht hast. Ja, so ist es gut; stoße jetzt, während ich dich festhalte. Ah! wie sich unsere beiden Teile miteinander vereinigen! ah! wie sehr gefällst du mir so! kräftiger! Ah! ich vergehe, ich zerfließe, ich zerfließe! Ah! Cléante! stoße, stoße! ich berste, ah! ah! ... (84)

Die Lust ist nicht nur Thema der Erzählungen; sie unterbricht diese auch, wenn die Cousinen sich ihr praktisch widmen. Dabei werden die Sinnesfreuden wieder zum Thema, indem sie sich sagen, was sie gerade tun oder empfinden. (Abb. S. 200) Chorier läßt alle notwendigen Beschreibungen kunstvoll in den Dialog einfließen, so daß die Szene wie auf dem Theater abläuft und in der Phantasie des Lesers, der sich exakt in der Position des Zuschauers befindet, die gewünschte Reaktionen hervorrufen kann. Der Anblick, der ihm verwehrt bleibt, spiegelt sich in den Worten der Frauen, die sich gegenseitig an ihren Reizen begeistern; illustrierte Ausgaben sorgen darüber hinaus für visuelle Stimuli.

Es ist faszinierend, wie sich der Text auf all diesen Ebenen sukzessiv steigert: Genau in dem Maße, in dem Octavie ihre Unschuld verliert, wagt sich Tullie immer weiter in ihren Erzählungen wie in ihren Handgreiflichkeiten vor. Erst nachdem auch Octavie verheiratet ist, bittet Tullie, daß sie sich auf sie legen und ihr als Gatte dienen möge. In der folgenden Ekstase entfährt ihr der Name ihres Geliebten, Cléante, was zu einer diesbezüglichen Offenbarung führt. Nachdem also die Cousi-

L'Age d'or

*Dieser anonyme Kupferstich stammt aus einer Ausgabe
des* Dom Bougre *von 1786; eine ungeschicktere Wiedergabe
desselben Motivs finden wir bereits in einer Edition der* Académie
des Dames *von ca. 1691.*

nen keine Schranken im gemeinsamen Umgang mehr kennen und Octavie alle Details ihrer Hochzeitsnacht – nicht ohne die zitierten Folgen – zum besten gegeben hat, offenbart Tullie ihr den Lebenswandel ihrer Mutter Sempronie. Octavie erfährt, daß selbst die von ihr respektierten Autoritäten hinter der Fassade des Anstands ihren Lüsten frönen, Sittenstrenge heucheln und von den anderen fordern, selbst aber für die Erfüllung ihres Begehrens leben. Damit ist die junge Frau endgültig für die Sternstunden des sechsten »Entretien académique« gerüstet und bereit, Tullies libertine Moral der Scheinheiligkeit zu übernehmen. Hier nun wird die gelehrige Schülerin gleich mit zwei Männern konfrontiert, was mit ein wenig Ziererei und viel Vergnügen abläuft, doch selbst der Höhepunkt wird sorgfältig entwickelt. Entgegen der Verabredung kommt Cléante zunächst allein, so daß die Schamschwelle für Octavie nicht zu hoch ist. Während er nach der ersten Runde Verstärkung holt, berichtet Tullie, wie sie sich vier Männern gleichzeitig hingegeben hat. Den krönenden Abschluß der Geschichte hält sie jedoch zurück, bis auch ihre Cousine die Wollust in den Armen von wenigstens zwei Liebhabern genossen hat, wobei Tullie assistiert.

> Tullie. – Il faut assaisonner le plaisir de Vénus en tant de façons que le dernier que nous prenons nous en fasse toujours goûter de nouveaux.
>
> Octavie. – Ah dieux! comme Médor bande! veut-il m'attaquer derechef quoique je sois vaincue? quelle gloire pourra-t-il tirer de sa victoire? Et toi, Tullie, je ne sais pas ce que tu appelles assaisonner le plaisir de diverses façons; pour moi, je n'y ai jamais vu faire qu'une façon.
>
> Tullie. – Je m'en vais te l'apprendre. Remarque bien comme j'élève mes fesses en courbant le reste de mon corps; mets-toi maintenant à la renverse sur moi de manière que nos dos soient l'un contre l'autre et que nos fesses soient aussi jointes ensemble; de plus, ouvre un peu les cuisses et appuie tes pieds sur le lit afin de me soulager de la pesanteur du fardeau.
>
> [...]
>
> Médor. – Je vous soulagerai, Tullie, tant que mes forces le permettront. O posture luxurieuse! ah! je n'y puis plus résister! et la vue de tant de beautés me met déjà tout en feu.
>
> Octavie. – Ah! Médor, mon cher Médor! que n'entrez-vous? la porte est ouverte, vous ferez vos compliments au dedans. Bon, voilà qui est bien; vous m'avez déjà soulagée d'une étrange démangeaison que je sentais dans les reins.
>
> Tullie. – Remue les fesses, Octavie, comme moi; donne-leur la même cadence; fort bien. Ah! que ton derrière est chaud! tu m'excites à la décharge!
>
> Médor. – Courage, continuez, mes déesses; ah! vous me comblez de plaisir. Je n'en puis plus! je vais rendre l'âme!
>
> Tullie. – Pousse les fesses en haut, Octavie, et réponds par ce mouvement à mes agitations et aux secousses de Médor.

Octavie. – Tullie! ah! Tullie! ah! Médor! vous me mettez en fureur, je ne puis m'empêcher de crier. Le moyen de me contenir! je sens … ah! je sens couler, ah! ah! couler une pluie.

Tullie. – Une pluie?

Octavie. – Oui, une pluie que Danaé préférerait à la pluie d'or de son Jupiter. Continue, Tullie. (562f)

Tullia: Man muß die Freuden der Venus so mannigfaltig würzen, daß die letzte, die wir kosten, uns jeweils neue eröffnet.

Octavia: Oh Gott! wie er Medor steht. Will er mich schon wieder attackieren, obwohl ich schon besiegt bin? welchen Ruhm könnte ihm dieser Sieg bringen? Und du, Tullia, ich verstehe nicht, was du damit meinst, die Freuden auf verschiedene Art zu würzen; ich für meinen Teil habe nie mehr als eine Art gesehen.

Tullia: Das bring ich dir schon bei. Schau wie ich die Pobacken hebe, indem ich den Rest meines Körpers hinabbeuge. Leg dich jetzt umgekehrt auf mich, so daß unsere Rücken aufeinander liegen und unsere Pobacken zusammenkommen; außerdem öffne die Schenkel ein wenig und stütze deine Füße auf dem Bett ab, damit du mich vom Gewicht dieser Bürde entlastest.

[…]

Medor: Ich werde Euch entlasten, Tullia, soweit meine Kräfte es gestatten. Oh wollüstige Stellung! ah! ich kann ihr nicht länger widerstehen! und der Anblick von soviel Schönheit entzündet mich schon ganz und gar.

Octavia: Ah! Medor, mein lieber Medor! warum dringt Ihr nicht ein? Die Tür steht offen, macht Eure Komplimente, wenn ihr drinnen seid. Ja, so ist es gut; Ihr habt mich bereits von einem seltsamen Jukken befreit, das ich in den Lenden spürte.

Tullia: Octavia, bewg den Po wie ich, im gleichen Rhythmus, sehr gut. Ah! wie heiß dein Hintern ist! du erregst mich aufs Äußerste!

Medor: Nur weiter, weiter, meine Göttinen; ah! Ihr macht mich überglücklich. Ich kann nicht mehr! ich werde meine Seele aushauchen!

Tullia: Drück die Pobacken hoch, Octavia, und erwidere mit dieser Bewegung meine Zuckungen und Medors Stöße.

> Octavia: Tullie! ah! Tullie! ah! Médor! Ihr treibt mich zum Wahnsinn, ich kann nicht umhin zu schreien. Wie soll ich mich zurückhalten? ich fühle ah! ich fühle, ah! es strömt ... es strömt ein Regen.
>
> Tullia: Ein Regen?
>
> Octavia: Ja, ein Regen, den Danaë dem Goldregen ihres Jupiters vorgezogen hätte.

In dieser Szene finden wir eine Vielzahl von Details, die für den Text typisch sind. Die Hitze des Gefechts hindert Médor nicht im geringsten, den Damen ehrerbietige Komplimente zu unterbreiten und sie als Göttinnen zu bezeichnen; Octavie kommen zwischen zwei Orgasmen mythologische Anspielungen leicht über die Lippen, um ihrem Vergnügen einen stilvollen Ausdruck zu verleihen. Während des Höhepunkts selbst versagt ihr die Sprache. Wie schon in den *Ragionamenti* gibt eine Reihe von Ausrufen und Auslassungspünktchen die äußerste Erregung wieder, was Hinweise auf körperliche Reaktionen unterstützen (»je sens couler ... une pluie«). Außerdem erfahren wir aus den Dialogen, wie die Körper gruppiert sind, wozu Chorier verschiedene Gesprächssituationen nutzt. Entweder sagt eine Figur, wie sie sich drapiert oder sie beschreibt die Haltung einer anderen, indem sie diese anordnet oder bewundert. Die Regie übernimmt hier wie im gesamten Buch Tullie, wohingegen Octavies Unschuld bis zuletzt in einem reizenden Kontrast zu ihrer ausgeprägten Libido steht. Die Unersättlichkeit respektive die unbegrenzte Potenz sind stereotype Ingredienzien des erregenden Textes, da sie den schrankenlosen Lustgewinn erheblich befördern. Die Lust des Lesers reizen die geschickt eingeflochtenen voyeuristischen Elemente. Immer wieder stimuliert der Anblick der nackten Körper, der entblößten Vulva und des erigierten Penis die Kombattanten, so daß der Leser bei der Vorstellung dieser Bilder Ähnliches empfinden kann. Das von Tullie gepredigte *variatio delectat* läßt zu recht darauf schließen, daß es auf den folgenden Seiten praktiziert und der Phantasie reichhaltige Nahrung zuteil wird.

Die Geheimnisse des Theaters

Von Choriers perfekt auf das Publikum zugeschnittenem Roman bis zum erotischen Theater ist es nur ein kleiner Schritt. Wenn man Ausschnitte aus seinem Dialog auf die Bühne bringen wollte, bestünde das größte Hindernis wahrscheinlich darin, Akteure zu finden, die sich den körperlichen Anforderungen gewachsen fühlen. Dies, so lesen wir im Vorwort der *Plaisirs du Cloître*, soll auch der Grund dafür gewesen sein, daß das Stück zumindest bis zu seiner Drucklegung im Jahre 1773 nicht zur Aufführung kam;. niemand habe sich zugetraut, eine der beiden männlichen Rollen zu übernehmen: »Ceux de Clitandre et du Jésuite demandaient des acteurs d'une certaine force, et personne n'osa s'en charger.« (245) Ob später mutigere Herren die Aufgabe zu erfüllen versuchten, wissen wir leider nicht. Überhaupt macht das französische Geheimtheater des 18. Jahrhunderts seinem Namen alle Ehre. Es sind zwar einige Stücke überliefert, und es gab private Bühnen in den *petites maisons*, den Lusthäusern des Adels; zur tatsächlichen Aufführungspraxis ist aber so gut wie nichts überliefert. Für den reichen Libertin dürfte es nicht allzuschwer gewesen sein, einem Koitus visuell beizuwohnen. So mancher Diener wird die Aufgabe gern übernommen haben, wenn sein Herr ihm ein hübsches Mädchen zu diesem Zwecke zur Verfügung stellte. Schon einige Zeit vor dem Marquis de Sade haben Autoren diese Konstellation in ihren Werken verewigt, so Sades provenzalischer Landsmann, der Marquis d'Argens, in *Thérèse philosophe*. Es ist nicht unwahrscheinlich, daß ähnliche Spektakel in den ›Tempeln der Lust‹ stattfanden. Erwähnt wird jedoch nur ein einziges Beispiel, die Aufführung des Ballets *L'Art de foutre ou Paris foutant* am 1. Januar 1741 im Etablissement der Madame Lacroix, die durch ihre Folgen in die Akten und somit in die Geschichte einging. Im Gegensatz zur Handlung des Stücks wurde die Aufführung nicht durch den Auftritt der Polizei beendet, die erst nach dem Druck dieses Opusculums aktiv wurde.

Die meisten der 14 Stücke, die Jean-Jacques Pauvert 1993 in dem Band *Théâtre érotique français du XVIIIe siècle* herausgegeben hat, sind sehr kurze Einakter. Dienten sie vielleicht nur als Grundstruktur, die durch gewagte Einlagen auf abendfüllende

Länge gebracht wurden? Nach der Lektüre der Texte, die mit Sicherheit gespielt wurde, müssen wir dem widersprechen. Ende 1736 gab der Duc de la Vallière, Großneffe der Geliebten des Sonnenkönigs, bei Charles Collé ein Stück in Auftrag, das er am Karfreitag! des folgenden Jahres auf seinem Schloß in Champs – das übrigens Stephen Frears als Kulisse für die Verfilmung der *Liaisons dangereuses* diente – zeigen wollte und wohl auch zeigte. Jedenfalls gibt es in diesem Einakter nichts zu sehen, was die *bienséance* verletzt, da der impotente König hinter den Kulissen zu einem Thronfolger kommt, wo der Rivale nach vollbrachter Zeugung umgehend aus der Welt geschafft wird. Selbst die Sprache der Alexandriner ist dezent. Dies trifft auch für *Le Tempérament* zu, eines von mehreren Stücken, die der Schauspieler Grandval der jüngere für seine Kollegin und Geliebte, Mademoiselle Dumesnil, schrieb, die ihrerseits ein Privattheater unterhielt. Hier geht es um die Impotenz des frischvermählten Königs von Ägypten, die der Fluch des intriganten Oberpriesters des Priapos, Impias, verschuldet hat. Dessen hinterhältige Machenschaften können jedoch entlarvt werden, so daß alles zu einem guten Ende findet.

In *La Nouvelle Messaline* legt Granval seiner Wortwahl keine Beschränkungen mehr auf: »J'appelle un vit un vit, je nomme un con un con« (223) kündigt der Autor nicht zu unrecht an; allerdings werden die wilden Ausschweifungen der Protagonistin auf der Bühne nur erzählt, nicht aber dargestellt. Interessant ist diese »tragédie en un acte« aus einem anderen Grund: Wenn Messalina ihren Vater bei seiner Heimkehr begrüßt, verwendet sie fast dieselben Worte, mit denen Phädra sich an ihren zuvor totgeglaubten Gatten Theseus wendet, nachdem sie erfolglos versucht hatte, dessen Sohn Hyppolytos zu verführen.

MESSALINE.   Arrêtez, Couillanus:
Tous vos empressements sont pour moi superflus;
Vous êtes offensé; la fortune maligne
N'a pas, en votre absence, épargné Messaline;
Indigne de vous voir et de vous approcher,
Je ne dois désormais songer qu'à me cacher. (233)

PHEDRE.   Arrêtez, Thésée,
Et ne profanez point des transports si charmants.
Je ne mérite plus ces doux empressements.

> Vous êtes offensé. La fortune jalouse
> N'a pas en votre absence épargné votre épouse.
> Indigne de vous plaire et de vous approcher,
> Je ne dois désormais songer qu'à me cacher.
>
> PHÄDRA.   Theseus, haltet ein,
> Und entweiht nicht ein so bezauberndes Gefühl.
> Ich verdiene Eure liebevolle Zuneigung nicht länger;
> Euch ist Schmach zugefügt worden. Das mißgünstige Geschick
> Hat Eure Gemahlin während Eures Fernseins nicht verschont.
> Unwürdig bin ich, Euch zu gefallen und Euch zu nahen,
> Von nun an muß ich nur darauf sinnen, mich zu verbergen.
> (III,4,914ff)

Dieser Vorgang ist kein Einzelfall, sondern typisch für das Genre, was seine *contre-textualité* betont. *Caquire*, eine zotige *tragédie en cinq actes*, nennt sich schon im Untertitel *Parodie de Zaïre*, eine der erfolgreichsten Tragödien Voltaires.

Eine Parodie des *Cid* finden wir in der dritten der fünf extrem kurzen Szenen des Comtesse d'Olonne (um 1738) von Grandval d. Ä. Zu Beginn verflucht der Geist eines verstorbenen Liebhabers die maßlose Comtesse.

> Infâme, m'a-t-il dit d'une voix effroyable,
> Je viens te reprocher ta vie abominable;
> Ingrate, as-tu si tôt perdu le souvenir
> De l'estime où mon feu pouvait te maintenir?
> Dans le nombre des morts je n'étais pas encore,
> Quand tu m'associas Marcelin et Bigdore,
> Chrysante, Castellor, l'Aventurier, l'Abbé;
> Le reste ne vaut pas l'honneur d'être nommé.
> Que tu m'as fait souffrir! mais mon plus grand supplice
> Fut de voir quels amants étaient à ton service;
> Que, sans discrétion et sans cacher ton feu,
> Tu fis de plus en plus à tout venant beau jeu.
> Va, ton abaissement fait honte à ma mémoire;
> Ma passion à part, il y va de ma gloire!
> Les dieux, pour t'accabler de malheurs infinis,
> Vont t'élargir le con, et raccourcir les vits;
> Les plus jeunes fouteurs auront mille faiblesses;
> Toujours à contre-temps tu lèveras les fesses,
> Et tes amants, contraints par une dure loi,
> Au milieu du coït s'endormiront sur toi. (102)

Ehrlose, sagte er mir mit entsetzlicher Stimme.
ich komme, um dir dein abscheuliches Leben vorzuwerfen.
Undankbare, hast du so schnell die Erinnerung verloren
an die Wertschätzung, in der mein Feuer dich halten konnte?
Zu der Zahl der Toten gehörte ich noch nicht,
als du mir beiordnetest Marcelin und Bigdore,
Chrysante, Castellor, den Abenteurer, den Abbé;
der Rest ist nicht die Ehre wert, genannt zu werden.
Was hast du mich leiden lassen! aber meine größte Strafe
war es zu sehen, welche Liebhaber dir zu Diensten waren;
daß du, ohne Rücksicht und ohne dein Feuer zu verbergen,
immer mehr mit jedem Dahergelaufenen schöne Spiele triebst.
Geh, deine Erniedrigung gereicht meinem Gedächtnis zur Schande,
abgesehen von meiner Leidenschaft geht es um meine Ehre!
Um dich mit unendlichem Unglück zu überhäufen,
werden die Götter dir die Möse weiten und die Schwänze verkürzen;
die jüngsten Ficker werden tausend Schwächen haben;
stets zu Unzeit wirst du die Pobacken heben,
und deine Liebhaber, gezwungen durch ein hartes Gesetz,
werden mitten im Koitus auf dir einschlafen.

Neben ihrer Komik liefert diese Szene auch einen Beweis dafür, daß Voltaires Lob des bis dahin in Frankreich unbekannten Shakespeare im 18. der *Lettres philosophiques* selbst dort aufgenommen wurde, wo er es wahrscheinlich am wenigsten vermutet hätte. Schließlich hatte Voltaire den Auftritt des Geistes von Hamlets Vater als gelungenen Bühnencoup hervorgehoben, der ihn begeisterte, obwohl er gegen die französische Regelpoetik verstieß. Er war so sehr von der Wirkung dieser Szene eingenommen, daß er 1748 in *Semiramis* den Schatten des verstorbenen Gatten der Titelheldin auftreten ließ – in der festen Überzeugung, der erste zu sein, der einen Geist auf die französische Bühne brachte.[9] Anders als für Semiramis hat der Besuch des Toten für die Comtesse letztendlich keine fatalen Folgen, da ihr Liebhaber sich ihr am Ende der Miniatur schlicht und einfach von hinten nähert und so den Fluch umgeht. Ob diese und ähnliche Szenen tatsächlich praktiziert oder nur angedeutet wurden, darüber können wir nur mutmaßen.

---

9 Darin hatte er insofern recht, als die Princesse d'Olonne den Schatten ihres verblichenen Geliebten lediglich vor ihrem geistigen Auge sieht, zu ihm spricht und anschließend seine Worte wiedergibt.

In *L'Esprit des Mœurs* hätte die realistische Umsetzung die Akteure fraglos überfordert. Die Marquise de Palmarèze empfängt im Lusthaus eines Gerichtspräsidenten, der sein Lebtag kein juristisches Buch gelesen hat, nacheinander einen Oberst der Schweizergarde, eine Freundin und einen italienischen Grafen, mit denen sie den entsprechenden Vergnügungen nachgeht, nachdem bereits vier Männer sie vor dem Einsetzen der Handlung besucht hatten. Im zweiten Akt kommt dann der Präsident mit Freunden und drei Freudenmädchen. Die Marquise muß *nolens volens* an der Orgie partizipieren, die durch die Ankunft des Marquis, der die ganze Gesellschaft festnehmen läßt, ein abruptes Ende findet. Stücke wie dieses haben immer wieder zu der Vermutung geführt, daß auf den Bühnen der *petites maisons* die wildesten Ausschweifungen inszeniert wurden. Dies können wir natürlich nicht ausschließen; wenn wir aber *L'Esprit des Mœurs* genauer betrachten, finden wir deutliche Hinweise darauf, daß dieses Stück – genau wie *Les Plaisirs du Cloître* – für die Lektüre bestimmt ist. Bereits die Liste der Figuren ist ein Indiz, da uns diese, genau wie in der Exposition erzählender Texte, seitenlang vorgestellt werden, wobei wir vieles erfahren, was für einen Regisseur ohne Belang ist. Dasselbe gilt für einige der Regieanweisungen, die offensichtlich auf die Phantasie eines Lesers abgestimmt sind. Als die Marquise nach der Begegnung mit dem schneidigen Offizier ihr Mädchen ruft, erfahren wir aus dem in Klammern hinzugefügten Text (302), daß die Kombattanten dringend eines Bades bedürfen. Dieser Zusatz wäre völlig überflüssig, wenn wir uns auf der Bühne von dieser Notwendigkeit hätten überzeugen können. Besonders deutlich wird dieses Verfahren während der Orgie, als der Vicomte sich Églante nicht mit dem nötigen Elan nähert.

> LE VICOMTE (*il est un peu embarrassé, et l'on se doute pourquoi; aussi sa réponse n'est-elle pas d'un homme qui a l'esprit du moment*)
> Non … je ne vous hais pas. (*Ce qui veut dire: Vous me prenez au dépourvu; je ne puis vous aimer encore: attendez un moment. Églante, accoutumée à interpréter de pareils discours, pour hâter l'instant décisif, lui fait les plus irritantes caresses.*) (342)

DER GRAF (*er ist ein wenig verlegen, und man ahnt weshalb; deshalb ist seine Antwort nicht diejenige eines Mannes, der über Geistesgegenwart verfügt*)
Nein ... ich hasse Sie nicht (*Das will sagen: Sie finden mich unvorbereitet; ich kann Sie noch nicht lieben: warten Sie einen Moment. Égalante, die es gewöhnt ist, derartige Äußerungen zu interpretieren, streichelt ihn aufs aufreizendste, um den entscheidenen Moment schneller herbeizuführen.*)

Die wahre Bedeutung seiner Worte, die in Klammern steht, kann lediglich für ein Publikum bestimmt sein, das den Text liest. Es spricht also vieles dafür, daß die gewagtesten und für die Körperkräfte der Akteure anspruchsvollsten Stücke niemals zur Aufführung kamen, wohingegen die meist extrem kurzen Werke, die mit Sicherheit gezeigt wurden, das ›Eigentliche‹ nicht auf die Bühne brachten. Der ausgeprägt parodistische Zug der meisten Stücke bestätigt die Vermutung, daß sie das Publikum vor allem zum Lachen reizten.

Exotismus und Libertinage

Im Gegensatz zu dem bis heute streng gehüteten Geheimnis um anstößige Theaterproduktionen erfreute sich der galante Roman großer öffentlicher Beliebtheit. Oft betteten die Autoren ihre Geschichten in einen orientalischen Rahmen und gehorchten damit der Mode des Exotismus. Präzise Unterschiede zwischen den Kulturen verblaßten neben dem Reiz des Fremden. So läßt Jean-Philippe Rameau in der Opéra-ballet *Les Indes galantes* (1735) Inkas, ›Rothäute‹, Haremswächter und andere ›Exoten‹ auftreten. China galt Voltaire als Vorbild für eine vernünftige Haltung in religiösen Fragen, während sich die meisten seiner Zeitgenossen für Chinoiserien als Dekorationselemente begeisterten. Montesquieu verdankte den Erfolg seiner *Lettres persanes* (1721) sicher nicht unwesentlich der pikanten Mischung aus Erotik und Exotik, mit der er den gesellschaftskritischen Text würzte. Dem Zeitgeschmack entsprach die erste Übersetzung der Märchen aus 1001 Nacht, die der Orientalist Antoine Galland von 1704 bis 1717 in zwölf Bänden veröffentlichte.
Auf dieser Woge schwammen viele Autoren, der interessanteste unter ihnen war Claude-Proper Jolyot de Crébillon (1707–

1777). Im 19. Jahrhundert verbannte man seine Werke in die Giftschränke, so daß er fast in Vergessenheit geriet; seit einigen Jahren dringt der Reiz seiner brillanten psychologischen Analysen langsam wieder in unser literarisches Bewußtsein. Über sein Leben wissen wir wenig, was wir aber wissen, wirft ein Licht auf die Zensurpraxis des *Ancien régime*. Die Publikation zweier seiner Werke, *Tanzaï et Néadarné* (1734) und *Le Sopha* (1742), bringt ihn mit den Behörden in Konflikt; beim ersten Mal kommt er in Festungshaft, beim zweiten wird er aus Paris verbannt. Beide Strafen werden jedoch dank Protektion bald aufgehoben, und Unterstützung von allerhöchster Stelle, nämlich der Marquise de Pompadour, sichert ihm ab 1759 das Amt eines königlichen Zensors, das schon sein Vater innehatte. Dies hindert den Sohn nicht daran, bis zu seinem Lebensende im gleichen Stil weiter zu schreiben, ja sogar Werke in Druck zu geben, die er Jahrzehnte zuvor verfaßt hatte: *La Nuit et le Moment* (1755) und *Le hasard du coin du feu* (1763), zwei zauberhafte Verführungsszenen in Dialogform. Das Thema dieser Gespräche ist wie in der *Académie des Dames* die Lust und ihre Befriedigung. Bei Crébillon handeln die Kombattanten in Wortgefechten nur noch die Bedingungen aus, unter denen die Dame den Widerstand aufgibt, den sie anstandshalber leisten muß. Die Folgen der Übereinkunft, die von Anfang an außer Frage steht, bieten letztendlich nur noch den Anlaß, um Überredungskünste brillieren zu lassen. Der Herzog aus *Le hasard du coin du feu* möchte Célie verführen, ohne sie zu lieben, sogar ohne ihr derartige Gefühle vorzuspielen. Stattdessen versucht er sie davon zu überzeugen, daß ein Begehren, das auf reinem Wohlgefallen beruht, ähnlich große Lust verschaffen kann wie leidenschaftliche Liebe. Nach einer ausführlichen Erörterung der Frage heißt es am Ende nur noch lapidar, daß der Herzog den überzeugenden Beweis antritt, Célie nicht getäuscht zu haben (»le Duc donne à Célie la conviction complète qu'il ne la trompe point«, 871). Wie dieser Beweis aber angetreten wird, müssen wir erraten.

Selbst in *Le Sopha*, das zu Crébillons Verbannung führte, wahrt der Autor die Dezenz, was bei diesem Sujet unmöglich zu sein scheint. Die Einleitung schafft unter Berufung auf die Märchen aus 1001 Nacht einen pseudo-arabischen Rahmen, in dem

Amanzéi von den Liebespaaren berichtet, denen er als Lagerstätte diente, solange er in ein Sofa verwandelt war. Trotz der Pikanterie dieser Situation wählt der Erzähler einen höflich amüsierten Tonfall. Die orientalische Szenerie hat Crébillon nicht gehindert, kritische Zeitbezüge einzufügen. In der angeblich japanischen Geschichte *Tanzaï et Néadarné* spielt er auf die religiösen Streitigkeiten um die Bulle Unigentius an, wohingegen die Satire gegen Louis XV und seine Entourage den Namen des ›Opfers‹ sogar als Anagramm im Titel nennt: *Les Amours de Zéokinizul, roi des Konfirans* (Louis Quinze, roi des Français, 1746).

Obwohl Crébillons Romane die Verführungsstrategie und nicht ihr materielles Ergebnis behandelt, trifft auf kaum eine andere Literatur die Bezeichnung »libertin« so genau zu. Crébillons Amoralismus kommt am deutlichsten in den Texten zum Ausdruck, die in der besseren Gesellschaft seiner Zeit angesiedelt sind. Nicht die großen Gefühle, Esprit und Vergnügen sind hier gefragt. In *Le Hasard du coin du feu* erklärt der Duc, wie wir bereits gesehen haben, daß es der Liebe für ein gelungenes Schäferstündchen keineswegs bedarf. Berühmt ist das Credo von Clitandre in *La Nuit et le Moment*.

> On se plaît, on se prend. S'ennuie-t-on l'un avec l'autre? on se quitte avec tout aussi peu de cérémonie que l'on s'est pris. Revient-t-on à se plaire? on se reprend avec autant de vivacité que si c'était la première fois. (737)
>
> Man gefällt sich, man nimmt sich. Langweilt man sich miteinander? Man verläßt sich mit genausowenig Umständen, wie man sich genommen hat. Findet man wieder Gefallen aneinander? man nimmt sich mit soviel Lebhaftigkeit wieder, als ob es das erste Mal wäre.

Diese Gesellschaftsspiele laufen aber nur dann ohne unerwünschte Irritationen ab, wenn keiner der Beteiligten die Dummheit begeht, ernsthafte Gefühle zu entwickeln. Genau hierin besteht der große Unterschied zwischen den Werken Crébillons und den von ihnen beeinflußten *Liaisons dangereuses* (1782) des Pierre Choderlos de Laclos. Bei Crébillon glaubt nur der Novize an die Liebe, und ihm erklärt der Libertin Versac in *Les égarements du cœur et de l'esprit* (1736/38) nachdrücklich, wie unpassend solche Emotionen für seinen Stand sind. Schnell paßt der junge Mann sich den anderen an, die zu ihrem gegenseitigen Vergnügen miteinander poussieren, solange sie Geschmack (»goût«) aneinander finden.

Dieses Muster funktioniert auch in den *Liaisons dangereuses*, wenn der Vicomte de Valmont eine Dame, deren Zimmer sich gegenüber dem seinen und zwischen denjenigen ihres Gatten und ihres Liebhabers befindet, dazu überredet, die Nacht mit ihm zu verbringen (Brief LXXI). Ansonsten spielen die Marquise de Merteuil und Valmont Katz und Maus mit ihren Opfern, die daran zugrunde gehen wie zuletzt die beiden Protagonisten selbst. Statt der gemeinsamen Lust bildet der Kitzel der Macht das Ziel ihrer Anstrengungen. Laclos entwirft ein sehr viel komplexeres Figurengeflecht als es in den anderen Briefromanen der Zeit geschieht; seine Analyse ist noch schärfer, sein Stil noch brillanter und vielseitiger, da er jeder Figur ihren eigenen Ausdruck verleiht. »Voyez donc à soigner davantage votre style« (Brief CV), rät die Merteuil der unbedarften Cécile. Insgesamt ist Laclos jedoch weniger zynisch als Crébillon, was zunächst paradox klingt, wenn wir an die Charaktere der Marquise und des Vicomte denken. Bei ihm gibt es aber noch Gefühle, selbst Valmont kann dem Liebreiz der Präsidentin nicht widerstehen, die er angeblich nur um des Triumphes willen erobert. Kurz nachdem sie ihren langen Widerstand gegen seine Werbung und die eigene Zuneigung zu ihm aufgegeben hat, schickt Valmont ihr einen höhnischen Abschiedsbrief, um der Marquise fälschlich zu beweisen, daß er sie nicht liebt. Während Crébillons Figuren dank ihres gefühllosen, genußorientierten Habitus' frei von Gewissenskonflikten sind, zerstört der Libertin in den *Liaisons* nicht nur die fromme, sentimentale Frau; er selbst verkraftet es nicht, daß er sein Herz nicht zum Schweigen bringen kann. Damit zerbricht seine Selbstinszenierung als Libertin, die ihn andererseits daran hindert, mit der Geliebten glücklich zu werden.

Auch das Schicksal der Cécile de Volange zeigt, daß sich das »on se plaît, on se prend« nicht für jederman als Lebensphilosophie eignet. Valmont verführt die Klosterschülerin auf Wunsch der Marquise, die sich damit an einem untreuen Liebhaber, dem zukünftigen Gatten des Mädchens, rächen will. Als Cécile den ganzen Umfang der Intrige erfährt, ist sie dermaßen schockiert, daß sie eine glanzvolle Zukunft als reiche Erbin verschmäht und ins Kloster geht, nachdem der junge Mann, den sie aufrichtig liebt, Valmont im Duell getötet hat. Die Marquise schließlich wird entlarvt, durch die Pocken entstellt und verliert ihr Vermögen. Dieser Schluß sowie Laclos' moralischer Anspruch im Vorwort werden im allgemeinen als Zugeständnis an die Konventionen wenig ernst genommen. Doch wenn wir die *Liaisons* vor der Folie von Crébillons Werken lesen, heben sie sich von deren Amoralismus deutlich ab. Zwar treibt Laclos das libertine Dogma eines Versac auf die Spitze, läßt seine Figuren sogar grob unmoralisch handeln. Das menschliche Miteinander gestaltet sich aber nicht mehr als unverfängliches Gesellschaftsspiel: Die Protagonisten scheitern an ihrem eigenen System und nicht an einer Strafe Gottes – wenngleich es im Fall der Merteuil so aussehen mag.

Sexualität als Weg zur Erkenntnis

Im Jahre 1748 erschienen drei Klassiker der erregenden Literatur: *Les Bijoux indiscrets* von Denis Diderot, *Memoirs of a Woman of Pleasure*, besser bekannt unter dem Namen der Protagonistin Fanny Hill, von John Cleland und *Thérèse philosophe* des Marquis d'Argens. Diderot wurde diese ›Jugendsünde‹ großzügig verziehen, da er durch spätere Schriften und die Mitherausgeberschaft der *Encyclopédie* genügend Meriten erwarb. Cleland hingegen ist uns vor allem wegen seines ›unzüchtigen‹ Romans noch ein Begriff. *Thérèse philosophe* tauchte erst vor einigen Jahren aus dem literarischen Untergrund auf, obwohl dieser Roman in mancherlei Hinsicht interessanter als die beiden anderen ist.

Diderots enzyklopädische Neigungen manifestieren sich in den *Bijoux indiscrets* bereits drei Jahre vor der Publikation des ersten Bandes des Jahrhundertwerks. In exotischem Dekor diskutieren die Figuren Fragen der verschiedensten Wissensgebiete, über physikalische Theorien, medizinische Experimente, Entdeckungsreisen, naturwissenschaftliche Forschung, technische Erfindungen, metaphysische Spekulationen. Sie nehmen zu ästhetischen Kontroversen, historischen Ereignissen oder politischen Entscheidungen Stellung; auch mangelt es nicht an Gesellschaftskritik und Antiklerikalismus. Die Grundstruktur der Handlung bildet eine originelle Demonstration der empirischen Methode: Um seine Langeweile zu vertreiben und sich über die Geheimnisse der Frauen in seinem Reich zu informieren, bringt der Mangogul deren *lower lips* mit einem magischen Ring zum Sprechen. Systematisch führt er das Experiment dreißigmal durch, erfährt dabei mehr, als ihm mitunter lieb ist. So auf- und erregend diese Indiskretionen mitunter sein mögen, die Systematik des Versuchsaufbaus führt letztendlich dazu, daß der größte Reiz des Textes heute in seinem Wert als geistesgeschichtliches Dokument besteht.

Dies kann man von den *Memoirs of a Woman of Pleasure* nicht behaupten. Lange als pornographischer Text verpönt, liegt der Roman inzwischen in einer Klassiker-Ausgabe vor. Wie der Titel unmißverständlich mitteilt, handelt es sich um die Autobiographie einer Courtisane. Die blanke Not treibt Fanny, eine Unschuld vom Lande, nach dem Tod der Eltern in den Sündenpfuhl der Großstadt. Dort nimmt sich eine Bordellwirtin scheinbar liebevoll des Mädchens an, läßt zunächst deren Libido von einer zärtlichen Kollegin wecken, bevor ein Kunde sie entjungfern soll. Fanny wehrt sich erfolgreich gegen den abstoßenden Alten und flieht mit einem Jüngling ihrer Wahl. Diese Idylle zerstört der Vater des jungen Mannes, woraufhin sie sich einem anderen Gönner hingeben muß. Später erwirbt sie in einem kleinen, aber feinen Freudenhaus genügend Kapital, um sich aus dem Geschäft zurückzuziehen. Sie freundet sich mit einem älteren Herren an, der ihr »the pleasure of the mind« (175) vermittelt und nach seinem Tode ein kleines Vermögen hinterläßt. Genau zu diesem Zeitpunkt kehrt der geliebte Charles völlig ruiniert aus der Südsee zurück, doch Fannys Ressourcen gewähren beiden ein komfortables Leben, so daß nichts mehr ihr gemeinsames Glück stört.

Der Roman nimmt das Motiv der verfolgten Unschuld auf, die das eigene Begehren entdeckt und befriedigt; neu ist jedoch die genaue Differenzierung ihrer Motivation. Bisher gingen literarische Prostituierte entweder ohne Lust aus purer Geldgier dem Metier nach, oder sie betrieben es aus maßloser Geilheit; Fanny hingegen fühlt und handelt gemäß den jeweiligen Umständen. Eine genaue und recht realistische Psychologisierung finden wir bereits in den ersten Verführungsszenen. Die Annäherungsversuche ihrer Bettgenossin Phoebe interpretiert Fanny naiv als »the London way to express in that manner«, hinter dem sie nicht zurückstehen will: »I was determin'd not to be behind-hand with her, and returned her the kiss and embrace, with all the fervour that perfect innocence knew.« (10) Als Phoebe sich schließlich so weit vorwagt, daß selbst Unschuld »knowing no ill« Verdacht schöpfen müßte, ist es bereits zu spät. Geschickt hat sich die erfahrene Verführerin vorgetastet, »proceeded by insensible gradations, that enflamed me beyond the power of modesty to oppose its resistence« (11). Anstatt aus dem Bett zu springen, genießt Fanny die unbekannten Gefühle, deren Ursache sie präzise beschreibt:

> Her lascivious touches had lighted up a new fire that wanton'd through all my veins, but fix'd with violence in that center appointed them by nature, where the first strange hands were now busied in feeling, squeezing, compressing the lips, then opening them again, with a finger between. (11)

Die verbotenen Spiele sowie das Ambiente genügen zwar, um die »native purity« zu korrumpieren, nicht aber, um sie den Avancen eines widerwärtigen Freiers nachgeben zu lassen. Den ›Todesstoß‹ versetzt Fannys Tugend ein Schäferstündchen ihrer ›Wohltäterin‹ mit einem stattlichen jungen Soldaten, das sich vor den Augen des jungen Mädchens abspielt. Obwohl sie von ihrem Platz hinter dem Vorhang alles genau überblickt, nimmt sie das Spektakel nur verschwommen war, da es sie zu heftig erregt.

> I star'd at with all the eyes I had: however my senses were too much flurried, too much concenter'd in that now burning spot of mine, to observe any thing more than in general the make and turn of that instrument, from which the instinct of nature, yet more than all I had heard of it, now strongly informed me, I was to expect that supreme pleasure. (25)

Diese »supreme pleasure« lernt sie bald kennen und wird sie immer wieder detailliert beschreiben, als eigene Erfahrung oder als Beobachtung. Über genau diese Beschreibung, den wichtigsten und gleichzeitig schwierigsten Teil jedes erregenden Romans, äußert sich die Ich-Erzählerin zu Beginn des 2. Teils. Sie wendet sich an die fiktive Adressatin ihres Berichts, da sie befürchtet, daß die Worte »joys, ardours, transports, extasies« (91) durch häufige Wiederholung viel von ihrer Intensität verlieren könnten. Deshalb müsse sie auf die »imagination and sensibility« der Leserin vertrauen: »the one will readily place the pictures I present before your eyes, the other give life to the colours where they are dull, or worn with too frequent handling« (91). Wir erhalten hiermit eine präzise Leseanweisung, denn wir sollen vor unserem inneren Auge den Text in möglichst bunte, kräftige Bilder umwandeln. Voyeurismus spielt nicht nur in der zitierten Szene eine Rolle. Immer wieder bietet sich Fanny die Gelegenheit, Liebespaare zu beobachten. Ihr Initiationsritual im Freudenhaus baut sogar darauf auf, da sie zunächst ihren drei Kolleginnen bei der vergnüglichen Arbeit zuschaut, bevor ihr »gentleman« sie »in all the variety of postures and lights imaginable« (122) bewundert und ihrem Liebreiz schließlich doppelten »tribute« (124) zollt. Während dieser und aller anderen Szenen hält sich Mrs. Cole stets als heimliche Zeugin über die Vorgänge in ihrem Etablissement auf dem Laufenden. Dabei wahrt sie jedoch äußerste Diskretion, gerade so, als ob sie nichts gesehen hätte. Mit ihr hat Cleland eine Figur geschaffen, die sich in einer ähnlichen Situation wie der Leser befindet und ihm als Mittlerin zu den Akteuren dient.

Mrs. Cole führt ein sehr ›anständiges‹ Haus. Selbst bei der kleinen Orgie zu Fannys Einführung bleiben die Formen gewahrt (vgl. 120). Fanny widerspricht sämtlichen Klischees. Als Prostituierte verfällt sie weder dem ›Laster‹, noch stumpfen ihre Sinne ab. Sie folgt fast immer ihrer Vernunft, empfindet aber in den Armen der Herren selbst dann Vergnügen, wenn diese keine übermäßig große Anziehung auf sie ausüben. Der rein physische Vorgang verschafft ihr Glücksgefühle, die sie genau analysiert und dennoch genießt (vgl. 64). Dieser Unterschied hindert sie allerdings nicht daran, die animalischen Freuden immer wieder als »delicious delirium« (165) zu schildern. Allein die Intensität dieser Schilderungen und die bemerkenswerten psychologischen Beobachtungen zeichnen *Fanny Hill* als ein Meisterwerk der Gattung, ja der englischen Literatur aus. Die Vielfalt der ›einschlägigen‹ Szenen erhöht seine erregenden Qualitäten. Der Vorwurf, daß pornographische Texte solche

Franz von Bayros: Illustration zu Fanny Hill *(1906)*

Szenen zusammenhangslos aneinanderreihen, trifft mitunter die qualitativ minderwertige erregende Literatur; doch hier stehen diese Szenen in einer logischen Abfolge, bilden einen wesentlichen Bestandteil der in sich geschlossenen Romanhandlung. Gleichzeitig hat der Autor die Variationen des Liebesspiels nach allen Regeln der Kunst aufgebaut, präsentiert immer ausgefallenere Konstellationen. Nachdem Fanny einige Monate bei Mrs. Cole lebt, wird ihr ein heikler Kunde anvertraut, der uns die erste komplexe Flagellationsszene in der europäischen Literatur beschert.

Die Vorstellung, daß kräftige Schläge auf das Hinterteil Fruchtbarkeit und Lustempfinden steigern, da sie die Blutzirkulation befördern, ist nicht neu. Diesem rein physiologischen Modell sind wir bereits in der *Académie des Dames* begegnet, und auch Mrs. Cole kennt es als Anregung für ältere Herren. Fannys Klient hingegen ist ein »unhappy young gentleman« (145): »he was under the tyranny of a cruel taste; that of an ardent desire, not only of being unmercifully whipp'd himself, but of whipping others« (143) – keine erfreuliche Aussicht für die zarte, junge Frau. Faszinierend ist ihr Treffen mit dem Herren nicht wegen der drei Rutenbündel, die sie auf seinem Gesäß zerdrischt. Hier begegnen wir einem echten Masochisten, der Lust nur in Verbindung mit Schmerz empfinden kann, den die Prügel allein zum Höhepunkt treibt. Anschließend genießt er es, Fanny systematisch zu peitschen, die dabei nichts als Schmerz empfindet. Beim folgenden Abendessen ergreifen »such violent, yet pleasingly irksome sensations« von ihr Besitz, daß sie sich kaum noch auf ihrem Stuhl halten kann. Mr. Barvile weiß diese Unruhe richtig zu deuten und ihren überreizten Sinnen Entspannung zu verschaffen, nachdem sie seine Männlichkeit durch neuerliche Rutenstreiche aufgerichtet hat. Die traditionelle physiologische Erklärung der Flagellation, die bis in unser Jahrhundert gültig blieb, ist hier geschickt mit einer psychischen Disposition verknüpft. Diese Disposition hält Mrs. Cole nicht für Willensschwäche oder eine Laune, sondern für das traurige Schicksal der Betroffenen: »she rather compassionated, than blam'd those unhappy persons, who are under a subjection they cannot shake off, to those arbitrary tastes that rule their appetites of pleasure with an unaccountable controul« (144). Gleich im Anschluß zeigt ein ganz besonders harmloses Beispiel, welch ausgefallene Geschmacksrichtungen existieren: Fannys nächster Kunde begnügt sich damit, ihr stundenlang Zöpfchen zu flechten oder Locken zu drehen. Die relative Toleranz der Mrs. Cole endet abrupt gegenüber den Männern, die Frauen ganz und gar verschmähen; für Homosexuelle hat sie nur Verachtung übrig. Diese typische Einschätzung hat Cleland nicht davon abgehalten, Fanny und mit ihr die Leser zur Zeugin einer solchen Begegnung zu machen. »All this, so criminal a scene, I had the patience to see to an end« (159). Abgerundet wird das Panorama der Lustbarkeiten durch eine fröhliche Landpartie samt gemeinsamem Bad in der Themse, auch dies ein ungewöhnlicher Einfall des Autors. »I have painted vice all in its gayest colours« (187f) sagt Fanny am Ende ganz zu recht, und diese Farbenpracht läßt uns die moralisierenden Töne des Romans allemal vergessen.

Antiklerikalismus

Eine ganz eigene Moral entwirft der Marquis d'Argens. Er will die Liebeslust nicht nur von den Vorurteilen befreien (vgl. Brockmeier 1981), die sie belasten, sondern trennt sie sogar von ihrer biologischen Funktion. Empfängnisverhütung, die im Etablissement von Mrs. Cole anscheinend praktiziert, aber nie erwähnt wird, beherrscht den Sexualakt in *Thérèse philosophe*. Kurios genug für einen solchen Roman: die Titelheldin gibt sich erst auf den letzten Seiten dem Geliebten hin. Der Untertitel des Romans, *Mémoires pour servir à l'histoire du Père Dirrag et de Mademoiselle Éradice*, verweist anagrammatisch auf den oben erwähnten Skandal Girard-Cadière, der Anfang der 30er Jahre des 18. Jahrhunderts Frankreich erschütterte und in ganz Europa Wellen schlug.

Der Vater des Marquis war als Richter mit dem Fall befaßt, und sein erstgeborener Sohn sollte ihm auf diesem Posten nachfolgen. Statt des lukrativen Amtes wählte er ein Leben als Abenteurer, brannte zuerst mit einer Schauspielerin durch, versuchte dann sein Glück beim Militär und verdiente schließlich sein Brot als Vielschreiber im niederländischen Exil. Seine jeweils mehrbändigen *Lettres chinoises, juives* und *cabalistiques* – anekdotische Gesellschaftskritik in Anlehnung an die *Lettres persanes* – brachten ihm einen gewissen Ruhm unter den *philosophes* sowie eine Einladung Friedrichs des Großen ein. Fast dreißig Jahre blieb der Marquis als Kammerherr des Königs in Preußen, kehrte erst 1768, drei Jahre vor seinem Tod, in die provenzalische Heimat zurück. Es ist eine amüsante Vorstellung, daß der Monarch und d'Argens mit den anderen Herren der Tafelrunde in Sansscouci über den Roman debattiert haben könnten. Noch pikanter ist folgende Anekdote: Friedrich habe das Domizil seines Kammerherren mit diversen Szenen aus *Thérèse philosophe* ausschmücken lassen, deren Figuren die Züge von d'Argens und seiner Geliebten und späteren Ehefrau, Mademoiselle Cochois, trugen. Der Autor selbst sei gar wenig entzückt gewesen und habe die Bilder umgehend übermalen lassen. Andere Illustrationen sind glücklicherweise erhalten geblieben, denn es gibt zu kaum einem anderen Werk der Zeit so viele und reichhaltige Serien von Kupferstichen. Bis 1785 kam es zu mindestens 15 Auflagen, und 1796 erschien dieser Bestseller des vorrevolutionären Frankreich auf deutsch.

Diesen außergewöhnlichen Erfolg verdankt der Roman sicherlich der gelungenen Kombination von sexueller und philosophischer Aufklärung; die differenzierte Kirchenkritik wird dazu beigetragen haben. Nachdem Theresens amouröses Temperament der Mutter schon früh Sorgen bereitet hat, kommt das Mädchen zur weiteren Erziehung in ein Kloster. Dort belehrt sie ihr Beichtvater, daß die Doktorspiele mit anderen Kindern eine schwere Sünde waren, daß sie niemals ihre Augen oder gar ihre Hand zwischen die Schenkel lenken dürfe und sich vor der Schlange, die an jener Stelle bei Männern wachse, hüten müsse. Durch diesen Sermon weckt er überhaupt erst ihre bis dato kindliche Phantasie, doch Gottesfurcht läßt die Heldin den Anfechtungen des Fleisches tapfer widerstehen. Sie wächst heran, und die Ratschläge des frommen Mannes erweisen sich als fatal, da die Enthaltsamkeit den Säftehaushalt ihres Körpers aus dem Gleichgewicht bringt – hier wird uns vorgeführt, was Tullie in der *Académie des Dames* nur theoretisch formuliert hatte. Ein kluger Arzt erkennt die Ursache von Theresens schwerer Erkrankung und erklärt der Mutter, daß nur ein Ehemann Rettung bringen könne.

Nachdem d'Argens demonstriert hat, welchen Schaden ein wohlmeinender Beichtvater anrichten kann, holt er zum Schlag aus gegen diejenigen, die die Beichte verbrecherisch mißbrauchen. Der Fall des Pater Girard bietet sich als Paradebeispiel an.

Mademoiselle Éradice, die stolz auf ihre vermeintliche Heiligkeit ist, versteckt Thérèse als Zeugin im Nebenzimmer, so daß sie die denkwürdige Penitenz durch ein Loch in der Tür beobachten kann. Der Priester begutachtet zunächst das Stigma unter der linken Brust der hübschen Büßerin und erklärt ihr, daß er mit einem Stück vom Strick des heiligen Franziskus die letzte Unreinheit aus ihren Körper vertreiben werde. Die Reliquie, eine mit Leim gehärtete Kordel, identifiziert Thérèse – wenn auch erst im Nachhinein – als *godemiché*, das Geschenk einer alten Äbtissin, so mutmaßt sie. Doch wie wir uns denken können, kommt nicht dieses Gerät zum Einsatz. Vielmehr bedient sich der Priester des eigenen Genitals, um nach ausgiebiger Flagellation die vor ihm kniende Penitentin zu ›reinigen‹. Der besondere Witz liegt nun darin, daß dieser Akt die Seele des Mädchens von ihrem Körper befreien und ihr so zu höchster Seligkeit verhelfen soll. In der Tat verspürt sie während der vermeintlichen Reinigungsprozedur »himmlisches Glück« und wähnt ihren Geist völlig losgelöst von der Materie:

> Ah! mon Père! s'écria Éradice, quel plaisir m'aiguillonne! Oui, je jouis du bonheur céleste, je sens que mon esprit est complètement détaché de la matière. Chassez, mon Père, chassez tout ce qui reste d'impur en moi. Je vois ... les ... an ... ges. Poussez plus avant ... poussez donc ... Ah! ... Ah! ... bon ... saint François! ne m'abondonnez pas! Je sens le cor ... le cor ... le cordon ... je n'en puis plus ... je me meurs! (69)

> »Oh mein Vater!« rief Eradice aus, »welche Lust stachelt mich an! Ja, ich genieße himmlisches Glück; ich fühle, daß mein Geist vollkommen von der Materie losgelöst ist. Weiter, mein Vater, vertreiben Sie alles Unreine, das noch in mir ist. Ich sehe ... die ... En ... gel. Stoßen Sie zu ... stoßen sie nur ... Ah! ... Ah! ... Guter ... heiliger Franziskus! Verlaß mich nicht! Ich fühle den ... Strick ... ich kann nicht mehr ... ich vergehe!« (251)

Die Naivität der Mademoiselle Éradice – die erstaunlicherweise den Aussagen der realen Cathérine Cadière durchaus entspricht – sowie die originelle Umdeutung der Descartschen Dichotomie von Körper und Seele verleihen der Szene zusätzlichen Charme, den die Zeitgenossen gewiß zu goutieren wußten. Der Mißbrauch von Beichte und Buße hingegen ist ein altes Thema. Bereits in der *Académie des Dames* läßt sich Sempronie nicht um ihres Seelenheils willen, sondern zur Beförderung ihrer Sinnlichkeit peitschen, was dem Priester nicht wenig Vergnügen bereitet. Die wohlgerundeteten Hinterteile der Nonnen in *Vénus dans le cloître ou la religieuse en chemise* (1680) kommen auch das eine oder andere Mal unsanft mit der Geißel in Berührung. Die strenge Disziplin des Konvents wird aber durch schwesterliche Zärtlichkeiten sowie den Beistand männlicher Seelsorger gelockert. Dieser Dialog zwischen Schwester Agnès und Schwester Angélique ist ausschließlich im Kloster angesiedelt, einer Institution, die sie als Ort der Unzucht verdammen, an den die Gesellschaft ihre überflüssigen Mitglieder verbannt.

> La politique a donc regardé toutes ces maisons comme des lieux communs où elle se pourrait décharger de ses superfluités. Elle s'en sert pour le soulagement des familles que le grand nombre d'enfants rendrait pauvres. [...] Je crois aussi que les pères et mères ne permettraient jamais l'entrée de nos maisons à leurs enfants s'ils en connaissaient le dérèglement. (325 u. 331)
>
> Die Politik hat also alle diese Häuser als Orte betrachtet, an denen sie sich ihrer Überschüsse entledigen könnte. Sie bedient sich ihrer zur Entlastung der Familien, die die große Zahl an Kindern arm machen würde. [...] Ich glaube außerdem, daß die Väter und Mütter ihren Kindern den Eintritt in unsere Häuser nie gestatten würden, wenn sie deren Sittenlosigkeit kennten.

Dieser Text steht am Beginn einer langen Tradition, die sich im 18. Jahrhundert mit diversen fiktiven Briefwechseln zwischen Nonnen fortsetzt und 1790 in den *Quarante manières de foutre, dédiées au clergé de France* gipfelt. Das anregendste dieser Werke ist die *Histoire de Dom Bougre, Portier des Chartreux* (1741). Der unternehmungslustige Titelheld erfährt als Novize, daß das Klosterleben von Entbehrungen geprägt ist. Als er jedoch in den Kreis der Mönche aufgenommen ist, kann er an den nächtlichen Orgien auf der Orgelempore partizipieren. Mangels Frauen paßt er sich den dortigen Sitten an und erwirbt bald den Ehrentitel Dom Bougre, da das Gesäß keines der Confratres vor ihm sicher ist. Nach seiner Ordination erhält er endlich Zutritt zum Allerheiligsten, dem klostereigenen Bordell. Der dortige Überfluß an liebeshungrigen Damen sorgt aber bald für Überdruß; kurze Zeit später schaffen es nicht einmal mehr die aufreizendsten Gruppierungen, ihm aufzuhelfen. In dieser Not rät ein erfahrener Bruder zu einem erprobten Mittel, das sich prompt bewährt: Er solle sich eine schöne, fromme Penitentin suchen.

Wie schon in Aretinos *Ragionamenti* stellen dieser und andere Texte das Kloster als Lasterhöhle dar. Sie begnügen sich indes nicht mehr damit, die Verstöße Einzelner gegen die Gesetze der Sittlichkeit anzuprangern. Sie stellen vielmehr die Institution als solche in Frage und mit ihr die Autorität der Kirche sowie die Dogmen des Christentums. Indem also Pater Girard nicht nur dem Stachel des Fleisches erliegt, sondern darüber hinaus noch Irrlehren verbreitet, erreicht der Antiklerikalismus eine Dimension, die beispielsweise den Novellen Boccaccios völlig fremd ist.

Philosophie und Liebe

Die denkwürdige Bußübung von Mademoiselle Éradice beobachtet Thérèse aufmerksam aus ihrem Versteck; sie befindet sich also in der gleichen Situation wie Fanny Hill, als diese ihre erste Herbergsmutter überrascht. Im Gegensatz zu Fanny weiß Thérèse gar nicht, was vor ihren Augen und vor allem in ihr selbst abläuft. Doch Unschuld schützt vor Sehnsucht nicht, und so übt das Spektakel eine heftige Wirkung auf sie aus, die sie sich aber nicht zu erklären weiß. Da ihr der Priester aufs strengste verboten hatte, sich selbst zu berühren, ist sie dem Aufruhr der Gefühle hilflos ausgeliefert, wirft sich aufs Bett und befriedigt sich halb in Trance am Bettpfosten, wobei sie sich in ihrer Rage wund reibt.

> Mon esprit était dans une agitation qui approchait de la fureur, un feu intérieur me dévorait. [..] Je me jetai sur mon lit. L'entrée de ce membre rubicond dans la partie de Mademoiselle Éradice ne pouvait sortir de mon imagination, sans que j'attachasse cependant aucune idée distincte de plaisir, et encore moins de crime. Je tombai enfin dans une rêverie profonde pendant laquelle il me sembla que ce même membre, détaché de tout autre objet, faisait son entrée en moi par la même voie. Machinalement, je me plaçai dans la même attitude que celle où j'avais vu Éradice, et machinalement encore, dans l'agitation qui me faisait mouvoir, je me coulai sur le ventre jusqu'à la colonne du pied du lit, laquelle, se trouvant passée entre mes jambes et mes cuisses, m'arrêta et servi de point d'appui à la partie où je sentais une

démangeaison inconcevable. [...] Sans quitter ma situation, sans faire aucune espèce de réflexion, je me mis à remuer le derrière avec une agilité incroyable, glissant toujours le long de la salutaire colonne. Bientôt un excès de plaisir me transporta, je perdis connaissance, je me pâmai et m'endormis d'un profond sommeil. (76f)

Mein Geist war in einem Aufruhr, der dem Wahnsinn nahekam, ein inneres Feuer verzehrte mich. [...] Ich warf mich auf mein Bett. Das Eindringen jenes roten Gliedes in Mademoiselle Eradicens Schamteile ging mir nicht aus dem Sinn, ohne daß ich eine bestimmte Vorstellung von Lust oder gar Verbrechen damit verband. Endlich versank ich in eine tiefe Träumerei, und mir schien, als dränge eben jenes Glied, von jedem anderen Gegenstand losgelöst, auf die gleiche Weise in mich ein. Unwillkürlich nahm ich dieselbe Stellung ein, in der ich Eradice gesehen hatte, und ebenso unwillkürlich glitt ich in meiner Erregung auf dem Bauch nach unten, bis der Bettpfosten, der sich zwischen meinen Schenkeln befand, mich aufhielt und jenen Teil berührte, wo ich ein unerklärliches Jucken verspürte. [...] Ohne meine Stellung zu verändern und ohne an etwas zu denken, bewegte ich meinen Hintern mit unerhörter Behendigkeit an dem wohltätigen Pfosten. Bald entrückte mich ein Übermaß an Lust, ich verlor die Besinnung und sank in tiefen Schlaf. (258)

Diese Szene ist in jeder Hinsicht meisterhaft auf den Leser zugeschnitten. Zunächst beschreibt Thérèse als Voyeurin detailliert, was sich vor ihren Augen abspielt, so daß sie dem Leser einen plastischen Eindruck verschafft. Wie erregend diese Szene ist, vermittelt sie eindrucksvoll durch ihr eigenes Begehren, das sie beherrscht, obwohl sie nicht einmal weiß, wie ihr geschieht. Wenn sie sich schließlich »machinalement« selbstbefriedigt, ist dies zum einen ein völlig natürlicher Vorgang; zum anderen ist sie jetzt in exakt der gleichen Lage wie der Leser, da auch sie die Vereinigung nur noch in ihrer Imagination sieht. Perfekter kann man wohl kaum den Leser in einen Text integrieren und ihn gleichzeitig von dessen stimulierender Wirkung überzeugen.

Die folgenden Kapitel hat d'Argens nicht minder geschickt aufgebaut. Zunächst empfiehlt Madame C., eine Freundin der Mutter, Thérèse den eigenen Geliebten, den aufgeklärten Abbé T., als Beichtvater. Er nun rät der jungen Frau zur gesundheitsfördernden Praxis der Masturbation, die sie eifrig befolgt. Im folgenden kann sie so manches Stelldichein des Abbés mit der Dame beobachten, wobei sie spannende philosophische Erörterungen hört und den Austausch von Zärtlichkeiten sieht. Nachdem die Geburt eines frühverstorbenen Sohnes Madame C. beinahe das Leben gekostet hätte, beschränkt sie sich aus Angst vor einer erneuten Schwangerschaft auf ungefährliche Spielarten der gegenseitigen Befriedigung. Sie verweigert dem Abbé die Penetration, da sie ihm im entscheidenden Moment nicht genügend Selbstbeherrschung zutraut – ein Modell, das die Zuschauerin später übernimmt. Vorerst bleibt sie jedoch auf diese Rolle beschränkt, reagiert in bekannter Manier auf die Wonneschauer der anderen und nutzt ihre Finger anstelle des Bettpfostens. Damit wurden auch diese Szenen genau für den Leser geschrieben, da die Lust ausschließlich durch Methoden provoziert wird, die ihm selbst zu Gebote stehen.

Theresens Spionage bringt ihr neben dem Sinnesreiz auch zahlreiche Einsichten in das Gedankengut der Aufklärung. Natürlich rechtfertigt der Abbé sexuelle Praktiken, die garantiert nicht zur Zeugung führen. Schließlich zwinge kein göttliches Gesetz die Menschen zur Fortpflanzung – die Keuschheit von Mönchen und Nonnen sei sogar ein Beweis ihrer speziellen Liebe zum Schöpfer. Er wagt sich sehr viel weiter, wenn er Gut und Böse als Wertungen bezeichnet, die ausschließlich in ihrem Bezug zur Gesellschaft gelten und die Religion als einen von Menschen geschaffenen Unterdrückungsmechanismus darstellt, der sogar ein falsches Bild von Gott verbreite. Er nämlich habe den Menschen Verstand – »la raison« (107) – gegeben, damit sie sich seiner bedienen und sich von ihm leiten lassen. In einem gewissen Widerspruch hierzu steht der absolute Determinismus, den der Abbé predigt; er dient ihm allerdings als Rechtfertigung der verschiedensten sexuellen Vorlieben, solange diese nicht dem Allgemeinwohl schaden. Die recht umfassenden Lektionen komplettiert am Ende des Buches der Graf, der Thérèse ohne Gegenforderungen eine stattliche Rente aussetzt und mit ihr auf sein Schloß zieht. In wenigen Worten faßt er sein Denken zusammen, das von Empirismus, Sensualismus, Materialismus und Determinismus geprägt ist:

> Nous voyons, par des observations claires et simples, que l'âme n'est maîtresse de rien, qu'elle n'agit qu'en conséquence des sensations et des facultés du corps, que les causes qui peuvent produire du dérangement dans les organes troublent l'âme, altèrent l'esprit […] Or,

> puisqu'il est évident que nous ne sommes pas libres dans de certaines actions, nous ne le sommes dans aucune. (179)
>
> Wir sehen in der Tat durch klare und einfache Beobachtungen, daß die Seele selber gar nichts vermag, daß sie nur gemäß den Empfindungen und Fähigkeiten des Körpers handelt; daß die Ursachen, die eine Störung in den Organen hervorrufen können, auch die Seele verwirren und den Geist beeinträchtigen […] Da es nun augenscheinlich ist, daß wir bei bestimmten Handlungen nicht frei sind, sind wir es bei keiner. (335)

Wenn also die sinnliche Wahrnehmung allein unser Fühlen und Denken bestimmt, dann kommt dem stärksten aller Sinnesreize neben dem Schmerz automatisch eine erkenntnistheoretische Relevanz zu, die nur wenig mit dem Topos verbindet, daß die Mädchen erst durch männlichen ›Hilfe‹ zu Verstand kommen. Sexualität gewinnt hier also eine epistemologische Bedeutung; damit erübrigt sich die Frage, ob der Marquis d'Argens die Darstellung körperlicher Lust mit dem Feigenblatt der Philosophie gesellschaftsfähig machen oder seiner Philosophie durch diese pikanten ›Beigaben‹ ein größeres Publikum erschließen wollte. Da er lehrt, daß sinnliche Erfahrung den einzigen Weg zu Erkenntnis eröffnet, muß er letztendlich dafür plädieren, daß einer der prägendsten dieser Erfahrungen genügend Raum geboten wird.

Die Wiege der Erotik stand bekanntermaßen nicht in Deutschland, und in deutscher Sprache sind nicht übermäßig viele erregende Werke verfaßt worden. Um so erstaunlicher ist es, daß bereits Christoph Martin Wieland den Gedanken aufgegriffen hat, daß Sexualität zu Erkenntnis führen kann. In seiner anmutigen Dichtung *Musarion, oder die Philosophie der Grazien* (1768) entlarvt die Titelheldin mittels verschiedener Sinnesreize zwei falsche Philosophen und ihre Lehren, führt den irregeleiteten Fanias zurück auf den Weg der Vernunft und lebt vergnüglich mit ihm auf seinem Landsitz.

Aspasia hingegen leidet – im gleichnamigen Text – unter der Einsamkeit, zu der ihr Amt als Priesterin der Diana sie zwingt.

> Und, wenn sie sich zur Ruh begab, versank
> Die schöne Last der wohl gepflegten Lenden
> In Schwanenflaum: und doch, bey frischem Blut
> Und blühendem Gesicht, schlief sie – nur selten gut. (124)

Der unruhigen jungen Frau stellt Wieland einen Kollegen zur Seite, dessen Lehren faszinierende Parallelen zu den Vorhaltungen des Paters Girard aufweisen. »Von Fleisch und Blut sich möglichst zu entkleiden« (136), lehrt Alkahest; Meditation, Askese und Schlafentzug seien die richtigen Schritte auf dem Weg zum Ziel. Letzteren fördert der »Weise« durch Mondscheinspaziergänge, auf denen er voller Enthusiasmus seine Doktrin erläutert.

> Aspasia, in eine andre Welt
> Mit ihm entrückt, und halb, wie er, entkörpert, fühlte
> So wenig als ihr Freund, daß hier
> Der unbemerkte Leib auch eine Rolle spielte. (143)

Diese Rolle verdeckt zwar ein Rosenbusch, doch wir dürfen vermuten, daß der Leib Aspasia – genau Mademoiselle Cadière während ihrer Penitenz – zu höchster Glückseligkeit verhilft. Allerdings situiert Wieland diese wenig fromme Handlung in der heidnischen Antike und unterstellt dem Priester keinerlei böse Absichten.

Es wurde ihm häufig zum Vorwurf gemacht, daß er sich an der französischen Literatur orientierte, obwohl dies bestimmt zur Anmut seiner Werke beitrug. Von Anmut ist in *Lina's aufrichtigen Bekenntnissen oder die Freuden der Wollust* leider keine Spur. Der recht kurze Text, der im letzten Jahr des 18. Jahrhunderts erschien, reiht die verschiedenen in Frankreich entwickelten Elemente des erregenden Romans zu Versatzstücken reduziert aneinander – ein wahrlich deutsches Machwerk, das die Freuden der Wollust leider nur schlecht vermittelt. Selbst bei den Gruppenbildern der Orgie wird zackig kommandiert, man müsse »nach dem Takte stoßen. Eins – zwey – drey – vier« (65). Aufs unangenehmste werden alle Vorurteile über französische Eleganz und deutsche Grobschlächtigkeit bestätigt. Während sich dort Marquis und Ducs mit allem Raffinement der Liebe widmen, scheinen hier pommersche Junker übern Kartoffelacker zu stampfen. Schon auf der Seite drei beginnt die Entjungferung der Protagonistin, die der junge Kämpe mit der Anweisung zu befördern versucht: »Umfasse meinen Hintern, und schlinge das rechte Bein über meine Hüfte« (5).

Eine sehr viel ersprießlichere Lektüre bietet die zweibändige Lebensgeschichte des *Schleifermädchens aus Schwaben* von 1790. Franz Kratter (1757–1830) verknüpft – als vielleicht einziger deutschsprachiger Autor – Antiklerikalismus und anderes Gedankengut der Aufklärung mit einer erotischen Handlung, die zugegebenermaßen nicht gerade überbrodelt vor Temperament oder Extravaganzen. Dafür erleben wir genau wie in *Thérèse philosophe*, daß Hannchen zunächst durch die Beichte ihre geistige Unschud verliert und später von einem Jesuiten verführt wird. Sein ganzes Verhalten ist ein abschreckendes Beispiel der Pfaffenlist, und auch die zahlreichen anderen Klerikerfiguren erscheinen in wenig vorteilhaftem Licht. Außerdem werden Mißstände bei Justiz, Ämtervergabe sowie Kommunalverwaltung angeprangert und ein aufgeklärter Deismus vertreten. Obwohl sie nicht allen Gefahren und Versuchungen widersteht, ist diese Tochter eines Schleifers letztendlich ein tugendhaftes, strebsames Mädchen, das nach vielen Wirrnissen endlich mit dem geliebten Manne im heiligen Bund der Ehe ihr Glück findet.

Bevor Theresens Schicksal in den Armen des großmütigen Grafen eine ähnliche Wendung nimmt, erlebt sie einen harten Schlag. Auf der Suche nach Geld reist die verwitwete Mutter mit ihr nach Paris, wo sie stirbt und das Mädchen mittellos zurückläßt. Eine Nachbarin, Madame Bois-Laurier, nimmt sich seiner an und erzählt ihm ihre Lebensgeschichte. Aus Not zur Prostitution gezwungen, gelingt es keinem von über fünfhundert Freiern, sie zu entjungfern. Anstatt ob dieser körperlichen Anomalie den Beruf zu wechseln, nutzt sie das Handicap, um fortan Herren mit eigenwilligen Vorlieben zu dienen. Ein Amerikaner verlangt beispielsweise von ihr, sich einige Schamhaare abschneiden zu lassen, während sie ihn manuell befriedigt. Zwei andere Herren nehmen die Sache selbst in die Hand, während sie nackt durchs Zimmer läuft oder sich mit einem *godemiché* kitzelt. Zwei ältere Lüstlinge bedürfen gleich doppelter Hilfestellung. Den ersten peitscht Madame Bois-Laurier, während eine Kollegin mit entblößtem Busen vor ihm kniet und ihn manipuliert. Letzteres übernimmt ein »courtisan usé de débauche« (151), ein von »Ausschweifungen« (316) ausgezehrter Galan, persönlich. Dabei schaut er seinem Diener zu, der in einem mit Spiegeln ausgekleideten Raum eine der bei-

Philosophie und Liebe

Anonymer Kupferstich zu Thérèse philosophe *(Londres 1782)*

den Frauen besteigt, während die Erzählerin ihm die Hoden streichelt.

In dieser letzten Konstellation spielt der Voyeurismus die größte Rolle; freilich ziehen auch die anderen Herren ihr Vergnügen zu großen Teilen aus der Schaulust. Da der Orgasmus in allen Fällen durch eine Kombination aus Beobachtung und manueller Stimulation hervorgerufen wird, sind auch diese Szenen vollkommen auf die Bedürfnisse des Lesers ausgerichtet, der wie die beschriebenen Herren seine Libido durch das Dargebotene erregen und dann eigenhändig befriedigen kann.

Das seltsame Gebaren der Kunden von Madame Bois-Laurier war bereits im voraus von Abbé T. abgesegnet worden, indem er erklärt hatte, daß der Mensch in seinen Verhaltensweisen determiniert ist. Außerdem hat d'Argens Perversionen ausgewählt, die zwar kurios, doch insgesamt eher harmlos sind. Keine dieser bizarren Phantasien erniedrigt oder schädigt gar die Partner, so daß wir sie ohne größere Probleme akzeptieren können. Die Toleranz der Bois-Laurier endet aber ebenfalls gegenüber Homosexuellen. Wenn es um das »plaisir antiphysique« geht, spricht sie auf einmal von »péché« (164), von Sünde. Allerdings gilt für die Neigungen dieser »monstres« dasselbe wie für alle anderen: sie sind ihnen bestimmt. Dennoch kann die Dame nicht umhin, diese »abscheulichen Feinde« (324) des weiblichen Geschlechts zu hassen. Andererseits beweist ihre angeborene Deformation eindrucksvoll, daß die sogenannte natürliche Sexualität nicht jedem von Natur aus gegeben ist. Bestimmte Menschen sind durch ihre körperliche Disposition gezwungen, andere Wege zur Befriedigung zu suchen, die völlig unabhängig von der reproduktiven Funktion der Genitalien sind.

Thérèse hingegen verwehrt dem geliebten Grafen lediglich aus Angst vor einer Schwangerschaft die Vereinigung, und es gelingt ihm nicht, sie für den coitus interruptus zu erwärmen. Am Ende schließt er die Wette mit ihr, daß sie sich nicht an seiner Sammlung erregender Bücher und Bilder verlustieren können, ohne von ihrem »tempérament amoureux« überwältigt zu werden. Die Rechnung geht auf: Sie ruft den Grafen, um ihm die »dernière faveur« zu gewähren, wobei sie ungeahnte Wonnen erlebt. Er hingegen ist Gentleman genug, um sie in den langen Jahren der Gemeinsamkeit nie dem Risiko einer Geburt auszusetzen.

Diese systematische Trennung von sexueller Lust und Fortpflanzung – ihrer einzigen Legitimation für den frommen Christen – sowie die intensive Diskussion verschiedener philosophischer Fragen machen diesen Text zu einem wichtigen Roman der Aufklärung in dem der Sexualität eine erkenntnistheoretische Bedeutung zukommt. Andererseits entspricht *Thérèse philosophe* wie kaum ein anderes erregendes Werk den Bedürfnissen des Lesers; d'Argens liefert ihm eine Identifikationsfigur nach der anderen. Zuletzt treibt er die Autoreflexivität des erregen-

Elegante Orgien

Anonymer Kupferstich zu Thérèse philosophe *(Londres 1782)*

des Textes auf ihren Höhepunkt, wenn allein die Rezeption derartiger Kunstwerke die Heldin so stimuliert, daß sie alle Vorbehalte über Bord wirft, nur um Befriedigung zu erlangen.

Elegante Orgien

»Les préjugés sont morts [...] Les plus honnêtes gens se permettent tout aujourd'hui«, erklärt der Kolporteur Bricon in *Le Diable au corps*, während er der Marquise seine Sammlung von *godemichés* zeigt. Sie findet sowohl an seiner Ware als auch an seinem hübschen Gesicht Gefallen und antwortet: »Ce qui ne dégoûte pas, à la bonne heure« (I,51). Kaum ein anderer Ausschnitt könnte die Weltsicht des Chevalier Andréa de Nerciat (1734–1800) genauer treffen. Hier müssen keine Vorurteile mehr zerstört werden, die elegante Libertinage bedarf keiner Rechtfertigung. Selbst Standesunterschiede werden überwunden, wenn Schönheit und Temperament dafür sprechen. Einziges Kriterium ist der »goût«, der Geschmack, der gemeinsam mit dem Streben nach sinnlichen Genüssen die Richtschnur allen Handelns bildet – auch für den Stil Nerciats, dessen fröhliches Geplänkel an *marivaudage* oder Crébillons Galanterien erinnern. Allerdings gehen seine Figuren viel direkter auf ihr Ziel zu, das ihren einzigen Lebensinhalt auszumachen scheint. Besonders in seinem ersten Roman, *Félicia ou mes fredaines* (1775), vermittelt uns Nerciat fast ausschließlich die Intrigen der Lustsuchenden, ohne daß wir ihr Vergnügen auch nur in der Vorstellung teilen könnten. Die folgenden Werke, die nach 1789 erscheinen, verbrämt er als eine Kritik an der Zügellosigkeit des *Ancien régime*. Verschiedene Figuren des *Diable au corps* gehören der Sekte der *Aphrodites* (1793) an, einer Art Freimaurerloge, deren Zweck in gemeinsamen Orgien besteht. Die vergnüglichen Treffen – und mit ihnen der Dialog – finden jedoch im Herbst 1791 ein Ende, da die meisten Mitglieder aus dem revolutionären Frankreich fliehen.

Die Sorglosigkeit und die Eleganz, mit der Nerciat seine Figuren auftreten läßt, verraten, daß seine Werke auf einer langen Tradition galanter und erregender Texte beruhen. Eleganz und Leichtigkeit zeichnen die Werke von Nicolas Edme Restif de la Bretonne (1734–1806) leider überhaupt nicht aus. Er bezieht sich in seiner *Anti-Justine* (1798) allerdings ausdrücklich auf den Roman des Marquis de Sade, den er verurteilt, weil er zu Grausamkeiten verleite. Bereits in seiner fiktiven Autobiographie *Monsieur Nicolas* (1796) beschreibt Restif die erregende Wirkung von Literatur voller Überschwang. Die Lektüre eines nicht genannten Buches im Stil von *Thérèse philosophe* versetzt das Blut des Erzählers in derartige Wallungen, daß er im Laufe eines Vormittags vier Mädchen hintereinander mit mehr oder weniger Gewalt nimmt, die letzte sogar dreimal in Folge (vgl. 1042–1044). Im Vorwort der *Anti-Justine* heißt es:

> La Justine de Dsds [de Sade] me tomba sous la main. Elle me mit en feu. Je voulus jouir, et ce fut avec fureur: je mordis les seins de ma monture, je lui tordis la chair des bras ... Honteux de ces excès, effets de ma lecture, je me fis à moi-même un Erotikon savoureux, mais

non cruel, qui m'excita au point de me faire enfiler une bossue bancroche haute de deux pieds. Prenez, lisez, et vous en ferez autant. (285)

> Die Justine von Sade fiel mir in die Hände. Sie entzündete mich. Ich wollte zum Höhepunkt kommen, und es geschah mit Raserei: Ich biß in die Brüste meiner Stute, ich verdrehte ihr die Haut der Arme ... Voller Scham über diesen Exzeß, ein Effekt meiner Lektüre, erschaffte ich mir selbst ein kräftiges aber nicht grausames Erotikon, das mich so sehr erregte, daß ich mir eine bucklige, humpelnde Zwergin vornahm. Greifen Sie zu, lesen Sie, und Sie werden das gleiche tun.

Diese Leseanweisung läßt an Deutlichkeit nichts zu wünschen übrig und selbiges für den folgenden Text erwarten. In viele kurze Kapitel sind die Episoden eingeteilt, deren Inhalt überwiegend aus nicht immer abwechslungsreichen Paarungen besteht. Zu den Eigenheiten Restifs gehören sein Schuh- und Fußfetischismus sowie seine Begeisterung für den Inzest. Schwestern, Mutter und Töchter scheinen die einzigen Frauen zu sein, die den Erzähler wirklich reizen. Daß sie sich ständig des Bidets bedienen, mag man mit seiner Vorliebe für orale Praktiken erklären, die den Damen ungezählte Wonneschauer bereiten. Nachdem er seine Tochter Conquette aus den Klauen eines verbrecherischen Gatten gerettet hat, beginnen im 27. Kapitel die »grandes fouteries«. Der zweite Teil des Buches, der den blasierten Ehemännern gewidmet ist, denen ihre Frauen nichts mehr bedeuten, bricht bald unvermittelt ab, was ob des wenig zusammenhängenden Handlungsverlaufs kein übermäßiger Verlust ist.

Berühmt ist Restif heute weniger als Pornograph, sondern als Autor der 16bändigen *Nuits de Paris*, in denen er die Beobachtungen seiner nächtlichen Streifzüge durch die Kapitale festgehalten hat. Er führte allerdings den Begriff des »pornographe« in die französische Sprache ein, als Titel seines gleichnamigen Buches (1769). Hierbei handelt es sich nur im etymologischen Sinn des Wortes um Pornographie, da er zwar über Prostituierte schreibt, aber lediglich ein Reformprogramm vorlegt, wie man dieses notwendige Gewerbe organisieren sollte. Er schlägt gut geordnete Häuser vor, in denen auch für die Produkte des Geschäfts gesorgt wird. Indem man alle Knaben zu Soldaten macht, würde dem Vaterland zusätzlicher Nutzen aus dieser Institution erwachsen. Die Töchter hingegen sollten im richtigen Alter in die Kleider ihrer Mütter schlüpfen.

Trotz gewisser diktatorischer Züge spricht diese Schrift für Restifs Menschenfreundschaft. Sie wird neben seinem wenig soignierten Stil der Grund dafür gewesen sein, daß seine Abneigung gegen Sade eine reziproke war. Einen niedrigen und kriecherischen Stil, in dem er degoutante Abenteuer in schlechter Gesellschaft schildere, wirft ihm der göttliche Marquis in seiner *Idée sur les Romans* vor. Mit dem Bauernsohn verband ihn wenig, mit seinem provenzalischen Landsmann Honoré-Gabriel de Mirabeau hingegen viel, sie waren sogar entfernte Cousins – er schätze ihn deshalb keinen Deut mehr. Selbst als die beiden Marquis gemeinsam in Vincennes in Festungshaft saßen, bestand ihre Kommunikation nur in wüsten Ausfällen gegeneinander. Beide wurden auf Wunsch ihrer eigenen Familien gefangen gehalten, beide waren ob ihres skandalösen Liebeslebens in Abwesenheit zum Tode verurteilt und symbolisch hingerichtet worden: Sade 1772 in Aix wegen homosexueller Akte mit seinem Diener; Mirabeau vier Jahre später, nachdem er mit seiner Geliebten, der jungen Gattin eines alten Marquis, in die Niederlande geflohen war.

Genau wie Sade wurde Mirabeau in Gefangenschaft zum Autor, verfaßt in Vincennes die einzigen Werke, die ihm unumstritten zugeschrieben werden, *Ma Conversion* und das *Erotika biblion*, beide zuerst 1783 gedruckt. Die Anspielung auf die Heilige Schrift ist beabsichtigt, da diese mit anderen antiken Quellen Mirabeau Belege dafür liefert, daß Griechen, Römer und Hebräer keineswegs so sittenstreng lebten, wie humanistische Verklärung dies glauben machen wollte. Seine Bibelkritik liest sich dabei wie ein Plädoyer für die Freiheiten der eigenen Zeitgenossen, die sich geradezu harmlos ausnehmen gegenüber den Exzessen der vermeintlichen Vorbilder abendländischer Kultur. Die Erotik im Titel des einen Werkes führt ebenso in die Irre wie der religiöse Terminus, mit dem das andere überschrieben ist. Um die Käufer vor einem Trugschluß zu schützen, hieß *Ma Conversion* in der zweiten Auflage von 1784 *Le Libertin de qualité ou Confidences d'un prisonnier au château de Vincennes*. Die Bekehrung dieses Libertins ist eigenwillig:

Elegante Orgien

Jusqu'ici, mon ami, j'ai été un vaurien; j'ai couru les beautés; j'ai fait le difficile. A présent la vertu rentre dans mon cœur; je ne veux plus foutre que pour de l'argent (39).

Bislang, mein Freund, war ich ein Nichtsnutz; ich bin den Schönheiten nachgelaufen; ich war wählerisch. Jetzt kehrt die Tugend in mein Herz zurück; ich will nur noch für Geld vögeln.

Diese Venalität setzen die Biographen meist verschämt in Beziehung zu Mirabeaus Leben. Als Volkstribun dank seiner eindrucksvollen rhetorischen Gaben bald Held der Revolution und 1791 von Volksmassen zu Grabe getragen, wurden seine sterblichen Überreste 1894 aus dem Panthéon entfernt, nachdem man beweisen konnte, daß er versucht hatte, Marie-Antoinette zu helfen, die im Gegenzug seine beträchtlichen Schulden übernahm. Politik spielt jedoch in *Ma Conversion* keine Rolle; hier geht es – was bereits der zitierte Anfang des Romans offenbart – recht handfest um Lust und Liebe, wobei erstere im Vordergrund steht. Wie bei Nerciat und Restif tragen die Figuren sprechende Namen. Die Kundinnen, die eine Kupplerin dem geldgierigen Helden vermittelt, heißen Conbaille, Culsouple und Fortendiable; der Name der jungen Unschuld, in die er sich verliebt, lautet hingegen Julie. Die mitunter etwas derben Szenen gewinnen einen eigenen Charme durch das ungeheure Tempo der Erzählung, die den Leser in einem Strudel mit sich reißt und mit feiner Ironie sowie einer Prise Humor ein gelungenes Gegengewicht zu den Obszönitäten bildet. Die Ironie des Schicksals trifft den Ich-Erzähler am Schluß: Als er aus Geldnöten eine reiche Erbin heiratet, stellt er in der Hochzeitsnacht fest, daß sie schon lange keine Jungfrau mehr ist, trennt sich gekränkt von ihr, muß aber trotzdem die Vaterschaft an einem Kind übernehmen, das ein anderer gezeugt hat.

Erst sieben Jahre nach Mirabeaus Tod erschien *Hic-et-Hec* (sic) *ou l'élève des RR. PP. Jésuites*, weshalb seine Autorenschaft angezweifelt wurde. Der Text ist weniger antiklerikal orientiert, als der Titel vermuten läßt; die Abenteuer des Jesuitenzöglings bestehen in fröhlichen Orgien eines ausgewählten Kreises der besseren Gesellschaft. Der kuriose Name des Abbé Hic-et-Haec verweist auf seine Doppelgeschlechtlichkeit, die jedoch nicht organischer, sondern funktionaler Natur ist. Mit *Le Rideau levé ou l'Éducation de Laure* hat Mirabeau außerdem einen erregenden Roman nach dem klassischen Muster geschrieben; hier lernt ein Mädchen in Theorie und Praxis, wie gut die Liebe tut. Zugleich wird sie davor gewarnt, des Guten zuviel zu tun.

Der göttliche Marquis

Das Maßhalten war bekanntlich keine Tugend des Marquis Donatien-Alphonse-François de Sade (1740–1808). 13 lange Jahre ließ seine Schwiegermutter ihn gefangen halten, weil sie aus gegebenem Anlaß fürchtete, daß er das Vermögen ihrer Tochter verprassen und die Familie durch seine Skandale endgültig entehren würde. Sein Ressentiment gegen diese Dame war nur zu begründet; hinzu kam die Verachtung des alten Schwertadels – im 14. Jahrhundert soll Petrarca die Gattin eines de Sade in der Figur seiner Laura verewigt haben – für den frisch nobilitierten Amtsadel, dem Madame de Montreuil entstammte. Diese Konstellation verleitet dazu, die Allmachtsphantasien und Tabubrüche, die Sades Werk prägen, biographisch zu erklären, doch erscheint es mir aufschlußreicher, dieses Werk in der Tradition des erregenden Romans zu betrachteten – denn erregend sind seine Texte allemal, selbst wenn sie nicht auf jeden Leser so intensiv wirken wie auf Restif de la Bretonne.

La Philosophie dans le boudoir (1795) ist wohl der am wenigsten ›sadistische‹ Roman des Marquis und zeigt gerade deshalb besonders klar die Eigenheiten seines Schreibens, da die Aufmerksamkeit des Lesers nicht von einer Flut der Gewalt betäubt wird. Bereits der Titel verrät, daß genau wie in *Thérèse philosophe* Erotisches mit Weltanschauung verknüpft ist, wobei Sades Denken große Parallelen zu den Lehren des Abbé T. aus diesem Roman aufweist. Der Untertitel *Les instituteurs immoraux* gibt zu verstehen, daß hier – gemäß dem inzwischen klassischen Modell – eine junge Unschuld in die *arcana Veneris* initiiert wird. Zu dieser Form des Unterrichts gehört es beinahe zwingend, daß die Vorurteile der Schülerin zerstört sowie einige gesellschaftliche oder religiöse Sittenregeln außer Kraft gesetzt werden. Dabei betonen die Lehrer, daß sie Falsches durch Richtiges ersetzen, legitimieren ihre Ansichten. Andere Autoren gehen in diesem Punkt zumeist äußerst maßvoll vor, vertreten überwiegend Vorstellungen, die in der Zwischenzeit allgemein anerkannt sind. Wenn in *Thérèse philosophe* für eine freie Entfaltung von Sexualität jenseits aller religiösen Zwänge plädiert wird, soll die Menschheit – oder wenigstens die Protagonistin respektive der Leser – von überflüssigen Zwängen befreit und zu einem erfüllteren Leben geführt werden.

Dies scheint sich bei Sade ähnlich zu verhalten, doch vermitteln seine Texte immer wieder den Eindruck, daß der Tabubruch primär um seiner selbst willen erfolgt. Obwohl auch seine Figuren sich rechtfertigen, werden sie als »instituteurs immoraux«, als unmoralische Erzieher bezeichnet. Das erklärte Ziel der Madame de Saint-Ange ist es, Eugénie zu verderben (»corrompre«, 46): »je veux la rendre aussi scélérate que moi ... aussi impie ... aussi débauchée« (46; »ich will sie ebenso skrupellos machen wie mich selbst ... ebenso gottlos ... ebenso ausschweifend«, 18). Eugénie soll also nicht wie Thérèse zu einer gesunden und vernünftigen Haltung, sondern zur Schlechtigkeit geführt werden. Es nutzt wenig, daß Sades Figuren diese Schlechtigkeit als die einzig richtige Lebensform ausgeben; das Vokabular verrät, daß es hier nicht mehr um die Befreiung von Vorurteilen geht. Sades Helden ziehen ihren Genuß in erster Linie aus dem Verstoß gegen bestehende Werte, die sie nicht wirklich überwinden wollen. Wie die Sprache vom Titel an offenbart, brauchen sie moralische Zwänge, um gegen diese revoltieren, um ihr destruktives Potential auf allen Ebenen ausleben zu können. Indem der göttliche Marquis seine Figuren als »unmoralisch«, als »Verbrecher« bezeichnet, macht er eigentlich all ihre Legitimationsversuche zunichte, führt die ›Lehren‹, die ihr Verhalten rechtfertigen sollen, ad absurdum.

Dieser Widerspruch konnte ihm allerdings nicht entgehen, und er läßt Eugénie am Ende ihrer Ausbildung sagen: »votre ouvrage est fini; ce que les sots appellent la corruption est maintenant assez établi dans moi pour ne laisser même aucun espoir de retour« (257; »euer Werk ist vollbracht; was dumme Menschen Verderbtheit nennen, hat sich in mir so festgesetzt, daß keine Hoffnung auf Umkehr mehr bleibt«, 218). An dieser einen Stelle relativiert sie das moralisierende Vokabular, das den anderen Figuren keinerlei Probleme zu bereiten scheint. »Je suis un coupable, un infracteur, je le sais« (114; »Ich bin schuldig, ein Gesetzesbrecher, ich weiß es«, 104), brüstet sich der homosexuelle Libertin Dolmancé, der über ein ausgeprägtes Schuldbewußtsein verfügt: »Ne me forcez pas à vous dévoiler mes fautes: leur nombre et leur espèce me contraindraient trop à rougir« (109; »Zwingen Sie mich nicht, Ihnen meine Verfehlungen zu enthüllen: Ihre Anzahl und ihre Beschaffenheit ließen mich zu leicht erröten«, 98). Er beharrt auf seinem Atheismus, kennt aber im Moment der höchsten Lust kein größeres Vergnügen, als Gott zu fluchen. Wenigstens ist er sich der Absurdität dieses Verhaltens bewußt und versucht, es zu erklären, ohne uns jedoch zu befriedigen. »Mais c'est qu'il est essentiel de prononcer des mots forts ou sales, dans l'ivresse du plaisir, et que ceux du blasphème servent bien l'imagination« (125; »Aber es ist wichtig, in der Trunkenheit der Lust kräftige und zotige Worte von sich zu geben, und Blasphemien regen die Phantasie besonders stark an«, 119). Der Gedanke, daß kräftiges Vokabular das Liebesspiel würzen kann, ist nun wirklich keine Erfindung Sades, dennoch treibt er den Tabubruch aufs äußerste, plädiert für Blasphemie und nimmt dafür sogar den Widersinn in Kauf, einen Atheisten Gott schmähen zu lassen. Genau im Verstoß gegen alle herrschenden Moralvorschriften scheint Eugénies größtes Vergnügen während der Schlußapotheose zu liegen.

> Venez, belle maman, venez, que je vous serve de mari. Il est un peu plus gros que celui de votre époux, n'est-ce pas, ma chère? N'importe, il entrera ... Ah! tu cries, ma mère, tu cries, quand ta fille te fout! ... Et toi, Dolmancé, tu m'encules! ... Me voilà donc à la fois incestueuse, adultère, sodomite, et tout cela pour une fille qui n'est dépucelée que d'aujourd'hui! .. Que de progrès, mes amis! ... avec quelle rapidité je parcours la route épineuse du vice! (278)

> Kommen Sie, schöne Mama, kommen Sie, damit ich Ihnen den Ehemann spiele. Er ist ein wenig größer als der Ihres Gatten, nicht wahr, meine Teure? Egal, er wird hineingehen ... Ach! Du schreist Mutter, du schreist, wenn deine Tochter dich fickt! ... Und du, Dolmancé, du arschfickst mich! ... Ich bin also Blutschänderin, Ehebrecherin, und Sodomitin zugleich, und das alles bei einem Mädchen, das erst heute entjungfert ist! ... Welch ein Fortschritt, meine Freunde ... Mit welcher Schnelligkeit durchlaufe ich die dornige Straße des Lasters! (306)

Statt befreitem Genuß erlebt sie Genuß durch den bewußten Verstoß gegen Verbote, obwohl ein solches Verhalten zuvor in den zahlreichen philosophischen Passagen legitimiert wird, also keine Besonderheit mehr darstellen dürfte. Wie sehr Sades Denken dennoch in den Kategorien von Laster und Tugend befangen ist, kommt bereits im Titel der 1787 verfaßten *Infortunes de la vertue* zum Ausdruck. Hier verkehrt er das übliche Schema, indem er der tugendhaften, blonden Justine alles Unglück auf den Hals hetzt, wohingegen ihre brünette Schwester Juliette die *prosperités du vice* erlebt, trotz aller Schandtaten ein glückliches Leben führt.

Inhaltlich und stilistisch reiht sich die *Philosophie dans le Boudoir* nahtlos in die Tradition des erregenden Romans ein. Das Sujet – die praktische und theoretische Unterweisung eines Mädchens in Liebesdinge – ist altbewährt, die Dialogform ebenso. Genau wie in der *Académie des Dames* oder den Werken Nerciats finden die heftigen Umarmungen im Gespräch wie auf einer Bühne statt, und wir können nicht ausschließen, daß dem Autor, der 1791 mehrere Theaterstücke zur Aufführung gebracht hatte, auch eine Inszenierung dieses Werkes vorschwebte – gegen die allerdings dieselben körperlichen Vorbehalte gesprochen hätten, die wir für das Geheimtheater angeführt haben. Gemäß dem bekannten Muster lernt Eugénie zunächst die Bedeutung der verschiedenen in diesem Kontext relevanten obszönen Vokabeln, wobei die Lehrer, Dolmancé und Madame de Saint-Ange, ihr erste Wonneschauer bereiten. Sade respektiert auch die Tradition, daß eine Frau die Fäden in der Hand hält, eine Frau, die nach außen den Anschein der Sittenstrenge wahrt und hinter dieser Fassade hemmungslos ihre Triebe auslebt. Wenn sie erzählt, wie sie sich 15 Männern hingegeben hat, kommt darin aber vor allem Sades Besessenheit von Zahlen und großen Mengen zum Ausdruck, jedoch nichts grundsätzlich Neues, da sich bereits Tullie mit vier Galanen zur selben Zeit vergnügte. Ebenso erfolgt bei den Konstellationen des Aktes lediglich eine quantitative und keine qualitative Steigerung. Eine bunte Reihe aus Männlein und Weiblein, die mit echten oder künstlichen Penissen zusammengesteckt sind, finden wir schon in Aretinos *Ragionamenti* aus dem Jahre 1534! Inzest und andere Deviationen oder Diskussionen über Empfängnisverhütung und Abtreibung sind ebenfalls von seinen Vorgängern beschrieben worden; lediglich die Umsetzung fäkaler Phantasien, die in den *120 Journées de Sodome* in extenso betrieben wird, hatten sie dem Leser erspart.

Nicht einmal die Verquickung von Sex und Weltanschauung hat der göttliche Marquis erfunden. Aus gutem Grund ist *Thérèse philosophe* eines der wenigen Bücher, für das er Juliette ein Lob in den Mund legt. Es sei das einzige, das das Ziel gezeigt habe, ohne es jedoch ganz zu erreichen, das einzige, das Unzucht und Gottlosigkeit auf angenehme Weise miteinander verbunden habe und endlich der Vorstellung von einem unmoralischen Buch nahekomme.[10] Selbst bei dieser Beurteilung wird Sades System ganz und gar von moralischen Begriffen geprägt. Nach diesem Lob überrascht es nicht, daß seine Philosophie weitgehend mit dem Materialismus und Determinismus seines provenzalischen Landsmanns d'Argens übereinstimmt. Dolmancé erklärt Eugénie, daß alle Extravaganzen naturgegeben sind, und der Chevalier de Mirvel, Bruder von Madame de Saint-Ange, bestätigt dies:

> [...] l'homme est-il le maître de ses goûts? Il faut plaindre ceux qui en ont de singuliers, mais ne les insulter jamais; leur tort est celui de la nature; ils n'étaient pas plus les maîtres d'arriver au monde avec des goûts différents que nous ne le sommes de naître ou bancal ou bien fait. (42)
>
> Ist der Mensch etwa Herr seiner Neigungen? Man muß Menschen, die absonderliche Neigungen haben, beklagen, nicht beschimpfen. Ihr Mangel ist ein Mangel der Natur. Es stand nicht mehr in ihrer Macht, mit anderen Neigungen zur Welt zu kommen, als es in unserer steht, verwachsen oder gerade geboren zu werden.« (13)

Das rein mechanistische Weltbild des göttlichen Marquis kommt plastisch zum Ausdruck in jener Szene der *Juliette*, in der die Titelheldin und Clairwil ihre Gefährtin, Olympe de Borghèse, in den Vesuv werfen. Als der Vulkan kurz darauf zu rumoren beginnt, befürchtet Juliette eine natürliche Strafe. Clairwil klärt sie über ihren Irrtum auf und versichert ihr, daß es aufgrund der Na-

---

10 »[Cet] ouvrage charmant du marquis d'Argens [...] le seul qui ait montré le but, sans néanmoins l'atteindre tout à fait; l'unique qui ait agréablement lié la luxure à l'impiété, et qui [...] donnera enfin l'idée d'un livre immoral« (Sade, Œuvres complètes, Bd. VIII, 443).

turgesetze jedesmal zu einer kleine Eruption käme, wenn eine größere Masse in das Magma eindringt (vgl. IX, 417f).

Welches ist aber das Ziel, das d'Argens verfehlt haben soll und Sade erreichen will? In *Thérèse philosophe* heißt es ausdrücklich, daß Respekt vor den Mitmenschen wie auch – zumindest äußerlich – vor den Konventionen für das Glück des Individuums unerläßlich ist. Genau gegen diese Begrenzung rebellieren Sades Figuren. Der Wunsch zu dominieren (»envie de dominer«, 260) bestimmt ihr Denken und Handeln. Obwohl sie einerseits Schranken brauchen, um sie zu durchbrechen, erkennen sie keine dieser Schranken letztendlich an. Diese Schizophrenie prägt Sades Werk mindestens im selben Maße wie die Grausamkeit. Doch selbst seine Versuche, sadistische Vergnügen zu begründen, brillieren nicht durch Logik. Dolmancé geht davon aus, daß man sich im Akt der Lust für alles und die anderen für nichts zählt (»dans l'acte du plaisir, à se compter pour tout et les autres pour rien«, 128). Der Einzelne möchte folglich so stark wie möglich erregt werden.

> En partant de ce point, il ne s'agit pas de savoir si nos procédés plairont ou déplairont à l'objet qui nous sert, il s'agit seulement d'ébranler la masse de nos nerfs par le choc le plus violent possible; or, il n'est pas douteux que la douleur affectant bien plus vivement que le plaisir, les chocs résultatifs sur nous de cette sensation produite sur les autres seront essentiellement d'une vibration plus vigoureuse, retentiront plus énergiquement en nous (127).

> Geht man von dieser Voraussetzung aus, dann handelt es sich nicht darum, ob unser Verfahren dem Objekt unserer Wollust gefällt oder nicht, es geht lediglich darum, die Gesamtheit unserer Nerven durch einen möglichst heftigen Schock zu erschüttern; und da nun zweifellos der Schmerz eine sehr viel heftigere Empfindung ist als die Lust, ist auch der Schock, der auf unsere Nerven zurückwirkt, wenn wir diese Empfindung im anderen erregen, viel heftiger; sie geraten in viel stärkeres Beben; der Schock schwingt länger in uns nach (121f).

Wie allerdings das Echo des fremden Schmerzes in uns zu Lust umgewandelt wird, verrät er nicht. Da er die Lust am Schmerz anderer ausschließlich pysiologisch erklären will und individualpsychologische Argumente außer acht läßt, scheitert er mit deren Begründung. Dies bereitet dem Autor jedoch keine wirklichen Probleme, da die Allmacht des Individuums den eigentlichen Kern seiner Anthropologie bildet. Wie grausam sein persönlicher Konflikt in einer Lebensrealität, in der ihm sogar das Recht auf Hofgang verwehrt wurde, getobt haben muß, können wir kaum erahnen.

Als Dolmancé das Thema der Gewalt im Sexualakt später wieder aufnimmt, berücksichtigt er zwar auch emotionale Aspekte, widerspricht sich aber erneut. Im Moment des Orgasmus, so sagt er, wollen wir, daß sich alle anderen um uns kümmern (vgl. 259). Es kann also nicht in unserem Interesse liegen, daß sie unsere Lust teilen.

> Il est faux d'ailleurs qu'il y ait du plaisir à en donner aux autres; c'est les servir, cela, et l'homme qui bande est loin du désir d'être utile aux autres. En faisant du mal, au contraire, il éprouve tous les charmes que goûte un individu nerveux à faire usage de ses forces; il domine alors, il est *tyran*. (260)

> Es ist übrigens falsch, daß man Lust gewänne, wenn man andern Lust bereitet; das hieße, ihnen zu dienen, und der Mensch, der spannt, ist weit von dem Verlangen entfernt, anderen nützlich zu sein. Im Gegenteil, wenn er Schmerz zufügt, kostet er alle Reize, die ein kraftvolles Wesen empfindet, wenn es von seinen Kräften Gebrauch macht; dann ist er der Herrscher, ist er der Tyrann. (284)

Wenn wir den anderen keine Lust verschaffen sollen, um sie von ihrem Bemühen um unser Wohlergehen nicht abzulenken, dann ist es unsinnig, sie durch einen noch stärkeren Sinnesreiz, den Schmerz, bei dieser Aufgabe zu stören – unabhängig von dem Stimulus des eigenen »amour-propre«.

Im Gegensatz zu seinen theoretischen Ausführungen legt gerade Dolmancé bei der komplizierten Sexualgymnastik äußersten Wert darauf, daß alle Beteiligten gleichzeitig ejakulieren – »Un peu d'ensemble, mes amis; si vous vouliez seulement m'accorder deux minutes, je vous aurais bientôt atteints, et nous partirions tous à la fois« (168) – und er ergötzt sich mit der Saint-Ange an Eugénies fast unbegrenzter Reizbarkeit.[11] All diese lo-

---

11 »Rien de si simple: l'objet majeur, ce me semble, est que je décharge, en donnant à cette charmante petite fille le plus de plaisir que je pourrai.« (111) »Der wichtigste Punkt scheint mir, daß ich zum Orgasmus gelange und gleichzeitig diesem entzückenden jungen Frauenzimmer die größte Lust verschaffe, die ich zu verschaffen vermag« (100).

Anonymer Kupferstich zu La Philosophie dans le boudoir *(1795)*

gischen Brüche legen in letzter Konsequenz dar, daß der Marquis de Sade kein schlüssiges theoretisches Modell schaffen, sondern dem genießenden Individuum die absolute Macht des Tyrannen einräumen wollte. Diese Allmachtsphantasien prägen selbst die *tableaux vivants*, da der Autor sich nicht der Mühe unterzieht, die Gesetze der Schwerkraft oder der Anatomie zu berücksichtigen, so daß die berüchtigten Sadeschen Pyramiden entstehen.

In einer Hinsicht hat Sade den Roman allerdings mit größter Konsequenz aufgebaut: Eugénie lernt alle gängigen Methoden sexueller Vereinigung und Befriedigung kennen, bevor sie entjungfert wird. Wahrscheinlich wollte der Autor damit den einzigen als ›natürlich‹ akzeptierten Weg zu einer von vielen Möglichkeiten degradieren, verleiht ihm aber gerade durch die Position am Ende der Initiation wiederum eine Sonderrolle.

Noch vor der vaginalen Defloration erlebt das Mädchen auch die Verbindung von Lust und Schmerz. In dieser Szene zeigt sich in aller Klarheit, daß Sades Figuren keine ›Sado-masochisten‹ sind, da sie eben keine Lust *am* Schmerz empfinden. Vielmehr nehmen sie die Prozedur der Rutenstreiche aus genau dem Grund auf sich, der bereits Sempronie in der *Académie des Dames* zu den Bußübungen geführt hat: Nach diesem »préliminaire« (165), das Eugénie wie schon Octavie und Fanny Hill nur Schmerzen bereitet, wird ihr die anschließende Umarmung um so mehr Vergnügen bereiten; »comme vous allez avoir du plaisir à foutre maintenant« (166), verspricht ihr Dolmancé nicht zu unrecht.

Der Aufbau der erregenden Szenen der *Philosophie dans le boudoir* entspricht grundsätzlich demjenigen der *Académie des Dames*, die Liebesspiele finden im Dialog statt; freilich nimmt die Erzählung vergangener Abenteuer sehr viel weniger und der Entwurf von Gedankengebäuden mehr Raum ein. Dem Voyeurismus wird bereits durch das Ambiente Rechnung getragen, ein verspiegeltes Boudoir, in dem die Aktiven nur mit Gaze-Gewändern bekleidet sind. Wenn Dolmancé Anweisungen erteilt, wie die Kombattanten sich aufreihen oder verknoten sollen, vermittelt er nicht nur dem Leser ein recht genaues Bild der jeweiligen Konstellation; er achtet auch sorgfältig darauf, daß sie ihm selbst zur Augenweide gereicht.

Wie schon in Choriers Roman sind Potenz und Genußfähigkeit schier unbegrenzt: Die Männer kennen keine Schwächen und die Frauen erleben bei fast jeder der vielen Umarmungen an diesem einen Tage mindestens ein halbes Dutzend Höhepunkte – auch hier läßt Sade sich nicht durch die Gesetze der Wahrscheinlichkeiten beschränken. Seine Figuren unterscheiden sich darin von ihren Vorbildern, daß sie mit einer wahren Rage gegen alle Tabus und Grenzen ankämpfen, um ihr eigenes Vergnügen maximal zu potenzieren, was ihnen bestens gelingt. Da also hier die Lust mit aller Gewalt aufs Äußerste gesteigert wird, muß sich diese ungeheure Spannung geradezu auf den Leser übertragen. »Tout est dit« (286), sagt Dolmancé am Ende der *Philosophie dans le boudoir*, und in der Tat werden die nachgeborenen Autoren nur wenig hinzuzufügen wissen.

Nach Sade

Die Psychoanalyse hat den Namen des Marquis de Sade untrennbar mit demjenigen Sacher-Masochs verbunden, und es spricht für die Bedeutung der Literatur, daß zwei der bekanntesten Formen devianten Sexualverhaltens nicht nach Medizinern, sondern nach Autoren benannt wurden. Beide Namen werden heute oft in einem Atemzug genannt, die gewaltigen Unterschiede zwischen den Personen und ihren Werken aber meist vergessen. Die sexuellen Vorlieben ihrer Figuren bilden dabei noch den geringsten Kontrast. Während Sade brutal aus der Gesellschaft ausgeschlossen wurde, lebte Sacher-Masoch (1836–1895), Sohn des Polizeipräsidenten von Lemberg, angesehen als Professor für Geschichte in Graz; indessen wies auch sein Privatleben gewisse Parallelen zu seinen Romanhandlungen auf. Seine Werke erschienen unbeanstandet von der Zensur, der er offensichtlich Genüge tat, indem er genitale Intimitäten bestenfalls zart andeutete. So feierten ihn *Le Figaro* und *La Revue des Deux Mondes* 1886 bei seinem triumphalen Empfang in Paris als bedeutenden Schriftsteller.

Die *Venus im Pelz* können wir zwar nicht im engeren Sinn zur erregenden Literatur rechnen – auch hierin unterscheidet sich der Roman radikal von den Werken des Marquis – er ist jedoch symptomatisch für zwei der wenigen neuen Tendenzen, die wir nach Sade überhaupt noch finden. Zum einen ist dies die Lust am Schmerz, die vor allem im Viktorianischen England die Gattung dominiert; zum anderen ist Sacher-Masoch einer der ersten Autoren, die individualpsychologische Erklärungsmodelle für die Vorlieben ihrer Figuren liefern, die gerade in der Flagellationsliteratur selten anzutreffen sind.

Die Qual der Lust

Da spätestens seit Aretino im erregenden Text die Genüsse bis zur Übertreibung gesteigert werden, scheint es schwer, diese Spirale nach den Sadeschen Exzessen noch höher zu schrauben. So bleibt späteren Autoren neben den beiden genannten Neuerungen nicht viel Spielraum. Tatsächlich greifen die meisten auf die tradierten Modelle zurück, wobei gerade ›große‹ Schriftsteller wie Pierre Louÿs oder Apollinaire in die Parodie ausweichen. Dies ist, wie wir gesehen haben, ebenfalls ein Bestandteil der Tradition, der in einem bemerkenswerten Kontrast zu der vielleicht spannendsten Entwicklung steht, die ich als ›Literarisierung‹ der Sexualität bezeichnen möchte; ich meine damit die zunehmende literarische Aneignung dieses Themas als einem unter vielen anderen, so daß die Freuden körperlicher Liebe heute beschrieben werden können, ohne Tabus zu brechen oder den Leser zu stimulieren.

Auf diese beiden Elemente zu verzichten, lag Alfred de Musset offenbar sehr fern, als er *Gamiani* (1833) verfaßte, angeblich in drei Tagen, nachdem er gewettet hatte, ein Erotikon ohne ein einziges ›unanständiges‹ Wort produzieren zu können. Nicht nur dies ist ihm gelungen. In Anlehnung an diverse literarische Vorbilder hat er einen Roman geschrieben, in dem nicht der Schmerz, sondern die Lust selbst derartige Qualen bereitet, daß nur die ständige Übersteigerung vorübergehende Linderung verschafft und letztendlich der gemeinsame Liebestod den einzigen Ausweg weist – ganz konnte sich der romantische Dichter und spätere Liebhaber von George Sand nicht einmal in den wildesten Orgien verleugnen.

»Je ne crois pas, en effet, que la rage des priapées, la soif de la chair, les incendies utérins des femmes, aient jamais été dépeints par nulle plume plus puissante et plus experte, en l'art de rendre les affolements du cerveau et la détresse des jouissances inachevées!« (30; »Ich glaube nicht, daß die Rage der Priapea, der Durst des Fleisches, die uterinen Feuer der Frauen jemals von einer Feder beschrieben wurden, die kräftiger war und kundiger in der Kunst, die Aufgeregtheit des Hirns und das Elend unerfüllter Wollust wiederzugeben!«) Dies schreibt J.-K. Huysmans in einem Essai über *Gamiani*, der in der hier zitierten Ausgabe abgedruckt ist, und wir dürfen uns seinem Urteil vollkommen anschließen, denn nicht einmal die vielfältigen intertextuellen Bezüge bremsen den Taumel dieses Deliriums. Musset unternimmt keinerlei Anstrengungen, um seine Vorbilder, die *Académie des Dames* und *Fanny Hill*, zu verheimlichen. Fanny heißt eine junge Unschuld, die von der Comtesse Gamiani, einer berüchtigten Tribade, verführt wird. Hier ist es nun ein Mann, Alcide, der den beiden zuschaut, bis er sich nicht mehr halten kann, ins Schlafgemach stürmt und Fanny defloriert. Zu Beginn des kurzen Textes tritt er als beobachtender Ich-Erzähler auf (»Renfermé dans mon rôle habituel d'observateur«, 43), nimmt sich in dieser Rolle jedoch stark zurück; im weiteren dominiert der Dialog. Das tradierte Muster, daß fremde Lust erregt, kommt auch in *Gamiani* immer wieder zum Tragen, indem mehrere Voyeure auftreten und andererseits die Figuren ihre Lebensgeschichten zum besten geben, was den bekannten Effekt auf die Zuhörer nicht verfehlt. Die Titelheldin wird in ihrer Jugend genau wie Octavie zu einem Priester gebracht, der die Kasteiung des Fleisches nicht nur predigt. Allerdings findet sie nach der schmerzhaften Prozedur nicht in den Armen eines geliebten Mannes Trost, sondern wird vor den Augen ihrer Tante brutal entjungfert und von mehr als 20 Mönchen vergewaltigt. Die gleiche Übersteigerung finden wir später, wenn sie sich mehreren Männern gleichzeitig hingibt oder wenn der Erzähler berichtet, wie er von dem Fieber, das der im Körper angestaute Samen verursacht hatte, geheilt wurde. Sein Arzt empfahl jedoch ein weniger unschuldiges Remedium als der Abbé T. oder Doktor Bordeu in Diderots *Rêve de d'Alembert*. So glaubt Alcide zu träumen, als er drei junge Frauen an seinem Bett stehen sieht, die ihm – sozusagen auf Rezept – gemeinsam in die *arcana Veneris* initiieren, um ihn von seinen nächtlichen Delirien zu befreien.

Die Wahnvorstellungen des pubertierenden Jungen im Fieber sind von Literatur getränkt, es erscheinen ihm nicht die Nachbarsmädchen oder andere Frauen; nein, die Erinnerung an seine Schullektüre (»mes souvernirs classiques«) spiegelt ihm den Olymp in voller Brunst vor (»je vis Jupiter en feu, Junon maniant sa foudre; je vis tout l'Olympe en rut dans un désordre, un pêle-mêle étranges«, 70). Die Titelheldin vergleicht der Erzähler mit Fœdora, einer Figur Balzacs, während sie selbst einen englischen Lord, der sie zum ersten Mal die seelische Verbundenheit empfinden läßt, als »enthousiaste et rêveur comme un Oswald« (115) bezeichnet. Sir Edward ist allerdings nicht so unentschlossen wie der unglückliche Liebhaber aus Madame de Staëls Roman *Corinne ou l'Italie*, vergewaltigt die junge Comtesse im Schlaf und zerstört endgültig ihre Hoffnung auf ein Glück in den hergebrachten Bahnen. Musset reiht sich explizit in die Tradition der gefeierten sowie der verbotenen Literatur ein. Dazu gehören auch die Bacchanalien in dem Kloster, in dem Gamiani vor ihrer schrecklichen Tante Zuflucht sucht, jedoch vom Regen in die Traufe gerät, von den Nonnen endgültig verdorben wird: »Leur science fatale m'a perdue pour jamais.« (62) Wie Diderots Religieuse gerät sie in die Fänge einer lesbischen Oberin, was jedoch, anders als dort, mit großem gegenseitigem Entzücken geschieht. Gleich den Mönchen im *Portier des Chartreux* verfügen die Nonnen über einen Tempel für ihre »saturnales« (105), in dem ihnen aber Partner des anderen Geschlechts fehlen. Doch ihr Erfindungsreichtum und die bekannten Utensilien helfen ihnen über diesen Mangel hinweg. Mitunter bedarf die eine oder andere Schwester einer speziellen Behandlung:

> Elle se relevait égarée, nous regardait d'un air de folle et entrait aussitôt dans les plus violentes convulsions. Six personnes avaient peine à la comprimer. Il n'y avait que le lèchement d'un chien qui pût la calmer. Sa fureur s'épanchait à flots; mais si le soulagement n'arrivait pas, la malheureuse devenait plus terrible et demandait à grands cris un âne. (110f)

> Inmitten dieser Folterungen erwachte sie; sie sah uns wie eine Wahnsinnige an und verfiel sofort in krampfhafte Zuckungen. Kaum waren sechs von uns imstande, sie festzuhalten. Nur die schleckende Zunge eines Hundes vermochte sie zu beruhigen. In Strömen ergoß sich ihr Liebessaft. Wenn aber diese Erleichterung sich einmal nicht einstellte, dann wurde die Unglückliche geradezu entsetzlich in ihrer Raserei und schrie laut nach einem Esel. (179f)

Die Bestialität dieser Szene ist nicht ihr typischstes Element. Zwar waren zuvor bereits ein Orang-Utan und ein anderer Hund zum Einsatz gekommen, wobei dieser Hund gewiß nicht zufällig auf den Namen Médor hört: Bereits Nicolas Chorier hatte einen der vier Herren der *Académie des Dames* so benannt, nach dem Soldaten, der glücklicher ist als der Titelheld von Ariosts *Orlando furioso* und das Herz der schönen Angelica gewinnt. Die zitierte Szene ist insofern bezeichnend für *Gamiani*, da die Tiere nicht wie bei übersättigten römischen Damen auf der Suche nach raffinierten Stimuli überlegt genutzt werden. Musset führt uns den geradezu verzweifelten Kampf einer »Unglücklichen« um Erlösung vor, der den Kern des Textes bildet. Entspanntes Glück zu zweit ist seinen Figuren nicht mehr möglich; sie brechen die Tabus aber nicht, um sich die eigene Allmacht zu beweisen, sondern um sich von einer quälenden Anspannung zu befreien. Diese einerseits negative Darstellung der Sexualität wirkt andererseits besonders erregend, da die mühsam erlangten Entladungen um so heftiger sind, je wilder sie begehrt wurden.

Wenn Musset das Muster aufgreift, daß die Figuren von ihren vergangenen Abenteuer berichten, eröffnet er nicht nur durch die rabiate Leidenschaftlichkeit eine – von Sade abgesehen – neue Dimension. Hier erfahren wir endlich, wie Gamianis rasende Lüste entstanden, warum gewöhnliche Genüsse ihr keine Befriedigung mehr bereiten. Gleich Justine ist sie ein Opfer, das sich durch Erfahrungen in eine Juliette wandelt, die zwar nicht das Verbrechen um seiner selbst willen schätzt, aber keine Rücksicht mehr kennt, um ihren ständig überreizten Sinnen die erforderlichen Stimuli zu verschaffen. Schließlich scheut sie nicht davor zurück, die von Begierde benommene Fanny zu vergiften, selbst die andere Hälfte der Fiole zu leeren, um in der gemeinsamen Agonie rasende Lust mit rasendem Schmerz zu vereinen: »Je meurs dans la rage du plaisir, dans la rage de la douleur« (125).

Gamianis sexuelle Deviation wird aus ihrer persönlichen Geschichte psychologisch begründet, so daß das Entsetzen des Erzählers über ihre Raserei von Mitleid für die Frau durchdrungen ist, die verzweifelt, ja zwanghaft nach Erlösung von der unerträglichen Spannung ihrer Nerven sucht. Auch Fannys Beispiel soll uns lehren, daß unsere Vorlieben nicht angeboren, sondern anerzogen sind, das Ergebnis ›schlechten‹ Einflusses. Eine Nacht in den Fängen der frenetischen Comtesse hat das junge Mädchen für immer ›verdorben‹. Alle Zärtlichkeit des Geliebten kann ihr nicht mehr genügen; ihre erhitzte Phantasie treibt sie zurück in die Arme der verabscheuten Frau. Anders als in vielen erregenden Romanen des 18. Jahrhunderts gilt nicht mehr die Maxime, daß alle Spielarten natürliche, naturgegebene Veranlagungen sind. Dieser Text demonstriert, wie eine junge Unschuld nicht mehr zu sexueller Freiheit erzogen, sondern pervertiert wird. Das psychologische Erklärungsmodell, das zunächst eine Entlastung der zügellosen Protagonistin zu bringen scheint, stellt letztendlich eine Anklage dar – also einen gewaltigen Rückschritt gegenüber der Toleranz der Aufklärer – da eben Schuldige dafür benannt werden können, daß Gamiani und Fanny dieses schreckliche Ende finden. Damit ist *Gamiani* typisch für das 19. Jahrhundert, denn hier wird Sexualität mit Schuld beladen, und das Glück der gemeinsamen Erfüllung bleibt verwehrt.

Die Lust am Schmerz

Wie zwiespältig Sexualität im 19. Jahrhundert betrachtet wird, wissen wir spätestens, seitdem Steven Marcus uns 1964 *The Other Victorians* präsentiert hat. Nicht zu unrecht wirft ihm zwanzig Jahre später Peter Gay in seiner umfassenden Studie über *Sexualität im bürgerlichen Zeitalter* vor, untypische Quellen verallgemeinert zu haben; dennoch war Marcus einer der ersten, der unseren Blick für die Kehrseite einer eben nicht nur prüden Gesellschaft geschärft hat. Einerseits verbannten die Kuratoren jener Zeit Bücher, Bilder und andere Kunstwerke in Giftschränke und Magazine. Noch 1818 wurden die *Amori de' Carracci* (s. S. 68) als Prunkstücke der Wiener Ausstellung gefeiert, die den aus Napoleonischer Verschleppung zurückgekehrten Kostbarkeiten gewidmet war; wenig später verschwanden sie für mehr als zweihundert Jahre im Depot. Andererseits publizierte man um 1830 Memoiren von Saint-Simon, Tallemant des Réaux (s. S. 171) und Giacomo Casanova (1725–1798), von denen besonders letztere den Freuden der Liebe gewidmet sind. 1824 gab Friedrich-Karl Forberg, Bibliothekar in Coburg, Beccadellis lateinische Epigrammsammlung *Hermaphroditus* (s. S. 158) heraus, mit einem Nachtrag von »176 enggedruckten

Agostino Carracci: Das Goldene Zeitalter. Kupferstich nach dem gleichnamigen, ihm zugeschriebenen Gemälde (um 1600).

Oktavseiten, [...] ein vollständiges Handbuch all dessen, was wir von dem Geschlechtsleben des klassischen Altertums wissen« (Englisch 586).

Orientalische Liebeslehren kamen ebenfalls nach Europa. Ein französischer Offizier übersetzte den *Blühenden Garten* des Scheik Nefzaui (s. S. 64), der erst handschriftliche Verbreitung fand und 1885 gedruckt wurde. Bereits zwei Jahre zuvor war die erste englische Version des *Kamasutra* erschienen. In jenen Jahren machte Alcide Bonneau sich als Herausgeber und Übersetzer einer Vielzahl erregender Werke wie Aretinos *Ragionamenti* verdient, die seit langem vom Markt verschwunden waren. Der ständig auf der Flucht vor der Polizei lebende Verleger Jules Gay veröffentlichte 1871–73 die monumentale sechsbändige *Bibliographie des ouvrages relatifs à l'amour, aux femmes, et au mariage, et des livres fecétieux, pantagrueliques, scatologiques, satyriques etc.*; in England ließ Pisanus Fraxi alias Henry Spencer Ashbee 1877 seinen *Index Librorum Prohibitorum: being Notes Bio-Biblio-Icono-graphical and Critical, on Curious and Uncommon Books* drukken.

Die Gespaltenheit jener Epoche verkörpert Leopold von Sacher-Masoch. Der studierte Jurist lehrte Geschichte an der Universität Graz, bis seine Schriftstellerei sich einträglich genug entwickelte. Zumindest privat lebte der anerkannte Autor einige der Phantasien seiner Helden aus: Krafft-Ebing druckte in der *Psychopathia sexualis* zwei Verträge ab, in denen »Dr. Leopold Ritter von Sacher-Masoch« sich jeweils als Sklave dem Willen einer Frau unterwirft – genau wie Severin, das ›Opfer‹ der *Venus im Pelz*. Über genitale Sexualität erfahren wir in diesem Roman zwar kaum mehr als bei Courths-Mahler, allerdings dreht sich alles um die Stimulation der Sinnlichkeit, um die Inszenierung einer extravaganten Liebesbeziehung, so daß *Meyers Konversationslexikon* von 1897 dem Autor zwei Jahre nach seinem Tod »einen Realismus, der in hohem Grade bedenklich ist«, vorwirft. Der Verfasser des Artikels hat auch erkannt, daß keine allgemeine Lust am Schmerz empfunden wird, sondern die »Lust am Geprügeltwerden vom geliebten Weibe«, zu der wir als wesentliches Element den Genuß an der Unterwerfung hinzufügen müssen. Folgerichtig wird Severin von seiner Vorliebe »kuriert« (16), als Wanda, die Venus im Pelz, ihn von ihrem neuen Geliebten auspeitschen läßt und anschließend mit diesem abreist.

Während die Handlung von *Gamiani* implizit die These repräsentiert, daß ›schlechter‹ Umgang zu sexuellen Deviationen mit verheerenden Folgen führt, gilt in der *Venus im Pelz* ein ungeregelter Lebenswandel als primäre Ursache für das ›unmännliche‹ Verhalten des Helden. Als Sohn reicher Eltern lebt Severin völlig frei, dilettiert »in der Malerei, der Poesie, der Musik und noch einigen anderen jener sogenannten brotlosen Künste«, kommt aber »nie weit über die Grundierung, den Plan, den ersten Akt, die erste Strophe« (18) hinaus. Als er nach der dramatischen Trennung von Wanda nicht weiß, was er tun soll, verlangt sein alter, kranker Vater nach ihm, er erhält plötzlich eine Aufgabe, lernt, was er »bisher nicht gekannt, [...] *arbeiten und Pflichten erfüllen*« (137). Die Selbstdisziplin behält er nach dem Tod des Vaters bei, legt sich »selbst den spanischen Stiefel« (137) an. Er hat begriffen, daß dem Mann nur die Wahl bleibt, »Tyrann oder Sklave des Weibes zu sein« (16), und sich für erstere Lösung entschieden.

Die eigentliche Romanhandlung, Severins Verbindung mit Wanda, steht damit in einem doppelten moralischen Licht. Einerseits werden beide als haltlos verurteilt, andererseits gelingt es Wanda, den jungen Phantasten zu heilen. »Ich hoffe, Sie sind unter meiner Peitsche gesund geworden, die Kur war grausam aber radikal« (137), schreibt sie ihm einige Jahre später. Severins Veranlagung wird also als temporäre Verirrung dargestellt, als Mischung aus mangelnder Selbstbeherrschung und überspannter Imagination. Hingegen wird die Realisierung seiner Träume gerechtfertigt, indem sie ihn von einer als krankhaft betrachteten Erotik befreit. Die Frau hingegen, die ihm diesen Dienst erweist, endet – wie nicht anders zu erwarten – als »eine Aspasia« (137). Wieder findet ein trauriger Rückschritt hinter die Toleranz der Aufklärung statt, die verschiedene Schritte in Richtung einer Gleichberechtigung von Mann und Frau unternommen hatte. Hier nun wird in aller Deutlichkeit gesagt, daß der Mann über das Weib zu herrschen hat: »Sieh dir das Weib nur an, [...] hätte ich ihr geschmeichelt, so hätte sie mir die Schlinge um den Hals geworfen, so aber, weil ich sie mit dem Kantschuk erziehe, betet sie mich an.« (16) Wandas Schicksal scheint von vornherein besiegelt, da ihr Vater, »ein vernünftiger Mann« (28), ihr in frühester Jugend *Gil Blas* und Voltaires *Pucelle* zu lesen gab. Die glückliche, unbeschwerte sexuelle Entfaltung, die eine Romanheldin im 18. Jahrhundert hatte genießen können, ist ihr trotzdem durch moralinsaure Gewissensbisse vergällt, da sie sich mit einer Prostituierten gleichsetzt.

Zumindest in der Literatur ist das Liebesleben komplizierter geworden: Für die Figuren entstehen schwere innere Konflikte, die ein spannendes neues Element der Texte bilden. Wir erfahren recht genau, welche von der Kunst geprägten Vorstellungen, die Wanda geschickt zu fördern versteht, Severin nach und nach in die Abhängigkeit von der geliebten Frau treiben. Mehrmals revoltiert er gegen sein Los, wenn sie ihn zu immer niedrigeren und härteren Diensten verdammt; dann wieder gewährt sie Augenblicke ihrer Zuneigung, um seine Fesseln damit um so fester zu schnüren. Wie schon die Trobadors bringt seine schwärmerische Liebe ihn in eine unterwürfige Situation gegenüber der Frau. Diese ist aber weder keusch noch sittsam, wagt es sogar, ihr Leben selbst bestimmen zu wollen, ohne den

Mann per se als Herrn anzuerkennen. Obwohl also dieses Buch die tradierten Rollenklischees zu durchbrechen scheint, festigt es sie, weil Severin aus dieser Begegnung die Konsequenz zieht, daß das Nietzschewort – »Gehtst du zu Frauen? Vergiß die Peitsche nicht« – die einzig gültige Basis für das Verhältnis der Geschlechter legt. Wir könnten diesen Roman als Plädoyer dafür lesen, daß weibliche Dominanz ein ebenso unnatürlicher wie ungesunder Zustand ist – ein Zustand, der sogar die betreffenden Frauen ins Unglück stürzt, weil Wanda Severin zunächst liebt, aber nicht mehr lieben kann, als er sich ihr ausliefert.

Während Severins psychologische Entwicklung bis zu dem klaren Bruch gradlinig verläuft – ein unbeschäftigter Träumer, der immer weiter in den Sog der schönen, geheimnisvollen Frau gerät – bleibt Wanda bis zuletzt undurchsichtig. Wahrscheinlich liegt gerade hierin der Reiz, der den Erfolg der *Venus im Pelz* begründet. Wir begegnen zunächst einer hübschen, selbstbewußten, vermögenden, jungen Witwe, die sich in den geistreichen Dilettanten verliebt und seine Phantasien umzusetzen bereit ist, ihnen später sogar zuvorkommt und sie übertrifft. Die eigentlichen Motive ihres Handelns lassen sich nie bestimmen; wir wissen nicht genau, ob ihre Grausamkeit echt oder nur gezielte Therapie ist. Andererseits kann uns ihre Leidenschaft für Severin zu keinem Zeitpunkt wirklich überzeugen. Allerdings gelingt es Sacher-Masoch eindrucksvoll, die Tyrannei des Masochisten zu schildern, der sich sein Gegenüber erst schafft. »Sie sind mir der Mann, eine Frau von Grund aus zu verderben!« (43), erkennt Wanda schon früh, und drückt mit diesem Ausruf aus, daß eigentlich er eine Struktur diktiert, die sie zur grausamen Despotin macht. Später klagt sie ihn an:

> In mir haben gefährliche Anlagen geschlummert, aber du erst hast sie geweckt; wenn ich jetzt Vergnügen daran finde, dich zu quälen, zu mißhandeln, bist nur du schuld, du hast aus mir gemacht, was ich jetzt bin (127).

Sie schlägt ihn, macht ihn zum Lakeien, schließlich sogar zum Gärtner, verwehrt ihm fast völlig den Zugang, während andere Männer sie umschwärmen. Erst die ultimative Erniedrigung »kuriert« Severin: Der Mann, mit dem Wanda ihn verläßt, peitscht ihn vor ihren Augen bis aufs Blut. Bleibt die Frage, ob ein solcher Höhepunkt des Schmerzes und der Qual wirklich dazu angetan ist, einen Masochisten von seiner Fixierung zu befreien. In der Figur der Wanda finden wir hingegen eine faszinierende Mischung aus weiblicher Eitelkeit und Koketterie, zumindest vorgeblicher Hilfsbereitschaft sowie wachsender Grausamkeit, die stets aufs Neue mit der Enttäuschung begründet wird, daß der Geliebte sich nicht als ›Mann‹ geriert, sich nicht bereit zeigt, die Frau zu dominieren. Als er nach monatelangen Erniedrigungen gegen sein Los rebelliert, sie packt, zu Boden wirft und ihr Leben bedroht, reagiert sie zufrieden:

> »So gefällst du mir«, sprach sie gelassen, »jetzt bist du Mann, und ich weiß in diesem Augenblicke, daß ich dich noch liebe. [...] du kleiner, guter Narr, hast nicht gemerkt, daß alles nur Scherz und Spiel war – und wie schwer es mir wurde, dir oft einen Peitschenhieb zu geben, wo ich dich eben gern beim Kopfe genommen und abgeküßt hätte. Aber jetzt ist es genug, nicht wahr? Ich habe meine grausame Rolle besser durchgeführt, als du erwartet hast, nun wirst du wohl zufrieden sein, dein kleines, gutes, kluges und auch ein wenig hübsches Weibchen zu haben – nicht?« (128f)

Alles sieht nach einem Happy-End aus, doch Severin läßt sich ein letztes Mal von ihr fesseln, was zu der erwähnten Schlußapotheose führt. Ob es nur dazu kommt, weil er ihr wieder nachgibt, noch einmal geschlagen werden will? Dagegen spricht, daß Severins Rivale bereits im Himmelbett darauf wartet, ihn brutal auszupeitschen. Hat Wanda diese Begegnung tatsächlich als Abschluß einer »Kur« inszeniert oder inzwischen selbst Freude an der Grausamkeit gefunden? Wir können es nicht erkennen.

Leider ist Sacher-Masoch kein wirklich großer Schriftsteller, so daß wir nicht zu sagen wüßten, ob die Ungereimtheiten der Figuren allesamt bewußt angelegt oder einer mangelhaften Komposition zuzuschreiben sind. Trotzdem beschreibt er eine so interessante psychologische Entwicklung wie kaum ein anderer Autor flagellantischer Werke und liefert uns ein facettenreiches Indiz dafür, wie kompliziert das Verhältnis zwischen den Geschlechtern im 19. Jahrhundert geworden zu sein scheint.

Flagellomanie

Das englische Angebot an erregender Literatur bestand lange Zeit fast ausschließlich aus Übersetzungen, zumeist französischer Provenienz. »Der erste bekannte Versuch einer Herstellung pornographischer Bücher wurde im Jahre 1674 in Oxford unternommen, als einige tollkühne Mitglieder des *All Souls College* die *University Press* dazu benützten, eine Ausgabe der ›Sonette‹ von Aretino [...] herauszubringen.« (Hyde 111f) Allerdings gelang es den Herren nicht, ihre Arbeit fertigzustellen. Noch 1824 erschient *The Voluptuarian Cabinet*, das einen Ausschnitt aus Pietro Aretinos *Ragionamenti*, Nicolas Choriers *Académie des Dames* sowie Mirabeaus *Rideau levé* vereinigt. Im Viktorianischen England entwickelt sich aber nach und nach eine eigenständige Tradition, deren Eigenheit *Birchen Sports*, die Flagellation, ausmacht. Peter Mendes hat 1993 eine umfangreiche bibliographische Studie über *Clandestine Erotic Fiction in English 1800–1930* vorgelegt, die einen guten Überblick über den Corpus und seine Publikationsgeschichte gewährt. Vier Werke sollen uns als Beispiel dienen: *The Romance of Lust* (1873–1876), *Gynecocracy* (1893), die Zeitschrift *The Pearl* (1879–1880) sowie der Oscar Wilde zugeschriebene *Teleny* (1893).

Charles Roberts, der Ich-Erzähler der *Romance of Lust*, ist 14 Jahre alt, als seine Mutter für ihn und seine beiden jüngeren Schwestern eine Gouvernante, Miss Evelyn, einstellt. Obwohl es sich bei diesem Roman um keinen primär flagellantischen Text handelt, ergibt die Rollenverteilung, daß Miss Evelyn den Jungen durchprügelt, als er dem Unterricht nicht folgt, da er zuvor die Umarmungen der frisch vermählten Bensons beobachtet hat. Die Schläge und der enge Körperkontakt mit der hübschen Lehrerin haben den bekannten Effekt, der ihr nicht wenig gefällt, und nur wenig später verschafft sie Charles manuell seinen ersten Orgasmus. In die Geheimnisse der Liebe führt ihn jedoch Mrs. Benson ein, später vergnügt er sich dann auch mit der Gouvernante sowie deren Nachfolgerin, Miss Frankland, seiner Tante, seinen Schwestern etc. Die erwachsenen Damen ergreifen stets von sich aus die Initiative, wobei er sie in dem Glauben läßt, ein naiver Novize zu sein. Während der Orgien mit seinen Schwestern und anderen Herrschaften lernt er

Flagellomanie

Max Szcygielski-Rogala: Die strenge Erzieherin

nach und nach die verschiedenen Stellungen sowie orale und anale Praktiken kennen. Doch kommt immer wieder die Rute zum Einsatz, sei es um älteren Herren auf die Sprünge zu helfen, sei es um Schüler zu züchtigen und dabei den Strafenden zu erregen oder um die Lust der Liebespaare zu steigern.

Nachdem die beiden Gouvernanten Charles alles beigebracht haben, was sie wissen, soll ihn sein Onkel auf den Besuch des College vorbereiten. Unter dem Vorwand, seinen Neffen und einen Kameraden zu bestrafen, schlägt er die Jungen auf die entblößten Gesäße: »taking rod in hand, applied it gently in turns to each of our projecting bottoms. It was not for punishment but for excitement that he operated upon us« (235). Welche ›Lektion‹ er anschließend mit seinen Schülern übt, können wir uns denken. Ganz offensichtlich stellte gerade die Bestrafung des ungezogenen Schuljungen ein zentrales Phantasma dar, wenn wir von der Literatur auf die Träume der potentiellen

Leser schließen. Die Tante weiß um die Schwächen ihres Gatten – »you see this poor fellow can do nothing without a rod« (171) – übernimmt in Vorbereitung des ehelichen Beischlafes ihrerseits die Rolle der Schulmeisterin und degradiert ihn zum Buben.

> »Come here, sir, I must whip you, you have not done your duty as you ought lately, and you are a very naughty boy.«
>
> The doctor, puttig on the air of a schoolboy, begged to be excused this time, but his inexorable mistress was not to be moved [...] I suppose this was the sort of childish yet lascivious talk which pleased them both (176f).

Die Inszenierung wird weitergetrieben, indem die Tante ihre Vulva als »place of punishment« (177) bezeichnet, die ihr Mann küssen muß wie der Penitent die Rute. Im Gegensatz zu Restifs Begeisterung für den Cunnilingus schwingt hier noch die traditionelle Vorstellung mit, daß diese Praktik den Mann erniedrigt, daß er sich damit der Frau unterwirft.

Dieser Gedanke prägt zumindest implizit auch die *Gynecocracy*. Hier wird ein Mann, Julian Robinson, der *Weiberherrschaft* – so der deutsche Titel – vollständig unterworfen. Gemeinsam mit seinen drei Cousinen wird er von der bildschönen, kapriziösen Mademoiselle de Chambonnard erzogen, ist ihrer Willkür sowie derjenigen seiner 18jährigen Cousine Beatrice und der Zofe ausgeliefert, so daß er keine Chance hat, den diversen Strafritualen zu entgehen. Schon während der ersten Unterrichtsstunden muß er in der Ecke stehen, mit einem Petticoat der Lehrerin über dem Kopf. Der Untertitel des dreibändigen Romans *Under Petticoat-Rule* erhält sofort seine volle Bedeutung.

> A sort of mesmeric influence seemed to have crept into me from that intensely feminine garment which had been in such close contact with Mademoiselle's own person and then so long over my head and face as I stood disgraced in the corner. It seemed to have sapped my strength and all my powers of resistance, to have undermined my self-respect, to have rendered me contemptible in my own eyes; in short, to have completely emasculated me. (28)

Bereits diese erste, harmlose Buße trägt alle Züge von Julians weiterer Behandlung. Die Strafen sind stets körperlicher Natur, in der einen oder anderen Weise mit Sexualität vermischt, bedeuten grundsätzlich eine Unterwerfung des Mannes, die zu seiner »emasculation« führt. Letztere wird bei Julian aufs äußerste getrieben: Er muß Frauenkleider tragen, später sogar glauben, selbst ein Mädchen zu sein. In dieser Rolle ›entjungfert‹ ihn der vermeintliche Lord Alfred Ridlington, der in Wahrheit eine Lady ist. Sie nimmt »Julia« mit nach Ridlington Court, wo das ›Mädchen‹ ihr dienen muß und der Zofe Ellen unterstellt wird. Dem Jungen soll der letzte Rest an Stolz und Selbstbewußtsein ausgetrieben werden. Mit den Worten »he *is* a boy to be broken into petticoats« (361) übergibt ihn die Lady an Ellen. Ellen ist eine kleine Sadistin, zeigt ihrem Opfer eine Peitsche, fragt, was sie da in der Hand halte.

»It is a tawse.«

»Yes, it is, and there is nothing I enjoy so much as using it. Every morning and every evening as long as you are here, I shall beat you severely with this,« she said resolutely. »[...] I shall beat you until I am absolutely satisfied, until you are reduced to the most abject, the most grovelling subjection«. (364)

Es genügt ihr aber nicht, Julian durch Schmerzen und die Arbeiten, die sie ihm aufträgt, zu erniedrigen. Sie verspottet ihn sogar noch: »A fine thing for a big boy like you to be whipped by a girl« (363). Schließlich verlangt sie von ihm, seine völlige Unterwerfung zu bestätigen: »Will you acknowledge that you are the absolute slave of the petticoat?« (365) Nach der Züchtigung darf er jedoch Lady Ridlington in ihrem Boudoir beweisen, wie sehr diese Behandlung ihn erregt hat; die Nacht verbringt er überdies mit beiden Frauen. Trotzdem besteht Ellen am nächsten Morgen erneut auf der angekündigten Prozedur. Daß derartige Torturen bleibende körperliche Schäden anrichten können, wird in diesem Text völlig ausgeblendet. Als Julian nach zehn Tagen zu seiner ersten Peinigerin zurückkehrt, empfindet er sich »considerably tamed and very much effeminatised« (369).

Nach genau demselben Muster verläuft seine gesamte Erziehung. Bereits am allerersten Tag, wird er in Mademoiselles Schlafzimmer gerufen, dort festgebunden und und muß Bekanntschaft mit der Rute machen. Der Rollentausch, also weibliche Domination, bildet von Anfang an einen Kern des Textes. Sie steht »erect«, »like a magnificent bird of prey, a regal and feminine eagle« (29) vor ihm und verkündet: »Now we shall see whether a girl can properly punish a boy's bottom!!« (32) Es gelingt ihr nur zu gut, sie geht ebenso systematisch wie erbarmungslos zu Werk und erreicht ihr Ziel vollkommen: Der Knabe betet sie an. »I loved her as violently as I had detasted her before. I fell hopelessly in love with my cruel governess. I loved her because of her cruelty« (34f). Genau wie ihre Kolleginnen in der *Romance of Lust* stimuliert sie ihr eigenes Vorgehen; sie erteilt Julian zunächst eine »psychological lesson« (44), um seine Anspannung zu lösen, und nimmt ihn dann im wahrsten Sinn des Wortes unter ihren Petticoat, wo er ihren »mouth with a moustache« (50) küssen soll. Die Verbindung von Lust und Schmerz entwickelt sich im Laufe der vier Bände vielfältig, mitunter wird beides verknüpft, wenn beispielsweise die Strafen den genitalen Bereich treffen. So streift sie Julian einen Ring über den Penis, der ihm bei jeder Errektion größte Schmerzen bereitet. Nachdem er seine älteste Cousine entjungfert hat, fährt Mademoiselle mit ihm nach London, droht ihm mit der Kastration. Er wird allerdings nur beschnitten, um ihn dadurch empfindsamer zu machen. Sexualität, Strafe und Entmännlichung sind untrennbar miteinander verwoben.

Während die Gouvernanten in der *Romance of Lust* zumindest den Rohrstock recht glaubwürdig einsetzen, ist Mademoiselle de Chambonnard keiner Kontrollinstanz mehr unterworfen, und der Autor verzichtet großzügig auf Zugeständnisse an die Gesetze der Wahrscheinlichkeit. Charles Roberts heiratet seine reich und glücklich verwitwete zweite Gouvernante, Mrs. Frankland, und nach deren Tod seine eigene Tochter, die er mit einer anderen Frau – ihrerseits Produkt eines Inszests – gezeugt hatte; Julian Robinson nimmt seine ebenfalls um einige Jahre ältere Cousine Beatrice zur Frau. Trotz der ungewöhnlichen Konstellation gestaltet sich Charles' erste Ehe durchaus gleichberechtigt. Beide scheinen nur das eine Ziel zu kennen, nämlich miteinander und mit anderen soviel Lust als möglich zu genießen, was ihnen keinerlei Schwierigkeiten bereitet. Julian hingegen, der Viscount of Ladywood, führt als Parlamentsabgeordneter eine gesellschaftlich respektable Existenz, steht aber zu

Hause vollkommen unter dem Pantoffel seiner herrschsüchtigen Gattin, die Mademoiselles Methoden komplett übernommen hat. Er ist mit diesem Schicksal nicht glücklich, doch der Roman endet mit den Worten: »By this time I am resigned.« (403)

Nicht zufällig heißt Julians Ehefrau Beatrice. Der Bezug zu Dante wird im 19. Kapitel der *Gynecocracy* mit einem ironischen Kunstgriff herausgestrichen. Da das Mädchen eine schwierige Stelle der *Divina Commedia* nicht gründlich vorbereitet hat, ordnet Mademoiselle an, daß »Julia« ihrer Cousine ein Dutzend Rutenstreiche auf das nackte Gesäß verpaßt. Wie nun sollen wir diese Anspielung verstehen? Sollen wir die beiden Beatrice genannten Frauen einfach gleichsetzen? Dies würde bedeuten, daß viktorianische Gentlemen nicht mehr von einem engelsgleichen Wesen, sondern von einer grausamen Herrin zu höchster Seligkeit geführt werden; allerdings hat die Liebe hier jede transzendente Dimension verloren, beschränkt sich fast ausschließlich auf die körperliche Ebene. Wir können nicht entscheiden, ob dieses Buch eine Kritik an dominantem weiblichem Verhalten darstellt; denn der Held scheint es trotz aller Qualen zu genießen, den Frauen hilflos ausgeliefert zu sein, und akzeptiert sein Joch noch in der Ehe, wo ihm Mittel und Wege zu Gebote stünden, selbst die Zügel in die Hand zu nehmen. Können wir diesem Roman allgemeine Aussagen über das Verhältnis der Geschlechter entnehmen? Dagegen spricht zunächst, daß die Handlung trotz detaillierter Schilderungen weitab der Alltagswirklichkeit spielt. Während Sacher-Masochs *Venus im Pelz* dafür einsteht, daß der Mann die Frau beherrschen muß, kommt dieser Gedanke hier bestenfalls implizit zum Ausdruck, da der Held die Autorität seiner Gattin akzeptiert und sich unter dem Petticoat letztendlich nicht allzu unwohl fühlt. Andererseits drückt die Vielzahl der flagellantischen Texte aus, wie problematisch die sexuelle Erfüllung geworden zu sein scheint. Hingabe, entspanntes Glück zu zweit sind der wechselseitigen Erniedrigung gewichen. Erklärt wird die ausgeprägte Vorliebe für flagellantische Texte, die ihre reale Entsprechung in Etablissements mit geeigneter Ausstattung fanden, mit der weiten Verbreitung der Prügelstrafe in England. Ihre erregende Wirkung auf einen Leser, der an solchen Praktiken keinerlei

Gefallen findet, liegt darin begründet, daß der starke sinnliche Reiz des Schmerzes stets mit Wollust verbunden ist, die Ekstasen der vermeintlichen Opfer derart zu äußerster Intensität gesteigert werden, die sich auf das Publikum übertragen kann. Einen Gegenpol zu dem intensiven Kitzel und den Wonnen, welche die gepeitschen Romanhelden erleben, bildet die krude Beschreibung einer solchen Szene in *My Secret Life*. »It demonstrates how truly and literally childish such behaviour is; it shows us, as nothing else that I know does, the pathos of perversity, how deeply sad, how cheerless a condemnation it really is.« (Marcus 127) Dieser Kommentar demonstriert zwar in erster Linie, wie sehr Steven Marcus in moralischen Vorurteilen befangen ist; andererseits bringt er zum Ausdruck, daß den elf Bänden der um 1890 gedruckten Autobiographie eines nicht näher zu identifizierenden Walters genau die fröhliche Utopie fehlt, die den erregenden Roman prägt. Allerdings ist nicht die »perversity« des Klienten, der sich vor Zeugen in einem Bordell schlagen läßt, traurig (vgl. 665ff), sondern die nüchterne, geradezu buchhalterische Darstellungsweise des Autors, für die folgende Kapitelüberschrift ein plastisches Beispiel liefert: *A small cunt on the Derby day. – Under a portico at midnight. – The brothel afterwards. – A harlot's history. – On cunts generally. – Nationalities of the women I have fucked. – The beauty of cunts.- Their fucking qualities. – Ignorance on this head. – Ages of the women I have fucked. – How the sight of cunts affects men. – Physiognomy of cunts. – Their classification.* (615) Ob wir dieses Tagebuch wirklich als historisches Dokument werten können, ist mehr als fragwürdig; daß allerdings finanzielle Fragen immer wieder eine große Rolle spielen, betont den authentischen Charakter. Walter gibt krude Realität wieder, anstatt verführerische Szenen zu beschreiben.

> I [...] pushed the girl into the bed room, locked both doors of that, lifted her on to the bed edge, threw up her dirty clothes, saw plump thighs, a little fat, pouting almost hairless notch, and in a second drove my prick up it to my balls. – »Oho« – said she, »don't you do it so hard.« – But I fucked with haste and fear, my ears open, yet delighted with the little cunt. Her eyes were fixed on mine, mine on hers, she was quite a fuckstress tho young at it, and I saw that I gave her pleasure. But it was only the beginning of *her* pleasure for my energy and hurry, pumped out my sperm into her tight little cunt too

quickly. – No sooner was my spend over than I pulled out my prick still quite stiff, a copious pearly fluid following it. »You didn't spend?« said I. »No, I was just agoing to.« – The next minute I had paid her half a crown and she went off with cunt reeking. (513f)

In *My secret Life* kommt der Flagellation keine große Bedeutung zu; ein Blick in die Monatsschrift *The Pearl* beweist jedoch die Vorliebe für dieses Thema. 18 Nummern dieses *Journal of Facetiae and Voluptuous Reading* erschienen zwischen Juli 1879 und Dezember 1880; jedes der Hefte bot eine Mischung aus Romankapiteln, Zoten und Gereimtem. 1995 veröffentlichten Wordsworth Editions unter dem Titel *The Pearl* einen Band mit drei dieser Romane oder Erzählungen, die leider alle negativen Aspekte der Feuilletonliteratur aufweisen, insofern sie Episoden aneinanderreihen, ohne eine zusammenhängende Handlung aufzubauen. Mitunter lassen die stilistischen Schwankungen auch auf Gemeinschaftsproduktionen schließen; nicht einmal die Erzählperspektive wird stringent durchgehalten. Die Texte zeugen von dem Druck, jeden Monat einige Seiten vorzulegen, in denen mindestens eine Sexszene vorkommt. Frei von jeder Originalität ist der Aufmacher der ersten sieben Ausgaben, *Sub-Umbra, or Sport among the She-Noodles*. Der Ich-Erzähler Walter berichtet von seiner Reise zu Verwandten in Sussex, wo er mit drei Cousinen, dem Cousin und einer schönen Nachbarin die üblichen Abenteuer erlebt. Wenige Zeilen genügen für das Setting, bereits auf der zweiten Seite ist er mit der unschuldigen Annie im Wald, und kurz darauf legt er ihre Hand auf seinen entblößten, erigierten Penis. Das Ganze endet mit einer bei Sade abgekupferten Szene, in der Walter die letzte der drei Cousinen defloriert, während Mrs. Leslie ihn mit einem Dildo sodomisiert, »Frank was in Mrs. Leslie's bottom, Annie in him with a dildo, and Sophie doing the same to her sister« (235). Hier greift der Autor offensichtlich bekannte Modelle auf, gestaltet sie aber nicht neu, sondern reduziert und verwässert sie, so daß dieser Text als literarisches wie als erregendes Werk mißglückt ist.

Ähnliches gilt für die anderen Fortsetzungsgeschichten der *Pearl*. Allerdings finden wir einen erstaunlichen Anteil flagellantischer Erzeugnisse. Gleich der zweite Text, *Miss Cote's Confession*, besteht fast ausschließlich aus Prügelszenen, und im dritten Feuilleton, *Lady Pockingham or They All Do It*, das sich über fast alle Nummern erstreckt, wird bei den verschiedensten Begebenheiten geschlagen: in der Ehe und der Schule ebenso wie bei den Aufnahmeritualen in pseudoreligiöse oder eindeutig libertine Zirkel. Als Beigaben finden wir Verse zu diesem Thema, beispielsweise *Charly Collingwood's Flogging* oder *The Spell of the Rod*.

The Reverse of the Medal

In erfreulichem Kontrast zu diesen in mancherlei Hinsicht fragwürdigen Produktionen steht der Oscar Wilde zugeschriebene *Teleny or The Reverse of the Medal*, die Geschichte der leidenschaftlichen Liebe zweier Männer, die ein tragisches Ende nimmt, da der Titelheld freiwillig aus dem Leben scheidet, nachdem sein Freund ihn dabei überrascht hat, wie er aus Geldnot dessen Mutter beglückt. Während die flagellantischen Texte Erfüllung stets mit Unterwerfung und Schmerz verbinden, eine zumindest momentane Hierarchie der Figuren voraussetzen, zeigt Teleny, daß wahre Liebe und tiefste Leidenschaft nur zwischen Menschen entstehen kann, die sich so ähnlich wie möglich sind. Teleny und der Ich-Erzähler Des Grieux haben dieselben Visionen, stehen in telepathischer Verbindung, sehen sich ausgesprochen ähnlich – und sind desselben Geschlechts, eine Übereinstimmung die implizit als Voraussetzung für eine vollkommene Verbindung aufgewertet wird. Es fördert dieses versteckte Plädoyer für Homosexualität, daß die Veranlagung mit einem ausgeprägten Ästhetizismus verbunden wird. Teleny ist Pianist; der Maler Briancourt, Gastgeber eleganter Symposien, ist Sohn eines Generals aus ältestem Adel und verfügt über tadellose Manieren. Es beruhigt Des Grieux, daß »men of the highest intelligence, of the kindest heart, and of the purest aesthetic feelings, were – like myself – sodomists« (130). Der Erzähler trägt den Namen des Geliebten der Manon Lescaut, und genau wie im Roman Prévosts führt die Verschwendungssucht des geliebten Wesens zum finalen Desaster. Wilde – so er der Autor war – reiht sich ausdrücklich in eine literarische Tradition ein, allerdings nicht in die erregende. Er übernimmt den Namen eines Helden der Weltliteratur und schafft ein Werk, das eben dort seinen Platz haben sollte.

Die Konflikte, die gesellschaftliche und religiöse Zwänge dem begehrenden Individuum bereiten, löst Des Grieux nicht, indem er jede Lust mit Schmerz verbindet oder Erfüllung in der Unterwerfung sucht. Lange Zeit quält er sich, nachdem er erkannt hat, einen Mann zu lieben, versucht alles, um diesen Trieb zu unterdrücken. So ist es kein Wunder, daß er in seiner a posteriori erzählten Geschichte krasse Gesellschaftskritik übt. Als er in seiner Not beinahe über ein Dienstmädchen herfällt, fragt er sich: »And yet which was the greater evil of the two, the one of seducing a poor girl to ruin her, and making her the mother of a poor unhappy child, or that of yielding to the passion which was shattering my body and my mind?« (61f). Er kommt zu dem entlarvenden Schluß, daß ersteres gemeinhin als läßliche Sünde, als »peccadillo«, abgetan wird. Verzweifelt will er sich das Leben nehmen, verflucht die Religion: »I cursed our blighting religion, that lays its veto upon all the pleasures of the senses.« (83) Teleny ist aber wundersamerweise zur Stelle, rettet ihn, woraufhin Des Grieux in die Arme des Geliebten sinkt und ungeahnte Ekstasen erlebt. Seine skeptische Haltung schützt ihn vor anschließenden Schuldgefühlen, denn er rechtfertigt sich mit den Argumenten der Aufklärer – ein seltener Zug am Ende der Viktorianischen Ära. Er erkennt die Relativität der Moral, denn »what is morality but prejudice?« (44). Wie schon in *Thérèse philosophe* bestimmt die Natur sexuelle Vorlieben. »Had I committed a crime against nature when my own nature found peace and happiness thereby? If I was thus, surely it was the fault of my blood, not myself. Who had planted nettles in my garden? Not I. They had grown there unawares, from my very childhood.« (101) Er nimmt sogar das Argument auf, daß sein Verhalten nicht zu verurteilen sei, da es keinerlei gesellschaftlichen Schaden anrichte (vgl. 104). Wir sehen Des Grieux als einen Menschen, der nach langen inneren Kämpfen in den Armen des Geliebten ein derartiges Glück empfindet, daß es ihm gelingt, sich von den Vorurteilen, die ihn bedrängten, zu befreien. Nicht der Tabubruch bereitet hier Vergnügen; erst durch die Überwindung des Tabus wird es möglich.

Neben der psychologischen Analyse und der dramatischen Entwicklung hat der Autor wie kaum ein anderer die Macht der Leidenschaft, die Intensität des Begehrens und seiner Erfüllung wiedergegeben und damit einen der erregendsten Texte der Weltliteratur geschaffen. Bereits als Des Grieux Teleny während eines Konzerts zum ersten Mal sieht, ist er von ihm und seinem Klavierspiel dermaßen ergriffen, daß er einen Orgasmus verspürt:

> That thrilling longing I had felt grew more and more intense, the craving so insatiable that it was changed to pain; the burning fire had now been fanned into a mighty flame, and my whole body was convulsed and writhed with mad desire. My lips were parched, I gasped for breath; my joints were stiff, my veins were swollen, yet I sat still, like all the crowd around me. But suddenly a heavy hand seemed to be laid upon my lap, something was bent and clasped and grasped, which made me faint with lust. The hand was moved up and down, slowly at first, then fast and faster it went in rhythm with the song. My brain began to reel as throughout every vein a burning lava coursed, and then, some drops even gushed out – I panted (10f).

Später leidet er wahnsinnig unter dem Verlangen, daß er sich verwehrt, doch selbst die Lust in Telenys Umarmungen empfindet er so intensiv, daß sie ihm als Qual erscheint, »a delightful torture [...] an unbearable voluptuousness of mingled pain and pleasure« (99). Wie in *Gamiani* wird intensive Sinnlichkeit als Schmerz erlebt, alle Nerven sind überreizt, doch ist hier die Erfüllung möglich – um so intersiver, je mehr Liebe und Leidenschaft sich steigern:

> We had once more but one body between us, juggling with one another, ever seeking new caresses, new sensations, a sharper and more inebriating kind of lewdness, in our anxiety not only to enjoy ourselves but to make the other one feel. We were, therefore, very soon the prey of a blasting lust, and only some inarticulate sounds expressed the climax of our voluptuous state (95).

Perfekte Perversion

Teleny stellt uns eine Form der Liebe, die noch immer nicht allgemein akzeptiert ist, als normal vor, vermittelt uns eindrucksvoll die Raserei einer großen Leidenschaft. Octave Mirbeau hingegen schildert ein Vergnügen, das in Ländern, in denen körperliche Strafen oder gar Hinrichtungen öffentlich vollzogen werden, bis heute gang und gäbe ist: die perverse Lust am Schmerz anderer. Claras Ekstase im *Jardin des supplices* (1899) ist im Freudschen Sinne tatsächlich pervers, da die junge, schöne Frau keines Partners, ja keinerlei genitaler Stimulation mehr bedarf. Sie erregt sich am grausigen Schicksal chinesischer Häftlinge, denen sie – wie andere Damen der besten Gesellschaft – Brocken madendurchsetzten Fleisches hinwirft, sowie an den entsetzlichen Tötungen im angrenzenden Garten. Zwar verspricht sie ihrem Geliebten, der nach zweijähriger Trennung an eben jenem Tag zurückgekehrt ist, ihn nach dem Besuch des Gartens der Martern um so heftiger zu lieben, doch sind ihre Nerven schließlich so überreizt, daß sie ihm verbietet, sie zu berühren. Ihr Körper wird von Krämpfen geschüttelt, dann verliert sie das Bewußtsein, so daß ihm nur bleibt, sie mit Hilfe einer Dienerin auf ein Bett zu tragen und ihre Glieder auf dem Höhepunkt der spasmischen Krise festzuhalten.

Die Erregung der jungen Frau kann der Leser allerdings kaum nachvollziehen oder teilen, da es sich um einen ausschließlich zerebralen Vorgang handelt, so daß der Text zurecht unbeanstandet von der Zensur erscheinen konnte. Jedoch bestätigt dies die Fragwürdigkeit von Bestimmungen, welche die Wiedergabe größten Glückes verbieten und die Darstellung grausamer Folterungen und Tötungen tolerieren. Anderseits ist die Gleichsetzung von Liebe und Qual hier an einem Endpunkt angelangt, wenn Lady Clara erklärt, daß beides ein und dasselbe sei:

> – Je songeais à l'amour, répliquai-je sur un ton de reproche ... Et voilà que vous me parlez encore, que vous me parlez toujours de supplices! ...
> – Sans doute! ... puisque c'est la même chose ... (189)

Die pessimistische Anthropologie, die der Göttinger Soziologe Wolfgang Sofsky in seinem *Traktat über die Gewalt* (1996) vertritt, finden wir bereits hundert Jahre zuvor bei Mirbeau. Sofsky meint, daß Gesellschaftverträge Gewalt nicht reduzieren, sondern nur umschichten, denn »Gewalt schafft Chaos, und Ordnung schafft Gewalt« (10). Ähnliche Gedanken werden auch im ersten Teil des *Jardin des supplices* geäußert; die gesellschaftskritische Dimension kommt aber schon in der Widmung an Priester, Soldaten, Richter, Erzieher und Regierende zum Ausdruck:

»Aux Prêtres, aux Soldats, aux Juges, aux Hommes, qui éduquent, dirigent, gouvernent les hommes, je dédie ces pages de Meurtre et de Sang.« Im zweiten Teil beschreibt der Ich-Erzähler eine Politikerkaste, deren Korruption keine Grenzen kennt, doch muß er feststellen, daß die Wissenschaftler um nichts aufrichtiger sind, so daß er der verführerischen Clara nach China folgt, wo er sie im dritten und letzten Teil in den Garten der Martern begleitet.

Obwohl Mirbeau ein zu guter Schriftsteller ist, um uns mit Klischees zu ermüden, trägt die verwirrende Lady Clara durchaus stereotype Züge. Als Rothaarige mit grünen Augen entspricht sie einem Bild der Hexe, wobei die goldengesprenkelte Iris ihr zusätzlich etwas Raubtierhaftes verleiht. Außerdem ist sie Engländerin, weshalb wir von vornherein vermuten dürfen, daß sie dem ihrer Nation zugeschriebenen Laster, dem »vice anglais«, der Lust am Schmerz, nicht abhold ist. Allerdings ist Mirbeau in der Ausgestaltung dieser Lust sehr originell.

Die außerordentliche Ästhetisierung der Grausamkeiten sowie der exotische Rahmen machen diesen Text »zu einem Musterbeispiel dekadenter Literatur« (Beilharz 228). Teleny bringt durch sein Klavierspiel den Geliebten zu einem ersten Höhepunkt, Briancourt hat für seine Symposien mit eigenen Bildern und äußerster Sorgfalt ein zauberisches Reich des Märchenlandes geschaffen, in dem die Gäste die raffiniertesten *tableaux vivants* bilden. Im *Jardin des supplices* wird die Folter als höchste Kunst zelebriert, und ein Henker beklagt sogar, daß sein Beruf immer mehr verfällt (vgl. 204). Auch der Garten ist mit größter Meisterschaft angelegt, die fremdartigsten Pflanzen sind sorgfältig angeordnet und erhalten in den Augen des Betrachters anthropomorphe Züge, die Form eines Penis oder einer Vulva; die Blumen gelten als grausam, schrecklich und wunderbar wie die Liebe: »les fleurs sont violentes, cruelles, terribles et splendides ... comme l'amour!...« (213).

Die Grausamkeit der Sadeschen Exzesse wird durch die minutiöse Stilisierung übertroffen, der Lust am fremden Schmerz endgültig um ihrer selbst willen gehuldigt. Mirbeau hat den Reiz der physiologischen Stimulation der ›Opfer‹ wie auch die Begeisterung der ›Täter‹ ob ihrer Macht weit hinter sich gelassen. Die Folterknechte sind nur noch Exekutoren eines Urteils, die ihr Handwerk wie Kalligraphen zu höchster Verfeinerung führen wollen. Sie können nicht einmal mehr Vergnügen am Martyrium der Verurteilten finden, sondern sich bestenfalls an der eigenen technischen Perfektion erfreuen. Lady Clara ist insofern eine Vervollkommnung der Juliette, als ihr die Betrachtung der Grausamkeit zu höchster Wollust verhilft. Sie braucht weder den Gesetzesbruch, noch eigenhändig bereitete Qualen. Juliette und Clairwil hingegen werfen Olympe aus purer Willkür in den Vesuv; sie kosten die Freude über ihre Missetat aus, indem sie heftig masturbieren. Clara begnügt sich mit dem Anblick der Torturen, auf die sie keinerlei Einfluß nimmt. Sie kann sogar auf jedwede äußere Stimulation der Genitalien verzichten. Die Perversion ist vollkommen.

Die meisten Romane und folglich die meisten erregenden Romane wurden von Männern geschrieben. Ob sie aber primär für die Geschlechtsgenossen oder für Frauen gedacht waren, können wir im allgemeinen nicht entscheiden. *L'Histoire d'O*, eines der großartigsten Werke der Gattung, bildet in diesem wie in vielen anderen Punkten eine Ausnahme. Pauline Réage, so hieß es bei der Publikation im Jahre 1954, sei die Verfasserin, doch wurde gemunkelt, daß der Roman aus der Feder von Jean Paulhan stamme, der das Vorwort schrieb. Allein der brillante, fast klassizistische Stil, der die sprachliche *bienséance* mustergültg respektiert, gab Anlaß zu dieser Vermutung. Inzwischen wissen wir aber, daß die ausgefeilte psychologische Analyse tatsächlich das Werk einer Frau ist. Die Kritikerin Anne Declos alias Dominique Aurey schrieb den Roman – allerdings für einen Mann, für ihren Geliebten Jean Paulhan, den sie mit dieser Gabe an sich zu fesseln hoffte, was ihr gelang.

L'Histoire d'O erzählt ein Jahr im Leben einer Frau, die sich restlos dem Willen eines Mannes unterwirft und ihre Fesseln als Freiheit, ihr Ausgeliefertsein als Glückseligkeit empfindet.

> O, aussitôt pressée contre le mur, saisie au ventre et aux seins, la bouche entrouverte par la langue de Sir Stephen, gémit de bonheur et de délivrance. La pointe de ses seins se raidissait sous la main de Sir Stephen. De l'autre main il fouillait si rudement son ventre qu'elle crut s'évanouir. Oserait-elle jamais lui dire qu'aucun plaisir, aucune joie, aucune imagination n'approchait le bonheur qu'elle ressentait à la liberté avec laquelle il usait d'elle, à l'idée qu'il savait qu'il n'avait avec

Léonor Fini: Lithographie zur Histoire d'O *(1975)*

elle aucun ménagement à garder, aucune limite à la façon dont, sur son corps, il pouvait chercher son plaisir. La certitude où elle était que lorsqu'il la touchait, que ce fût pour la caresser ou la battre, que lorsqu'il ordonnait d'elle quelque chose, c'était uniquement parce qu'il en avait envie, la certitude qu'il ne tenait compte que de son propre désir comblait O au point que chaque fois qu'elle en avait la preuve, et souvent même quand seulement elle y pensait, une chape de feu, une cuirasse brûlante qui allait des épaules aux genoux, s'abattait sur elle. (293f)

Doch kaum war sie draußen, als sie an die Wand gepreßt wurde, an Schoß und Brüsten gepackt, ihr Mund von Sir Stephens Zunge geöffnet, bis sie vor Glück und Erleichterung stöhnte. Die Spitzen ihrer Brüste wurden steif unter Sir Stephens Hand. Mit der anderen Hand griff er so brutal in ihren Schoß, daß sie glaubte, ohnmächtig zu werden. Würde sie jemals wagen, ihm zu gestehen, daß keine

Wollust, keine Freude, keine Vorstellung dem Glück nahe kam, das ihr die Freiheit gab, mit der er über sie verfügte, der Gedanke, daß er wußte, daß er ihr gegenüber keine Schonung zu üben brauchte, keine Grenzen einzuhalten, wenn er an ihrem Körper seine Lust suchte. Die Gewißheit, daß er sie nur berührte, um sie zu liebkosen oder zu schlagen, ihr etwas nur befahl, weil er danach Verlangen trug, die Gewißheit, daß er nur sein eigenes Begehren stillen wollte, machte O so überglücklich, daß sich schon beim bloßen Gedanken daran, ein Flammenkleid, ein brennender Harnisch, der ihr von den Schultern bis zu den Knien reichte, über sie senkte. (245f)

Bevor O aber dieses Stadium der genußvollen Selbstaufgabe erreicht, muß sie eine Lehrzeit durchlaufen. Zunächst bringt René, ihr Geliebter, die ahnungslose junge Frau nach Roissy, einem Vorort von Paris, wo heute der Flughafen Charles de Gaulle liegt. Auf der Fahrt heißt er sie, ihre Dessous – Slip, Strumpfgürtel und Büstenhalter – ausziehen und den Rock so hochheben, daß sie direkt auf dem Polster sitzt. Vor Ort angekommen, muß sie sich allein an der Tür eines kleinen Anwesens präsentieren. An dieser Stelle wird ein zweiter möglicher Anfang eingeschoben, der allerdings auch dazu führt, daß O zu eben diesem Haus gelangt, wo sie von zwei Frauen in Empfang genommen, gebadet, geschminkt und frisiert wird. Das literarische Spiel zweier verschiedener Einleitungen bildet das Pendant zu den beiden Versionen des nur kurz skizzierten Endes. Von dem Moment an, in dem O in die Obhut der Frauen übergeht, den ein »je sais« (34) der Erzählerinstanz einleitet, bleibt die Fiktion eines Tatsachenberichts aufrechterhalten. Es wird ausschließlich in der dritten Person erzählt, allerdings grundsätzlich aus O's Perspektive oder in Hinblick auf sie. Wir kommen nur an Orte, an denen sie sich aufhält, wir lernen andere Menschen nur über ihre Wahrnehmung kennen, und ihr Innenleben ist das einzige, das sich vor uns – in extenso – entfaltet. So grausam O auch zugerichtet wird, so hemmungslos die Männer über sie herfallen, nie erfahren wir deren Motivation, doch treten sie nicht als Sadisten auf. René ist sogar unfähig, die Geliebte zu schlagen, und letztendlich scheint das ganze System von Roissy mehr auf die Belange der unterworfenen Frauen – und andere gibt es in diesem Universum nicht – als auf diejenigen der männlichen Gäste abgestimmt zu sein. Selbst die Diener, die eine scheinbar unbegrenzte Verfügungsgewalt über die Frauen haben, solange diese nicht von den Herren beansprucht werden, nähern sich ihnen nur mit ausgewählter Höflichkeit. Die Peitschenhiebe verabreichen sie wohldosiert wie Medizin. So ist es oberflächlich, den Text als frauenfeindlich zu bezeichnen, wie dies im Urteil vom 19.12.1983 geschah, in dem das Verwaltungsgericht Köln die Indizierung als jugendgefährdende Schrift bestätigte. Dem ließe sich entgegnen, daß dieser Ort des Grauens und der Lust in erster Linie dazu konstruiert ist, die scheinbaren Opfer ihre wahren Leidenschaften ausleben zu lassen. Von Kapitel zu Kapitel verfestigt sich der Eindruck, daß das Verhalten aller Figuren sorgfältig darauf abgestimmt ist, O sukzessiv in die Rolle der »soumise« einzuführen, in der sie ihr Glück findet. Die Gefahr dieser völligen Selbstentäußerung zeigt sich am Ende. O's Lebensform ist nicht mehr mit einer Existenz innerhalb der Gesellschaft zu vereinbaren, so daß sie in das geheimnisvolle Anwesen von Roissy zurückkehrt oder aus dem Leben scheidet.

Der größte Teil des Romans spielt an Orten, die geographisch klar lokalisiert sind: Paris, Cannes und Umgebung. Auch der zeitliche Ablauf läßt sich recht gut nachvollziehen. Im Herbst ist O zunächst für 14 Tage in Roissy. Zwei Wochen, nachdem sie ihre gesamte Garderobe nach Renés Vorschriften umgestaltet hat – keine Slips oder Strumpfgürtel, nur Kleider, Blusen und Unterwäsche, die vorn zu öffnen sind, sowie Röcke, die weit genug sind, um sich stets mit geöffneten Knien auf das nackte Gesäß zu setzen – stellt er sie in einem kleinen italienischen Restaurant Sir Stephen vor. Dieser läßt sie in den folgenden Monaten immer häufiger in seine Wohnung kommen, in der ersten Zeit nur an manchen Abenden, später leistet sie ihm jeden Vormittag nackt Gesellschaft, während er am Schreibtisch seinen Geschäften nachgeht. Anfang Juli bringt er sie zu Anne-Marie nach Samois am Rande des Waldes von Fontainebleau. Dort wird ihre Schamlippe perforiert und mit einem schweren gravierten Ring versehen; dann brennt Sir Stephan ihr seine Initialen auf beide Pobacken. Den folgenden Monat verbringen René, Sir Stephan, O, Jacqueline – ein Fotomodell, das O auf Geheiß der Herren verführt hat – und deren kleine Schwester Natalie in einer Villa bei Cannes. In der letzten Szene wird O zu einer vornehmen Abendgesellschaft gebracht, nur mit einer Tiermaske bekleidet und von Natalie an einer Kette geführt, die am Ring in ihrer Schamlippe befestigt ist. Trotz dieses zwar elitären, aber gut nachvollziehbaren Settings ist die Handlung des Romans in eine fabulöse Atmosphäre getaucht. Der Leser erlebt genau mit, wie O immer mehr den Bezug zur Alltagsrealität verliert und immer stärker von ihrer eigenen Sexualität und dem Status als Sexualobjekt dominiert wird. Die Fesseln geben ihr die Freiheit, sich vollkommen hinzugeben, die Schläge entheben sie der Gewissensbisse, in den Armen eines Fremden wildere Ekstasen zu genießen als mit ihrem Geliebten, der dem Koitus beiwohnt.

> Bienheureuse nuit pareille à sa propre nuit, jamais O ne l'accueillit avec tant de joie, bienheureuses chaînes qui l'enlevaient à elle-même. (95)
>
> Wohltätige Nacht, die ihrer eigenen Nacht glich und die O niemals mit soviel Freude begrüßt hatte, wohltätige Ketten, die sie von sich selbst befreiten. (82)
>
> [...] la douleur et la honte du fouet, et l'outrage que lui infligeaient ceux qui la contraignaient au plaisir quand ils la possédaient et tout aussi bien se complaisaient au leur sans tenir compte du sien, lui semblaient le rachat même de sa faute. (164)
>
> [...] weil der Schmerz und die Schande der Peitsche, und die Schmach, die ihr von denen zugefügt wurde, die sie zur Lust zwangen, wenn sie sie nahmen, selbst Lust empfanden, ohne sich um die ihre zu kümmern, ihr wie eine Sühne für ihre Fehler vorkamen. (139)

Während Anne-Marie sie gefesselt, mit weit gespreizten Schenkeln zur Schau stellt, genießt sie es, zwei Stunden lang an nichts als ihre Versklavung und deren Zeichen denken zu können: »à rien d'autre qu'à son esclavage et aux marques de son esclavage.« (257)

Die irreale Stimmung des Romans steht nicht nur in Kontrast zu den realistischen Orts- und Zeitangaben sowie zu den minutiösen Beschreibungen von Kleidung und Interieurs – Jean Paulhan hebt in seinem Vorwort die Szene hervor, in der René nach der ersten Nacht in Roissy mit einem anderen Mann O's Zelle betritt und ihr auffällt, daß sie ihm neue Pantoffeln besorgen müsse (vgl. 68). O's Leben außerhalb von Roissy läßt zunächst nicht darauf schließen, daß sie von einer Existenz als »soumise« geträumt hat. Als erfolgreiche Modephotographin finanziell gut gestellt, lebt sie in einer geschmackvollen Wohnung auf der Ile Saint Louis, kleidet sich sehr schlicht »wie alle Mädchen, die einem Beruf nachgehen, der einem Männerberuf gleicht« (98; »comme sont les filles qui travaillent, quand leur travail ressemble au travail des hommes«, 114). Sie ist also mitnichten ein Weibchen und war, bevor sie René kennenlernte, eher eine Femme fatale. Was René dazu bewogen hat, O nach Roissy zu bringen, wie sich ihre Beziehung bis zu diesem Punkt entwickelt hat, darüber erfahren wir nichts. Allerdings wirft dieser Roman ein eigenartiges Licht auf das Verhältnis der Geschlechter. Wenn wir O's Geschichte als Gleichnis verstehen, würden Frauen nur in der vollkommenen Unterwerfung ihr Glück finden, wohingegen Männer um so mehr lieben, je absoluter sich die Frau ihnen ausliefert. Dies setzt allerdings eine Spirale in Gang, die geradezu zwangsläufig mit dem Tod für den Geliebten endet. Darin erkennen wir dasselbe Klischee wie bei Sacher-Masoch wieder, daß nämlich die Frau den Mann liebt, der sie sich untertan macht.

> L'*Histoire d'O*, de toute évidence , est l'un de ces livres qui marquent leur lecteur – qui ne le laissent pas tout à fait, ou pas du tout tel qu'ils l'ont trouvé (VIII).
>
> Die Geschichte der O gehört ganz offensichtlich zu den Büchern, die ihren Leser prägen – die ihn nicht ganz so zurücklassen, wie sie ihn vorfanden (9f).

Jean Paulhans Urteil ist zweifellos pathetisch überhöht, doch wird sich in der Tat kaum ein Leser dem Sog dieses Buches entziehen können. Wir können regelrecht spüren, wie O's Universum sich immer stärker verdichtet, sich schließlich auf ihre bloße Existenz als Sexualobjekt reduziert. Diese ständige und ständig wachsende Spannung macht den Roman zu einem der erregendsten der Weltliteratur – obwohl er kaum noch mit den Mechanismen arbeitet, die wir in den ersten Kapiteln als Merkmale des erregenden Textes bestimmen konnten. Die Sprache ist so keusch, daß ein gezielt gesetztes »putain« regelrecht schockiert. Damit ist es kaum noch möglich, den Geschlechtsakt detailliert zu beschreiben. Aber wir erfahren, welche ungeahnte Lust O erlebt, eine Lust, die so groß, so intensiv ist, daß sie alle Qualen freudig auf sich nimmt, ihr Leben der Ekstase weiht. Hier nun ist die Lust am Schmerz endgültig auf eine rein psychologische Ebene transponiert worden. Gleichzeitig ist O's nur noch partiell bekleideter Körper auch in der Phantasie des Lesers ständig nackt und zugänglich. Der Voyeurismus hat die Schlüssellochperspektive überwunden, spielt raffiniert mit Blindheit und Zurschaustellung, mit Zeigen und Verdecken. Die Inszenierungen finden stets in einem sorfältig ausgestatteten, meist eleganten Rahmen statt. Jeder Peitschenhieb wird auch nach ästhetischen Gesichtspunkten appliziert.

Eine realitätsnahe Variation des Themas hat Dagmar Fedderke 1993 beim Konkursbuchverlag veröffentlicht, der auch *Mein heimliches Auge. Jahrbuch der Erotik* publiziert. Die Ich-Erzählerin der *Geschichte mit A.* lebt – genau wie die Autorin selbst – als norddeutsche Künstlerin in Paris. Sie zeichnet sich vor allem durch ihre Unentschlossenheit aus, die A.'s Dominanz sehr entgegen kommt. »*Je ne sais pas*« zieht sich wie ein Leitmotiv durch den Roman, und auf A.'s Frage, ob er nach dem ersten gemeinsamen Diner noch auf ein Glas mit zu ihr kommen dürfe, reagiert sie ratlos. »Vielleicht weiß ich immer noch nicht, ob, wann, und mit wem ich will, dachte ich« (7). Die Beziehung samt Besuch von organisierten Orgien und Ähnlichem wird äußerst realistisch geschildert. Die weder ganz junge noch unerfahrene Frau fragt sich:

> Welche Gefühle liegen der Unterwerfung zu Grunde. Je ne sais pas. Der Körper spielt die Hauptrolle, das ist angenehm. Aber in Blitzesschnelle jagt Angst vor Zerstörung ins Blut, wie eine Injektion. Gleichzeitigkeit der extremen Empfindungen: Genuß und Schmerz überlagern sich wie Folien beim Trickfilm. (12)

Der Realismus sorgt andererseits dafür, daß die erregende Potenz des Buches relativ gering ist, denn wir werden auch über die spießbürgerlichen und abstoßenden Seiten des Gruppensex informiert, erfahren, wie die Erzählerin mit einem anderen Mann ein Fiasko erlebt. Wir sind weit entfernt vom beunruhigenden Strudel, von den weltvergessenen Ekstasen der *Histoire d'O*. Fedderke bewahrt die Distanz zu den Ereignissen und verfügt über ein apartes Maß an Ironie. Die ›brisanten‹ Szenen be-

schreibt sie mit eingedeutschtem französischem Vokabular – ein
origineller Kunstgriff. Allerdings zählt sie mehr auf, als daß sie
wirklich beschreibt, so daß das Buch mehr ein Protokoll einer
exzessiven Beziehung denn ein erregender Roman ist.

> An diesem Abend dominierte er mich ausgiebig. Er enculierte mich,
> gab mir rasende baffes, spuckte auf die glühenden Wangen, warf
> mich zu Boden, trampelte über mich, drückte sein ganzes Gewicht
> auf mich, schlug meine fesses mit dem Strick, forderte eine feuille de
> rose, steckte sein Glied in meinen Mund und entlud sich über mei-
> nem Gesicht. Er warf mich aufs Bett zurück und befahl »Ecarte bien
> tes cuisses« (Mach die Beine weit auseinander), und das brauchte er
> mir nicht zweimal zu sagen. Ich war so erregt, kaum hatte er mich
> dort, dort berührt, wo die Erlösung wohnt, überwältigte mich mein
> Vergnügen. Wie wohl fühlte ich mich in seinen tröstenden Armen.
> (122)

Den kunstvollen, auserlesenen und wie von Feenhand arran-
gierten Szenen der O steht hier die reale Mühe sado-masochi-
stischer Inszenierungen gegenüber. Die gemeinsam mit dem
Geliebten im Kaufhaus erstandenen Dessous nehmen sich natürlich armselig aus gegen die Rokoko-Phantasiegewänder in
Roissy, doch gelingt es Fedderke dank solcher Details, ihre Geschichte überzeugend im Paris des 90er Jahre anzusiedeln.
Folglich ist deren Ende ein anderes, ein im Vergleich beinahe
banales. A. schreibt D., daß er sie nicht mehr treffen könne, da
sein »psychisches Gleichgewicht« (194) in Gefahr sei. Die Logik bleibt damit genau dieselbe wie bei Sacher-Masoch oder
›Pauline Réage‹: Das Unterwerfungsverhältnis bindet beide
Partner fest aneinander und verlangt nach immer weiteren
Überschreitungen, die früher oder später eine tragische Dimension annehmen, wenn nicht vorher Einhalt geboten wird.

Österreichische Schmankerln

Die beiden deutschsprachigen Klassiker der erregenden Literatur sind lange vor der *Geschichte mit A.* entstanden, entstammen
aber mit größter Wahrscheinlichkeit der Feder österreichischer
Autoren: *Aus den Memoiren einer Sängerin* und *Josefine Mutzenbacher. Die Lebensgeschichte einer wienerischen Dirne, von ihr selbst*

erzählt. Die Titel lassen zu recht darauf schließen, daß die Protagonistinnen ihr Abenteuer in der ersten Person zum besten geben. Es ist indessen augenscheinlich, daß es sich bei den *Memoiren* nicht um eine Autobiographie der berühmten Sängerin Wilhelmine Schröder Devrient (1804–1860) handelt. Allein die Tatsache, daß ihre vorgeblich in Bekenntnisbriefen an den Leibarzt abgefaßte Lebensbeichte erst acht respektive fünfzehn Jahre nach dem Tod der Sängerin erschien, ist ein deutlicher Hinweis; wichtiger noch der stilistische Bruch zwischen beiden Bänden, der zu Beginn des zweiten sogar angesprochen wird und der vermuten läßt, daß der Roman von unterschiedlichen Autoren geschrieben wurde. Darüber hinaus weist Paul Englisch nach, daß viele Fakten in Widerspruch zum Leben der Diva stehen und auf Ereignisse angespielt wird, die erst nach ihrem Tod eintraten (vgl. Nachwort). So war Wilhelmine Schröder-Devrient dreimal verheiratet, wohingegen die Ich-Erzählerin sorgsam ihre Freiheit bewahrt.

Den *Memoiren* wie der Klappentext »Courts-Mahlerische Eloquenz« zu attestieren, fällt schwer, doch ist er tatsächlich »in gepflegter Sprache geschrieben« und von vielen Reflexionen durchzogen. Uns interessiert er nicht nur wegen seines internationalen Erfolges etwa in Frankreich, wo bereits wenige Jahre nach dem Erscheinen verschiedene illustrierte Übersetzungen auf den Markt kamen. Uns liefert er vor allem ein gut zu lesendes Exempel dafür, wie lange das von Pietro Aretino initiierte Modell erregenden Erzählens sich erhalten hat. Mit dreizehn verspürt sie unter den sprießenden Schamhaaren die ersten Regungen, sieht bald darauf die Eltern bei temperamentvollen Umarmungen. »Wallungen, [...] die unbeschreiblich süß waren«, überkommen sie bei diesem Anblick. »Hätte ich nicht das Rauschen und Knittern meiner Kleider gefürchtet, so würde ich mit meiner Hand dahin gefaßt haben, wo meine Mutter eine so überwältigende Wollust zu empfinden schien, daß sie alles um sich vergaß und aus einer stillen, höchst ruhigen Frau eine glühend Genießende wurde.« (21) Der Liebe Lust wird zwar zumeist mit keuschen Worten, aber deshalb nicht minder einprägsam ausgedrückt. Als nächstes schaut Klein-Wilhelmine der Gouvernante – eine Französin, versteht sich – bei der Lektüre eines Romans von Nerciat (s. S. 231) zu, welche die junge

Nach Sade

Frau derartig erhitzt, daß sie zu ihrem Dildo greift. Gemäß dem bekannten Muster wird sich Wilhelmine wenig später mit eben diesem Utensil deflorieren; besagtes Buch erhält sie von Marguerite nach vielen innigen Umarmungen zum Abschied geschenkt. Marguerites Geschichte wird uns keineswegs vorenthalten. Als arme Waise durch einen gewissenlosen Vormund um das elterliche Erbe gebracht, tritt sie in den Dienst einer Baronin, die von ihr die »Toilette *de la Motte*« (49) verlangt, bei der bald »der Kamm seine Herrschaft an die Hand« (50) abtritt (vgl. Abb.). Wilhelmine erfährt nicht nur, wie Marguerite sich erst mit der Baronin und dann zu dritt mit deren Geliebtem amüsiert – eine Konstellation, die sie später persönlich erleben wird – sondern genießt auch die Umarmungen der jungen Frau.

Außerdem sieht sie durch einen Spalt in der Wand, wie ihr Cousin onaniert, ein Schauspiel, das sie »über vieles aufklärt« (32). Später wird sie eine gefeierte Sängerin, lebt in verschiedenen Städten, wo sie bei ihren Abenteuern stets gleichermaßen auf ihren guten Ruf und die Verhütung der biologischen Folgen ihrer Affairen achtet. Besonders im zweiten Teil des Buches erprobt sie die verschiedensten Spielarten der Lust, obwohl die lesbische Liebe eine Konstante bildet. Sie lernt das Schoßhündchen ihrer Tante, einen Mops, schätzen, wohnt einer öffentlichen Auspeitschung bei und vergnügt sich danach mit dem Opfer, das sie zu sich nimmt; sie tritt als Heldin einer großen Orgie auf und schaut in einer Kirche dem Bacchanal nackter Mönche und Nonnen zu, das mit doppelter Leichenschändung endet.

Keines dieser Elemente ist neu, ihre Kombination ein bewährtes Rezept für Autoren erregender Texte. Worin liegt also der Erfolg dieser *Memoiren* begründet? Originell ist die Protagonistin schon deshalb, weil sie zwar mit ihrem Körper Geld verdient, doch nicht als Prostituierte. Sie ist Künstlerin und sorgfältig auf ihre Freiheit sowie ihre Gesundheit bedacht, so daß sie die Wonnen immer wieder reflektiert und durch Phasen der Abstinenz unterbricht. Während ihrer zwei Jahre in Frankfurt lebt sie völlig enthaltsam, was ihrer Schönheit sehr zugute kommt. Unter den vielen »Courmachern«, »der großen Schar von Anbetern« (155) erscheint ihr keiner würdig, wobei gewisse antisemitische Untertöne anklingen. Nachdem sie sich zur Keuschheit entschlossen hat, kostet es sie in den ersten vierzehn Tagen eine »übermenschliche Selbstbeherrschung, um meine Finger nicht an eine gewisse Stelle meines Körpers zu legen« (156). Glücklicherweise findet sie bald ein Mittel, das sie sehr viel besser in diesem Vorhaben unterstützt als »ein Sitzbad von kältestem Wasser« oder »einige Artikel über Politik« (156): *Justine und Juliette oder die Gefahren der Tugend und die Wonnen des Lasters* des Marquis de Sade. Dieser Fall von negativer Autoreflexivität des erregenden Textes ist ganz außerordentlich: Die Wirkung der Lektüre im Roman wird in ihr Gegenteil verkehrt. Sie dient üblicherweise dazu, die Phantasie der Figuren anzuheizen, so auch in den *Memoiren einer Sängerin*. Sade gilt aber als Phänomen eigener Art. Eine französische Kollegin berichtet, wie ihr Mann in der Blüte seiner Jahre in nur sechs Monaten von diesem ›Gift‹ dahingerafft wurde. In ihr selbst sei hingegen »jede Lust nach Genuß ausgestorben, [...] aus Ekel und Abscheu« (157), als sie nach dem Tode des geliebten Gatten dieses Buch gelesen hat. Dem Roman wird damit eine ungeheure Kraft unterstellt, deren Wirkung von der Prädisposition des Lesers abhängt: Der eine wird durch diese Lektüre in den Wahnsinn getrieben, von der zwanghaften Suche nach immer heftigeren Stimuli in den Tod; der andere wird hingegen »radikal geheilt von allen wollüstigen Trieben, die im menschlichen Körper stecken.« (160) So helfen die zehn Bände des Sadeschen Romans der schönen Sängerin, ihrem Vorsatz zwei Jahre lang treu zu bleiben; allerdings ist der Effekt nicht von Dauer.

Obwohl es Wilhelmine Vergnügen bereitet, selbst »Tieren bei ihrer Begattung zuzusehen, ja ihnen dazu zu verhelfen« (104), wird sie von der recht rüden Begegnung des Kutschers mit der Viehmagd abgestoßen. »Das Widerwärtigste aber waren die Ausdrücke, welche die beiden gebrauchten.« (84) Nun, *Josefine Mutzenbacher* (1906) wäre ihre Sache nicht gewesen. Das Drunter und Drüber einer Wiener Mietskaserne muß auch nicht jedermann gefallen, wo Josefine seit ihrem siebenten Lebensjahr mit Bruder, »Bettgeher«, kleinen Jungen und älteren Männern vögelt, vögelt und nochmal vögelt. »Ich hatte die ganze Zeit, bis zum Tode meiner Mutter, fortwährend gevögelt, und wenn ich es überschlage, mit zwei Dutzend Männern Unzucht getrieben« (132), kann sie als Dreizehnjährige von sich behaupten. Hier endet der erste Teil, und der zweite beginnt wahrhaftig mit zwei keuschen Monaten. Denen setzt ihr Beichtvater ein jähes Ende. Seine Machenschaften fliegen auf, und das Geständnis der Tochter animiert den verwitweten Vater so sehr, daß sie fortan in seinem Bett nächtigt. Daß es dabei nicht mit rechten Dingen zugeht, bleibt dem neuen Bettgeher nicht verborgen; er erpreßt das blutschänderische Paar, freundet sich mit dem Vater an. Da ein Laster bekanntlich das andere nach sich zieht, beginnt dieser zu trinken und zu faulenzen, verliert seine Arbeit, so daß er sich schließlich überreden läßt, sein »Peperl« anschaffen gehen zu lassen. Statt einer kompletten Hurenvita erfahren wir nur, was Josefine am ersten Tag ihres »Hurenlebens« (283) widerfährt – zugegebenermaßen eine ganze Menge, einschließlich der Flagellation eines Masochisten und einer längeren Sitzung bei einem spezialisierten Photographen. Dieses Detail ist noch recht interessant, weil es darauf schließen läßt, wie wichtig das neue Medium – schon in *Teleny* werden die *tableaux vivants* während des Symposions abgelichtet – für den Erotika-Markt war; abgesehen davon bringt es eine neue Dimension des Voyeurismus in die Texte. Insgesamt mag man sich an Peperls nimmermüder Geilheit nicht so recht erfreuen, denn der monotone, pseudo-unschuldige und -volkstümliche Tonfall ermüdet den Leser schnell. Da bedarf es schon des geistigen Kitzels sich vorzustellen, daß dieses Buch von Felix Salten, dem Autor des weltberühmten *Bambi*, stammen soll.

Maßlose Übertreibung

Eine recht zweischneidige Geschmacksfrage stellen auch die Werke von Pierry Louÿs. Von seinen Zeitgenossen hochverehrt und als Meister des Stils geschätzt, erscheint uns das Parfum seiner Dichtung der Jahrhundertwende in *Les Chansons de Bilitis* (1895) heute zu süß, zu schwer. Letztendlich ist sein ganzes Werk erotisch, auch zu *Bilitis* und der 1896 veröffentlichten *Aphrodite* schrieb er zusätzliche geheime Passagen. Mit dem umfassenden Textcorpus seines *Œuvre érotique* im engere Sinne kamen sie erst nach seinem Tod im Jahre 1925 ans Tageslicht. Die Lyrik ist oftmals parodistisch, wie auch das *Manuel de civilité pour les petites filles*, das ein obszönes Gegenstück zum Erziehungsbuch der Madame de Maintenon, der bigotten morganatischen Gattin des Sonnenkönigs, bildet.

> Quand vous vous êtes servie d'une banane pour vous amuser toute seule ou pour faire jouir la femme de chambre, ne remettez pas la banane dans la jatte sans l'avoir soigneusement essuyée. (14)

> Wenn Sie sich einer Banane bedient haben, um sich allein zu vergnügen oder um das Zimmermädchen zum Orgasmus zu bringen, dann legen Sie die Banane nicht in die Schale zurück, ohne sie vorher sorgfältig abgewischt zu haben.

Hauptwerk ist zweifellos der Roman *Trois filles de leur Mère*, der gewisse Parallelen zur *Mutzenbacher* aufweist, die zum Glück nicht stilistischer Art sind. Die Darstellung heftiger kindlicher Sexualität verbindet beide Texte. Pierre Louÿs erzählt die Geschichte eines Zwanzigjährigen, neben dem eine Mutter, Teresa, mit ihren drei Töchtern einzieht. Alle vier sind »putains«, alle vier bereits mit sieben oder acht Jahren anal defloriert worden und seitdem auf diese Praktik fixiert. Ihr Vorrat an Obszönitäten sowie ihre sexuelle Erregbarkeit scheinen unbegrenzt, und der Autor unternimmt keinen Versuch, die Handlung über eindeutig libidinöse Szenen auszuweiten oder sie andeutungsweise realistisch zu gestalten. Die Vorbemerkung, daß es sich um eine wahre Geschichte, eine »histoire vraie jusqu'au moindre détail« handele, dürfen wir ironisch verstehen. Die reine Beschränkung auf die exzessive und eigenartige Sexualität dieser fünf Figuren hüllt das Ganze in eine erstickende Atmosphäre. Die fröhliche Unbefangenheit der Mädchen steht in einem erstaunlichen Kontrast zu den Obszönitäten, die sie äußern oder tun, vor allem aber zu dem traurigen Schicksal der beiden älteren, die von ihrer Mutter so nachhaltig pervertiert wurden, daß sie zu einem entspannten Genuß der Zweisamkeit nicht mehr fähig sind. Die vierzehnjährige Mauricette will geschlagen werden und berichtet, wie ihre Mutter sie »abgerichtet« hat, indem sie ihr glühende Nadeln in die Brust stach und die äußeren Geschlechtsteile blutig gebissen hat. Das Schicksal von Charlotte ist beinahe noch erbarmungswürdiger, da ihr Zustand schon pathologisch ist. Sie will von ihrem ›Geliebten‹ erniedrigt werden und erzählt ihm, wie sie Tiere manuell und oral befriedigt hat. In ihrem verzweifelten Kampf, den eigenen Nerven Entspannung zu verschaffen, erinnert sie an Gamiani.

So ist dieser Roman trotz aller in ihm geschilderten Exzesse und Tabubrüche eher kurios als erregend. Der wörtlichen Rede der Frauen, die den größten Teil des Textes ausmacht, stehen die gepflegten, reflektierenden und oft ironischen Passagen des Ich-Erzählers entgegen. Er betont sogar, wie kalt ihn die Niederschrift seiner ›Erlebnisse‹ läßt:

> Le calme des commentaires que je viens de de prolonger ici par distraction (car cette histoire ne m'excite pas du tout, j'aime mieux vous le dire et j'écris ces pages avec la même tranquillité que si je vous contais comment j'ai appris la grammaire grecque) … (373).

Maßlose Übertreibung

Lobel Riche: Illustration zu Les Chansons de Bilitis *(1937)*

Die Gelassenheit dieser Erklärung, die ich noch hinausziehen werde ... (Da diese Geschichte mich gar nicht erregt, sage ich es Ihnen und schreibe diese Seiten mit derselben Ruhe, als ob ich Ihnen erzählte, wie ich die griechische Grammatik studiert habe) (173).

Die ›Spiele‹ dieser Mädchen stimulieren vor allem deshalb wenig zur Nachahmung, weil ihre Bizarrerie selbst den einzigen männlichen Mitspieler immer wieder verschreckt und nicht einmal sie selbst letztendlich befriedigen kann. Außerdem läßt Pierre Louÿs den Leser nicht vergessen, daß er keine wahre Geschichte festgehalten, sondern im höchsten Maße stilisierte Literatur geschrieben hat. Die distanzierte Erzählerperspektive, komische Kontraste, Übertreibungen und Unglaubwürdigkeiten tragen ihren Teil dazu bei. Beispielsweise behauptet Teresa von ihrer Mutter, einer agilen Zirkusartistin, daß sie den Männern beim – selbstverständlich analen – Koitus gleichzeitg die Hoden lecken konnte. Die zwiespältige Naivität der zehnjährigen Lili bringt selbst den Erzähler zum Lachen, allerdings verliert sie die Wette um eine Tüte Bonbons, da sie ihn doch bis zur Erektion reizt, indem sie ihre Qualitäten anpreist:

> – Oui. Je suis la plus petite des trois, mais c'est moi qui en fait le plus. Je fais tout, sauf l'amour entre les tétons, parce que j'en ai pas. Voulez-vous me baiser, m'enculer et jouir dans ma bouche? (266)
>
> Ja, ich bin die Kleinste von uns dreien, aber ich mache am meisten. Ich mache alles, außer zwischen den Brüsten ficken. Denn ich habe ja keine. Wollen Sie mich vögeln, in den Popo ficken, Minette machen? (36f)

Ihre Maximen hingegen sind fragwürdig: »Une langue dans le derrière! dit-elle toute joyeuse. Ça mérite une queue par devant« (267; »›Eine Zunge von hinten‹, sagte sie lachend, ›das ist einen Pimmel von vorn wert‹«, 37). Sie amüsiert sich nicht wenig, spielt mit einem Mann, wie andere Mädchen mit ihren Puppen (»Elle jouait à baiser comme d'autres petites jouent à la poupée«, 267), nur ist dieses Spiel blutiger Ernst für die Kleine.

Die Quadratur des Kreises, nämlich Komik mit Erregung zu verbinden, gelingt Guillaume Apollinaire in *Les onze mille verges* (1907). Der Vergleich zu *Gamiani* drängt sich insofern auf, als beide Werke von bedeutenden Dichtern stammen, die souverän mit den verschiedenen Elementen der Gattung jonglieren. Während Musset die Übersteigerung auf die verzweifelte Suche nach Erfüllung konzentriert, findet sie bei Apollinaire auf fast allen Ebenen statt. Den Anklängen an romantische Ironie in verschiedenen gespreizten Formulierung von *Gamiani* steht hier die burleske Zuspitzung der erregenden Passagen gegenüber, die allerdings nichts von ihrer zumindest partiell stimulierenden Wirkung einbüßen. Zwar wird diese Wirkung immer wieder durch überwältigend komische Szenen durchbrochen, die Komik ihrerseits dann aber durch die Darstellung höchster Wollust suspendiert. Der radikale Verzicht des Autors auf realistische Beschreibungen unterstützt dieses Wechselspiel.

Gleich zu Beginn werden wir darauf hingewiesen, daß der Protagonist Mony, ein falscher rumänischer Prinz, dem asiatischen Kulturkreis zuzurechnen ist, wir uns folglich auf jede Form der Barbarei gefaßt machen müssen. So wälzt er sich bald mit zwei Pariserinnen in den diversen menschlichen Körpersäften und Ausscheidungen oder bringt mit seinem Diener bei einer ebenfalls wenig appetitlichen Orgie in einem Eisenbahnabteil die beiden Teilnehmerinnen grausam um. Nachdem die wenig galanten Herren sich gesäubert und angekleidet haben, halten sie es für sinnvoll, den Zug vor dem nächsten Bahnhof zu verlassen.

> Ils enjambèrent la portière et courageusement se couchèrent en long sur le marchepied du train lancé à toute vitesse. Puis, à un signal de Cornabœux, ils se laissèrent tomber doucement tomber sur le ballast de la voie. Ils se relevèrent un peu étourdis, mais sans aucun mal, et saluèrent d'un geste délibéré le train (107).

> Sie kletterten aus dem Fenster und legten sich mutig auf das Trittbrett des in voller Fahrt dahinrasenden Zuges. Dann, auf ein Zeichen von Cornabœux, ließen sie sich sachte auf den Schotter des Bahndamms fallen. Sie erhoben sich etwas benommen, doch ohne jede Verletzung, und verabschiedeten den Zug mit einer überlegenen Geste.

Der Mut, der den beiden Helden hier attestiert wird, der »sachte« Sturz aus dem rasenden Zug, der blasierte Abschiedsgruß sind Musterbeispiele für Ironie und zeigen gleichzeitig, wie wenig Wert Apollinaire auf die realistische Gestaltung des Sujets legte. Trotz solcher Willkür und der aberwitzigsten Zufälle stimmt der Rahmen des russisch-japanischen Krieges mit den historischen Gegebenheiten überein; einige der Figuren können wir sogar identifizieren, so die beiden »anciens poètes symbolistes« (146), Adolphe Retté und Tancrède de Visan, die hier als Inhaber des Bordells »Les Samouraï joyeux« auftreten. In diesem Etablissement ereignet sich eine der absurdesten Szenen. Die Frauen sitzen beim Kartenspiel, als eine Granate mitten in den Tisch einschlägt, ohne zu explodieren. Sie fallen wie die Maikäfer auf den Rücken. »Ce fut un étalage admirable de culs de toutes les nationalités« (149); Hinterteile aller Nationalitäten werden zur Schau gestellt, so daß den Herren die Qual der Wahl bleibt. Nach einer Flucht im Ballon landet Mony im russischen Lager, wo er Szenen wilder Grausamkeit erlebt und mitgestaltet, sich schließlich die Lebensgeschichte eines Masochisten anhört, die ihn so sehr in Rage versetzt, daß er auf dem Bauch einer blutrünstigen Krankenschwester zum Angriff trommelt, bis dieser platzt. Obwohl er damit den Japanern zum endgültigen Sieg verhilft, verurteilen sie ihn dennoch zum Tod durch die Schläge von 11000 mit Bambusruten ausstaffierten Soldaten. Die ersten tausend Hiebe nimmt er noch auf eigenen Füßen entgegen, dann wird er auf einer Bahre durch das barbarische Spalier getragen.

> Bientôt son vit ne put plus retenir le jet spermatique et, se redressant à plusieurs fois, cracha son liquide blanchâtre à la face des soldats qui tapèrent plus fort sur cette loque humaine. Au deux millième coup, Mony rendit l'âme. (236f)

> Bald konnte sein Glied den Samendrang nicht mehr zurückhalten, es reckte sich mehrere Male kurz auf und spuckte seinen weißlichen Schleim den Soldaten ins Gesicht, die diesen Lumpen von Menschen daraufhin heftiger schlugen. Beim zweitausendsten Schlag hauchte Mony seine Seele aus. (204)

Eine ähnlich enge Verknüfung von Eros und Tod finden wir in den Theorien Batailles, die allerdings in vielerlei Hinsicht als fragwürdig gelten dürfen. Er konstruiert eine maximale Übereinstimmung unserer Scheu vor Sexualität mit der vor dem Tode und geht sogar davon aus, daß erst das Bewußtsein des Todes Erotik hat entstehen lassen. Er setzt den Liebesakt mit rituellen Tötungen gleich: »Der Liebende löst die geliebte Frau nicht weniger auf als der blutige Opferpriester den Menschen oder das Tier, das er schlachtet« (Erotik 88). Trotz dieser anthropologischen Verankerung des Eros, behauptet er beispielsweise, daß nach der Einführung der Sklaverei, »das erotische Spiel, teilweise zumindest, zu einem Privileg der höheren, begüterteren Schichten« (Tränen 62f) wurde. Dabei unterscheidet er nicht zwischen Pulsionen und der Möglichkeit, diese mit Raffinement auszuleben.

Auch der Ruhm seines *Obszönen Werks* beruht zu großen Teilen auf der Amalgamierung von Leidenschaft, Tod, Wahnsinn, Schmutz und Tabubruch. Der berühmteste Text, die *Histoire de l'œil* (1928), liest sich wie die literarische Umsetzung des ersten *Surrealistischen Manifests* von 1924. Der von Breton geforderte *non-conformisme* wird ausgiebig praktiziert, der fünfzehnjährige Ich-Erzähler und seine gleichaltrige Freundin Simone revoltieren – wie es sich gehört – gegen die Eltern. Phantasien leben sie aus, und der den Surrealisten teure Wahnsinn spielt eine wichtige Rolle. Das Denken in Bildern wird sattsam praktiziert, der Text ist ein Spiel mit Formen und organischer Materie. Ob Milch, Blut, Sperma oder Urin fließen, bleibt letztendlich egal; Simone versenkt gekochte Hühnereier mit der selben Begeisterung im Klo wie schließlich das berühmte Auge in ihrer Vagina, der Degout wird kultiviert. Doch tragen diese Grenzüberschreitungen aus heutiger Sicht eher spätpubertäre denn revolutionäre Züge, und es nimmt nicht Wunder, daß Breton den Kollegen Bataille im zweiten *Manifest* mit beißender Häme bedachte.

Liebe, Tod und Leben

So unterschiedlich Louÿs, Apollinaire, Bataille und ihre Werke auch sein mögen, in einen Punkt stimmen sie überein und sind darin typisch für die Entwicklung im 20. Jahrhundert: Sexuelle Begegnungen, ja die aberwitzigsten Phantasmagorien werden in aller Ausführlichkeit beschrieben; der Wunsch, den Leser zu erregen, tritt deutlich hinter das Interesse am literarischen Spiel zurück.

Als Gegenpol zu dieser Entwicklung können wir die Aufnahme der Libido in den Themenkanon des im weitesten Sinne realistischen Romans sehen. Hatte Defoes Robinson auf seiner Insel ganz ohne »the Lust of the Flesh« leben können, so quält diese Lust spätere Romanhelden und -heldinnen nicht wenig. Über Madame Bovarys berüchtigte Kutschfahrt haben wir bereits gesprochen und wollen uns nun zwei gesellschaftskritischen Romanen zuwenden, in denen die Sexualität die zentrale Rolle einnimmt, aber genau entgegengesetzt bewertet wird: In *Nana* (1880) von Émile Zola ist sie eine zersetzende, tödliche Gefahr; in *Lady Chatterley's Lover* (1928) von D. H. Lawrence das lebensspendende Prinzip.

Selten ist ein Roman mit so viel Spannung erwartet worden wie *Nana*. Bereits im Oktober 1879 erschien die erste Folge in *Le Voltaire* und sorgte gemeinsam mit den folgenden für derartiges Aufsehen, daß die gesamte erste Auflage von 55 000 Exemplaren schon vor der Drucklegung verkauft war. Das Presseecho war niederschmetternd; Louis Ulbach verglich Zola sogar mit dem Marquis de Sade. Grausam ist aber bestenfalls

Nanas mitunter kindischer Egoismus. Die Qualen des Grafen Muffat sind heftig, aber ein Resultat seiner Leidenschaft für das üppige rotblonde Mädchen, das mit achtzehn auf dem Théâtre des Variétés ihr Debüt gibt, als Venus in einer mediokren Operette. Obwohl sie weder singen noch sich auf der Bühne bewegen kann, erobert sie das Publikum allein durch ihre sinnliche Ausstrahlung. Von Anfang an steht fest, daß sie ihr schmales Salär durch lukrative Herrenbekanntschaften aufzubessern gewillt ist. Der Plan läßt sich ohne größere Schwierigkeiten in die Tat umsetzten, und nach einigen Peripetien sowie heftigen Gewissenskonflikten des streng katholischen Muffat residiert sie in einer prunkvollen Bleibe, die er für sie hat herrichten lassen.

Zolas Kritik beschränkt sich nicht darauf, daß hier ein Aristokrat sein Vermögen durchbringt und seine Ehe ruiniert, ja die eigene Frau indirekt auf Abwege führt, da sie es ihm mit gleicher Münze heimzahlt. Angeklagt wird Nanas destruktive Sinnlichkeit, die eine Gefahr für die – zwar ohnehin verrottete – Gesellschaft darstellt. Folgerichtig stirbt sie, erst 22jährig, genau in dem Augenblick, als 1870 der Krieg ausbricht, der das Ende dieser Gesellschaft oder zumindest des zweiten Kaiserreichs mit sich bringt. Die Geschichte der *Rougon-Macquart, d'une famille sous le Second Empire*, hat Zola in zwanzig Bänden entworfen, deren neunter *Nana* ist. In diesem Zyklus wollte der Autor den »wissenschaftlichen Beweis« dafür antreten, wie sehr der Mensch von seinen Erbanlagen und seiner Umwelt bestimmt ist. Unter diesen Voraussetzungen stand Nanas Leben von Anfang an unter einem schlechten Stern, ihr tragisches Ende war vorgezeichnet, da die Familientradition des Alkoholabusus ihr Blut »verseucht« hat »durch jahrzehntelang vererbtes Elend und eingefleischte Trunksucht, die sich bei ihr in einer nervösen Störung des weiblichen Geschlechtsempfindens äußerte« (250; »une fille, née de quatre ou cinq générations d'ivrognes, le sang gâté par une longue hérédité de misère et de boisson, qui se transformait chez elle en un détraquement nerveux de son sexe de femme«, 175). So wird sie zu einer Naturgewalt, die, ohne es zu wollen, Paris zwischen ihren schneeweißen Schenkel zersetzt und verdirbt: »Elle devenait une force de la nature, un ferment de destruction, sans le vouloir elle-même, corrompant et désorganisant Paris entre ses cuisses de neige« (175). Während Muffat diese Zeilen eines Journalisten über seine Geliebte liest, steht sie nackt vor dem Spiegel und schwelgt im Anblick ihrer eigenen Rundungen – ein ebenso originelles wie gelungenes Beispiel literarischen Voyeurismus'. Symbolbefrachtet wie Nanas ganze Figur – diesen Namen trägt schon Aretinos Nanna, eine der ältesten Courtisanen in der Literatur der Neuzeit – ist auch ihr Ende. Selbstverständlich waren alle Beziehungen während der vier Jahre währenden Handlung unfruchtbar geblieben; das Endprodukt einer Reihe von Degeneration ist nicht mehr in der Lage, Leben zu schenken. Der Sohn, den sie noch fast als Mädchen zur Welt gebracht hatte, ist dementsprechend kränklich und stirbt noch vor der Mutter. An Nanas Totenbett stehen nur einige Kolleginnen, die entsetzt vor dem Anblick ihres zerrütteten Antlitzes zurückweichen. Das Ferment, mit dem sie das Volk vergiftet hatte, scheint in ihrem Gesicht voll zum Ausbruch gekommen zu sein: »Il semblait que le virus pris par elle dans les ruisseaux, sur les charognes tolérées, ce ferment dont elle avait empoisonné un peuple, venait de lui remonter au visage et l'avait pourri« (385; »Es sah aus, als wäre der Krankheitskeim, den sie in der Gosse auf den nicht weggeräumten Äsern aufgelesen hatte, dieser Zersetzungsstoff, mit dem sie ein ganzes Volk vergiftet hatte, ihr ins Gesicht gestiegen und hätte es in Fäulnis aufgehen lassen«, 557f).

Nicht minder symbolträchtig empfängt Lady Chatterley beim ersten gemeinsamen Orgasmus mit dem Wildhüter ihr erstes Kind. Daß D. H. Lawrence diese und ähnliche Szenen zwar dezent, aber eindrucksvoll schildert, hat ihm den Ruf eines Pornographen eingetragen und dazu geführt, daß das Buch erst 1960 in Großbritannien gedruckt werden durfte. Im folgenden Jahr hält Richard Hoggart es dennoch für notwendig, sein Vorwort mit folgenden Worten zu beginnen: »LADY CHATTERLEY'S LOVER is *not* a dirty book. It is clean and serious and beautiful.« (V) Den beiden letzten Wertungen können wir zweifelsfrei zustimmen, würden den Roman auch sicher nicht für »schmutzig« halten, aber was bitte ist ein »sauberes« Buch? So lyrisch Lawrence die Liebesszenen auch beschreibt, der Wildhüter nimmt durchaus Worte wie »fuck« oder »cunt« in den Mund, lehrt sie sogar die Geliebte. Er will freilich nicht provozieren, spricht lediglich in klaren Worten von der natürlichsten Sache der Welt, so daß die *four-letter-words* ihren obszönen Klang verlieren. Obwohl seiner Sinnlichkeit etwas Animalisches anhaftet, wird er erst seinen Mantel auf dem Waldboden ausbreiten, bevor er *her ladyship* darauf niederlegt.

D. H. Lawrence zeichnet das Portrait einer nach-viktorianischen Gesellschaft, in der ›anständige‹ Frauen keine sexuellen Bedürfnisse kennen. So reagiert die Schwester der Protagonistin fassungslos, als diese ihr die unstandesgemäße Liaison beichtet, denn »Hilda wanted no more of that sex business, where men became nasty, selfish little horrors« (249). »Ours is essentially a tragic age«, lautet der pathetische Anfang des Buches. »We've got to live, no matter how many skies have fallen.« Nach diesem Auftakt und durch die vielen Reflexionen im Laufe des Romans erhält die Liebesgeschichte eine parabolische Bedeutung. Die Gesellschaft, die nach dem Ersten Weltkrieg ebenso verkrüppelt und abgestorben wie die untere Körperhälfte des Kriegsversehrten Lord Clifford Chatterley und ganz wie er auf Geld und Ruhm fixiert ist, bedarf einer Wiedergeburt, der Rückbesinnung auf die Natur, deren wichtigsten Bestandteil der Zeugungsakt in Liebe bildet.

Wie wenig Sex den meisten Figuren bedeutet, wird der Autor nicht müde zu wiederholen. Vor dem Krieg waren Hilda und Constance, die spätere Lady Chatterley, zu Studienzwecken nach Deutschland geschickt worden, hatten sich dort verliebt und ihren Freunden hingegeben, ohne dabei viel zu spüren. »Women had always known there was something better, something higher« (7), lautet das Vorurteil, das sie bestätigt fanden. Trotz eines einmonatigen »honeymoon« vermißt diesbezüglich keiner der beiden Eheleute etwas, nachdem Clifford als Invalide Zeit seines Lebens an den Rollstuhl gefesselt bleibt – »the sex part did not mean much to him« (13) – lediglich ein Kind scheint ihrem Glück zu fehlen. Offenbar ist Lady Chatterleys Vater der einzige, der diese Situation unnatürlich findet und mit beiden darüber spricht. Auch entgeht es Constance nicht, daß sie von einer »mad restlessness« (22) ergriffen wird, von der sie ein erster Liebhaber, ein kultivierter Freund ihres Gatten, nicht befreien kann. Letzterer glaubt, daß ein Kind das Problem lösen würde, schlägt seiner Frau sogar vor, sich von einem anderen schwängern zu lassen. Dabei bringt er unmißverständlich zum

Ausdruck, daß er selbst derartige Aktivitäten für irrelevant hält: »we ought to be able to arrange this sex thing, as we arrange going to the dentist« (47). In diesem Augenblick taucht der Wildhüter zum ersten Mal auf.

Die Lady wirft sich ihm keineswegs in die Arme, vielmehr nimmt er sich ihrer an, als sie – Monate später – beim Anblick eines Kükens in Tränen ausbricht. »Her face was averted, and she was crying blindly, in all the anguish of her generation's forlornness. His heart melted suddenly, like a drop of fire, and he put out his hand and laid his fingers on her knee.« (121) Ohne viele Worte bringt er sie in die Hütte, legt sie auf eine Soldatendecke, entkleidet und liebt sie. Diese erste Vereinigung wird in nur wenigen Sätzen geschildert, entscheidend ist ihre Bewertung: für ihn ein »moment of pure peace«, für sie vor allem das Gefühl, etwas Echtes zu erleben (»it was real«, 122), für beide ein Neubeginn.

»Now I've begun again.«
»Begun what?«
»Life.«
»Life!« she re-echoed, with a queer thrill. (123)

Der pathetische Ton, der mitunter kitschig wirkt, befrachtet die Liebesszenen mit einer ›höheren‹ Bedeutung; andererseits bleibt der Kontakt dieser zwei Menschen, die kaum miteinander sprechen, weitgehend auf die Körperlichkeit beschränkt. Die Intensität ihrer Umarmungen kann der Leser trotz des Lyrismus der Darstellung gut nachvollziehen; gleichzeitig bilden sie einen integralen Bestandteil der im Roman praktizierten Gesellschaftskritik. Der Wildhüter ist nicht nur ›ein ganzer Mann‹, er lebt im Gegensatz zum schriftstellernden Lord nicht in einer Kunstwelt, sondern inmitten der Natur, ist nicht wie dieser vom »devil Mammon«, vom »instinct for success« (35) geleitet. Der Trostlosigkeit des Daseins sowohl im Herrenhaus wie auch unter den Bergleuten im Dorf stellt Lawrence die vitale Verbindung der Liebenden entgegen, die sich frei machen von gesellschaftlichen Zwängen und Gewinnsucht. Geradezu programmatisch ist des Wildhüters Brief an die Lady, mit dem der Roman endet. Sie lebt von ihrem Mann und bis zu ihrer Niederkunft von ihm getrennt, während er auf einer Farm arbeitet, um dort so viel wie möglich für ihre gemeinsame Zukunft auf dem Lande zu lernen. Ausgiebig kritisiert er, wie sehr die Menschen auf die materielle Seite des Lebens fixiert sind: »If only they were educated to *live* instead of earn and spend« (312). Wenn er dann auf Sexualität zu sprechen kommt, betont er zum einen, daß sie hier als generative Kraft steht: »Even the flowers are fucked into being between the sun and the earth« (313). Zum anderen ist er genau das Gegenteil eines *maniac*, betrachtet Keuschheit als die natürliche Lebensform getrennt lebender Liebender: »So I love chastity now, because it is the peace that comes of fucking. [...] I love the chastity now that it flows between us. It is like fresh water and rain« (313).

So sehr die Liebesszenen auch in eine komplexe Gesellschaftstudie eingebettet und mit Bedeutung aufgeladen sein mögen, sie können die Phantasie des Lesers dennoch reizen. Zwar muß er mit der Lady einen langen Weg zurücklegen, bis sie in den Armen des Wildhüters ungeahnte Glückseligkeit erlebt, doch hat Lawrence den Roman so konstruiert, daß unsere Spannung mit ihrer Frustration ansteigt und wir die Vereinigung ebenfalls mit Ungeduld erwarten. Je größer die Sinnesfreuden der Liebenden, desto genauer deren Schilderungen, damit die Intensität der Leidenschaft sich auf den Leser überträgt. Die größte Provokation für das zeitgenössische Publikum muß aber darin bestanden haben, daß die innige Verbindung der ungleichen Partner durch die Harmonie der Körper geschaffen wird. Als Constance sich frustriert von Mellors abwenden will, umarmt er sie noch einmal, und beide gelangen gleichzeitig zum Höhepunkt. »Now all her body clung with tender love to the unknown man« (181). Nicht die Verschmelzung der Seelen, sondern der Rhythmus der Körper, der gemeinsame Orgasmus sind Quell der Liebe – genau wie es Suzanne fast dreihundert Jahre zuvor in der *École des filles* formuliert hatte.

Die Banalität des Eros

In den Jahrzehnten um die Jahrhundertwende können wir also zwei Tendenzen beobachten. Zum einen verfassen Autoren wie Apollinaire Abfolgen übersteigerter Debauchen, deren Darstel-

Die Banalität des Eros

Mihály von Zichy (1827–1906): *Etudes des mains;* Erstveröffentlichung 1911.

lung durch das explizite Spiel mit literarischen Formen geprägt ist. Zum anderen wird Sexualität zum Thema von Romanen, die ein komplexes Spektrum gesellschaftlicher Realität umfassen. Die symbolische Befrachtung der Sinnlichkeit hindert die Verfasser nicht daran, sie einprägsam zu schildern, so daß die entsprechenden Szenen dazu angetan sind, den Leser zu erregen, und wir dürfen unterstellen, daß diese Wirkung nicht unbeabsichtigt erzielt wird.

Wie wir bereits gesehen haben, führte der Prozeß um den *Ulysses* von James Joyce im Jahre 1933 zu einem regelrechten Paradigmenwechsel in der amerikanischen Rechtsprechung. Anscheinend verfügte Richter Woolsey nicht nur über gesunden Menschenverstand, sondern gleichfalls über ein gutes Gespür für Literatur, als er beschied, daß das Buch »nicht darauf gerichtet ist, sexuelle Gefühle oder lüsterne Gedanken auszulösen« (Hyde 16f). Allein den Vorwurf der Pornographie können wir aus heutiger Sicht nur noch schwer nachvollziehen, denn Joyce beschreibt auch in der Darstellung sexueller Handlungen wirklich neue Bahnen. Bereits vor dem langen, abschließenden

Monolog der Molly Bloom ist von Sexualität als Teil des Lebens die Rede, am deutlichsten vielleicht in der Mitte des Romans während des Feuerwerks. Gerty ist mit Leopold Bloom allein zurückgeblieben, sie lehnt sich weit zurück, um den Raketen zuzuschauen, entblößt sich dabei immer mehr, so daß sie ihm immer tiefere Einblicke gewährt. Sie sieht, daß er sieht, sie scheut sich nicht, sich zu zeigen; er betrachtet sie ohne Scham. Bei den folgenden Explosionen können wir nicht sicher sein, daß es sich nur um Feuerwerkskörper handelt; Leopolds schlechtes Gewissen am Ende der Szene spricht dagegen.

Deutlicher sind die Gedanken, die Molly Bloom über beinahe einhundert Seiten durch den Kopf schwirren. Obwohl der ganze Abschnitt von Assoziationen an ihr Liebesleben sowie die vermeintlichen Eskapaden ihres Gatten geprägt ist, läuft Joyce wohl an keiner Stelle Gefahr, seine Leser zu erregen, wozu sein Stil entscheidend beiträgt. Nie wird er Szenen so beschreiben, daß der Leser in die Handlung integriert werden kann. Selbst wenn wir Mollys inneren Monolog und ihre Empfindung recht gut nachvollziehen können, so reflektiert sie selbst Begebenheiten, die stimulierend sein können, aus einer kritischen Distanz und stellt sie auf dieselbe Ebene wie andere Überlegungen.

> [...] whats the idea making us like that with a big hole in the middle of us like a Stallion driving it up into you because thats all they want out of you with that determined vicious look in his eye I had to half-shut my eyes still he hasn't such a tremendous amount of spunk in him when I made him pull it out and do it on me considering how big it is so much the better in case any of it wasnt washed out properly the last time I let him finish it in me nice invention they made for women for him to get all the pleasure but if someone gave them a touch of it themselves theyd know what I went through with Milly nobody would believe cutting her teeth too [...] (742)

> [...] also was das wieder für ein Einfall war uns so zu erschaffen mit einem großen Loch in der Mitte wie die Zuchthengste rammen sie's einem rein weil das ist ja überhaupt alles was sie von einem wollen und dazu diesen entschlossenen bösen Blick in seinem Auge ich mußte die Augen halb zumachen trotzdem so fürchterlich viel Saft hat er auch wieder nicht auf der Pfanne wie ich ihn zurückziehn ließ und auf mir zuende machen wenn man bedenkt wie groß das Ding ist aber um so besser falls irgendwas davon nicht richtig rausgewaschen war das letztemal wie ich ihn in mir zuende machen ließ überhaupt

eine nette Erfindung die sie da gemacht haben für Frauen nur damit er das ganze Vergnügen hat aber wenn sie davon mal selber ein bißchen was zu spüren bekämen dann wüßten sie was ich durchgemacht hab mit Milly das würde so leicht keiner glauben wie die Zähnchen bei ihr kamen [...] (947)

Genau wie Gerty, die froh darüber ist, nicht die grünen Schlüpfer für »vier-elf« angezogen zu haben, während Bloom ihr zwischen die Beine schaut, vermischt Molly Gedanken an sexuelle Lust – die zumindest hier nicht einmal von ihr geteilt wird – mit Erinnerung an die Banalitäten des Alltags. Der eheliche Verkehr erscheint als eine lästige Pflicht gleich den Mühen der Mutter mit dem zahnenden Kind; sie evoziert nicht vergangene Freuden, sondern die Sorge um Empfängnisverhütung, die nicht einmal die philosophische *Thérèse* davon abgehalten hatte, in den Armen ihres Grafen höchste Wonnen zu erleben. Joyce macht die körperliche Liebe endgültig zu einem literarischen Thema wie andere auch, nimmt ihr jede Besonderheit und literarisiert sie ohne Metaphern oder Lyrismen. Es ist unnötig zu wiederholen, daß der *Ulysses* eine bahnbrechende Wirkung auf die moderne Literatur hatte; daß dies auch für die Darstellung von Sexualität gilt, ist bisher kaum beachtet worden, obwohl diese Entdramatisierung viele Romane des 20. Jahrhunderts kennzeichnen wird.

Der populärste unter den Autoren, deren Werke die Darstellung körperliche Liebe prägt, ist wahrscheinlich Henry Miller. Auf kaum einen anderen Autor trifft Kronhausens Definition des »erotischen Realismus« (s. S. 6) so genau zu. Es ist ein geradezu anarchischer Realismus, der immer wieder die unschönen und gemeinen Aspekte der zwischenmenschlichen Beziehungen in den Vordergrund stellt. Nicht das erst 1983 postum veröffentlichte *Opus pistorum*, das ›pornographischste‹ seiner Bücher, soll uns hier als Beispiel dienen, sondern *Sexus* (1949), der sehr viel typischere erste Band seiner autobiographischen Romantrilogie *The Rosy Crucifixion*, auf den 1953 *Plexus* und 1959 *Nexus* folgten. Erklärtermaßen dienten *My Secret Life* (s. S. 262) sowie die fünf Bände von *My Life and Loves* (1922–29) des englischen Autors und Herausgeber der *Saturday Review*, Frank Harris Miller, als Vorbild; er schreibt aber keine Memoiren. Die Geschichte des Ich-Erzählers »Miller«, der aus Liebe zu der schwierigen Mara seine Ehefrau verläßt, hat zwar durchaus Parallelen zu der Verbindung des Autors mit seiner zweiten Frau June, doch wird man seinen Romanen schwerlich dokumentarischen Charakter beimessen wollen. Nicht mehr das elegante Paris oder die Herrenhäuser der englischen Gentry bilden den Rahmen. New York, die Metropole des 20. Jahrhunderts, ist der Ort des Geschehens und Mara ein schlichtes Taxi-girl. Der Rhythmus der Großstadt pulsiert in Millers Sätzen, die Zeit der Sentimentalität scheint endgültig passé.

Der Skandal-Erfolg seiner Romane ist inzwischen in die Jahre gekommen; das mitunter obszöne Vokabular der Koitus-Szenen schockiert den heutigen Leser um so weniger, als es genau der rüden Offenheit entspricht, die den Umgangston der Figuren insgesamt kennzeichnet. So ausgeprägt die Libido des Protagonisten auch sein mag, die Sorge um Geld beschäftigt ihn nicht weniger als der Wunsch nach Triebabfuhr; den schmerzhaften Besuch beim Ohrenarzt beschreibt er intensiver als manche der vielen Umarmungen. Wenn er sagt, daß er nur noch an »Sex und Fressen« denken kann, scheint sein Verlangen nach einem Steak mit Zwiebeln und einem Humpen Bier das stärkere zu sein. Natürlich wird es in den vergangenen Jahrzehnten viele Leser erregt haben, wenn die Frauen dem Helden ihre Lust unmißverständlich zu verstehen geben und die Figuren ungestüm miteinander verkehren. Dies gilt ebenso für die anarchische Komponente, die Sexualität zum Bewegungsraum des freien Individuums macht, das sich keiner Ordnung oder Wertung unterwirft, als nur dem eigenen Begehren oder der eigenen Reflexion. Trotzdem hat der Text viel von seiner provokanten Frische verloren. Dafür ist unser Blick heute freier, um zu erkennen, daß diese Szenen im selben Stil wie alle übrigen geschrieben sind und sich nahtlos in den Handlungsverlauf eingliedern.

> My cock was hanging out and beginning to stir again with the warm breeze. By the time Mara returned it was quivering and jumping. She kneeled beside me with the bandages and the iodine. My cock was staring her in the face. She bent over and gobbled it greedily. I pushed the things aside and pulled her over me. When I had shot my bolt she kept right on coming, one orgasm after another, until I thought it would never stop.

Die Banalität des Eros

We lay back and rested a while in the warm breeze. After a while she sat up and applied the iodine. We lit our cigarettes and sat there talking quietly. Finally we decided to go. (58)

Mein Schwanz hing heraus und begann sich in der warmen Brise wieder zu regen. Als Mara zurückkam, pulste und zuckte er. Sie kniete neben mir nieder, mit dem Verbandszeug und dem Jod. Mein Schwanz starrte ihr ins Gesicht. Sie beugte sich darüber und packte ihn gierig. Ich stieß das Zeug beiseite und zog Mara über mich. Als ich meinen Bolzen abgeschossen hatte, kam es ihr immer wieder, ein Orgasmus nach dem anderen, so daß ich glaubte, es würde nie aufhören.

Wir legten uns zurück und genossen eine Zeitlang die laue Luft. Nach einer Weile setzte sie sich auf und bepinselte die Kratzwunden mit dem Jod. Wir zündeten uns Zigaretten an und saßen ruhig plaudernd da. Schließlich beschlossen wir zu gehen. (54)

Oftmals steht der Realismus dabei in krasser Opposition zur erregenden Utopie, sorgt mitunter auch für eine gewisse Komik:

»Do it, do it,« she begged, »or I'll go mad!« That got me. I began to work on her like a plunger, in and out full length without a let-up, she going Oh – Ah, Oh – Ah! and then bango! I went off like a whale. (59)

»Tu mir's, tu mir's«, bettelte sie, »oder ich werde verrückt!« Das schaffte mich. Ich fing an, sie zu bearbeiten wie ein Pumpenkolben, rein und raus der ganzen Länge nach, ohne aufzuhören, sie machte oh – ah, oh – ah! – und dann peng! schoß es aus mir hervor wie eine Walfontäne. (55)

So kann schließlich das weibliche Genital als Metapher oder zumindest zum Vergleichsgegenstand im nicht-sexuellen Kontext werden; die Rosenmetaphorik wird radikal in ihr Gegenteil verkehrt:

There was never anything original, never anything that you hadn't seen a thousand times before. It was like a cunt you're sick of looking at – you know every liverish crease and wrinkle; you're so goddamned sick of it that you want to spit in it, or take a plunger and bring up all the muck that got caught in the larynx. (470)

Es gab nie etwas Originelles, nie etwas, was man nicht schon tausendmal gesehen hatte. Es war wie eine Möse, die man es leid ist anzusehen – man kennt jede leberfarbene Falte und Vertiefung, man hat sie so gottverdammt satt, daß man hineinspucken oder hineintauchen und all den Dreck, der sich darin gefangen hat, heraufbringen möchte. (437)

Weibliche Fiktionen

Ihr Leben lang hat Anaïs Nin, die Tochter eines spanischen Pianisten und einer dänischen Sängerin, an der Fiktion festgehalten, daß ein Unbekannter Henry Miller Geld dafür geboten hatte, erregende Geschichten für ihn zu verfassen. Um dem Freund zu helfen, habe sie sich selbst im Winter 1940/41 für einen Dollar pro Seite an die Arbeit gemacht und sogar einige befreundete Autoren in Greenwich Village dazu überredet, sich ebenfalls an dieser Aufgabe zu versuchen. Wir dürfen aber mit Alexandrian (272) an der Existenz des Mäzens zweifeln, den die Autorin wahrscheinlich zur Rechtfertigung ihrer Erzählungen erfunden hat, die sie 1976 kurz vor ihrem Tod im *Delta of Venus* veröffentlichte. Die 15 Geschichten, die sie als Ergebnis ihres Lohnschreibens ausgibt, sind sowohl in der Länge als auch in der Qualität höchst unterschiedlich; mitunter handelt es sich um zusammenhangslos aneinandergereihte Episoden, die abrupt enden. In den Tagebuchauszügen, die dem *Delta of Venus* vorangestellt sind, äußert Anaïs Nin die Befürchtung, daß ihr Auftraggeber bemerken würde, daß sie Sexualität karikaturiert (»I was caricaturing sexuality«, xi). Ihm ist es angeblich nicht aufgefallen, obwohl die Komik zahlreicher Stellen keine freiwillige zu sein scheint.

In ihrem *Postscript* von 1976 spricht Nin – zeitgemäß – darüber, daß »man's language« inadäquat sei, um »woman's sensuality« auszudrücken. Sie wiederholt die alten Klischees, daß Frauen Sexualität mit Gefühlen verbinden, wohingegen Männer zu Promiskuität neigen. Sie selbst sei zu stark durch »a reading of men's works« geprägt gewesen, doch in »numerous passages I was intuitively using a woman's language, seeing sexual experience from a woman's point of view« (xvi). Um welche Abschnitte es sich dabei handeln mag, ist sicher eine interessante Frage für Spezialistinnen der *gender studies*. Wenn aber die Verbindung von Sinnenglück und Emotion ein typisch weibliches Phänomen darstellt, dann ist die *écriture* von D.H. Lawrence bedeutend femininer als diejenige der Anaïs Nin. Ihren eigenen »feminine point of view« (xvii) würde die Publikation der geheimen Teile ihres *Diary* zum Vorschein bringen. Dort erfuhr die Weltöffentlichkeit nach dem Tod beider Autoren vor allem, daß die Verbindung von Miller und Nin keine rein geistige, sondern von heftiger Leidenschaft geprägt war.

Die kompositorischen Schwächen vieler der Erzählungen des *Delta of Venus* werden durch das häufig exotische oder luxuriöse Umfeld des Geschehens nicht aufgewogen. Nin übernimmt Stereotypen wie den pädophilen Jesuiten (in *The Boarding School*), ohne sie in eine schlüssige Handlung einzubauen. Inspiriert durch Krafft-Ebbings *Psychopathia sexualis*, spielen Selbstbefriedigung, Voyeurismus, Exhibitionismus und andere deviante Sexualverhalten eine große Rolle. Einmal kommt es sogar zum Happy-End, als der Exhibitionist Manuel in der gleichnamigen Geschichte eine ähnlich veranlagte Prostituierte im Zug trifft und heiratet. Recht interessant ist der Abschnitt von *Marcel*, in dem der Titelheld beim Anblick einer Prostituierten an Courbets Bild eines weiblichen Geschlechts, *L'Origine du monde*, denken muß (vgl. 245). Offenbar wurde der Kunstcharakter des Gemäldes lange Zeit durch das Sujet in den Hintergrund gerückt.

Eines der gelungensten Stücke der Sammlung ist *Marianne*. Die Ich-Erzählerin greift die Fiktion auf, die dem gesamten Buch zugrunde liegt: »I shall call myself the madame of a house of literary prostitution, the madam for a group of hungry writers who were turning out erotica for sale to a ›collector‹« (65). Diese »erotica« läßt sie von Marianne, einer jungen Malerin, tippen, die mit Schreibarbeiten ihren kargen Lebensunterhalt verdient. Eines Tages endeckt die Autorin, daß ihre Schreibkraft auch eigene Erlebnisse zu Papier bringt und erfährt so von deren Liebe zu Fred, einem Exhibitionisten, der sich von der jungen Frau zeichnen läßt, was ihn aufs Höchste erregt. Da Marianne die Initiative ergreift, beginnen sie ein Verhältnis, in dem völlig passiv bleibt. Auch er schreibt für den »collector«, rianne das Manuskript abtippen läßt. Durch diese Koinst sie, wie der noch ›unschuldige‹ Fred als 15jähriger icke einer Unbekannten auf seinen nackten Körper ement« verspürte. »Looking straight at her now, sex, and finally got myself so excited that I ktüre zerstört Mariannes letzte Hoffnung iehung mit Fred; sie trennen sich wenig nen hat, als Modell in einer Kunst-

Wenngleich das Beziehungsgeflecht konstruiert ist, hat dieses Spiel mit dem Lesen und Schreiben erotischer Bekenntnisse einen eigenen, nicht aber sinnlichen Reiz. Gern baut Nin Reminiszenzen an frühe sexuelle Erlebnisse der Figuren in die Texte ein. Trotz ihrer persönlichen Erfahrung mit Psychoanalyse gelingt es ihr mit diesen oft inkongruenten Episoden nur selten, die Prägung bestimmter Vorlieben plausibel zu machen. Besonders originell ist jedoch die Idee, Marianne akzeptieren zu lassen, daß Fred ihre Zärtlichkeiten nicht erwidert, nicht aber, daß er sich auch den Blicken anderer aussetzt und dies genießt. Vielleicht liegt hierin ein Zug einer *écriture féminine*.

Als Offenbarung weiblicher Sehnsüchte wurde *Emmanuelle* gefeiert. Hinter dem Pseudonym Emmanuelle Arsan verbirgt sich jedoch der französische Diplomat Louis Rollet-Andrianne, der sich vom Erlös dieses Bestsellers ein Anwesen in der Provence errichten konnte. Welchen Anteil seine asiatische Gattin Maryat – mit der er im Straßburg der 50er Jahre zu intimen Abendgesellschaften lud – an dem Werk hatte, ist bis heute umstritten. Auch die Heldin eignet sich gewiß nicht als Vorbild für emanzipierte Frauen. Sie ist eine höhere Pariser Tochter, die sich von dem doppelt so alten Jean erst entjungfern (»Tu es vierge, je vais te prendre«, 58; »Du bist noch Jungfrau, ich werde dich öffnen«, 58), dann heiraten läßt, bevor sie ihm nach Thailand folgt. Widerstandslos gibt sie sich auf dem Flug nach Bangkok zwei Männern hin; ihre Initiation in die hohe Kunst der Erotik durch Mario läßt sie mit sich geschehen, erlebt die finale Ekstase, als er sie gemeinsam mit einem Freund nimmt.

Obwohl sie wenigstens die schöne Bee eigenhändig verführ[t], ist Emmanuelle keine Ikone des Feminismus. Das mindert a[ber] nicht die literarischen Qualitäten des Buches, das der Kla[ppen]text »aux côtés de Sade et de Bataille, parmi les chefs-[d'œuvre] de la littérature érotique« einordnet. Dies mag etw[as über]griffen sein, doch ist der Roman deutlich besser a[ls seine] zahlreiche Folgen und Verfilmungen gründlic[h ...] Zwar erreicht er nicht das Niveau der zu B[...] Kapitel zitierten Autoren wie Ovid, Go[...] aber fraglos gut geschrieben. Zu Rec[ht ...] Pierre Louÿs, denn Emmanuelle n[...]

meinschaft mit ihrer kleinen Freundin Marie-Anne, erklärt, daß sie dieses Spiel schon lange vor dem 13. Lebensjahr entdeckte und ihrer glücklichen Ehe zum Trotz bis zu fünfzehnmal täglich praktiziert (»Hier, je l'ai fait [...] au moins quinze fois«, 85). In diesem Zusammenhang lobt sie auch die Vorzüge unreifer Bananen.

Können wir uns dem Urteil von André Pieyre de Mandiargues anschließen, daß die Sexualität in diesem Roman nur mehr ein Element erfüllten Lebens ist (»la sexualité, reconnue dans son importance, n'est finalement qu'un élément de la vie heureuse«)? Nun, für die Luxusweibchen der europäischen Kolonie in Bangkok scheint sie das einzige zu sein – was wir wohl doch als eine eingeschränkte Sicht der Dinge betrachten dürfen. Außerdem stellt sich die Frage, ob der von Mandiargues konstatierte ›Fortschritt‹ mehr ist als die Rückbesinnung auf die eleganten Orgien des 18. Jahrhunderts. Vieles in *Emmanuelle* erinnert uns an jene Texte: Die größte *libertine* des Royal Bangkok Sports Club ist eine Comtesse, Emmanuelles Lehrer in Sachen Erotik, Mario, ein analfixierter Marchese. Seine Theorien, mit denen er der jungen Frau zur richtigen inneren Einstellung verhelfen will, klingen mitunter wie die Lehren des Abbé T. in *Thérèse philosophe*. Genau wie dieser betrachtet Mario die Unterscheidung von Gut und Böse als »supercherie historique« (183), als historischen Schwindel, wohingegen »l'érotisme« ein Sieg der Vernunft über den Mythos, ja der Fortschritt selbst ist (»une victoire de la raison sur le mythe«, 173; »le progrès même«, 189).

Andererseits enthält der Text viele moderne Zugaben wie die Orte der Handlung – Flugzeug, Sports Club, Badezimmer – oder Hinweise auf neue Techniken – Jean ist Ingenieur, ein Nacktfoto von Emmanuelle steht auf seinem Nachttisch. Die Befreiung der Sexualität aus ihren traditionellen Banden kommt wohl darin am besten zum Ausdruck, daß auch der Genuß ehelicher Intimitäten ausgiebig beschrieben wird und der Gatte keinerlei Besitzanspruch auf seine Frau erhebt. Ungewöhnlich ist der Kult der Nacktheit, der hier selbstverständlich zelebriert wird. Emmanuelle ist stolz darauf, kaum Unterkleidung und schon gar keinen BH zu besitzen –, ganz im Gegensatz zu O, die sich nur ungern von ihren Dessous trennt. Überhaupt erscheinen diese beiden Romanheldinnen so unterschiedlich wie nur möglich. O braucht Peitsche und Fesseln, um ihrer Sinnlichkeit freien Lauf zu lassen, schafft es nicht einmal auf Befehl von Sir Stephan, sich selbst zu befriedigen, während Emmanuelle sogar im Flugzeug neben einem Fremden die Hand zwischen ihre Schenkel legt. Letztendlich sind sie sich aber ähnlicher als vermutet. Beide genießen es, dem geliebten Mann als Lustobjekt zu dienen. Jean preist die Sinnlichkeit seiner Frau gegenüber einem Freund ebenso an, wie René O's Vorzüge gegenüber Sir Stephen lobt. Allerdings gelingt es Emmanuelle, sich freiwillig und ohne Scham hinzugeben (»elle *voulait* être adultère, 274): »Quelle merveille c'était de s'abandonner aussi complètement au désir!« (275; »Wie wunderbar, sich so bedingungslos hinzugeben«, 254).

In der höchsten Lust will sie aber schließlich dasselbe wie O, daß nämlich Mario und ein Siamese sie ohne jede Rücksicht nehmen, ihr sogar Schmerz zufügen und sie bei dieser radikalen Befriedigung des eigenen Begehrens zu ungeahnten Ekstasen mitreißen:

> Ils avaient réussi à constituer une unité profonde, sans fissure, plus parfaite qu'un couple n'en peut former. Les mains du Siamois pressaient les seins d'Emmanuelle et elle sanglotait de plaisir, cambrant les reins pour qu'il entrât plus loin en elle, haletant qu'elle était plus heureuse qu'elle ne pouvait le supporter et suppliant qu'on la déchirât – de ne pas l'épargner et de jouir en elle (276).
>
> Es war ihnen gelungen, eine fugenlose Einheit darzustellen, vollkommener, als es ein Paar je hätte erreichen können. Die Hände des Siamesen preßten Emmanuelles Brüste, und sie schluchzte vor Lust, warf ihm ihre Lenden entgegen, damit er noch tiefer in sie eindringen konnte, stammelte, daß sie verrückt sei vor Glück, flehte, sie sollten sie zerreißen – sie nicht schonen und in ihr kommen (255 f.).

Das Ende der Erregung?

Emmanuelle erscheint als ein letzter Versuch, einen Roman zu schreiben, dessen Helden ausschließlich von ihrer Lust getrieben werden, die sich dem Leser eindrücklich mitteilt. Andere Lebensrealitäten bleiben auf ein striktes Minimum beschränkt,

Die Banalität des Eros

We lay back and rested a while in the warm breeze. After a while she sat up and applied the iodine. We lit our cigarettes and sat there talking quietly. Finally we decided to go. (58)

Mein Schwanz hing heraus und begann sich in der warmen Brise wieder zu regen. Als Mara zurückkam, pulste und zuckte er. Sie kniete neben mir nieder, mit dem Verbandszeug und dem Jod. Mein Schwanz starrte ihr ins Gesicht. Sie beugte sich darüber und packte ihn gierig. Ich stieß das Zeug beiseite und zog Mara über mich. Als ich meinen Bolzen abgeschossen hatte, kam es ihr immer wieder, ein Orgasmus nach dem anderen, so daß ich glaubte, es würde nie aufhören.

Wir legten uns zurück und genossen eine Zeitlang die laue Luft. Nach einer Weile setzte sie sich auf und bepinselte die Kratzwunden mit dem Jod. Wir zündeten uns Zigaretten an und saßen ruhig plaudernd da. Schließlich beschlossen wir zu gehen. (54)

Oftmals steht der Realismus dabei in krasser Opposition zur erregenden Utopie, sorgt mitunter auch für eine gewisse Komik:

»Do it, do it,« she begged, »or I'll go mad!« That got me. I began to work on her like a plunger, in and out full length without a let-up, she going Oh – Ah, Oh – Ah! and then bango! I went off like a whale. (59)

»Tu mir's, tu mir's«, bettelte sie, »oder ich werde verrückt!« Das schaffte mich. Ich fing an, sie zu bearbeiten wie ein Pumpenkolben, rein und raus der ganzen Länge nach, ohne aufzuhören, sie machte oh – ah, oh – ah! – und dann peng! schoß es aus mir hervor wie eine Walfontäne. (55)

So kann schließlich das weibliche Genital als Metapher oder zumindest zum Vergleichsgegenstand im nicht-sexuellen Kontext werden; die Rosenmetaphorik wird radikal in ihr Gegenteil verkehrt:

There was never anything original, never anything that you hadn't seen a thousand times before. It was like a cunt you're sick of looking at – you know every liverish crease and wrinkle; you're so goddamned sick of it that you want to spit in it, or take a plunger and bring up all the muck that got caught in the larynx. (470)

Es gab nie etwas Originelles, nie etwas, was man nicht schon tausendmal gesehen hatte. Es war wie eine Möse, die man es leid ist anzusehen – man kennt jede leberfarbene Falte und Vertiefung, man hat sie so gottverdammt satt, daß man hineinspucken oder hineintauchen und all den Dreck, der sich darin gefangen hat, heraufbringen möchte. (437)

Weibliche Fiktionen

Ihr Leben lang hat Anaïs Nin, die Tochter eines spanischen Pianisten und einer dänischen Sängerin, an der Fiktion festgehalten, daß ein Unbekannter Henry Miller Geld dafür geboten hatte, erregende Geschichten für ihn zu verfassen. Um dem Freund zu helfen, habe sie sich selbst im Winter 1940/41 für einen Dollar pro Seite an die Arbeit gemacht und sogar einige befreundete Autoren in Greenwich Village dazu überredet, sich ebenfalls an dieser Aufgabe zu versuchen. Wir dürfen aber mit Alexandrian (272) an der Existenz des Mäzens zweifeln, den die Autorin wahrscheinlich zur Rechtfertigung ihrer Erzählungen erfunden hat, die sie 1976 kurz vor ihrem Tod im *Delta of Venus* veröffentlichte. Die 15 Geschichten, die sie als Ergebnis ihres Lohnschreibens ausgibt, sind sowohl in der Länge als auch in der Qualität höchst unterschiedlich; mitunter handelt es sich um zusammenhangslos aneinandergereihte Episoden, die abrupt enden. In den Tagebuchauszügen, die dem *Delta of Venus* vorangestellt sind, äußert Anaïs Nin die Befürchtung, daß ihr Auftraggeber bemerken würde, daß sie Sexualität karikaturiert (»I was caricaturing sexuality«, xi). Ihm ist es angeblich nicht aufgefallen, obwohl die Komik zahlreicher Stellen keine freiwillige zu sein scheint.

In ihrem *Postscript* von 1976 spricht Nin – zeitgemäß – darüber, daß »man's language« inadäquat sei, um »woman's sensuality« auszudrücken. Sie wiederholt die alten Klischees, daß Frauen Sexualität mit Gefühlen verbinden, wohingegen Männer zu Promiskuität neigen. Sie selbst sei zu stark durch »a reading of men's works« geprägt gewesen, doch in »numerous passages I was intuitively using a woman's language, seeing sexual experience from a woman's point of view« (xvi). Um welche Abschnitte es sich dabei handeln mag, ist sicher eine interessante Frage für Spezialistinnen der *gender studies*. Wenn aber die Verbindung von Sinnenglück und Emotion ein typisch weibliches Phänomen darstellt, dann ist die *écriture* von D.H. Lawrence bedeutend femininer als diejenige der Anaïs Nin. Ihren eigenen »feminine point of view« (xvii) würde die Publikation der geheimen Teile ihres *Diary* zum Vorschein bringen. Dort erfuhr die Weltöffentlichkeit nach dem Tod beider Autoren vor allem, daß die Verbindung von Miller und Nin keine rein geistige, sondern von heftiger Leidenschaft geprägt war.

Die kompositorischen Schwächen vieler der Erzählungen des *Delta of Venus* werden durch das häufig exotische oder luxuriöse Umfeld des Geschehens nicht aufgewogen. Nin übernimmt Stereotypen wie den pädophilen Jesuiten (in *The Boarding School*), ohne sie in eine schlüssige Handlung einzubauen. Inspiriert durch Krafft-Ebbings *Psychopathia sexualis*, spielen Selbstbefriedigung, Voyeurismus, Exhibitionismus und andere deviante Sexualverhalten eine große Rolle. Einmal kommt es sogar zum Happy-End, als der Exhibitionist Manuel in der gleichnamigen Geschichte eine ähnlich veranlagte Prostituierte im Zug trifft und heiratet. Recht interessant ist der Abschnitt von *Marcel*, in dem der Titelheld beim Anblick einer Prostituierten an Courbets Bild eines weiblichen Geschlechts, *L'Origine du monde*, denken muß (vgl. 245). Offenbar wurde der Kunstcharakter des Gemäldes lange Zeit durch das Sujet in den Hintergrund gerückt.

Eines der gelungensten Stücke der Sammlung ist *Marianne*. Die Ich-Erzählerin greift die Fiktion auf, die dem gesamten Buch zugrunde liegt: »I shall call myself the madame of a house of literary prostitution, the madam for a group of hungry writers who were turning out erotica for sale to a ›collector‹« (65). Diese »erotica« läßt sie von Marianne, einer jungen Malerin, tippen, die mit Schreibarbeiten ihren kargen Lebensunterhalt verdient. Eines Tages endeckt die Autorin, daß ihre Schreibkraft auch eigene Erlebnisse zu Papier bringt und erfährt so von deren Liebe zu Fred, einem Exhibitionisten, der sich von der jungen Frau zeichnen läßt, was ihn aufs Höchste erregt. Da Marianne die Initiative ergreift, beginnen sie ein Verhältnis, in dem Fred völlig passiv bleibt. Auch er schreibt für den »collector«, der Marianne das Manuskript abtippen läßt. Durch diese Koinzidenz liest sie, wie der noch ›unschuldige‹ Fred als 15jähriger durch die Blicke einer Unbekannten auf seinen nackten Körper »delicious excitement« verspürte. »Looking straight at her now, I played with my sex, and finally got myself so excited that I came.« (74) Die Lektüre zerstört Mariannes letzte Hoffnung auf eine ›normale‹ Beziehung mit Fred; sie trennen sich wenig später, nachdem er begonnen hat, als Modell in einer Kunstschule zu arbeiten.

Wenngleich das Beziehungsgeflecht konstruiert ist, hat dieses Spiel mit dem Lesen und Schreiben erotischer Bekenntnisse einen eigenen, nicht aber sinnlichen Reiz. Gern baut Nin Reminiszenzen an frühe sexuelle Erlebnisse der Figuren in die Texte ein. Trotz ihrer persönlichen Erfahrung mit Psychoanalyse gelingt es ihr mit diesen oft inkongruenten Episoden nur selten, die Prägung bestimmter Vorlieben plausibel zu machen. Besonders originell ist jedoch die Idee, Marianne akzeptieren zu lassen, daß Fred ihre Zärtlichkeiten nicht erwidert, nicht aber, daß er sich auch den Blicken anderer aussetzt und dies genießt. Vielleicht liegt hierin ein Zug einer *écriture féminine*.

Als Offenbarung weiblicher Sehnsüchte wurde *Emmanuelle* gefeiert. Hinter dem Pseudonym Emmanuelle Arsan verbirgt sich jedoch der französische Diplomat Louis Rollet-Andrianne, der sich vom Erlös dieses Bestsellers ein Anwesen in der Provence errichten konnte. Welchen Anteil seine asiatische Gattin Maryat – mit der er im Straßburg der 50er Jahre zu intimen Abendgesellschaften lud – an dem Werk hatte, ist bis heute umstritten. Auch die Heldin eignet sich gewiß nicht als Vorbild für emanzipierte Frauen. Sie ist eine höhere Pariser Tochter, die sich von dem doppelt so alten Jean erst entjungfern (»Tu es vierge, je vais te prendre«, 58; »Du bist noch Jungfrau, ich werde dich öffnen«, 58), dann heiraten läßt, bevor sie ihm nach Thailand folgt. Widerstandslos gibt sie sich auf dem Flug nach Bangkok zwei Männern hin; ihre Initiation in die hohe Kunst der Erotik durch Mario läßt sie mit sich geschehen, erlebt die finale Ekstase, als er sie gemeinsam mit einem Freund nimmt.

Obwohl sie wenigstens die schöne Bee eigenhändig verführt ist Emmanuelle keine Ikone des Feminismus. Das mindert aber nicht die literarischen Qualitäten des Buches, das der Klappentext »aux côtés de Sade et de Bataille, parmi les chefs-d'œuvres de la littérature érotique« einordnet. Dies mag etws hoch gegriffen sein, doch ist der Roman deutlich besser als sein Ruf, den zahlreiche Folgen und Verfilmungen gründlich ruiniert haben. Zwar erreicht er nicht das Niveau der zu Beginn der einzelnen Kapitel zitierten Autoren wie Ovid, Goethe oder Valéry, er ist aber fraglos gut geschrieben. Zu Recht stammt ein Motto von Pierre Louÿs, denn Emmanuelle masturbiert in fröhlicher Gemeinschaft mit ihrer kleinen Freundin Marie-Anne, erklärt, daß sie dieses Spiel schon lange vor dem 13. Lebensjahr entdeckte und ihrer glücklichen Ehe zum Trotz bis zu fünfzehnmal täglich praktiziert (»Hier, je l'ai fait [...] au moins quinze fois«, 85). In diesem Zusammenhang lobt sie auch die Vorzüge unreifer Bananen.

Können wir uns dem Urteil von André Pieyre de Mandiargues anschließen, daß die Sexualität in diesem Roman nur mehr ein Element erfüllten Lebens ist (»la sexualité, reconnue dans son importance, n'est finalement qu'un élément de la vie heureuse«)? Nun, für die Luxusweibchen der europäischen Kolonie in Bangkok scheint sie das einzige zu sein – was wir wohl doch als eine eingeschränkte Sicht der Dinge betrachten dürfen. Außerdem stellt sich die Frage, ob der von Mandiargues konstatierte ›Fortschritt‹ mehr ist als die Rückbesinnung auf die eleganten Orgien des 18. Jahrhunderts. Vieles in *Emmanuelle* erinnert uns an jene Texte: Die größte *libertine* des Royal Bangkok Sports Club ist eine Comtesse, Emmanuelles Lehrer in Sachen Erotik, Mario, ein analfixierter Marchese. Seine Theorien, mit denen er der jungen Frau zur richtigen inneren Einstellung verhelfen will, klingen mitunter wie die Lehren des Abbé T. in *Thérèse philosophe*. Genau wie dieser betrachtet Mario die Unterscheidung von Gut und Böse als »supercherie historique« (183), als historischen Schwindel, wohingegen »l'érotisme« ein Sieg der Vernunft über den Mythos, ja der Fortschritt selbst ist (»une victoire de la raison sur le mythe«, 173; »le progrès même«, 189).

Andererseits enthält der Text viele moderne Zugaben wie die Orte der Handlung – Flugzeug, Sports Club, Badezimmer – oder Hinweise auf neue Techniken – Jean ist Ingenieur, ein Nacktfoto von Emmanuelle steht auf seinem Nachttisch. Die Befreiung der Sexualität aus ihren traditionellen Banden kommt wohl darin am besten zum Ausdruck, daß auch der Genuß ehelicher Intimitäten ausgiebig beschrieben wird und der Gatte keinerlei Besitzanspruch auf seine Frau erhebt. Ungewöhnlich ist der Kult der Nacktheit, der hier selbstverständlich zelebriert wird. Emmanuelle ist stolz darauf, kaum Unterkleidung und schon gar keinen BH zu besitzen –, ganz im Gegensatz zu O, die sich nur ungern von ihren Dessous trennt. Überhaupt erscheinen diese beiden Romanheldinnen so unterschiedlich wie nur möglich. O braucht Peitsche und Fesseln, um ihrer Sinnlichkeit freien Lauf zu lassen, schafft es nicht einmal auf Befehl von Sir Stephan, sich selbst zu befriedigen, während Emmanuelle sogar im Flugzeug neben einem Fremden die Hand zwischen ihre Schenkel legt. Letztendlich sind sie sich aber ähnlicher als vermutet. Beide genießen es, dem geliebten Mann als Lustobjekt zu dienen. Jean preist die Sinnlichkeit seiner Frau gegenüber einem Freund ebenso an, wie René O's Vorzüge gegenüber Sir Stephen lobt. Allerdings gelingt es Emmanuelle, sich freiwillig und ohne Scham hinzugeben (»elle *voulait* être adultère, 274): »Quelle merveille c'était de s'abandonner aussi complètement au désir!« (275; »Wie wunderbar, sich so bedingungslos hinzugeben«, 254).

In der höchsten Lust will sie aber schließlich dasselbe wie O, daß nämlich Mario und ein Siamese sie ohne jede Rücksicht nehmen, ihr sogar Schmerz zufügen und sie bei dieser radikalen Befriedigung des eigenen Begehrens zu ungeahnten Ekstasen mitreißen:

> Ils avaient réussi à constituer une unité profonde, sans fissure, plus parfaite qu'un couple n'en peut former. Les mains du Siamois pressaient les seins d'Emmanuelle et elle sanglotait de plaisir, cambrant les reins pour qu'il entrât plus loin en elle, haletant qu'elle était plus heureuse qu'elle ne pouvait le supporter et suppliant qu'on la déchirât – de ne pas l'épargner et de jouir en elle (276).

> Es war ihnen gelungen, eine fugenlose Einheit darzustellen, vollkommener, als es ein Paar je hätte erreichen können. Die Hände des Siamesen preßten Emmanuelles Brüste, und sie schluchzte vor Lust, warf ihm ihre Lenden entgegen, damit er noch tiefer in sie eindringen konnte, stammelte, daß sie verrückt sei vor Glück, flehte, sie sollten sie zerreißen – sie nicht schonen und in ihr kommen (255 f).

Das Ende der Erregung?

Emmanuelle erscheint als ein letzter Versuch, einen Roman zu schreiben, dessen Helden ausschließlich von ihrer Lust getrieben werden, die sich dem Leser eindrücklich mitteilt. Andere Lebensrealitäten bleiben auf ein striktes Minimum beschränkt, das den Handlungsverlauf gewährleistet. Diese luxuriöse Utopie steht beispielsweise in krassem Gegensatz zu Benoîte Groults Bestseller *Das Salz auf unserer Haut* (*Les vaisseaux du cœur* 1988). Die Ich-Erzählerin, eine Studentin aus bestem Pariser Bildungsbürgertum, bringt es trotz ihrer erst zwanzig Lenze und ihrer überwältigenden Leidenschaft übers Herz, den Heiratsantrag des bretonischen Fischers abzulehen, da sein »Bildungsniveau« dem ihren nicht entspricht. So handelt der Roman von ihren raren Begegnungen im Laufe der folgenden Jahrzehnte mit allen Peripetien der Heimlichkeit, die zwischen anderweitig verehelichten Liebenden vonnöten sind. Während dieser Roman durchaus erotisch sein möchte, um die Macht des nie ganz erfüllten Begehrens kreist, finden wir seit einer Reihe von Jahren in den verschiedensten Werken immer wieder eindeutige Schilderungen von menschlichen Paarungen, denen jeder Reiz – abgesehen vielleicht vom literarischen – fehlt. Sogar die Homosexualität, die Montgomery Hyde noch 1965 in seiner *History of Pornography* zu den Perversionen zählt, ist inzwischen gängiges Thema. Der Kritiker Tilman Krause bringt es mit der Bemerkung auf den Punkt, daß »das *crossover*, die Eingemeindung schwuler Literatur ins literarische Ganze [...] von Jahr zu Jahr mehr voranschreitet« (*Der Tagesspiegel*, 22.6.1997). Er nennt Detlev Meyer, der in der Tat über zahlreiche Begegnungen seines Helden Dorn mit anderen Männern berichtet, allerdings mit soviel Ironie und Leichtigkeit, daß der Leser beinahe vergißt, worum es dabei eigentlich geht. So heißt es im ersten Band von Meyers *Biographie der Bestürzung, Im Dampfbad greift nach mir ein Engel*:

> Sie feiern Abschied in der Badewanne. Ralf fährt morgen in den Urlaub. Sie gucken aus türkisfarbenem Wasser und trinken Sekt. Fürst Metternich, was sonst?
>
> Totschick!, sagt Ralf.
>
> Champagner ist ihnen zu aufdringlich.
>
> Sprichst du über Geld?, fragt Dorn.
>
> Ralf schüttelt den Kopf, daß es nur so schäumt. Törichte Frage. Alles, was nicht schwarz oder weiß ist, wurde aus dem Badezimmer verbannt. Die rote Ajona-Tube zum Beispiel. Wer könnte ihren An-

blick ertragen? Die Kleider liegen auf dem Flur. Blue-Jeans im Bad? Das würde alles verderben. Die Farbe des Farns und der Weintrauben ist zugelassen. Die Topfpflanze steht im Handwaschbecken, um den rostigen Abfluß zu kaschieren. (12)

In Deutschland kaum bekannt, in seiner Heimat ein Medienstar, schreibt auch der Italiener Aldo Busi als ›bekennender Schwuler‹. Der Titel seines wohl wichtigsten Romans, *Sodomie in corpo 11*, ist bereits Programm. Einerseits ein Anklang an den *Diable au corps*, wird hier andererseits betont, daß es sich um gedruckte Sodomie handelt, da »corpo undici«, 11 Punkt, als Terminus technicus die Schriftgröße angibt. Busis *Manuale del perfetto Gentilomo* (1992), stellt natürlich eine ironische Fortführung der Tradition Castigliones und Della Casas dar (s. S. 150 u. 159), ähnlich dem *Manuel de civilité pour les petites filles*. Pierre Louÿs riet diesen, Bananen nach dem Gebrauch zu masturbatorischen Zwecken nicht ungewaschen in den Obstkorb zurückzulegen (s. S. 281), Busi hingegegen erklärt dem perfekten Gentleman, daß er sich nie, nie, aber wirklich niemals die Haare ordnen dürfe, während man ihn anal penetriert (»non ci si ravvia i capelli mai, ma mai e poi mai nel mentre che si è inculati«, 26) – obszön vielleicht, erregend gewiß nicht.

Das wohl größte Tabu, das auf viele leider einen heftigen Reiz ausübt, lastet in unserer Gesellschaft auf Sexualkontakten mit Kindern. So sorgte *Babyficker* von Urs Allemann 1991 beim Ingeborg-Bachmann-Wettbewerb für einen beträchtlichen Skandal, obwohl dieser Text wahrlich nicht dazu angetan ist, sinnliche Erregung zu verursachen. Kindliche Neugier verleitet die etwa zehnjährige Roche in der Erzählung *Les Mots de l'amour* (1991; *Die Wörter der Liebe* 1992) von Dominique Dussidour dazu, die Mutter mit dem Nachhilfelehrer zu beobachten und schließlich immer umfassenderen Unterricht von ihm zu verlangen. Allerdings verbindet sie nichts mit der Exaltation einer Josefine Mutzenbacher oder der Mädchen bei Louÿs. Ruhig und ernsthaft tastet Roche sich Frage um Frage, Stück für Stück vor, ohne daß die Autorin jemals auch nur die Spur einer Erregtheit erwähnte, die sich auf den Leser übertragen könnte. Folgerichtig bleibt die Entjungferung ausgespart.

Sogar Sade ist inzwischen ›gesellschaftsfähig‹, sofern er im richtigen Rahmen präsentiert wird. Einen passenderen als die

Ruine des Sadeschen Schlosses La Coste in der Provence hätte man sich für die Uraufführung der Oper *Sade-Teresa* im Sommer 1995 kaum vorstellen können. Eine Novelle des Bataille-Schülers Pierre Bourgeade hatte den Komponisten Marius Constant zu diesem »phantastischen Melodram« inspiriert. In Bourgeades Libretto erweckt der göttliche Marquis Teresa von Avila zum Leben, die Heilige und der Libertin tauschen sich über die devianten Vorlieben aus, die sie verbinden. Außerdem wird die Aufführung der *Philosophie dans le boudoir* geprobt, so daß Szenen dieses Dialogs auf die Opernbühne kommen.

So ist es heute möglich, im entsprechenden ästhetischen Kontext eigentlich alles zu zeigen. Diese Freiheit wird in den verschiedenen Medien genutzt, um viel nacktes Menschenfleisch oft mit Fokussierung auf die Genitalien wiederzugeben, da derartige Sujets noch immer einen besonderen Reiz auf das Publikum ausüben. *L'Origine du monde*, Gustave Courbets realistisches Gemälde des Blicks zwischen die gespreizten Schenkel einer Frau, hängt seit zwei Jahren im Museum – genau wie andere Akte, Portraits oder Landschaftsbilder. Zuvor im Privatbesitz des Psychoanalytikers Jacques Lacan blieb es selbst dort hinter einer abstrakteren Variation des Themas von André Masson versteckt. Im Sommer 1997 quittierten einige Leser einer Tageszeitung der deutschen Haupstadt die schwarz-weiß Reproduktion des Kunstwerks mit Empörung, ja sogar mit der Drohung, ihr Abonnement zu kündigen. So lange dieser Courbet nach wie vor heftige Erregung auszulösen vermag, birgt die realitätsgetreue Wiedergabe des weiblichen Geschlechts offensichtlich ein gewisses Stimulationspotential (vgl. N. Sombart). Tatsächlich ist die künstlerische Auseinandersetzung mit diesen Dingen inzwischen zumeist eine spielerische – was viele Exponate der Pariser Ausstellung *Masculinféminin: Le sexe dans l'art* beweisen – oder die Abbildung eine hochgradig stilisierte. Wenn Lionel Guibout beispielsweise dasselbe Motiv wie Courbet als *Gaia* zeichnet, entsteht ein ästhetisch äußerst ansprechendes Blatt, das aber gewiß nicht der sexuellen Stimulation dienen soll (Abb. S. 306). Allerdings hängt diese, wie wir einleitend dargelegt haben, in starkem Maße von der individuellen und momentanen Disposition des Rezipienten ab – wir können also nicht ausschließen,

Lionel Guibout: Gaia (1997)

daß auch Guibouts *Gaia* im Betrachter Assoziationen weckt, die seine Geschlechtsnerven reizen.

Diese Zwiespältigkeit im künstlerischen Umgang mit Sexualität am Ende des 20. Jahrhunderts bringt kaum ein anderer Roman so plastisch zum Ausdruck wie *Nox* (1995) von Thomas Hettche. Eine lange Nacht, die Nacht des 9. November 1989, in der die Berliner Mauer fiel, begrenzt die Handlung, die ein im furiosen Debüt Ermordeter in der ersten Person erzählt. Die Mauer, Narbe inmitten der Stadt, spiegelt sich in den unzähligen Wunden des Masochisten David – ein pathologischer Fall, der nicht der Phantasie des Autors, sondern medizinischen Studien entsprungen ist. »Der Pornographieverdacht, der Thomas Hettches deutsch-deutschem Nachtstück vorauseilt, wird bei der Lektüre auf Anhieb nicht eben vereitelt; Hettche, an de Sade und Bataille geschult, geht mit den Tränen des Eros, geht mit Blut und Sperma und dem Skalpell nicht zimperlich um. [...] Allein: obszön und lüstern ist das Buch nicht. Die Erregung, die auf den Seiten vibriert, entspringt dem beschleunigten Puls der Geschichte« (*NZZ* 23.3.1995). Harald Jähner behauptet in der *FAZ* vom 11. April 1995 sogar, daß der Roman den Leser »immer wieder kalt« lasse, doch ist er von der *écriture* entzückt: »Stilistisch ist Hettche fast immer auf der Höhe der Klimax. [...] Dem schicken Spiel aus Sodomie und Bondage entspricht die sprachliche Fesselungskunst, mit der Hettche den Leser dennoch zu bannen versteht.« Nun denn, Orgien, die nicht geil sind, auf der einen und stilistische Orgasmen auf der anderen Seite – wie bitte paßt das zusammen? Hier kommt der Verdacht auf, daß die Rezensenten dieser klugen Blätter den wahren Grund ihrer Faszination als rein geistige Freude an der schönen Form tarnen wollten. Dennoch liegen sie mit ihrem Befund nicht falsch. Zunächst einmal schreibt Hettche – von Ausrutschern abgesehen – im besten Sinn des Wortes virtuos. Außerdem haftet den sexuellen Szenen etwas zutiefst Irreales an, so daß der Leser keine Chance hat, sich mit den Figuren zu identifizieren: Zum einen ist ihr Verhalten mehr als befremdlich, zum anderen gelingt es nur mit Mühe, die Abläufe genau nachzuvollziehen. Darüber hinaus geht Hettche mit dem wohl wichtigsten Ingredienz erregender Literatur, der Darstellung erlebter Lust, recht sparsam um.

Dafür finden wir diverse Elemente aus den Klassikern des Genres. Den eingebrannten Initialen ihres Geliebten auf O's Gesäß entsprechen die Buchstaben auf Davids Pobacken: »Ich lasse in meinen Mund scheissen und pissen. Schlagt mich hart.« »Bedient euch an mir wie an einem Tierweibchen.« »Mein Mund und mein Arsch sind offen.« Auch der letzte Satz erinnert an O, die am ersten Abend in Roissy ihren Geliebten zum ersten Mal oral befriedigen muß und an den folgenden Tagen mit einer speziellen Vorrichtung geweitet wird, um den Herren die anale Penetration zu erleichtern. An *Gamiani* gemahnt der Hund – dem Rahmen angemessen ein entlaufener Grenzhund – der die Mörderin durch diese Nacht begleitet, die verschiedenen Kopulationen unruhig beobachtet und schließlich, bei einer Orgie in der Pathologie der Charité, auf sie springt:

> Sie wurde umgedreht, man löste ihre Handfesseln, und der Hund setzte, ohne zu zögern, mit einem Sprung hinter ihr auf den stählernen Tisch. Sie schrie, versuchte ihm zu entkommen, für einen Moment verloren seine Pfoten unter ihrem Zucken auf dem glatten Me-

tal den Halt, er rutschte weg, jaulte auf, doch fester gruben sich die Krallen erneut in ihre Haut. Speichel tropfte ihr auf den Rücken, und seine Zunge leckte darüber hin (139).

Trotz des beinahe aseptischen Tons dieser Schilderungen baut sich die Spannung des Lesers bis zu diesem finalen Höhepunkt sukzessive auf. Das reale Umfeld, den historischen Augenblick evozieren eine Vielzahl von Fakten. Gleichzeitig werden die Vorgänge in der Stadt mit sexuell aufgeladenen Formulierungen beschrieben, die zu einer Verschmelzung der beiden Ebenen entscheidend beitragen.

> Der Schmerz brannte im Körper der Stadt, und ihre Augen zuckten hinter den geschlossenen Lidern im Schlaf, während das Schiff langsam immer weiter in sie hineinglitt (80).

> Es sickerte in sie hinein, was geschah, und überall in den Straßen und Häusern begann die Stadt darauf zu reagieren mit dem Gedächtnis ihrer Leitungen und Kameras, und sie beobachtete und verfolgte, wie das Unvorhergesehene immer tiefer in sie eindrang (82).

Vereinigung, Durchdringung, Schmerz, Gewalt, Verzweiflung, Begehren, all dies erleben die Figuren mit ungeheurer Intensität in jener Nacht, in der zugleich »die Grenze zwischen Vernunft und Traum, zwischen Leben und Tod« (*FAZ*) birst. So packt Thomas Hettche den Leser, weniger mit den sexuellen Exzessen als solchen, doch tragen die ekstatischen Grenzerfahrungen wesentlich zur beunruhigenden Kraft des Buches bei, indem sie uns spüren lassen, daß wahre Obsession stärker ist als politische Erdbeben. So bietet *Nox* ein perfektes Beispiel dafür, daß inzwischen alles gesagt, alles gezeigt werden kann; was aber wen erregt, ist heute vielleicht schwerer zu bestimmen denn je zuvor.

Literaturverzeichnis

Bibliographien

Neben den üblichen Nachschlagewerken wurden folgende Bibliographien verwendet:

Ashbee, Henry Spencer u. Fryer, Peter: Forbidden Books of the Victorians. London 1970.
Bayer, Franz: Selten und Gesucht. Bibliographien und ausgewählte Nachschlagewerke zur erotischen Literatur. Stuttgart 1993.
Brunet, Jacques-Charles: Manuel du libraire et de l'amateur du livre. 5 Bde. Berlin 1922.
Deakin, Terence J.: Catalogi Librorum Eroticum. A critical bibliography of erotic bibliographies and book-catalogues. London 1964.
Gay, Jules: Bibliographie des ouvrages relatifs à l'amour, aux femmes, au mariage et des livres facétieux, pantagruéliques, scatologiques, satyriques etc. 4 Bde. Paris [4]1894–1900. Nachdr. Genf 1990.
Kearney, Patrick J.: The Private Case. An annoted Bibliography of the Private Case erotica collection in the British (Museum) Library. London 1981.
Martin, A.; Mylne, V.; Frautschi, R.: Bibliographie du genre romanesque français 1751–1800. London/Paris 1977.
Mendes, Peter: Clandestine Erotic Fiction in English 1800–1930. A bibliographical study. Hants (GB) 1993.
Pia, Pascal: Les Livres de l'Enfer. Bibliographie critique des ouvrages érotiques dans leurs différentes éditions du XVIe siècle à nos jours. 2 Bde. Paris 1978.

Texte

Wenn bei seltenen älteren Texten die Signatur einer Bibliothek angegeben ist, sind die Angaben über Erscheinungsort und -jahr mitunter unvollständig oder fiktiv, ohne daß dies besonders vermerkt wird. B.N. steht als Abkürzung für die Bibliothèque Nationale Paris.

Allemann, Urs: Babyficker. Wien 1992.
Les Amours de Charlot et de Toinette. [1789] B.N. Enfer 145.
Andreas Capellanus: De Amore libri tres. Hg. v. E. Trojel. München 1964.
Andreas Capellanus: Über die Liebe. Hg. u. übers. v. Hanns Martin Elster. Dresden 1924.
Apollinaire, Guillaume: Les onze mille verges ou les amours d'un Hospodar. Eingel. v. Michel Décaudin. Paris 1995.
–: Die elftausend Ruten. Les onze mille verges. Dtsch. v. Rudolf Wittkopf. München 1970.
Apuleius, Lucius: Der goldene Esel. Dtsch. v. August Rode. Frankfurt/M. [4]1986.
Archilochus. Griech./Dtsch. Hg. u. übers. v. Max Treu. München 1959.
Aretino, Pietro: Poesie varie. Edizione Nazionale delle Opere. Bd. 1. Hg. v. Giovanni Aquilecchia u. Angelo Romano. Rom 1992.
–: Ragionamento. Dialogo. Hg. v. Giorgio Bàrberi Squarotti. Komm. v. Carla Forno. Mailand 1988.
–: Kurtisanen-Gespräche. Dtsch. v. Heinrich Conrad. München 1991.
–: Lettere. Il primo e il secondo libro. Hg. v. Francesco Flora. Mailand 1960.
Aristophanes: Komödien. Dtsch. v. Ludwig Seeger. Hg. v. Hans-Joachim Newiger. München 1990.
Aristoteles: Poetik. Griech./Dtsch. Hg. u. übers. v. Manfred Fuhrmann. Stuttgart 1989.
–: Nikomachische Ethik; in: Ders.: Werke. Hg. v. Hellmut Flashar. Bd. 6. Berlin [9]1991
Argens, Jean-Baptiste Boyer, Marquis d': Thérèse philosophe, ou Mémoires pour servir à l'histoire du P. Dirrag et de Mademoiselle Eradice; in: Œuvres anonymes du XVIIIe siècle III. L'Enfer de la Bibliothèque Nationale 5. Hg. v. Michel Camus. Paris 1986.
–: Thérèse philosophe. Eine erotische Beichte. Hg. v. Michael Farin und Hans-Ulrich Seifert. München 1990.
Arsan, Emmanuelle [i.e. Louis u. Maryat Rollet-Andrianne]: Emmanuelle. Première édition intégrale. Nachw. v. Jean-Jacques Pauvert. Paris 1988.
–: Emmanuelle. Dtsch. v. Henri Holz-Fay. Reinbek 1971.
Bandello, Matteo: Novelle. Eingel. v. Luigi Russo. Mailand 1990.
Bataille, Georges: Œuvres complètes. Bd 1 u. 10. Paris 1970 u. 1987.
–: Das obszöne Werk. Dtsch. v. Marion Luckow. Reinbek 1977.
–: Die Tränen des Eros. Dtsch. v. Gerd Bergfleth. München 1993.
–: Die Erotik. Dtsch. v. Gerd Bergfleth. München 1994.
Bayle, Pierre: Dictionnaire historique et critique. Rotterdam [3]1720.
Bec, Pierre: Burlesque et obscène chez les troubadours. Pour une approche du contre-texte médiéval. Edition bilingue. Paris 1984.

Beccadelli, Antonio [genannt: Il Panormita]: Hermaphroditus. Frz. v. Alcide Bonneau. Paris 1892.

Bembo, Pietro: Prose della volgar lingua. Gli Asolani. Rime. Hg. v. Carlo Dionisotti. Mailand 1989.

Berni, Francesco: Opere. 2 Bde. Mailand 1864. Nachdr. Mailand 1974.

Béroalde de Verville, François de: Le Moyen de parvenir. [1610] B.N. Rés. Y2. 2788.

Boccaccio, Giovanni: Decameron. Hg. v. Vittore Branca. 2 Bde. Florenz 1951.

–: Decameron. Zwanzig ausgewählte Novellen. Ital./Dtsch. Hg. u. übers. v. Peter Brockmeier. Stuttgart 1988.

–: Das Dekameron. Dtsch. v. Albert Wesselski. 2 Bde. Frankfurt/M. 1972.

Brantôme, Pierre de Bourdeille, Seigneur de: Les Dames galantes. Hg. v. Maurice Rat. Paris 1960.

Breton, André: Manifestes du surréalisme. Paris 1985.

Busi, Aldo: Sodomie in corpo 11. Mailand 1992.

–: Manuale del perfetto Gentilomo. Con preziose imbeccate anche per Lei. Mailand 1992.

Bussy-Rabutin, Roger de: Histoire amoureuse des Gaules. Hg. v. Antoine Adam. Paris 1967.

Le Cabinet Satyrique. Hg. v. Fernand Fleuret u. Louis Perceau. Paris 1924.

Cammelli, Antonio [genannt: Il Pistoia]: I Sonetti: Hg. v. Rodolfo Renier. Turin 1888.

Carmina priapea. Lat./Dtsch. Hg. u. übers. v. Bernhard Kytzler. Zürich/München 1978.

Caro, Annibale: Commento di Ser Agresto Ficaruolo sopra la prima ficata del padre Siceo. Hg. v. Gaetano Romagnoli. Bologna 1861. Nachdr. Bologna 1968.

Casanova, Giacomo: Histoire de ma vie. 12 Bde. Wiesbaden 1960–1962.

Castiglione, Baldassar: Il libro del Cortegiano. Hg. v. Giulio Carnazzi. Mailand 1987.

Catullus, Gaius Valerius: Gedichte. Lat./Dtsch. Hg. u. übers. v. Werner Eisenhut. München [10]1993.

Challe, Robert: Les illustres Françaises. Hg. v. Frédéric Deloffre u. Jacques Cormier. Genf 1991.

Chaucer, Geoffrey: The Canterbury Tales. Translated into modern English by Nevill Coghill. Middlesex 1984.

Chorier, Nicolas: Joannis Meursii elegantiae latini sermonis seu Aloisia Sigaea Toletana de Arcanis Amoris et Veneris. Leipzig 1913.

–: L'Académie des Dames; in: Œuvres érotiques du XVIIe siècle.

L'Enfer de la Bibliothèque Nationale. Bd. 7. Hg. v. Michel Camus. Paris 1988.

–: Die Geschichte der Aloisia Sigaea. Dtsch. v. R. Mangold. Paris 1965.

Chrétien de Troyes: Œvres complètes. Hg. v. Daniel Poirion u. a. Paris 1994.

Cleland, John: Memoirs of a Woman of Pleasure. Hg., eingel. u. komm. v. Peter Sabor. Oxford/New York 1986.

Crébillon fils, Claude-Prosper Jolyot de: Œuvres. Hg. u. eingel. v. Ernest Sturm u. Stéphane Pujol. Paris 1992.

Dante Alighieri: La Divina Commedia. Hg. v. Natalino Sapegno. 3 Bde. Florenz ³1985.

–: Die Göttliche Comödie. Dtsch. v. Otto Gildemeister. Berlin 1891.

Della Casa, Giovanni: Galateo. Hg. v. Claudio Milanini. Mailand ⁶1988.

Denon, Vivant: Point de lendemain. Hg. v. Michel Delon. Paris 1995.

Descartes, René: Les Passions de l'âme. Eingel. v. Jean-Maurice Lemonnyer. Paris 1988.

Deutsche Schwänke. Hg. v. Leander Petzoldt. Stuttgart 1979.

Diderot, Denis: Œuvres complètes. Hg. v. Herbert Dieckmann u. Jean Varloot. 25 Bde. Paris 1975–1990.

Dussidour, Dominique: Les Mots de l'amour. Paris 1991.

–: Die Wörter der Liebe. Dtsch. v. Wieland Grommes. Berlin 1992.

Eco, Umberto: Der Name der Rose. Dtsch v. Burkhart Kroeber. München 1982.

L'École des Filles ou la Philosophie des Dames; in: Œuvres érotiques du XVIIᵉ siècle. L'Enfer de la Bibliothèque Nationale 7. Hg. v. Michel Camus. Paris 1988.

Encyclopédie, ou Dictionnaire raisonné des sciences, des Arts et des métiers. Nachdr. der Erstausgabe von 1751–1780. Stuttgart 1966.

Farin, Michael (Hg.): Lust am Schmerz. Bilder und Texte zur Flagellomanie. München 1991.

Fedderke, Dagmar: Die Geschichte mit A. Tübingen 1993.

Ficino, Marsilio: Über die Liebe oder Platons Gastmahl. Lat./Dtsch. Hg. u. eingel. v. Paul Richard Blum. Dtsch. v. Karl Paul Hasse. Hamburg ²1984.

Franco, Nicolò: Rime contro Pietro Aretino. La Priapea. [Turin] ³1548.

Les Fureurs utérines de Marie-Antoinette, femme de Louis XVI. [1791] B. N. Enfer 654.

[Gervaise de Latouche, Jean-Charles]: Histoire de Dom Bougre, portier des Chartreux; in: Œuvres anonymes du XVIIIᵉ siècle I. L'Enfer de la Bibliothèque Nationale 3. Hg. v. Michel Camus. Paris 1985.

Das Gilgamesch-Epos. Dtsch. v. Georg Burckhardt. Frankfurt/M. 1958.

Giroud, Françoise u. Lévy, Bernard-Henri: Les hommes et les femmes. Paris 1993.
Goethe, Johann Wolfgang: Goethes geheime erotische Epigramme. Nachw. v. Arno Kappler. Dortmund 1983.
Die Griechische Anthologie in drei Bänden. Hg. u. übers. v. Dietrich Ebener. Berlin 1991.
Groult, Benoîte: Les vaisseaux du cœur. Paris 1988.
–: Das Salz auf unserer Haut. Dtsch. v. Irène Kuhn. München 1989.
Guglielmo IX d'Aquitania: Poesie. Hg. v. Nicolò Pasero. Modena 1973.
Guillaume de Lorris/Jean de Meun: Der Rosenroman. Klassische Texte des romanischen Mittelalters in zweisprachiger Ausgabe 15, I–III. Übers. u. eingel. v. Karl August Ott. 3 Bde. München 1979.
Guilleragues, Gabriel de Lavergne, sieur de: Lettres portugaises. Paris 1990.
Gynecocracy. A Narrative of the Adventures and Psychological Experiences of Julian Robinson (afterwards Viscount Ladywood) under Petticaot-Rule. Written by Himself. New York 1971.
Harris, Frank: My Life and Loves. Hg. v. John F. Gallagher. New York 1963.
Heliodor: Die Abenteuer der schönen Chariklea. Dtsch. v. Rudolf Reymer; in: Kytzler 1983.
Hesiod: Werke in einem Band. Dtsch. v. Luise u. Klaus Hallof. Berlin 1994.
Hettche, Thomas: Nox. Frankfurt/M. 1995.
Histoire de Marguerite, fille de Suzon, nièce de Dom Bougre; in: Œuvres anonymes du XVIIIe siècle I. L'Enfer de la Bibliothèque Nationale 3. Hg. v. Michel Camus. Paris 1985.
Homer: Odyssee. Griech./Dtsch. Hg. v. Bruno Snell. Dtsch. v. J. H. Voss, überarbeitet v. E. R. Weiß, Berlin/Darmstadt 1966.
Horatius Flaccus, Quintus: Werke. Lat./Dtsch. Hg. v. Hans Färber. München [11]1993
Iuvenalis, Decimus Iunius: Satiren. Lat./Dtsch. Hg. u. übers. v. Joachim Adamietz. München 1993.
Joyce, James: Ulysses. Eingel. v. Morris L. Ernst. Mit dem Urteil von Richter John M. Woolsey. New York 1961.
–: Ulysses. Dtsch. v. Hans Wollschläger. Frankfurt/M. 1979.
Kamasutra. Die indische Liebeskunst. Dtsch. v. Guido Heel. München 1988.
Kinder, Hermann (Hg.): Die klassische Sau. Das Handbuch der literarischen Hocherotik. Zürich 1986.
Kratter, Franz: Ein Schleifermädchen aus Schwaben. 2 Bde. Frankfurt/M. 1790.
Kytzler, Bernhard (Hg.): Im Reiche des Eros. Sämtliche Liebes- und Abenteuerromane der Antike. 2 Bde. München 1983.

Laclos, Pierre Choderlos de: Les liaisons dangereuses. Hg. v. René Pomeau. Paris 1981.
La Fayette, Marie Madeleine de: La Princesse de Clèves. Hg. v. Béatrice Didier. Paris 1984.
La Fontaine, Jean de: Œuvres complètes. Bd. 1. Fables, contes et nouvelles. Hg., eingel. u. komm. v. Jean-Pierre Collinet. Paris 1991.
–: Der Teufel und die Papifeigen. Dtsch. v. Theodor Etzel. Hg. v. Eberhard Wesemann. Leipzig/Weimar 1987.
Lancelot do Lac. Hg. v. Elspeth Kennedy. 2 Bde. Oxford 1980.
Lawrence, David Herbert: Lady Chatterley's Lover. London ^{39}1960
Lina's aufrichtige Bekenntnisse oder die Freuden der Wollust. Hg. v. Matthias Luserke u. Reiner Marx. Bodenheim 1995.
Longus: Daphnis und Chloë. Dtsch. v. Friedrich Jacobs; in: Kytzler 1983.
Louÿs, Pierre: L'Œuvre érotique. Hg. v. Jean-Paul Goujon. Paris 1994.
–: Drei Schwestern und dazu die Mutter. Trois filles de leur mère. Dtsch. v. Christiane Ducrée. München 1970.
–: Les Chansons de Bilitis. Illustrations originales en noir et sanguine de Lobel Riche. Paris 1937.
Lucretius Carus, Titus: De rerum natura. Lat./Dtsch. Hg. u. übers. v. Karl Büchner. Stuttgart 1986.
Lukian: Gespräche der Götter und Meergötter, der Toten und der Hetären. Hg. u. übers. v. Otto Seel. Stuttgart 1987.
–: Lukios der Esel; in: Kytzler 1983.
Marino, Giovanbattista: La Lira. 3 Bde. Venedig 1621–25.
Martialis, Marcus Valerius: Epigrams. Lat./Engl. Hg. u. übers. v. D. R. Shackleton Bailey. 3 Bde. Cambridge (Massachusetts)/London 1993.
–: Epigramme. Hg. v. Uwe Walter. Paderbron u. a. 1996.
–: Epigramme. Dtsch. v. Harry C. Schnur. Stuttgart 1966.
Aus den Memoiren einer Sängerin. Nachw. v. Paul Englisch. München 1970.
Mémoires de Suzon, sœur de Dom Bougre, portier des Chartreux. Écrits par elle-même; in: Œuvres anonymes du XVIIIe siècle 1. L'Enfer de la Bibliothèque Nationale 3. Hg. v. Michel Camus. Paris 1985.
[Meusnier de Querlon]: Sainte Nitouche ou Histoire galante de la tourière des Carmélites, suivie de l'Histoire de la Duchapt, célèbre marchande de modes. Publiée pour la première fois au grand complet sur le manuscrit autographe de l'auteur pour servir de pendant au Portier des Chartreux. London 1830. B.N. Enfer 384
Meyer, Detlev: Im Dampfbad greift nach mir ein Engel. Biographie einer Bestürzung. Band 1. Düsseldorf 1985.
Miller, Henry: Sexus. London 1970.

–: Sexus. Dtsch. v. Kurt Wagenseil. Reinbek 1980.
Mirabeau, Honoré-Gabriel de Riquetti, comte de: Œuvres érotiques. L'Enfer de la Bibliothèque Nationale 1. Hg. v. Michel Camus. Paris 1984.
Mirbeau, Octave: Le Jardin des supplices. Hg. v. Michel Delon. Paris ²1991.
Montesquieu, Charles-Louis de Secondat de: Lettres persanes. Hg. v. Jean Starobinski. Paris 1973.
Morlini, Girolamo: Novelle e favole. Lat./Ital. Hg. v. Giovanni Villani. Rom 1983.
Musset, Alfred de: Gamiani. Hg. v. Simon Jeune. Paris 1992.
–: Gamiani. Dtsch. v. Heinrich Conrad. O.O. o.J.
[Nefzaui]: Der blühende Garten. Die arabische Liebeskunst. München 1966.
Nelli, René: Ecrivains anticonformistes du moyen-âge occitan. Anthologie bilingue. Paris 1977.
Nerciat, Andréa de: Œuvres érotiques. O.O. 1953.
Nerciat, Andréa de: Le Diable au corps. Eingel. v. Hubert Juin. 3 Bde. Paris 1980.
Nin, Anaïs: Delta of Venus. New York 1976.
Nogaret, Félix: L'Arétin Français. London 1787. B.N. Enfer 463.
–: Siebzehn Figuren mit einer Introduktion und einem Résumé von Aretino. Köln 1970.
La nouvelle Thérèse, ou la Protestante philosophe. Histoire sérieuse et galante. London 1774. B.N. Enfer 1310.
Novellistik des Mittelalters. Hg., übers. u. komm. v. Klaus Grubmüller. Frankfurt/M. 1996.
Opere burlesuqe del Berni u.a.: 3 Bde. Usecht 1760.
Ovidius Naso, Publius: Amores. Lat./Dtsch. Hg. u. übers. v. Walter Marg u. Richard Harder. München 1956.
–: Ars amatoria. Lat./Dtsch. Hg. u. übers. v. Niklas Holzberg. München ²1988.
–: Metamorphosen. Dtsch. v. Reinhart Suchier. Mit Radierungen von Pablo Picasso. Leipzig 1986.
Pallavicino, Ferrante: La Retorica delle Puttane. Cambrai 1648. B.N. Enfer 473.
–: L'Alcibiade Fanciullo a scola. Oranges [1652]. B.N. Enfer 467.
Le Parnasse libertin ou Recueil de poésies libres. Paillardisorapolis 1772. B.N. Enfer 322.
Le Parnasse Satyrique du sieur Théophile, suivi du Nouveau Parnasse Satyrique. 2 Bde. Brüssel 1864. B.N. Enfer 549–550.
Pauvert, Jean-Jacques (Hg.): Anthologie historique des lectures érotiques. 4 Bde. Paris 1995.
The Pearl. A Journal of Voluptous Reading. New York ¹¹1968.

The Pearl. Three Erotic Tales. Ware (GB) 1995.
Pepys, Samuel: The Diary. Hg. v. Henry B. Wheatley. 8 Bde. London 1928/29.
Petrarca, Franceso: Canzoniere. Hg v. Piero Cudini. Mailand ⁴1980.
Petronius Arbiter: Satiricon. Dtsch. v. Fritz Tech. Berlin ⁵1991.
Philostratos: Erotische Briefe nebst den Hetärenbriefen des Alkiphron. Hg. v. Paul Hansmann. Frankfurt/M. 1989.
Pidansat de Mairobert, Mathieu-François: Anecdotes sur Mme la comtesse Du Barry. London 1775.
Pierre, José (Hg.): Recherchen im Reich der Sinne. Die zwölf Gespräche der Surrealisten über Sexualität 1928–1932. Dtsch. v. Martina Dervis. München 1993.
Platon: Symposion; in: Ders.: Sämtliche Werke Band II. Dtsch. v. Friedrich Schleiermacher. Hg. v. Walter F. Otto u. a. Hamburg 1980.
Plutarch: Erotikos. Dialogue sur l'amour. Frz. v. Christiane Zielinski. Paris 1995.
Poeti giocosi del tempo di Dante. Hg. v. Mario Marti. Mailand 1956.
Propertius, Sextus: Sämtliche Gedichte. Lat./Dtsch. Hg. u. übers. v. Burkhard Mojsisch, Hans-Horst Schwarz u. Isabel J. Tautz. Stuttgart 1993.
Pulci, Luigi: Il Morgante. Hg. v. Giuseppe Fatini. 2 Bde. Turin 1964.
[La puttana errante] Il Piacevol Ragionamento de l'Aretino. Dialogo di Giulia e di Madalena. Hg. v. Claudio Galderisi. Rom 1987.
Pyron, Alexis: Ode à Priape. [1710]. B.N. Enfer 478.
Les Quarante manières de foutre, dédiées au clergé de France; in: Œuvres anonymes du XVIIIe siècle III. L'Enfer de la Bibliothèque Nationale 5. Hg. v. Michel Camus. Paris 1986.
Racine, Jean: Phädra. Frz./Dtsch. Hg. u. übers. v. Wolf Steinsieck. Stuttgart 1995.
Réage, Pauline [i.e. Dominique Aurey]: Histoire d'O. Eingel. v. Jean Paulhan. Paris 1994.
–: Die Geschichte der O. Eingel. v. Jean Paulhan. Darmstadt 1967.
Recueil de pièces choisies, rassemblées par les soins du Cosmopolite. Ancona 1735. B.N. Enfer 923/924.
Réstif de la Bretonne, Nicolas-Edmé: Œuvres érotiques. L'Enfer de la Bibliothèque Nationale 2. Hg. v. Michel Camus. Paris 1985.
–: Monsieur Nicolas. Hg. v. Pierre Testud. Paris 1989.
Rochester, John Wilmot Earl of: Sodom. Dortmund 1983.
The Romance of Lust. London 1995.
Romans libertins du XVIIIe siècle. Hg. v. Raymond Trousson. Paris 1993.
Rousseau, Jean-Jacques: La nouvelle Héloïse; in: Ders.: Œuvres complètes. Bd. II. Hg. v. Bernard Gagnebin u. Marcel Raymond. Paris 1964.

Sacher-Masoch, Leopold von: Venus im Pelz. Mit einer Studie über Masochismus von Gilles Deleuze. Frankfurt/M. 1980.
Sade, D. A. F. marquis de: Œuvres complètes. Eingel. v. Maurice Heine u. Antoine Adam. 16 Bde. Paris 1966/67.
–: La Philosophie dans le boudoir ou Les Instituteurs immoraux. Hg. v. Yvon Belaval. Paris 1976.
–: Die Philosophie im Boudoir oder Die Lasterhaften Lehrmeister. Dtsch. v. Rolf Busch. Hamburg 1970.
[Salten, Felix]: Josefine Mutzenbacher. Die Lebensgeschichte einer wienerischen Dirne, von ihr selbst erzählt. Eingl. v. K. H. Kramberg. München ²1969.
Sandriz de Courtil, Gatien: La France Galante. [1688].
Sappho: Strophen und Verse. Hg. u. übers. v. Joachim Schickel. Frankfurt/M. 1978.
Schmölders, Claudia (Hg.): Die Erfindung der Liebe. Berühmte Zeugnisse aus drei Jahrtausenden. München 1996.
Straparola, Giovan Francesco: Le piacevoli notti. Hg. v. Giuseppe Rua. Bari 1927.
Suetonius Tranquillus: Cäsarenleben. Dtsch. v. Max Heinemann. Stuttgart ⁷1986.
Tallemant des Réaux, Gédéon: Historiettes. Hg. v. Antoine Adam. 2 Bde. Paris 1960.
Tertullianus, Quintus Septimus: De spectaculis. Über die Spiele. Lat./Dtsch. Übers. u. hg. v. Karl-Wilhelm Weber. Stuttgart 1988.
Texte zum Antipetrarkismus. Hg. v. Johannes Hösle. Tübingen 1970.
Théâtre érotique français au XVIIIe siècle. Paris 1993.
Le Roman de Tristan en prose. Hg. v. Philippe Ménard u. a. 8 Bde. Genf 1990–95.
Veniero, Lorenzo: La Puttana errante. Ital./Frz. Paris 1883.
–: Le trente-et-un de la Zaffetta. Ital./Frz. [Frz. v. Alcide Bonneau]. Paris 1883.
Vénus dans le cloître ou la religieuse en chemise; in: Œuvres érotiques du XVIIe siècle. L'Enfer de la Bibliothèque Nationale 7. Hg. v. Michel Camus. Paris 1988.
Vignali, Antonio [Arsiccio Intronato]: La Cazzaria. Hg. v. Pasquale Stoppelli. Rom 1984.
[Villaret, Claude]: La belle Allemande, ou les Galanteries de Thérèse. B. N. Rés. Y2 519.
Voltaire: Lettres philosophiques. Hg. v. René Pomeau. Paris 1964.
–: Romans et contes. Hg. v. René Pomeau. Paris 1966.
–: La bible enfin expliquée; in: Ders.: Œvres complètes. Bd 30. Mélanges 9. Hg. v. Louis Moland. Pairs 1880.
[Walter]: My secret Life. Eingel. v. G. Legman. New York 1966.

–: Viktorianische Ausschweifungen. Dtsch. v. Reinhard Kaiser. Nördlingen 1986.
Weeber, Karl-Wilhelm (Hg.): Decius war hier … Das Beste aus der römischen Graffiti-Szene. München 1996.
Wieland, Christoph Martin: Musarion. Aspasia; in: Ders.: Sämtliche Werke. Bd. 9. Leipzig 1795.
[Wilde, Oscar]: Teleny or The Reverse of the Medal. London 1995.
Wunderlich, Werner (Hg.): Deutsche Schwankliteratur. 2 Bde. Frankfurt/M. 1992.
Zola, Émile: Nana. Hg. v. Colette Becker. Paris 1994.
–: Nana. Dtsch. v. Walter Widmer. München 1971.

Forschungsliteratur

Weitere Sekundärliteratur ist in der Bibliographie meiner Dissertation, *Education érotique. Pietro Aretinos »Ragionamenti« im libertinen Roman Frankreichs*. Stuttgart 1994, verzeichnet

Aigner, Joseph Christian; Gindorf, Rolf (Hg.): Von der Last der Lust. Sexualität zwischen Liberalisierung und Entfremdung. Wien 1986.
Alberoni, Francesco: Erotik. Weibliche Erotik, männliche Erotik – was ist das? Dtsch. v. Pieke Biermann. München 1981.
Alexandrian, Sarane: Les libérateurs de l'amour. Paris 1977.
–: Histoire de la littérature érotique. Paris 1989.
Almasi, Guido: L'estetica dell'osceno. Per una letteratura »carnalista«. Torino ^{3}1994.
Aquilecchia, Giovanni: Per l'edizione critica delle Sei Giornate (prima e seconda parte dei »Ragionamenti«) di Pietro Aretino; in: Italian Studies XVII, 1962.
–: Per una edizione critica dei sonetti sopra i »XVI modi« di Pietro Aretino; in: Filologia e critica, VII, 1982.
Ariès, Philippe u. Béjin, André (Hg.): Die Masken des Begehrens und die Metamorphosen der Sinnlichkeit. Zur Geschichte der Sexualität im Abendland. Dtsch. v. Michael Bischoff. Frankfurt/M. 1992.
Atkins, John: Le sexe dans la littérature ou De la pulsion érotique en littérature. Frz. v. Françoise u. Tony Cartano. Paris 1975.
Bartz, Gabriele; Karnein, Alfred; Lange, Claudio: Liebesfreuden im Mittelalter. Kulturgeschichte der Erotik und Sexualität in Bildern und Dokumenten. Stuttgart/Zürich 1994.
Baumgärtner, Alfred Clemens: Lesen. Ein Handbuch. Hamburg 1973.
Bec, Pierre: Ecrits sur les troubadours. Paris 1992.
Beilharz, Alexandra: Die Décadence und Sade. Untersuchungen zu erzählenden Texten des französischen Fin de Siècle. Stuttgart 1996.

Benabou, Erica-Marie: La prostitution et la police des mœurs au XVIIIe siècle. Paris 1987.

Bénichou, Paul: Morales du grand siècle. Paris 1988.

Beurdeley, Cecile: L'Amour bleu. Die homosexuelle Liebe in Kunst und Literatur des Abendlandes. Dtsch. v. Doris Plattner und Michael Lim. Köln 1994.

Beutin, Wolfgang: Sexualität und Obszönität. Eine literaturpsychologische Studie über epische Dichtung des Mittelalters und der Renaissance. Würzburg 1990.

Bougard, Roger: Érotisme et amour physique dans la littérature française du XVIIe siècle. Paris 1986.

Brady, Patrick: Rococo Style versus Enlightenment Novel. Genf 1984.

Brahimi, Denise: La sexualité dans l'anthropologie humaniste de Buffon; in: DHS 12, 1980.

Brockmeier, Peter: Pornographie und Aufklärung; in: Mannheimer Hefte 9, Nov. 1974.

–: (Hg.): Boccaccios Decameron. Wege der Forschung CCCXXIV. Darmstadt 1974.

–: Die Kritik der Vorurteile in der französischen Literatur des 18. Jahrhunderts; in: ders. u. Hermann H. Wetzel (Hg.): Französische Literatur in Einzeldarstellungen. Bd. 1. Von Rabelais bis Diderot. Stuttgart 1981.

–: Vom verliebten Haß über den erquickenden Verdruß zum schmerzlichen Genuß. Weibliche Schönheit in Texten von Dante bis Sade; in: Theo Stemmler (Hg.): Schöne Frauen – schöne Männer. Mannheim 1988.

–: u. Gerhard R. Kaiser (Hg.): Zensur und Selbstzensur in der Literatur. Würzburg 1996.

Broun, Elizabeth (Hg.): Ten Engravings of Marcantonio Raimondi, Lawrence (Kansas) 1981.

Carile, Paolo (Hg.): Eros in Francia nel seicento. Bari/Paris 1987.

Clair, Pierre: Libertinage et incrédules (1665–1715?). Recherches sur le XVIIe siècle. Paris 1983.

Darnton, Robert: Literatur im Untergrund. Lesen, Schreiben und Publizieren im vorrevolutionären Frankreich. Dtsch. v. Henning Ritter. München 1985.

–: Edition et sédition. Paris 1991.

–: The Forbidden Best-Sellers of Pre-Revolutionaey France. New York 1995.

–: The Corpus of Clandestine Literature in France 1769–1789. New York 1995.

–: Denkende Wollust oder die sexuelle Aufklärung der Aufklärung. Dtsch. v. Jens Hagestedt. Frankfurt/M. 1996.

Day, Gary u. Bloom, Clive (Hg.): Perspectives on Pornography. Sexuality in Film and Literature. London 1988.

Delon, Michel: De Thérèse philosophe à La Philosophie dans le boudoir, la place de la philosophie; in: RZLG VII/1–2, 1983.

–: Débauche, Libertinage, Libertin. Dtsch. v. Annette Keilhauer; in: Handbuch politisch-sozialer Grundbegriffe in Frankreich. 1680–1820. München 1992.

Demandt, Alexander: Das Privatleben der römischen Kaiser. München 1996.

Dix-huitième siècle. Représentation de la vie sexuelle. N° 12, 1980.

Dover, Kenneth J.: Greek Homosexuality. London 1978.

Dubost, Jean-Pierre: Eros und Vernunft. Literatur der Libertinage. Frankfurt/M. 1988.

Dupâquier, Jacques (Hg.): Histoire de la population française. 4 Bde. Paris 1988.

Ehrard, Jean: L'idée de Nature en France à l'aube des Lumières. Paris 1970.

Ellrich, Robert J.: The Structure of Diderot's Les Bijoux indiscrets; in: The Romanic Review LII/4, 1961.

Engammare; Max: *Qu'il me baise des baisiers de sa bouche*. Le Cantique des cantiques à la Renaissance. Etude et bibliographie. Genf 1993.

Englisch, Paul: Geschichte der erotischen Literatur. Stuttgart 1927. Nachdr. der 3. Aufl. Wiesbaden 1987.

Etiemble, René: Essais de littérature (vraiment) générale. 3. erw. Aufl. Paris 1975.

Fauchery, Pierre: La destinée féminine dans le roman européen du dix-huitième siècle. Paris 1972.

Fémininmasculin. Le sexe dans l'art. Hg. v. Marie-Laure Bernadec u. Bernard Marcadé. Paris 1995.

Femmel, Gerhard u. Michel, Christoph: Die Erotica und Priapea aus den Sammlungen Goethes. Frankfurt/M. 1990.

Ferenczi, Sandor: Das obszöne Wort. Beitrag zur Psychologie der Latenzzeit; in: ders.: Schriften zur Psychoanalyse. Bd. I. Hg. v. Michael Balint. Frankfurt/M. 1970.

Fischer, Hanns: Die deutsche Märendichtung des 15. Jahrhunderts. München 1966.

Flandrin, Jean-Louis: Le sexe et l'Occident. Évolution des attitudes et des comportements. Paris 1981.

Foucault, Michel: La volonté de savoir. Histoire de la sexualité 1. Paris 1976.

Freud, Sigmund: Der Dichter und das Phantasieren; in: Ders.: Studienausgabe Bd. 10. Bildende Kunst und Literatur. Hg. v. Thure Uexküll u. Ilse Grubrich-Simitis. Frankfurt/M. [7]1982.

–: Drei Abhandlungen zur Sexualtheorie. Eingel. v. Reimut Reiche. Frankfurt/M. 1991.
Gardner, Jane F.: Frauen im antiken Rom. Dtsch. v. Kai Broderson. München 1995.
Gay, Peter: Erziehung der Sinne. Sexualität in bürgerlichen Zeitalter. Dtsch. v. Holger Fließbach. München 1989.
Gebhardt, Eike: Über das allmähliche Verfertigen der Zwecke beim Verführen; in: Ästhetik und Kommunikation 80/81, 1993.
Giese, Hans: Das obszöne Buch. Stuttgart 1965.
Glaser, Horst Albert (Hg.): Wollüstige Phantasien. Sexualästhetik der Literatur. München 1974.
Gombrich, Ernst H. u.a.: Giulio Romano. Mailand 1989.
Goodden, Angelica: The Complete Lover. Eros, Nature and Artifice in the Eighteenth-Century French Novel. Oxford 1989.
Gorsen, Peter: Sexualästhetik. Grenzformen der Sinnlichkeit im 20. Jahrhundert. Reinbek 1987.
Goulemot, Jean Marie: Ces livres qu'on ne lit que d'une main. Lecture et lecteurs de livres pornographiques au XVIIIe siècle. Aix-en-Provence 1991.
Grimm, Gunter (Hg.): Literatur und Leser. Theorien und Modelle zur Rezeption literarischer Werke. Stuttgart 1975.
Grimm, Gunter: Rezeptionsgeschichte. Grundlegung einer Theorie. München 1977.
Guiraud, Pierre: Dictionnaire historique, stylistique, rhétorique, étymologique, de la littérature érotique. Précédé d'une introduction sur les structures étymologiques du vocabulaire érotique. Paris 1978.
A Handbook of the Troubadours. Hg. v. F.R.P. Akehurst u. Judith M. Davis. Berkeley/Los Angeles/London 1995.
Henriot, Émile: Les livres du second rayon. Paris 1926.
Heuermann, Hartmut u.a. (Hg.): Literarische Rezeption. Beiträge zur Theorie des Text-Leser-Verhältnisses und seiner empirischen Erforschung. Paderborn 1975.
Heuermann, Hartmut u.a.: Werkstruktur und Rezeptionsverhalten. Empirische Untersuchungen über den Zusammenhang von Text-, Leser- und Kontextmerkmalen. Göttingen 1982.
Histoire des Femmes en Occident. Hg. v. Georges Duby u. Michelle Perrot. 5 Bde. Paris 1991/92.
Hösle, Johannes: Pietro Aretinos Werk. Berlin 1969.
Holzberg, Niklas: Ovid. Dichter und Werk. München 1997.
Hyde, Montgomery: Geschichte der Pornographie. Dtsch. v. Ilse Custer. Stuttgart 1965.
Ivker, Barry: John Cleland and the Marquis d'Argens: Eroticism and Natural Morality in Mid-Eighteenth Century English and French

Fiction; in: Mosaic. A Journal for the Comparative Study of Literature and Ideas VIII/2, 1975.
Jauß, Hans Robert: Ästhetische Erfahrung und literarische Hermeneutik. Frankfurt/M. 1982.
Johns, Catherine: Sex or Symbol. Erotic Images of Greece and Rome. London 1990.
Johnston, Elsie: Le Marquis d'Argens. Sa vie et ses œuvres. Essai biographique et critique. Paris 1928. Nachdr. Genf 1971.
Jurgensen, Manfred: Beschwörung und Erlösung. Zur literarischen Pornographie. Bern 1985.
Kapp, Volker (Hg.): Italienische Literaturgeschichte. Stuttgart 1994.
Kern, Elga: Wie sie dazu kamen. 35 Lebensfragmente bordellierter Mädchen nach Untersuchungen von badischen Bordellen. München 1928.
Koestler, Arthur: The Act of Creation. London 1964.
Krabs, Otto: Wir, von Gottes Gnaden. Glanz und Elend der höfischen Welt. München 1996.
Krafft-Ebing, Richard v.: Psychopathia sexualis mit besonderer Berücksichtigung der konträren Sexualempfindung. Hg. v. Albert Moll. Stuttgart [17]1924.
Kronhausen, Eberhard und Phyllis: Bücher aus dem Giftschrank. Eine Analyse der verbotenen und verfehmten Literatur. Dtsch. v. Helmut Degner. Bern/München 1969.
Kuehn, Thomas: Law, Family, and Women. Toward a Legal Anthropology of Renaissance Italy. Chicago/London 1991.
Kurtzel, August: Der Jesuit Girard und seine Heilige. Ein Beitrag zur geistlichen Geschichte des vorigen Jahrhunderts; in: Argens (1990).
Kurz, Otto: ›Gli Amori de' Carracci': Four Forgotten Paintings by Agostino Carracci; in: Journal of the Warburg and Courtauld Institutes 3–4, XIV. 1951.
Kurzel-Runtscheiner, Monica: Töchter der Venus. Die Kurtisanen Roms im 16. Jahrhundert. München 1995.
Lamoignon de Malesherbes, Chrétien Guillaume de: Mémoires sur la librairie et sur la liberté de presse. Genf 1969.
Larivaille, Paul: L'Arétin entre Renaissance et Maniérisme (1492–1556). Thèse: Lille 1972.
Laroch, Philippe: Petits-Maîtres et Roués. Évolution de la notion de libertinage dans le roman français du XVIIIe siècle. Laval 1979.
Lassen, Kirsten: Un roman de Diderot: Les Bijoux indiscrets; in: Revue romane II, 1967.
Lazar, Moshe: Fin'amor; in: A Handbook of the Troubadours. Hg. v. F. R. P. Akehurst u. Judith M. Davis. Berkeley/Los Angeles/London 1995.
Lo Duca, J.-M.: Die Geschichte der Erotik. Wiesbaden 1977.

Lorenzoni, Piero: Erotismo e pornografia nella letteratura italiana. Storia e antologia. Mailand 1976.
Loth, David: The Erotic in Literature. A historical survey of pornography as delightful as it is indiscret. London 1961.
Luhmann, Niklas: Die Liebe als Passion. Zur Codierung v. Intimität. Frankfurt/M. [5]1990.
Marcus, Steven: The Other Victorians. A Study on Sexuality and Pornography in Mid-Nineteenth-Century England. London 1966.
Marcuse, Ludwig: Obszön. Geschichte einer Entrüstung. München 1968.
Michelson, Peter: The Aesthetics of Pornography. New York 1971.
Mortier, Roland: Le Cœur et la Raison. Recueil d'études sur le dix-huitième siècle. Oxford/Brüssel/Paris 1990.
Moureau, François u. Rieu, Alain-Marc (Hg.): Éros philosophe. Discours libertins des Lumières. Genf/Paris 1984.
Müller, Karl Otfried: Geschichte der griechischen Literatur. 2 Bde. Stuttgart [3]1875.
Nagy, Péter: Libertinage et révolution. Frz. v. Christiane Grémillon. Paris 1975.
Negroni, Barbara de: Lectures interdites. Le travail des censeurs au XVIIIe siècle 1723–1774. Paris 1995.
Nelli, René: Érotique et civilisation. Paris 1972.
Pelous, Jean-Michel: Amour précieux. Amour galant (1654–1675). Essai sur la représentation de l'amour dans la littérature et la société mondaines. Paris 1980.
Pia, Pascal: Dictionnaire des Œuvres érotiques. Domaine français. Paris 1971.
Planhol, René de: Les Utopistes de l'Amour. Paris 1921.
Prange, Peter: Das Paradies im Boudoir. Glanz und Elend der erotischen Libertinage im Zeitalter der Aufklärung. Marburg 1990.
Puttfarken, Thomas: Mutual Love and Golden Age: Matisse and ›gli Amori de' Carracci‹; in: The Burlington Magezine. Bd. 124, N° 949, April 1982.
Rauseo, Chris: La Morale à l'Opéra, les morales des opéras au XIXe siècle; in: Peter Brockmeier u. Stéphane Michaud: Sitten und Sittlichkeit im 19. Jahrhundert. Les Morales au XIXe siècle. Stuttgart 1993.
Reinsberg, Carola: Ehe, Hetärentum und Knabenliebe im antiken Griechenland. München [2]1993.
Rieger, Angelica: Trobairitz. Der Beitrag der Frau in der altokzitanischen höfischen Lyrik. Edition des Gesamtkorpus. Beihefte zur Zeitschrift für romanische Philologie 223. Tübingen 1991.
Röhl, Klaus Rainer: Die verteufelte Lust. Die Geschichte der Prüderie und die Unterdrückung der Frau. Hamburg 1983.

Rousseau, G. S. u. Porter, Roy (Hg,): Sexual underworlds of the Enlightenment. Manchester 1987.
Saint-Amand, Pierre: Séduire, ou la passion des Lumières. Pars 1987.
Sander, Max: Die illustrierten französischen Bücher des 18. Jahrhunderts. Stuttgart 1926.
Sauvy, Anne: Livres saisis à Paris entre 1678 et 1701. Den Haag 1972.
Schlaffer, Heinz: Musa iocosa. Gattungspoetik und Gattungsgeschichte der erotischen Dichtung in Deutschland. Stuttgart 1971.
–: Knabenliebe. Zur Geschichte der Liebesdichtung und zur Vorgeschichte der Frauenemanzipation; in: Merkur 49, 1995.
Schmaußer, Beatrix: Blaustrumpf und Kurtisane. Bilder der Frau im 19. Jahrhundert. Stuttgart 1991.
Schneider, Gerhard: Der Libertin. Zur Geistes- und Sozialgeschichte des Bürgertums im 16. und 17. Jahrhundert. Stuttgart 1970.
Schön, Erich: Der Verlust der Sinnlichkeit/oder Die Verwandlung des Lesers. Stuttgart 1987.
Schreiber, Hermann: Erotische Texte. Sexualpathologische Erscheinungen in der Literatur. München 1969.
Schroeder, H.: Die Vorbeugung der Empfängnis aus Ehenoth. Leipzig 1892.
Seifert, Hans-Ulrich: Sade: Leser und Autor. Frankfurt/M. 1983.
Sheidlower; Jesse: The F- Word. New York 1995.
Showalter, English jr.: The Evolution of the French Novel. 1641–1782. Princeton 1972.
Siems, Andreas Karsten: Sexualität und Erotik in der Antike. Darmstadt 1988.
Signorini, Rodolfo: La »fabella« di Psiche e altra mitologia secondo l'interpretazione pittorica di Giulio Romano nel Palazzo del Tè a Mantova. Mantua ²1987.
Sofsky, Wolfgang: Traktat über Gewalt. Frankfurt/M. 1996.
Sombart, Nicolaus: Über die schöne Frau. Der männliche Blick auf den weiblichen Körper. Zürich 1995.
Sombart, Werner: Luxus und Kapitalismus. München/Leipzig 1922.
Spencer, Samia I. (Hg.): French Women and the Age of Enlightenment. Bloomington 1984.
Stewart, Philip: Le masque et la parole. Le langage de l'amour au XVIIIe siècle. Paris 1973.
Tarczylo, Théodore: »Prêtons la main à la nature…«. I. L'»Onanisme« de Tissot; in: DHS 12, 1980.
Thomas, Chantal: La Reine scélérate. Marie-Antoinette dans les pamphlets. Paris 1989.
Thiel, Christian: Liebe, Sex, Karriere. Die Modernisierung des trivialen Liebesromans. Vorw. v. Peter Nusser. Hamburg/Berlin 1991.

Tisdale, Sallie: Talk dirty to me. Eine intime Philosophie des Sex. Dtsch. v. Brigitte Walitzek. Berlin 1995.

Todini, Umberto: Ovidio ›lascivo‹ in Quintiliano; in: Italo Gallo u. Luciano Nicastri(Hg.): Aetates Ovidianae. Lettori di Ovidio dall'Antichità al Rinascimento. Neapel 1995.

Toscan, Jean: Le carnaval du langage. Le lexique érotique des poètes de l'équivoque de Burchiello à Marino (XVe–XVIIe siècles). 4 Bde. Lille 1981.

Vartanian, Aram: Érotisme et philosophie chez Diderot; in: Cahiers de l'Association internationale des études françaises XIII, 1961.

–: Eroticism and Politics in the Lettres persanes; in: The Romanic Revue LX/1, 1969.

Versini, Laurent: Laclos et la tradition. Essai sur les sources et la technique des Liaisons dangereuses. Paris 1968.

Vissière, Jean-Louis (Hg.): Colloque international de 1988. Le Marquis d'Argens. Aix-en-Provence 1990.

Wade, Ira O.: The Clandestine Organization and Diffusion of Philosophical Ideas in France from 1700 to 1750. New York 1967.

–: The Intellectual Origins of the French Enlightenment. Princeton 1971.

Wagner, Peter (Hg.): Erotica and the Enlightenment. Frankfurt/M/Bern/New York/Paris 1991.

Wald Lasowski, Patrick: Libertines. Paris 1980.

–: L'ardeur et la galanterie. Paris 1986.

–: u. Roman: De la beauté des femmes. Paris 1994.

Westheimer, Ruth u. Mark, Jonathan: Himmlische Lust. Liebe und Sex in der jüdischen Kultur. Dtsch. v. Angelika Schweickhart. Frankfurt/M. 1996.

Zimmermann, Bernhard: Literaturrezeption im historischen Prozeß. Zur Theorie einer Rezeptionsgeschichte der Literatur. München 1977.

Lesehinweise

Der Nachweis der Zitate erfolgt im allgemeinen als Angabe der Seitenzahl in Klammern direkt nach dem zitierten Abschnitt. Die jeweiligen Ausgaben, denen die Zitate entnommen sind, stehen in der Literaturliste. Bei der Bibel und anderen mehrfach untergliederten Klassikern der Weltliteratur wird statt der Seite die genaue Stelle genannt (z.B. Buch und Vers oder Buch, Gedicht und Vers bei Ovid; Gesang und Vers bei Dante; Erzählttag, Novelle, Periode bei Boccaccio).

Auf griechische Originale wurde verzichtet, lateinische nur dort angeführt, wo längere Textstellen wiedergegeben werden oder die philologische Genauigkeit der Analyse dies erfordert. Alle französischen, altokzitanischen, italienischen und englischen Werke werden im Original zitiert und bis auf letztere übersetzt oder – in Ausnahmefällen – genau paraphrasiert. Wenn für Zitat und Übersetzung nur eine Seitenangabe nach der Übersetzung erfolgt, sind beide einer zweisprachigen Ausgabe entnommen; gibt es hingegen nur einen Nachweis des fremdsprachlichen Textes, so stammt die Übersetzung von mir. Dabei habe ich teilweise auch bereits übersetzte Werke selbst ins Deutsche übertragen, wenn der genaue Wortlaut für die Interpretation wichtig war. Wo ich publizierte deutsche Fassungen leicht abgeändert habe, ist dies in den Anmerkungen angegeben. Hervorhebungen in den Zitaten stammen von den Verfassern; dort wo ich einzelne Worte markiert habe, ist dies vermerkt. Die Auslassungspünktchen stammen aus den Originalen; nur wenn sie in eckigen Klammern stehen, verweisen sie auf Abschnitte, die ich ausgelassen habe.

Verweise auf Abschnitte innerhalb dieses Buches erfolgen nach der Abkürzung »s. S.« unter Angabe der Seitenzahl.

Dieses Buch wäre nie entstanden ohne die Anregung von Bernd Lutz, der außerdem alle negativen Klischees des Verlegers Lügen straft. Peter Brockmeier hat einmal mehr mit Geduld und Interesse meine Arbeit verfolgt, mir in vielen Gesprächen geholfen, anfänglich krude Gedanken in nachvollziehbare Bahnen zu lenken und mich immer wieder mit wohlmeinendem kritischen Blick auf einzelne Schwachstellen hingewiesen. Gesine Karge vom Antiquariat Ars Amandi (Berlin-Schöneberg) hat mich mit Rat und Tat, d.h. mit Hinweisen und Büchern unterstützt und mir großzügig viele der hier abgebildeten Illustrationen zur Verfügung gestellt. Von Angelica Rieger und Werner Eisenhut erhielt ich wertvolle bibliographische Hinweise und Antworten auf philologische Fragen. Karl Ludwig Leonhard sowie Frau Schanz und Herr Sachers überließen mir unbekannterweise spontan Bücher und Graphiken aus ihren Sammlungen. Carola Veit schließlich hat unverdrossen versucht, den Tippfehlerteufel zu bannen.

Ihnen allen danke ich herzlich.

Im Juli 1997   C. F.

Register der Autoren und Werke

L'Académie des Dames (Chorier) 26, 179, 181f., 185f., 188ff., 191f., 194, 196f., 198ff., 210, 218, 220, 222, 239, 244, 247ff., 256
L'Alcibiade fanciullo a scuola (Pallavicini) 175f., 186
Alexandrian, Sarane 10, 178, 197, 298
Alkaios 42
Allemann, Urs, *Babyficker* 5, 304
Altes Testament 12, 31f., 34ff.
Amiel, Henri-Frédéric 33
Amores (Ovid) 76ff., 101
Les Amours de Charlot et de Toinette 174
Les Amours de Zéokinizul, roi des Konfirans (Crébillon) 211
Anakreon 42
Andreas Capellanus 19, 99f., 112
De Amore 99ff., 146
Anecdotes sur Mme la comtesse Du Barry (d'Ayen) 173
l'Ange, Jean 183
Anti-Justine (Restif) 232f.
Aphrodite (Louÿs) 281
Les Aphrodites (Nerciat) 232
Apollinaire, Guillaume, *Les onze mille verges* 246, 284ff., 287, 292
Apuleius, Lucius, *Der goldene Esel* 87f., 90ff., 103, 147
Archilochos 42
L'Aretin françois (Nogaret) 167
Aretino, Pietro 7, 14f., 25, 125ff., 131ff., 148ff., 151ff., 158f., 161, 167, 176, 178, 182, 185, 196, 223, 239, 246, 251, 256, 277, 289
Sonetti lussuriosi (*Wollüstige Sonette*) 125ff., 131ff., 134, 164, 167, 256
Opera nova 129
Lettere 132

Ragionamenti (*Kurtisanengespräche*) 14f., 17, 25, 133ff., 148ff., 151ff., 176, 183, 196, 203, 223, 239, 251, 256, 289
d'Argens, Jean-Baptiste Boyer, Marquis, *Thérèse philosophe ou Mémoires pour servie à l'histoire du Père Dirrag et de Mademoiselle Éradice* 14f., 17, 175, 204, 213, 219ff., 223ff., 228ff., 232, 236f., 240f., 265, 295, 301
Lettres chinoises, juives et cabalistiques 219f.
Ariosto, Ludovico 185, 249
Orlando furioso 249
Aristophanes 25, 54f.
Lysistrate 54f.
Aristoteles 12, 44f.
Poetik 12
Nikomachische Ethik 44f.
Ars amatoria (Ovid) 25, 41, 57ff., 101
Arsan, Emmanuelle (d.i. Louis Rollet-Andrianne), *Emmanuelle* 300ff.
L'Art de foutre ou Paris foutant 204
Ashbee, Henry Spencer (pseud. Pisanus Fraxi), *Index Librorum Prohibitorum* 251
Aspasia (Wieland) 226f.
Aus den Memoiren einer Sängerin (Schröder-Devrient) 14f., 17f., 276f.
d'Ayen, Duc, *Anecdotes sur Mme la comtesse Du Barry* 173

Babyficker (Allemann) 5, 304
Bandello, Matteo, *Novelle* 148
Bataille, Georges 286f., 300, 305f.
Das obszöne Werk 286
Die Erotik 286

Die Tränen des Eros 286
Die Geschichte des Auges 286 f.
Bayle, Pierre, *Dictionnaire historique et critique* 33
Beauvoir, Simone de, *Les Mandarins* 11
Beccadelli, Antonio (gen. Il Panormita), *Hermaphroditus* 158, 250 f.
Beckett, Samuel 23
  Molloy 23
  L'innomable 23
Bembo, Pietro 148, 159
Berni, Francesco 159
Bibliographie des ouvrages relatifs à l'amour (Gay) 251
Les Bijoux (Diderot) 213 f.
Der blühende Garten (Nefzaui) 64 f., 251
Boccaccio, Giovanni 9, 14, 16, 91, 100, 136 ff., 148, 179, 183, 185 f., 223
  Il Decamerone 14, 100, 136 ff., 148 f., 179, 183, 223
  Conclusione 144 f.
Boileau, Nicolas 136
Bonneau, Alcide 251
Borel, Antoine 167
Bornelh, Guiraut de 117
Bourgeade, Pierre, *Sade-Teresa* 305
Brantôme, Pierre de Bourdeille, Seigneur de, *Les Dames galantes* 169 ff., 171 f.
Breton, André, *Surrealistisches Manifest* 286 f.
Buch der Hochzeitslieder (Sappho) 39 ff.
Die Buddenbrocks (Mann) 12
Busi, Aldo 304
  Sodomie in corpo 11 304
  Manuale del perfetto Gentilomo 304
Bussy-Rabutin, Roger de, *Histoire amoureuse des Gaules* 171 ff., 175, 182

Cabinet satyrique, ou recueil des vers piquants et gaillards de ce temps (Maynard) 164
Calvin, Johannes 104
Cammelli, Antonio (gen. Il Pistoia) 159

Candide (Voltaire) 163
Canto d'uomini impoveriti per le meretrici (Grazzini) 159
Canzoniere (Petrarca) 125
Capitolo del forno (Della Casa) 159
Capitolo in lode de‹ fichi (Molza) 159 f.
Caquire. Parodie de Zaïre 206
Carmina (Catull) 47 ff.
Caro, Annibale, *Il commento di Ser Agresto da Ficaruolo sopra la prima ficata del Padre Siceo* 159 f.
Carracci, Agostino, *Les Amours des Dieux* 68, 250
Casanova, Giacomo, *Histoire de ma vie* 250
Cäsarenleben (Sueton) 56 f., 66
Castiglione, Baldassare, *Il libro del Cortegiano* (*Das Buch vom Hofmann*) 150, 304
Catullus, Gaius Valerius 47, 49 f., 56, 73, 81
  Carmina 47 ff.
  Satiren 81 ff.
  Priapea 83 ff.
La cazzaria (Vignali) 160 f., 175
Les cent-vingt Journées de Sodome (de Sade) 240
Challe, Robert, *Les illustres Françaises* 172 f.
Les Chansons de Bilitis (Louÿs) 281
Châteillon, Sebastian 104
Chorier, Nicolas, *L'Académie des Dames* 26, 179, 181, 185 f., 188 ff., 191 f., 194, 196 f., 198 ff., 210, 218, 220, 222, 239, 244, 247 ff., 256
Chrétien de Troyes 98 f., 112
  Le Chevalier de la Charette 99
Cleland, John, *Memoirs of a Woman of Pleasure* (*Die Memoiren der Fanny Hill*) 7 f., 14 f., 17, 163, 213 ff., 223, 247, 249
Collé, Charles 205
Comment l'esprit vient aux fille (La Fontaine) 187 f.
Il commento di Ser Agresto da Ficaruolo sopra la prima ficata del Padre Siceo (Caro) 159 f.
La Comtesse d'Olonne (Grandval d.Ä.) 206 f.

Conclusione (Boccaccio) 144 f.
Constant, Marius, *Sade-Teresa* 305
Contes et nouvelles en Vers (La Fontaine) 147, 172, 179, 183 ff.
Corneille, Pierre 183
Courbet, Gustave, *L'origin du monde* 299, 305
Courths-Mahler, Hedwig 252, 277
Cranach, Lucas d.Ä., *Venus mit Cupido* 68
Crébillon, Claude-Prosper Jolyot de (d.J.) 197, 209 ff.
    Tanzaï et Néadarné 210 f.
    Le Sopha 210 f.
    La Nuit et le Moment 210 f.
    Le hasard du coin du feu 210 f.
    Les Amours de Zéokinizul, roi des Konfirans 211
    Les égarments du coeur et de l'esprit 211 f.

Les Dames galantes (Brantôme) 169 f., 172
Dante Alighieri 95 ff., 103, 124, 146
    Die Göttliche Komödie 95 ff., 103
Daphnis und Chloë (Longus) 88 f.
De Amore (Capellanus) 99 ff., 146
De Amore (Ficino) 67
Il Decamerone (Boccaccio) 14, 100, 136 ff., 148 f., 179, 183, 223
Defoe, Daniel, *Robinson Crusoe* 287
Della Casa, Giovanni 159, 304
    Galateo 159
    Capitolo del forno 159
    In laudem sodomiae 159
Delta of Venus (Nin) 298 ff.
De sacramento matrimonii (Sanchez) 34
Descartes, René 221
Le Diable au corps (Nerciat) 231 f., 304
Diderot, Denis 213, 247 f.
    Les Bijoux 213 f.
    Encyclopédie 213
    Le Rêve de d'Alembert 247 f.
Die Geschichte mit A. (Fedderke) 275 f.
Dioskorides 43
Dornröschen 105
Drouart la Vache 102
Du Bellay, Joachim, *Contre les pétrarquistes* 125

Dussidour, Dominique, *Les Mots de l'amour* (Die Wörter der Liebe) 304

Eberhard von Cersne 102
Eco, Umberto, *Der Name der Rose* 12
L'Ecole des Filles, ou la Philosophie des Dames 178 ff., 182 f., 185 f., 190 f., 195 ff., 198, 292
Les égarments du coeur et de l'esprit (Crébillon) 211 f.
Ein Schleifermädchen aus Schwaben (Kratter) 228
Eisen, Charles 184
Elegiae (Properz) 73 ff.
Elluin, François-Roland 167
Eluard, Paul 7
Emmanuelle (Arsan) 22, 182, 300 ff.
Englisch, Paul 9, 25, 34, 168, 277
Epoden (Horaz) 47
Eroticos (Plutarch) 45 ff.
Erotika biblion (Mirabeau) 32, 234
L'Esprit des Moeurs 208 f.
Estornel, crueill ta volada (Macabru) 117

Fedderke, Dagmar, *Die Geschichte mit A.* 275 f.
Félicia ou mes fredaines (Nerciat) 232
Fellini, Federico, *Satyricon* 90
Ficino, Marsilio, *De Amore* (Über die Liebe oder Platons Gastmahl) 67
Le Figaro 245
Flaubert, Gustave, *Madame Bovary* 11, 21, 36, 287
Folquet de Marseille 119
Forberg, Friedrich-Karl 250
Foucquet, Nicolas 182 f.
La France galante (Sandriz de Courtil) 173
Frears, Stephen, *Les Liaisons dangereuses* 205
Freud, Sigmund 22, 196
Les Fureurs utérines de Marie-Antoinette, femme de Louis XVI 174

Galland, Jean-Antoine, *Tausendundeine Nacht* 209 f.
Gallus, Gaius Cornelius 43

Gamiani (Musset) 246 ff., 252, 266, 284, 307
Gay, Jules, *Bibliographie des ouvrages relatifs à l'amour* 251
Gay, Peter 33, 250
Gerson, Jean, *Traicté d'une vision contre le Ronmant de la Rose* 111
[Gervaise de Latouche, Jean Charles], *Histoire de Dom Bougre, portier de Chartreux* 182, 222 f., 248
Gespräche der Götter, der Meergötter und der Toten (Lukian) 87
Gil Blas 253
Das Gilgamesch-Epos 26 ff.
Giovanni, Domenico di (gen. Il Burchiello) 158 f.
Giroud, Françoise 149
Goethe, Johann Wolfgang von 169 f., 300
Der goldene Esel (Apuleius) 87 f., 90 ff., 103
Die göttliche Komödie (Dante) 146, 261
Grandval d.Ä., *La Comtesse d'Olonne* 206 f.
Grandval d.J. 205
Le Tempérament 205
La Nouvelle Messaline 205 f.
Grazzini, Antonio Francesco (gen. Il Lasca) 159
Operle burlesche 159
Canto d'uomini impoveriti per le meretrici 159
Groults, Benoîte, *Das Salz auf unserer Haut* 303
Guibot, Lionel, *Gaia* 305 f.
Guillaume de Lorris 102, 108, 111
Roman de la Rose 102 f., 105 ff., 111
Gynecocracy 256, 258 ff.

Händel, Georg Friedrich, *Semele* 72
Le hasard du coin du feu (Crébillon) 210 f.
Heliodor 88
Hermaphroditus (Beccadelli) 158, 250 f.
Hesiod 31, 72
Hetärengespräche (Lukian) 86 f.
Hettche, Thomas, *Nox* 306 ff.
Hic-et-Hec ou l‹élève des RR. PP. Jésuites (Mirabeau) 235

Histoire amoureuse des Gaules (Bussy-Rabutin) 171 f.
Histoire de Dom Bougre, Portier des Chartreux 182, 222 f., 248
L'Histoire de Juliette ou Les prospérités du vice (de Sade) 240 f., 249, 269, 279 f.
Histoire de ma vie (Casanova) 250
L'Histoire d'O (Réage) 16 f., 269 ff., 275 f., 301 f., 307
Historiettes (Tallemant des Réaux) 171, 250
Hofmann von Hofmannswaldau, Christian 168
Hoggart, Richard 289
Das Hohelied 38, 104 f.
Homer 28, 31
Ilias 28
Odyssee 29 ff.
Honorius Augustodunensis 104
Horatius Flaccus, Quintus 47, 59, 72 f.
Epoden 47
Satiren 59
Carmina 72 f.
Hugo, Victor 33

Ilias (Homer) 28
Les illustres Françaises (Challe) 172 f.
Im Dampfbad greift nach mir ein Engel. Biographie einer Bestürzung (Meyer) 303 f.
Les Infortunes de la vertue (de Sade) 232, 239
In laudem sodomiae (Della Casa) 159
Index Librorum Prohibitorum (Ashbee) 251
Iuvenalis, Decimus Iunius, *Satiren* 25, 53 f.

Le Jardin des supplices (Mirbeau) 266 ff.
Jaufré Rudel, Senher de Blaya 116
Jean de Meun, *Roman de la Rose* 102, 108 ff., 111, 134 f,
Josefine Mutzenbacher. Die Lebensgeschichte einer wienerischen Dirne, von ihr selbst erzählt 18, 36, 276 ff., 280 f., 304
Josefine Mutzenbacher. Meine 365 Liebhaber 182
Joyce, James, *Ulysses* 293 ff.

Kamasutra 17, 63 f., 85, 251
Kinder, Hermann 8 f.
Klemenz von Alexandrien 135
Konstantinos Kephalas, *Anthologia Greca* 42
Krafft-Ebing, Richard von 252, 299
Kratter, Franz, *Ein Schleifermädchen aus Schwaben* 228
Kronhausen, Eberhard 6 ff.
Kronhausen, Phyllis 6 ff.

Lacan, Jaques 305
Laclos, Pierre Choderlos de, *Les liaisons dangereuses* 197, 211 ff.
Lady Chatterley's Lover (Lawrence) 287, 289 ff.
La Fayette, Marie Madelaine de, *La Princesse de Clèves* 170 ff., 192 ff., 197.
La Fontaine, Jean de 147, 172, 179, 183 ff., 187
   Contes et nouvelles en Vers 147, 172, 179, 183 ff.
   Élegie aux Nymphes de Vaux 183
   Le Tableaux 183
   Comment l'esprit vient aux fille 187 f.
La Lira (Marino) 164, 168
Lancelot do Lac 97 f.
Lawrence, David Herbert, *Lady Chatterley's Lover* 287, 289 ff.
Lettres persanes (Montesquieu) 163, 209, 220
Lévy, Bernard-Henri 149
Les liaisons dangereuses (Laclos) 211 ff.
Il Libro del Perché 161
Lina's aufrichtige Bekenntnisse oder die Freuden der Wollust 227 f.
Longus, *Daphnis und Chloë* 88 f.
Louÿs, Pierre 246, 281 ff., 287, 300, 304
   Les Chansons de Bilitis 281
   Trois filles de leur Mère 281 ff.
   Aphrodite 281
Lukian 86 f., 176
   Hetärengespräche 86 f.
   Gespräche der Götter, der Meergötter und der Toten 87
   Lukios oder Der Esel 87 f., 139
Lukios oder Der Esel (Lukian) 87 f., 139

Lukretius Carus, Titus, *De rerum natura* 66 f., 72
Lysistrate (Aristophanes) 25, 54 f., 123

Ma Conversion (Mirabeau) 234 f.
Macabru, *Estornel, crueill ta volada* 116 f.
Macchiavelli, Niccolò 185
Madame Bovary (Flaubert) 11, 21, 36, 287
Manuale del perfetto Gentilomo (Busi) 304
Manuel de civilité pour les petites fille 281, 304
Marcus Argentarius 43
Marcuse, Ludwig 36 f., 93, 135
Marie de Champagne 112 f.
Marino, Giovanbattista, *La Lira* 164, 168
Martialis, Marcus Valerius 38, 47, 50 ff., 85
   Epigramme 50 ff.
Masson, André 305
Maynard, François de, *Cabinet satyrique, ou recueil des vers piquants et gaillards de ce temps* 164
Mein heimliches Auge. Jahrbuch der Erotik 275
Meleagros 43 f.
Memoires (Saint-Simon) 171, 250
Memoirs of a Woman of Pleasure (Cleland) 7 f., 14 f., 17, 163, 213 ff., 223, 247, 249
Metamorphosen (Ovid) 67 ff.
Meyer, Detlev, *Im Dampfbad greift nach mir ein Engel. Biographie einer Bestürzung* 303 f.
Miller, Frank Harris, *My Lives and Loves* 295
Miller, Henry 7, 295, 298 f.
   Opus pistorum 295
   Sexus 295 ff.
   Plexus 295
   Nexus 295
Mirabeau, Honoré-Gabriel de Riqueti, Comte de 32, 234 f., 256
   Ma Conversion 234 f.
   Erotika biblion 234
   Hic-et-Hec ou l‹élève des RR. PP. Jésui-

Register der Autoren und Werke

tes 235
Le Rideau levé ou l'Education de Laure 235 f., 256
Mirbeau, Octave, *Le Jardin des supplices* 266 ff.
Molière 183
Molza, Francesco Maria 131, 159
   Capitolo in lode de‹ fichi 159 f.
Monsieur Nicolas (Restif) 232
Montesquieu, Charles de Secondat, *Lettres persanes* 163, 209, 220
Morlini, Girolamo, *Novellae* 148
Les Mots de l'amour (Dussidour) 304
Musa padiké (Straton) 43
Musarion, oder die Philosophie der Grazien (Wieland) 226
Musset, Alfred de, *Gamiani* 246 ff., 252, 266, 284, 307
My Lives and Loves (Miller) 295
My Secret Life (Walter) 262 f., 295

Nana (Zola) 287 ff.
[Nefzaui], *Der blühende Garten* 64 f., 251
Nelli, René 117
Nerciat, Andréa de 231 f., 235, 239, 277
   Le Diable au corps 231 f., 304
   Félicia ou mes fredaines 232
   Les Aphrodites 232
Nexus (Miller) 295
Nietzsche, Friedrich 254
Nin, Anaïs 16, 298 ff.
   Delta of Venus 298 ff.
   Diary 298
Nogaret, Félix, *L'Aretin françois* 167
La Nouvelle Héloïse (Rousseau) 163
La nouvelle Justine ou Les malheurs de la vertu (de Sade) 232, 249, 279 f.
La Nouvelle Messaline (Grandval d.J.) 205 f.
Nox (Hettche) 306 ff.
La Nuit et le Moment (Crébillon) 210 f.

Ode à Priape (Piron) 164 ff., 167
Odyssée (Homer) 29 ff.

Les onze mille verges (Apollinaire) 284 ff.
Operle burlesche (Grazzini) 159
Opus pistorum (Miller) 295
Origines 103
Ovidius Naso, Publius 25, 34, 39, 41, 56 ff., 60 ff. 67 ff., 74, 76 ff., 86 f., 99, 300
   Tristien 56
   Ars amatoria (*Liebeskunst*) 57 ff., 60 ff., 74, 86, 99, 101
   Metamorphosen 67 ff., 74, 99
   Amores (*Liebesgedichte*) 76 ff., 101
   Remedia amoris (*Heilmittel gegen die Liebe*) 77, 99

Pallavicino, Ferrante 175 ff., 185 f.
   L'Alcibiade fanciullo a scuola 175 f., 186
   La Rettorica delle Puttane 176 ff., 186
Le Parnasse des poètes satyriques ou dernier recueil des vers piquans et gaillards de nostre temps (Viau) 164, 168
Pasolini, Pier Paolo, *Decamerone* 137
Paulhan, Jean 269, 273 f.
Pauvert, Jean-Jaques 11, 26, 41, 119, 204
The Pearl. Journal of Facetiae and Voluptuous Reading 256, 263 f.
Pepys, Samuel, *The Diary* 178 f.
Petrarca, Francesco 125, 164, 197, 236
   Canzoniere 125
Petronius Arbiter, *Satiricon* 89 f., 91
Der Pfaffe im Käsekorb 147
La Philosophie dans le boudoir ou Les Instituteurs immoraux (de Sade) 236 ff., 243 f., 305
Picasso, Pablo, *Les Métamorphoses d'Ovide* 71
Pindar 42, 166
Piron, Alexis, *Ode à Priape* 164 ff., 167
Pisan, Christine de 111
Les Plaisirs du Cloître 204, 208
Platon, *Symposion* 45
Plautus, Titus Maccius 55
Plexus (Miller) 295
Plutarch, *Eroticos* 45 ff.

333

Pornographe (Restif) 233 f.
Prades, Daude de 114, 116, 118
Prévost d'Exiles, Antoine-François, *Manon Lescaut* 264
Priapea (Catull) 83 ff.
La Princesse de Clèves (La Fayette) 171 f., 192 ff., 197 f.
Propertius, Sextus, *Elegiae* 73 ff.
Pulci, Luigi, *Il Morgante* 130
[*La puttana errante*] *Il Piacevol Ragionamento de l'Aretino* 157 f.
La puttana errante (Veniero) 176

Les Quarante manières de foutre, dédiées au clergé de France 222

Rabelais, François 7
Racine, Jean Baptiste, *Phädra* 192, 194 f., 197, 205
Ragionamenti (Aretino) 14 f., 17, 25, 133 ff., 148 ff., 151 ff., 178 f., 183, 196, 203, 223, 239, 251, 256, 289
Raimondi, Marcantonio 126, 167
Rameau, Jean-Philippe, *Les Indes galantes* 209
Réage, Pauline (d.i. Dominique Aurey), *L'Histoire d'O* 16 f., 269 ff., 275 f., 301 f., 307
Recueil de pièces rassemblées par les soins d'un Cosmopolite 164
Remedia amoris (Ovid) 77
Réstif de la Bretonne, Nicolas-Edmé 232 ff., 235 f.
    Anti-Justine 232 f.
    Monsieur Nicolas 232
    Pornographe 233 f.
    Les Nuits de Paris 233
La Rettorica delle Puttane (Pallavicino) 176 ff., 186
La Revue des Deux Mondes 245
Le Rideau levé ou l'Education de Laure (Mirabeau) 235 f., 256
Rochester, John Wilmot Earl of, *Sodom* 178
Rodes, August 92
The Romance of Lust 256 ff., 260
Roman de la Rose (Guillaume de Lorris) 102 f., 105 ff., 111
Roman de la Rose (Jean de Meun) 102, 108 ff., 134 f.
Le Roman de Tristan en prose 97
Romano, Giulio 126
Romeo and Juliet (Shakespeare) 98 f.
Rousseau, Jean-Jacques, *La Nouvelle Héloïse* 163

Sacher-Masoch, Leopold von, *Venus im Pelz* 181, 245, 252 ff., 261, 274, 276
Sade, Donatien-Alphonse-François, Marquis de 20, 163, 182, 204, 232, 234, 236 ff., 246 f., 249, 263, 268, 279 f., 287, 300, 304, 306
    Les Infortunes de la vertu 239
    La nouvelle Justine ou Les malheurs de la vertu 232, 279 f.
    Idée sur les Romans 234, 249
    La Philosophie dans le boudoir ou Les Instituteurs immoraux 236 ff., 243 f., 305
    Les 120 Journées de Sodome 240
    L'Histoire de Juliette ou Les prospérités du vice 240 f., 249, 269, 279 f.
Saint-Simon, Louis de Rouvroy, Marquis de, *Memoires* 171, 250
Salten, Felix 281
    Bambi 281
    [*Josefine Mutzenbacher. Die Lebensgeschichte einer wienerischen Dirne, von ihr selbst erzählt*] 18, 36, 276 ff., 280 f., 304
    [*Josefine Mutzenbacher. Meine 365 Liebhaber*] 182
Sanchez, Thomas 34
Sand, George 246
Sandriz de Courtil, Gatien, *La France galante* 173
Sappho, *Buch der Hochzeitslieder* 26, 39 f., 42
Satiren (Catull) 81 ff.
Satiren (Horaz) 59
Satiren (Juvenal) 25, 53 f.
Satiricon (Petronius) 89 f., 91
[Schröder-Devrient, Wilhelmine], *Aus den Memoiren einer Sängerin* 15, 18, 277

Seneca, *Naturbetrachtungen* 66
Sexus (Miller) 295 ff.
Shakespeare, William 207
   Romeo and Juliet 98 f.
Sodom (Rochester) 178
Sodomie in corpo 11 (Busi) 304
Sombart, Nicolaus 305
Sonetti lussuriosi (Aretino) 125 ff., 131 ff., 134, 164, 167, 256
Le Sopha (Crébillon) 210 f.
Sotades von Maroneia 25
Staël-Holstein, Anne Louise Germaine de, *Corinne ou l'Italie* 248
Straparola, Giovan Francesco, *Le piacevoli notte* 148
Straton, *Musa padiké* 43
Suetonius Tranquillus, *Cäsarenleben* 25, 47, 56 f., 66
Symposion (Platon) 45

Tacitus, *Annalen* 89
Tallemant des Réaux, Gédéon, *Historiettes* 171, 250
Tanzaï et Néadarné (Crébillon) 210 f.
La Tariffa delle puttane di Venegia (Veniero) 176
Tausendundeine Nacht 209 f.
Teleny or The Reverse of the Medal (Wilde) 256, 264 ff., 281
Le Tempérament (Grandval d.J.) 205
Tenzon de Seigner Montan e la Domna 119 ff., 125, 129 f., 132
Terentius Afer, Publius 55
Tertullianus, Quintus Septimus *De spectaculis* 132
Theogonie (Hesiod) 31, 72
Thérèse philosophe ou Mémoires pour servie à l'histoire du Père Dirrag et de Mademoiselle Éradice (d'Argens) 14 f., 17, 175, 204, 213, 219 ff., 223 ff., 228 ff., 232, 236 f., 240 f., 265, 295, 301
Tizian 68
Tonio Kröger (Mann) 23
Train, George Francis 35

Trois filles de leur Mère (Louys) 281 ff.

Ulysses (Joyce) 11, 36, 293 ff.

Valérie, Paul 300
Veniero, Lorenzo 176
   La puttana errante 176
   La Tariffa delle puttane di Venegia 176
Vénus dans le cloître ou la religieuse en chemise 181, 222
Venus im Pelz (Sacher-Masoch) 181, 245, 252 ff., 261
Viau, Théophile de, *Le Parnasse des poètes satyriques ou dernier recueil des vers piquans et gaillards de nostre temps* 164, 175
Vignali, Antonio, *La cazzaria* 160 f., 175
Vocabolario 159
Voltaire 206 f., 209, 253
   Candide 163
   Zaïre 206
   Lettres philosophiques 207
   Semiramis 206
   Purcelle 253
The Voluptarian Cabinet 256

Wagner, Richard, *Parsifal* 98
[Walter], *My Secret Life* 7, 262 f., 295
The Well of Loneliness 36
Westheimer, Ruth 31 ff.
Wieland, Christoph Martin 87, 226 f.
   Musarion, oder die Philosophie der Grazien 226
   Aspasia 226 f.
[Wilde, Oscar], *Teleny or The Reverse of the Medal* 175, 256, 264 ff., 281
Wilhelm IX. von Aquitanien 113 ff., 116, 121, 136, 138, 147

Zola, Émile 287 ff.
   Nana 287 ff.
   Rougon-Maquart, d'une famille sous le Second Empire 288

Bildquellen

Nicht in allen Fällen war es möglich, die Rechtsinhaber geschützter Bilder zu ermitteln. Selbstverständlich wird der Verlag berechtigte Ansprüche auch nach Erscheinen des Buches erfüllen.

Bibliothèque Nationale de France, Paris 185
Bildarchiv Preußischer Kulturbesitz, Berlin/Foto: Jörg P. Anders 69
Guibout, Lionel, Malakoff 306
Hamburger Kunsthalle, Hamburg/Foto: Elke Walford 251
The J. Paul Getty Museum, Los Angeles 109
Kunsthistorisches Museum, Wien 169
Österreichische Nationalbibliothek, Wien 107
Succession Picasso/VG Bild-Kunst, Bonn (1997) 71
Szépmüvészeti Muzeum, Budapest 126
VG Bild-Kunst, Bonn (1997) 270